歷史語言學研究

(第二輯)

中國社會科學院語言研究所《歷史語言學研究》編輯部 編

商務印書館

2009年·北京

圖書在版編目(CIP)數據

歷史語言學研究. 第 2 輯/中國社會科學院語言研究所《歷史語言學研究》編輯部編. —北京:商務印書館,2009
ISBN 978-7-100-05490-4

Ⅰ. 歷… Ⅱ. 中… Ⅲ. 語言學史—文集 Ⅳ. H0-09

中國版本圖書館 CIP 數據核字(2009)第 027895 號

所有權利保留。
未經許可,不得以任何方式使用。

LÌSHǏ YǓYÁNXUÉ YÁNJIŪ
歷史語言學研究
(第二輯)
中國社會科學院語言研究所
《歷史語言學研究》編輯部 編

商務印書館出版
(北京王府井大街36號 郵政編碼100710)
商務印書館發行
北京龙兴印刷廠印刷
ISBN 978-7-100-05490-4

2009年8月第1版　　开本 787×1092　1/16
2009年8月北京第1次印刷　印张 17 1/2
定價:31.00元

顧問（以漢語拼音爲序）：
貝羅貝　丁邦新　江藍生　蔣紹愚　柯蔚南　馬提索夫　梅祖麟

編輯部（以漢語拼音爲序）：
曹廣順　馮勝利（特邀）　李明　羅端(特邀)　孫朝奮(特邀)
吴福祥　楊永龍　張敏（特邀）　趙長才　祖生利

本輯責任編輯：
曹廣順　楊永龍　李明

書名題字：
丁邦新

目　　錄

漢語歷史語法與類型學…………………………………………………貝羅貝　徐　丹(1)
論漢語韻律的形態功能與句法演變的歷史分期…………………………馮勝利(11)
從重言到重疊：漢語 AA 式形容詞的歷時演變………………………………石　鋟(32)

先秦漢語人稱代詞系統的演變……………………………………………………羅　端(54)
先秦漢語第一人稱代詞的發展
　　——基於分段描寫的歷時研究………………………………………張玉金(72)
從《戰國縱橫家書》看西漢初期複數概念的表達………………………………徐　丹(83)
周秦漢語"被動語態"之檢討………………………………………………………洪　波(95)

元白話特殊語言現象再研究……………………………………曹廣順　陳丹丹(108)
試論元代的"漢兒言語"……………………………………………………祖生利(124)

"正爾"與"今爾"
　　——兼論時間與空間的關聯…………………………………………胡敕瑞(136)
中古漢譯佛經被動式與佛經翻譯…………………………………………龍國富(147)

不同的完成體構式與早期的"了"…………………………………………楊永龍(158)
"了₂"的來源及其語法化過程……………………………………方　霽　孫朝奮(183)

"得"字句………………………………………………………………袁　賓　康　健(196)
漢語中問原因的疑問詞句法位置的歷時變化……………………………董秀芳(209)
"是此非彼"選擇構式的歷時研究………………………………………………席　嘉(221)
"同時"的虛化歷程…………………………………………………………李宗江(232)

語法化專題講座（下）…………………………ELIZABETH CLOSS TRAUGOTT (241)

《歷史語言學研究》稿約……………………………………………………………(272)

漢語歷史語法與類型學

貝羅貝　徐　丹

提　要　歷史語言學和類型學是密切相關的兩個領域,至少在語法方面是如此。上世紀 80 年代始,歷時句法學研究在西方的復興主要依靠類型學的進展,尤其是緊隨 60 年代末期 Greenberg 的著作。而在中國的情況正好相反:類型學正是歷史語法研究的問題。雖然如此,這兩個領域的聯繫,現在説是很近,實際是間接的。語法演變的三個機制——重新分析(包括語法化和功能更新)、類推(包括詞彙化和/或去語法化)和外借——與嚴格意義的類型學没有多大關係。語法演變的動因——語義-語用演變、結構要求等等,同樣與類型學没有多大關係。那麼這兩個領域是通過什麼關聯起來的? 很簡單,是因爲歷史語言學常常可爲漢語各方言的共性和區别提供設想,甚至是解釋。我們將用下列實例説明上述觀點:被動或使役;動詞後和動詞前的副詞;雙賓語結構;言説動詞。

關鍵詞　類型學　歷時　重新分析　語法化　類推　外借

1　引言

本文提出,歷史語法和語言類型學有密切的關係。在西方,遵循 Greenberg(1966)的研究道路而進行的語言類型學給歷史句法研究帶來了新的生機。在中國,情形正好相反,近年來,是歷史語法研究(吕叔湘、劉堅、江藍生、蔣紹愚、曹廣順、吴福祥等學者)爲語言研究開闢了一個新的天地:類型學(劉丹青等學者)。類型學不同於傳統的方言學。儘管歷史語法和語言類型學這兩個領域越來越靠攏,甚至有時合併爲同一個領域"歷史及類型語言學",但是這種合併是否站得住脚還很難斷定。最近(2008 年 4 月)在法國里昂召開的一次會議,雲集了歐洲最出色的語言類型學專家和歷史語言學專家。大家的結論是,兩個領域的理論框架和方法不同,所以語言類型學對歷史語言學的幫助是很有限的,但反之却不然。

2　歷史語法

歷史語法討論的是語法結構在歷史上的演變(Xu 2006)。自從 Meillet(梅耶 1912)發表以來,人們一般認爲語法演變是由三個基本機制造成的:(1)類推;(2)語法化(語言内部機制造成的演變);(3)外借(語言外部機制造成的演變)。現在有些學者用"重新分析"這個術語而不用"語法化"。

下面的模式是貝羅貝於 2005 年提出的。

只有三個機制能够造成新的語法形式的出現：

(1) 類推(analogy)，包括去語法化(degrammaticalization)，大部分情况下是詞彙化(請參見 Kiparsky 2005，他認爲去語法化是模式上的類推變化)。

(2) 重新分析(reanalysis)，包括語法化(grammaticalization)，也包括功能更新(exaptation)。今天越來越多的語言學家認爲語法化並不一定比類推更重要。

(3) 外借（語言外部機制造成的演變）。

而其他現象如詞彙替換、詞彙擴展（吴福祥 2003）等都不能看作是語法演變的機制。這些概念更具體的定義及有關去語法化、功能更新的最新概念的例子請詳見於下。

什麽是"類推"？

Hopper & Traugott（1993：21）曾經提出：新的聚合形式進入了已有的表面形式完全相同的聚合形式。更好的定義見於 McMahon(1994)和 Peyraube（貝羅貝 1999）：語言中已有的語素或語法形式泛化爲新的關係或形式。類推只改變表層結構而不改變底層結構。這個機制很有效。Lightfoot(1981)早已指出，幾乎所有的變化都有類推的成分。而 Harris 和 Campbell(1995)把類推叫做擴展(extension)。

什麽是"重新分析"？

對"重新分析"最好的定義可能是海然熱（Hagège 1993）的定義："語言的使用者不再按以前的理解來分析某一結構，而是對組成該結構的各句法單位進行新的組配，並賦予其新的句法關係。"這一定義有助於觀察詞序變化。Langacker(1977)的經典定義則是："某一表達或某類表達發生了結構上的變化，但是這種變化並未引起表層形式任何直接或内在的變化。"海然熱的定義可以解釋語言類型上發生的重要變化，如把賓動(OV)語序變爲動賓(VO)語序這種現象看作是一種重新分析，而 Langacker 的定義就無法進行此種分析。

什麽是"語法化"？

語法化是指一個詞彙性的詞，其使用範圍逐步增加較虛的成分，或該詞變成了語法性的詞；也可以指一個不太虛的語法成分變成了一個更虛的語法成分(Kurylowicz 1975)。Traugott(2001)的定義可能更好：語法化是指如下的變化：詞彙性的詞和結構在一定的語言背景下承擔句法功能，或某些句法成分發展出新的句法功能。正像 Hopper & Traugott (2003)指出的那樣：語法化只是一種**强烈的傾向**，而不是一個原則或一個理論。

人們常常混淆"語法化"和"語法演變"。二者不應混爲一談。"語法化"不等於"語法演變"，語法演變指某一語法範疇或語法成分產生和形成的過程。

什麽是"去語法化"？

去語法化是指違反語法化單向性原則的現象，由上述語法化的定義得出：去語法化是語

法化單向性原則的反例。確實存在這種反例,如(符號">"表示"變爲"):

  形態成分>句法成分>話語成分

  虛詞>實詞

  語法成分>詞彙成分(lexicalization)

  含較多語法成分的詞>含較少語法成分的詞

  Haspelmath、Traugott 認爲去語法化的例子較少。其實並非如此。去語法化的例子如果真的比語法化的例子少的話,那麼有些例子越來越難被看成是特例了。印歐語言裏去語法化的例子相對多些,漢語裏的例子大概少一些。請看漢語裏幾個去語法化的例子:

  是[＋指示詞]>是[＋動詞,係詞]

  之[＋指示詞]>之[＋動詞]①

  在[＋介詞]>在[＋動詞]

  副詞>名詞(如"三同"),後綴>名詞(如"四化")

  諸>之＋于,弗>不＋之,焉>于＋之②

  把[＋介詞]>把[＋動詞](江藍生、楊永龍 2006)

  什麼是"功能更新"?

  功能更新指某一廢棄了或很少用的語法詞變成了新的語法標記,用來表達新的語法功能(Lass 1990,Gould 1982)。功能更新也可以看作是重新分析。有的學者提出其他的術語用來描述同一概念,如 Giacalone-Ramat(1998)的"重新功能化"(refunctionalization),Greenberg(1991)的"重新語法化"(regrammaticalization),以及 Croft(2000)的"再分析"(hypoanalysis)。請看幾個功能更新的例子:

  印歐語裏的體(aspect)系統>日耳曼語裏的時間(tense)系統

  拉丁語裏的後綴-ille>羅曼語裏的定冠詞(如法語裏的 le)

  古漢語裏的"也"[＋語氣詞]>現代漢語裏的[＋副詞]

  什麼是"外借"?

  外借是指"某一語言對另一種語言中已有模式的嘗試性複製"(Haugen 轉引自 McMahon 1994)。Hopper & Traugott(1993)指出:英語曾經大量借入詞彙,但英語的句法形式或形態却未因此而發生激烈的變更。英語絕大部分的演變可以說是語言系統内部的演變和發展。

  方法論傾向於尋找事物内部的動因,當這些努力都失敗時,才去考慮外部原因的可能性。我們認爲這是方法認識上的一種誤區。由於語言接觸而產生的外借,很可能比人們現在所認識到的要更廣泛。

  我們認爲語法變化的動因有如下幾項:

(1)語義、語用上的演變,包括"隱喻聯想"(跟類推有關),"語用推理"(跟重新分析有關)以及"主觀化"。

(2) 句法結構的要求。

(3) 語言類型的壓力。

(4) 其他因素,如語音演變。

上述模式是根據 Traugott & Dasher (2002)提出的模式,但有所修改。現在回到歷史語法和語言類型之間的關係這一問題,必須承認,大概除了外借,上述所有歷時的機制和/或動因,從嚴格意義上講,沒有任何一種與類型學的研究有關。

3 語言類型學

語言類型學最基本的研究課題之一就是要找出語言之間的共性(universals),並找出能夠區別不同語言的重要特徵;另一個重要課題是確定語言區域(linguistic area)。

語言區域是什麼?

怎樣辨認一個語言區域呢? 首先我們必須有一個地區,在這個地區不同的語言屬於不同語族。這些不同的語言具有一套共同的語言特徵(不只一個特徵),這些共同的語言特徵不出現在周邊緊鄰這個地區的語言內,而且這些語言與語言區域內的語言同屬某一語族(Enfield 2005:190)。

關於語言區域的比較可靠的例子有:

巴爾幹地區的語言聯盟(Sprachbund)包括現代希臘語、保加利亞語、羅馬尼亞語、阿爾巴尼亞語。這個地區起碼有十來個共同的語言特徵(Comrie 1989)。南美亞馬遜盆地東北的 Vaupez-Içana 也是一個語言區域,北阿拉瓦克(Arawak)、東圖卡諾(Tucano)、馬固(Maku)這些語言屬於不同的語族,但這些語言有五個共同的語言特徵 (Aikhenvald 1999)。

結論:可以這樣刻畫歷史語法和語言類型學之間的關係,在這兩個領域裏,語言類型學對歷史語言學愛莫能助,而歷史語言學能夠為我們提供實證性的資料。歷史語言學可以揭示漢語各方言的共性,尤其是可以揭示它們之間的根本區別。在下面幾節,我們將通過具體的例子證明上述觀點。我們將討論被動與使動、後置副詞、雙賓語句、言說動詞等。

4 被動式和使動式

在現代漢語很多方言裏,被動標記主要來源於表示"給與"的動詞。這一語法化過程不見於其他語言。但苗瑤語系、藏緬語系、壯侗語系、南亞語系却有這種現象。表示"給與"的動詞發展成被動式標記從類型學上講是不典型的,在其他語言裏沒有發現 (Heine and Kuteva 2002)。

當然，被動和使役在形態上相同的現象並不少見，但不是來源於表示"給與"的動詞（Comrie & Polinsky 1993）。Chappell & Peyraube（2006）提出：漢語及東南亞某些語言的被動標記最初都來源於表"給與"的動詞，並經過一個使役動詞的中間階段（徐丹 1992，曹廣順 1995，蔣紹愚 2002）：

　　動詞［＋給］＞使役動詞＞被動標記

Chappell & Peyraube 提出一個語言共性（implicational universal）的假設：如果某個語言有一個被動標記來源於給與動詞，那麼它一定會有一個使用相同形式的使役動詞，而且這個動詞來源於一個給與動詞。如下所示：

　　［給＞被動標記］→［給＞使役動詞］

這一假設基於歷史語言學提供的資料：現代漢語方言中使用的所有來源於給與動詞的被動標記，都在中古漢語和現代漢語裏首先用作使役動詞。"與"很可能最早曾被用作被動標記（馮春田 2000：638），"著（着）""乞"在早期現代漢語裏曾被用作使役動詞，"給"在 18 世紀時也有同樣的現象（見江藍生 2000：226）。請看兩個例子：

　　乞我惶了推門推不開。（金瓶梅詞話）
　　我著孩子們做與你吃。（老乞大諺解）

5　動詞後的副詞

在漢語的某些方言中，副詞可以後置於動詞，如廣東話的先、住（現在）、過（再）、添（也，又）、埋（又，也，再）、曬（都）、汰（太）。如：

　　我去先 Ngoh heui sin（我先去）
　　咪郁住 Maih yuk jyuh（別現在動）
　　篇文章寫好曬啦 Pin mahnjeung se hou saai la（這篇文章都寫好了）

漢語在歷史上從未有過後置的副詞。在上古漢語，中古漢語及現代漢語裏，副詞總是出現在動詞的前面。所以我們不能假設是"內部演變"造成的現象。要解釋這一現象，唯一可能的假設是"外借"。以下幾種語言可能是副詞後置的源語言：

請看侗台語族中副詞後置於動詞的例子：

　　haw³⁵ so:ng²⁴ ʔan²⁴ tem³⁵
　　給　二　量詞　再
　　再給兩個（壯語，李敬忠 1990：38）
　　ta:p⁷ kon⁵
　　跳　先
　　你先跳（水語，張均如 1980：46）

再請看苗瑶語族中副詞後置於動詞的例子：

ne⁴⁴　ljen¹³ nong⁵⁵

多　　極

很多　（苗語，王輔世 1985：64）

kau² mung⁴　te²

你　去　　先

你先去（瑶語，毛宗武 1982：97）

對上述現象，人們有兩種截然相反的假設：

(1) 壯侗語或苗瑶語裏的後置副詞是從粵語借來的。（可是粵語裏後置副詞的來源目前尚未得到解釋）

(2) 粵語裏的後置副詞借自壯侗語或苗瑶語。（很可能借自苗瑶語，戴慶厦 1992：339）

6　雙賓語句

普通話裏雙賓語句的詞序是間接賓語在直接賓語前：

V ＋ IO ＋ DO（動詞＋間接賓語＋直接賓語）

我給你一本書

在一些南方方言中，詞序是相反的，如廣東話：

Ngoh bei　yatbun　syu neih

我　畀　一本　　書　你

從歷史語言學的角度講，存在兩種可能性：

(1) 外借的假設：V＋DO＋IO 句式來自非漢民族語言（壯侗語族、南亞語言）。這些語言和粵語以及其他南方方言有過語言接觸（Hashimoto 1976，Peyraube 1981）。

(2) 内部演變：有兩種演變的方式：

公式 a．V＋IO＋DO＞V＋DO＋IO

公式 b．V＋DO＋Prep＋IO＞V＋DO＋IO

我們認爲廣東話中的 V＋DO＋IO 是從 V＋DO＋Prep（介詞）＋IO 通過介詞省略而來的。下面我們觀察一下，爲什麽説公式 b 更有道理。

Xu & Peyraube（1997）認爲：第二個假設（内部演變）中的公式 b 即給與介詞的脱落形成了 V＋DO＋IO 很可能是正確的假設。通過語言接觸而外借的假設可能有問題，因爲其他非粵語方言也有 V＋DO＋IO 的句式，這些方言很可能與壯語没有接觸，如湖北方言中的恩施、巴東、當陽、荆門、江陵等地，安徽方言中的桐城、安慶、蕪湖等地，這些地區與壯語都没有什麽接觸。

古泰語在 13 世紀時雙賓語的詞序是 V＋DO＋Prep＋IO，當時没有 V＋DO＋IO 的句式，當代泰語的標準句式却是 V＋DO＋IO。可以認爲，當代泰語的 V＋DO＋IO 句型很可能來自古泰語的 V＋DO＋Prep＋IO 句型。目前没有任何證據可以證明間接賓語可以越過直接賓語而産生後移或直接賓語可以越過間接賓語而産生前移。在語言裏，如果見到 V＋DO＋IO 的句型，往往也可以見到 V＋DO＋Prep＋IO 的句型。直接賓語和間接賓語之間常常會出現停頓。

現代標準語（普通話和北方話）中没有 V＋DO＋IO 的句式，在上古、中古和近代漢語裏也很少見。但我們並不因此認爲 V＋DO＋IO 這一句型是由非漢族語言借來的，這一句型是語言内部演變造成的。

7　言語類動詞

動詞"説"的語法化使其成爲從句標記：

主語＋動詞$_1$＋動詞$_{2[説]}$＋賓語從句＞主語＋動詞$_1$＋從句標記＋賓語從句

這一現象廣泛見於非洲語言及東南亞語言（Heine and Kuteva 2002）。但這一假設在漢語方言的研究中尚未得到充分的證實。

在現代北京話裏，下面的例子很常見（方梅 2006）：

有很多人，他們就認爲説這得政府給我們解決……

上古漢語中的"言、云、曰（已見於甲骨文）、語（金文）"，這四個動詞都表示"説"，上古漢語晚期有"謂、説、道"。"説、道"很少有"説話"的意思，"説"表示"説明"，"道"表示"議論"。

我們對動詞"説"變成從句標記的語法化過程，曾提出過一個比較理想的解釋（Chappell, Li & Peyraube，近期發表）。很多表示"説"義的動詞獲得了"以爲/認爲"的意思，如六朝時代的"言、云"，早期近代漢語（14 世紀）的"道"。語義變化都是：

動詞[＋説]＞"認爲"＞"想"

從句標記其實並不來源於一個表示"説"的動詞，而是來源於一個表示"想"或"相信"的認知動詞。語義演變的過程如下：

説＞認爲＞想＞從句標記

上述公式裏最後一個階段是一個語法化的過程，最早出現於 17、18 世紀。

8　結論

綜上所述，我們認爲，雖然歷史語法和語言類型學在理論框架和方法上有很多共同點，但是歷史語法給語言研究提供的實證性資料比類型學提供的模式似乎更有價值，尤其是在漢語研究領域。

附　注

①如果這個例子成立，那確實是去語法化的一個好例子。但是學者們的意見還未統一。
②戰國時期，這些例子中的兩個成分都發生了合併，漢後又重新分裂成兩個成分。

參考文獻

貝羅貝　（Peyraube A.）　2005　《類推、語法化、去語法化與功能更新》，第三屆漢語語法化問題研討會，洛陽，10.27-28。
曹廣順　1995　《近代漢語助詞》，北京：語文出版社。
戴慶廈　1992　《漢語與少數民族語言關係概論》，北京：中央民族學院出版社。
方　梅　2006　《北京話裏"説"的語法化——從"言説"動詞到從句標記》，《中國方言學報》第一期，107-121頁。
馮春田　2000　《近代漢語語法研究》，濟南：山東教育出版社。
江藍生　2000　《漢語使役與被動兼用探源》，江藍生著《近代漢語探源》，北京：商務印書館，221-236頁。
江藍生　楊永龍　2006　《句式省縮與相關的逆語法化傾向》，何大安、張洪年、潘悟雲、吳福祥編輯《山高水長：丁邦新先生七秩壽慶論文集》上册，《語言暨語言學》專刊外編之六，臺北：中研院語言學研究所，439-466頁。
蔣紹愚　2002　《"給"字句、"教"字句表被動的來源——兼談語法化、類推和功能擴展》，《語言學論叢》第二十六輯，159-177頁。
李敬忠　1990　《粵語是漢語族群中的獨立語言》，《語文建設通訊》第27期，28-48頁。
劉丹青　2003　《語序類型學與介詞理論》，北京：商務印書館。
毛宗武　蒙朝吉　鄭宗澤　1982　《瑤族語言簡志》，北京：民族出版社。
王輔世主編　1985　《苗語簡志》，北京：民族出版社。
吳福祥　2003　《再論處置式的來源》，《語言研究》第3期。
徐　丹　1992　《北京話中的語法標記詞"給"》，《方言》第1期，54-60頁。
張均如　1980　《水語簡志》，北京：民族出版社。
Aikhenvald A.　1999　Areal diffusion and language contact in the Içana-Vaupés basin, North-West Amazonia. R. Dixon & A. Aikhenvald eds., *The Amazonian Languages*. Cambridge：Cambridge University Press.
Chappell H. & A. Peyraube　2006　The analytic causatives of Early Modern Southern Min in diachronic perspective. D.-A. Ho, H. S. Cheung, W. Pan, F. Wu eds. *Linguistic Studies in Chinese and Neighboring Languages*. Taiwan：Academia Sinica, Institute of Linguistics. 973-1012.
Chappell H., M. Li & A. Peyraube Forthcoming Polygrammaticalization of *say* verbs in Sinitic languages.
Comrie B.　1989　*Language Universals and Linguistic Typology*. Oxford：Basic Blackwell. 2nd edition.
Comrie B. & M. Polinsky (eds.)　1993　*Causatives and Transitivity*. Amsterdam：John Benjamins.
Croft W.　2000　*Explaining Language Change：An Evolutionary Approach*. Harlow, Essex, UK：Pear-

son Education.

Enfield, Nicholas J. 2005 Areal linguistics and Mainland Southeast Asia. *Annual Review of Anthropology* 34:181-206.

Giacalone-Ramat A. 1998 Testing the boundaries of grammaticalization. Giacalone-Ramat & Hopper eds. *The Limits of Grammaticalization*. Amsterdam: John Benjamins. 197-227.

Gould S. J. 1982 *Hen's Teeth and Horse's Toe: Further Reflections in Natural History*. New York: Norton.

Greenberg J. H. 1966 *Language Universals: with Special Referece to Feature Hierarchies*. The Hague: Mouton.

——— 1991 The last stages of grammatical elements: contractive and expansive desemanticization. Traugott & Heine eds. *Approaches to Grammaticalization*. Amsterdam: John Benjamins.

Hagège, C. 1993 *The Language Builder*. Amsterdam: John Benjamins.

Harris A. C. & L. Campbell 1995 *Historical Syntax in Cross-Linguistic perspective*. Cambridge: Cambridge University Press.

Hashimoto M. 1976 The double object construction in Chinese. *Computational Analyses of Asia and African Languages* 6. 31-42.

Heine, B. & T. Kuteva 2002 *World Lexicon on Grammaticalization*. Cambridge University Press.

——— 2005 *Language Contact and Grammatical Change*. Cambridge: Cambridge University Press.

Hopper, P. J. & E. C. Traugott 1993 *Grammaticalization*. Cambridge: Cambridge University Press. 2nd edition: 2003.

Kiparsky P. 2005 Grammaticalization as optimization. Paper delivered at Santigao de Compostela. July 17.

Kurylowicz J. 1975 The evolution of grammatical categories. *Esquisses Linguistiques* 2.38-54.

Langacker R. W. 1977 Syntactic renalysis. Charles N. Li ed. *Mechanisms of Syntactic Change*. Austin: University of Texas Press. 57-139.

Lass R. 1990 How to do things with junk: exaptation in language evolution. *Journal of Linguistics* 26. 79-102.

Lightfoot D. 1981 Explaining syntactic change. Hornstein & Lightfoot eds. *Explanations in Linguistics: The Logical Problem of Language*. London: Longman. 209-240.

McMahon A. M. S. 1994 *Understanding Language Change*. Cambridge: Cambridge University Press.

Meillet A. 1912 *L'évolution des Formes Grammaticales. Linguistique Historique et Linguistique générale*. Paris : Champion.

Peyraube A. 1981 The dative construction in Cantonese. *Computational Analyses on Asian and African Languages* 16. 29-66.

——— 1999 Historical change in Chinese grammar. *Cahiers de Linguistique Asie Orientale* 28-2.

Traugott E. C. 2001 Legitimate counterexamples to unidirectionality. Paper presented at Freiburg University. Octobre 17.

Traugott E. C. & R. B. Dasher 2002 *Regularity in Semantic Change*. Cambridge University Press.

Xu Dan 2006 *Typological Change in Chinese Syntax*. Oxford University Press.

Xu L. & A. Peyraube 1997 On the double-object construction and the oblique construction in Cantonese. *Studies in Language* 21-1. 105-127.

Diachrony and Typology in Chinese Grammar
Alain Peyraube, XU Dan

Abstract: Historical linguistics and typology are two domains which are closely linked in China as elsewhere, at least as far as grammar goes. However, if the renewal of research into diachronic syntax from the 1980s onwards in the West depended essentially on advances in typology, in particular, in the wake of Greenberg's work at the end of the 1960s, the situation in China was the opposite: it is rather the very recent domain of typology which is undoubtedly the issue of research into historical grammar. In spite of this, the association between these two domains, today said to be close, is actually quite indirect. The three basic mechanisms which govern grammatical change, that is, the processes of reanalysis (including grammaticalization and exaptation), analogy (including the phenomena of lexicalization and/or degrammaticalization) and external borrowing through language contact, do not involve, or only minimally, typological research strictly defined, except perhaps the latter, which could be included in the definition of linguistic areas. The same applies to the recognized motivations for grammatical change: semantico-pragmatic change, structural requirements, etc. They do not involve typology to any great extent. What connects these two domains then? Quite simply the fact that diachronic linguistics often enables us to provide, if not explanations, at least grounded hypotheses about the common properties which Sinitic languages share, or more often, the basic differences which are revealed between them. Examples are taken from the following topics to illustrate the points made above: passives and causatives; postverbal and preverbal adverbs; double object constructions; verbs of saying.

Key words: typology, diachrony, reanalysis, grammaticalization, analogy, external borrowing

（貝羅貝　法國國家科研中心東亞語言研究所　法國高等社會科學學院；
徐　丹　法國國立東方語言文化學院　法國國家科研中心東亞語言研究所）

論漢語韻律的形態功能與句法演變的歷史分期

馮勝利

提　要　經過過去十多年的研究,韻律制約詞法和句法的作用日益顯著。本文即在以往研究的基礎上進而提出:(1)韻律本身具有形態的語法功能。(2)韻律的這種形態功能在句法史上扮演著促發演變的重要角色。文章繼而提出,(3)上古漢語曾經歷了從音段形態(segmental-phonologic morphology)到超音段形態(supersegmental-phonologic morphology)的歷史演變,因而(4)漢語史的分期可以形態的類型爲標誌,將其二分爲東漢以前"音段形態類型"的綜合型語言(synthetic language)和東漢以後逐步形成的"超音段形態"爲主的分析型語言(analytic language)兩大類型。

關鍵詞　韻律　形態功能　句法演變

1　韻律的形態功能(構詞與造句)

什麽是形態？以英語爲例,act加上-tion就變成名詞(action),若變成acting則爲動名詞。形態就是利用語音的手段(如加綴、變形等)來改變句子中成分的語法性質,因而這些通過語音手段加到成分上的語音符號,就具有了形態的功能。長期以來,人們普遍認爲漢語缺乏形態,但事實是否絶對如此,仍然值得深入研究。我們知道,現代漢語當然没有英文那樣的形態語素,就是説漢語缺乏**音段**形態,如表第三人稱單數的-s、動詞變名詞的-tion、形容詞變副詞的-ly等等。然而,通過對韻律的研究,我們發現:漢語可以通過韻律這種超音段的手段,發揮其類似于音段形態手段的作用。這一發現基於我們對韻律制約句法的巨大能量的重新認識:數年來韻律句法的研究揭示出了大量的韻律制約構詞和句法的現象,然而,韻律所以有如此巨大的威力、所以能够制約構詞和句法的原因,不可能僅僅在於韻律本身的長短輕重。根據最近的研究(馮勝利2007),我們認爲:韻律具有語言形態的功能。换言之,形態不僅可以通過音段形式來實現,也可以通過超音段形式來標記。後者可以從如下兩個方面來論證:(1)韻律在構詞上的形態功能(如構詞法、詞性轉移等);(2)韻律在句法上的形態功能(如促發移位、改變結構等)。毫無疑問,如果韻律本身可以作爲語言形態的一種手段,那麽,就像決定語言變化及彼此差異的形態語素一樣,韻律也是語言所以嬗變及所以不同的一種功能參數。倘如此,韻律制約詞法和句法的作用則是自然而然的内在機制。

果又如此,那麽一向所謂"句法無涉語音"的説法(phonology-free syntax)則不攻自破。下面我們先看韻律在構詞上的形態功能。

1.1 韻律在構詞上的形態功能

1.1.1 韻律決定語辭的詞性(Prosody determines part of speech)

韻律的形態功能首先表現在它標識詞性的作用。請看:

    a. 編教材   編寫教材

    b. *教材編   教材編寫

    c. *教材的編   教材的編寫

從這組詞可以清楚地看到:沒有韻律的手段,單音節動詞無法作爲名詞性的成分來使用。在 a 組中,"編教材"是動賓結構,"編寫教材"也是動賓關係,二者結構關係相同,"編"與"編寫"除了意義上的細微差異之外,其功能是一樣的。但在 b 組中二者表現出很大的不同:"教材編"絕不能説,"教材編寫"則毫無問題。如果加上"的"就更加清楚:"教材的編"不合法,而"教材的編寫"則文從字順。我們可以類推,一個及物動詞如果具有單音節和雙音節兩種對應形式,凡是能够同時進入[動賓]和[賓動]兩種格式的,必是其中的雙音節形式。同樣道理,下面的例子也是如此。

    調工作   調動工作

    *工作調   工作調動

    *工作的調   工作的調動

從"教材編寫""工作調動"我們可以發現,這裏的"編寫"和"調動"是名詞化的動詞,而相對應的單音節形式"編"和"調"仍爲動詞。也就是説一個單音節動詞要名詞化,必須變成雙音節(雙音化)。這是一種語法的運作,其運作按下面規則進行:

    規則:$V \rightarrow N/V \ / \ [\ \underline{\quad}\ ]_{\sigma\sigma}$①

這條規則説:一個單音節動詞(用一個 V 表示)要"名詞化"(或變成"動名詞"或"動名兼類")的話,那麼這個單音節動詞必須變成一個"雙音節單位"。换言之,雙音化是動詞變成名詞或兼類詞的必要條件和形式標記。

由此可見,這裏的雙音化實際上相當於英語中的音段標記-ing。當然,不同語言中的功能標記不可能絕對一樣,因此我們不能説漢語的超音段標記與英語音段標記的功能完全雷同。然而,不能否認的是:漢語的雙音模組具有語法範疇的標記功能,具有改變動詞性質的形態功能。②

1.1.2 韻律影響動詞的及物性(Prosody affects the transitivity of verbs)

    研究社會   進行研究 *社會   對社會進行研究

    解決問題   加以解決 *問題   對問題加以解決

    調查人口   從事調查 *人口   對人口從事調查

打擊敵人　　給予打擊 *敵人　　對敵人給予打擊

這組例子反映了這樣一種現象:在及物性雙音節的動詞前加上"進行、加以……"後,該動詞的後面便不能再出現賓語。這種現象用當代形式句法理論可以這樣解釋:"進行、加以"等VV形式具有一定的語法功能,這種功能要求:(1)它們後面必須是一個抽象動詞;(2)後面的位置取消了抽象動詞指派賓格的能力。值得注意的是:上面的句法功能必須通過韻律來實現,亦即:

　　規則:V (O) → V (*O) / VV$_{助}$ + [＿]$_{σσ}$ #

就是說,"進行、加以"等VV形式的句法功能是使後面的抽象動詞必須組成雙音,而正是這種雙音才使得這個動詞喪失了它的指派賓格的能力——使之發生語法性質的變化,於是只能用介詞重新引出賓語。不難看出,雙音模組正是實現上述語法功能的一種形式標記,只不過這種標記不是音段形式而已。

1.1.3 韻律決定詞語分界

除了上面這些現象之外,韻律還具有在一定範圍內區分詞與短語界限的作用。界定或標示"詞"和"語"的不同,是形態重要的語法功能。在這一點上,韻律形態與音段形態有著異曲同工之妙。我們先來看下面的幾組例子:

第一組:

　　a. 負責工作　　*負責任工作　　對工作負責任
　　b. 取笑他　　　*開玩笑他　　　跟他開玩笑
　　c. 有害身體　　*有傷害身體　　對身體有傷害
　　d. 並肩戰鬥　　*並肩膀戰鬥
　　e. 攜手前進　　*攜手臂前進
　　f. 同步運行　　*同步伐運行

在這一組的例子中,"負責""取笑""有害"都是動賓結構,但仍可再帶賓語(外賓語);而"負責任""開玩笑""有傷害"同是動賓結構,但不能再帶賓語。"並肩、攜手、同步"是動賓結構作狀語,所以可以修飾動詞;而"並肩膀、攜手臂、同步伐"雖同是動賓結構,但無法修飾動詞。③也就是說,凡是要完成"動賓結構帶賓語"、"動賓結構作狀語"這樣一些句法任務時,原始的動賓都必須是雙音節形式,它們必須遵循下面的規則:

　　規則1:VO → Compound / [V O]$_{PrWd}$

任一動賓短語要變成一個詞,該短語必須成爲一個標準(雙音節)韻律詞。④

遵守雙音節的條件就可以成爲一個韻律詞,超出這個條件就無法成爲一個韻律詞。無法成爲韻律詞的就不能成詞。不能成詞的動賓,當然不能再帶賓語。這裏的道理簡單,但意義非凡。以前我們的分析僅止於詞語之別,今天看來,義猶未盡。因爲能不能成詞取決於是否雙音,雙音節是漢語中的韻律模組。這個模組就相當於英語中的符號標記,只不過是超音段的標記而已。音段是聽得到的,超音段也是聽覺可感的,唯方式不同而已。

因此,我們不但可以說漢語是有形態的,而且可以說漢語給我們打開了一個認識形態的新視窗,讓我們重新思考形態的定義、探索實現形態的不同手段和方法。無獨有偶,請看:

第二組:

  a. 他非常可疑　　*他非常可懷疑

  b. 他非常可靠　　*他非常可依靠

  c. 他非常可信　　*他非常可相信

  d.　　　　　　　*這個東西非常可加工

"非常可疑"可以說,但"非常可懷疑"就不好。"可疑"和"可懷疑",構詞模式一樣、句法結構相同、意義也沒有太大區別。可是一個合法,一個無法接受。其原因就在於一個違反了韻律形態的要求,亦即不合下面的規則:

  規則2:Aux V → Compound / [Aux V]$_{PrWd}$

  [助動詞+動詞] 的短語要成為一個詞,必須是一個標準韻律詞。

第三組:

  a. *白大盤子　　紅小兵

  b. *紅小雨傘　　黑大漢

  c. *紅小電腦　　黑小辮兒

  d. *黑大熊貓　　黑大雁

  e. *白大蘿蔔　　白大米

  f. *紫小番茄　　綠小蔥

"A+N"歷來是漢語研究中的一個爭論焦點:到底A+N是短語還是詞?眾說紛紜,莫衷一是。但無論採用哪一種說法,上面的事實均不可否認:"紅小兵"可以,但"白大盤子"不行。根據左邊帶"*"的組合,我們可以歸納出一條規則,凡是[A+大/小+N]的結構,都不合法。然而,這條規則並不絕對,因為右邊的"紅小兵、黑大漢"等形式都可以說。這樣一來,我們便處於兩難境地:如果說前面那條規則不對,我們有左邊的非法例句支持它;如果支援前面的規則,我們又有右邊合法的例子反對它。如何解決這一矛盾呢?其實很簡單,前面的規則沒有錯,只不過有個例外條件,亦即:只有當[大/小+N]是雙音節或是標準韻律詞時,可以成詞,因此可以不受管制。於是我們又得到一個與上面一、二兩組同樣的成詞規則:

  規則3:AN → Compound / [AN]$_{PrWd}$

綜上所述,如果我們把韻律詞這樣一個模組當作一個形態的話,那麽兩個音節的"音量"

就相當於一個形態的標記,標誌著它是一類特殊的詞或特殊的詞性,從而具有不同於短語和其他形式的語法功能。韻律的形態功能在詞法上不但歷歷在目有如上述者,而且一定還有更多的待發之覆。

1.2 韻律在句法上的形態功能

1.2.1 介動併入(P→V Incorporation)

上面説的是韻律在詞法上的形態;在句法上,韻律同樣有其形態的功能。首先,我們知道,句中主要動詞後充當補述語成分的介詞,如不併入前面的動詞就不合法。譬如:

*那本書,他[放了在]桌子上。

那本書,他[放在了]桌子上。

問題是為什麼"在"必須併入"放"句子才合法。注意,純句法理論沒有理由要求介詞一定要上移併入動詞,因為其他語言(如英文)動詞後的介詞不上移也合法。漢語沒有理由在[動+介]的句法關係上"搞特殊"。然而事實是:漢語中的介詞不併入動詞就不合法。其實,這裏的要求不是句法,而是韻律(參馮勝利2000),亦即:

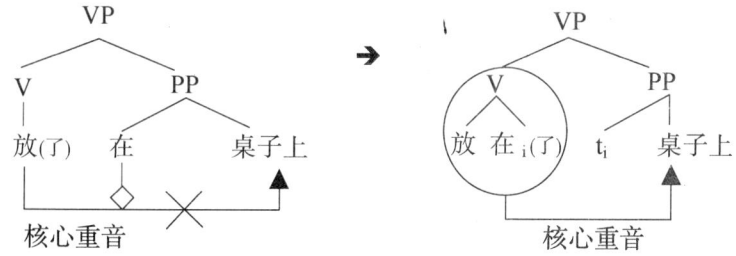

動詞後面的介詞(在)阻擋了動詞把核心重音指派給介詞賓語的路徑,因此"放了在"這樣的句子不合法。我們知道,漢語的核心重音必須落在動詞直接支配的姊妹結點上(馮勝利2000)。因此,介賓結構如果要出現在動詞後面,就只有通過語法上的併入運作,將介詞貼附到動詞之上(上面的右邊結構),才能確保核心重音的指派,才能生成合法的句子(亦即"放在了")。這道理雖然簡單,但其中潛在的涵義卻非同小可:句法併入成了韻律而不是句法的要求。據當代句法理論,啟動句法運作的是該語言中形態的作用。如果是這樣,那麼韻律無疑就是形態的一種,因為介詞併入動詞的運作是根據韻律的要求而啟動的,雖然運作的本身是句法。換言之,韻律像語言的形態要素一樣,可以啟動句法的運作。因此,韻律不僅在詞法上有形態的功能,在句法上同樣發揮著形態的作用。

1.2.2 句法運作的韻律條件

如上所述,形態在當代句法學中占有極其重要的地位。當代形式句法理論裏的一個普遍原則是:形態要素不僅促發而且保障句法運作的合法性。在這點上,韻律也扮演著同樣的角色。請看下面的句子:

*收徒弟少林寺　　收徒少林寺

*他收徒過　　　　收過徒

　　*講語言學中南海　　講學中南海

　　*他講學過　　　　他講過學

"收徒"與"收徒弟"在句法上没有任何區别,但其句法運作的結果却大不相同:"收徒"可以移動,其運作過程如下圖所示:

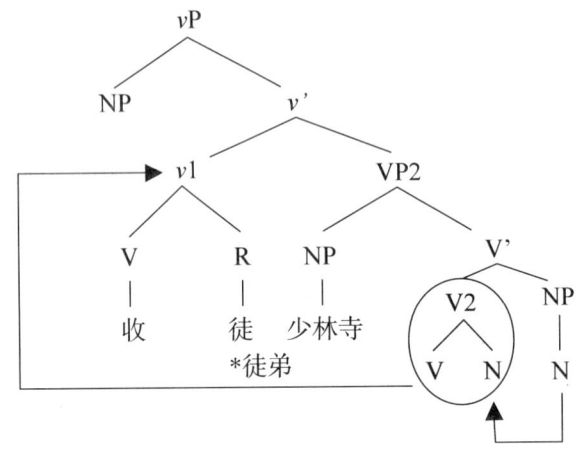

顯然,"收徒弟"無法實現上圖的句法運作。爲什麽呢?原因也在韻律:句法的運作受到了韻律的嚴格控制。因此,符合韻律的就可以運作,不符合韻律要求的則不能運作。前面説過,句法的運作不僅要形態來啓動,也要形態來保證。這裏我們看到:韻律是保證句法運作的重要條件。在這點上,韻律和形態的功能别無二致。當然,形態在一般的語言裏是通過音段來標記的,然而這並不能妨礙漢語裏的韻律發揮同樣的作用。在我們看來,韻律雖是超音段現象,但也是聽而可見的語音,因此語言把韻律作爲形態標記,並不足怪。根據這個道理,以往所謂的形態就不僅可以是能用字母寫下來看得到的形式標記,而且還可以是聽得到但無法用傳統方法(字母)寫下來的語音標記(如音步和重音)。

2　韻律在歷史句法中的促變功能

　　上面我們看到的是現代漢語中的韻律作用。在歷史上,韻律同樣發揮着重要的形態作用。下面我們僅以"從空動詞到輕動詞的發展""被字句的發展"和"動補結構的發展"爲例,來分析和闡釋韻律的促變作用及其形態功能。

　　2.1 從空動詞到輕動詞(從無到有)

　　從類型學上看,上古漢語的輕動詞(light-verb)與中古和現代漢語的輕動詞的性質很不一樣(參 Feng 2006)。輕動詞的語法在上古漢語中屬於綜合性語言的範疇,而在後來的漢語中則是分析型語言的結果。⑤不僅如此，前者是句法的、自由的（如爲動、使動、意動和名詞動用等），而後者則是詞彙的、不自由的（參馮勝利 2005）。從自由的句法**空動詞**（早期輕動詞，如"無人門焉"）到詞彙性**輕動詞**（如"打魚"的"打"），漢語經歷了一個"有史可稽"和與其他變化同步而行的過渡時期。請看：

a. 公元前 300 年

　　日有食之，鼓。（左傳，莊公二十五年）

　　鼓，禮也。（穀梁傳，莊公二十五年）

　　伐人者爲客，長言之；伐者（被伐）爲主，短言之。（公羊傳，莊公二十八年，何休注）

先秦以至於東漢以前，詞類活用不但比比皆是，而且個個皆可（理論如此）。何休《公羊傳注》的"爲客長言""爲主短言"又向我們透露：一個動詞的主動語態與其被動語態可以通過音段形態的方式來實現。這些都是早期或原始漢語使用音段形態的例證。而所謂"漢語沒有形態"則是後來丟失的結果。這個過程是什麼時候開始的呢？請看：

b. 公元後 300 年

　　複教**打**鼓振鈴，遍告城內人。（佛本行集經，卷十四）

　　天魔軍衆忽然集，處處**打**鼓震地噪。（同上，卷二十九）

　　經夜後分，欲**打**鼓時，明星將現。（同上，卷三十六）

　　處處打鼓，求欲論議。（同上，卷三十八）

毫無疑問，大量的事實告訴我們，和其他帶有類型性演變一道（見後文），空動詞（＝非音化輕動詞）也是從東漢前後才開始逐步爲輕動詞（＝音化輕動詞）所代替（參 Feng 2006，馮勝利 2008；胡敕瑞 2005）。這裏我們關心的是"什麼因素"讓空動詞退出歷史舞臺，把自己的位置讓位給（帶音的）輕動詞了呢？注意：空動詞到輕動詞的變化是語言形態學和類型學上的重大改變，因此不管是什麼因素，都事關語言類型的本質。其實，從上面的例子可以看出，到了公元 300 年前後，在那些用了（音化）輕動詞的語句裏，如果仍然像以前一樣保持空動詞的單音運作，就不再合法了，請看：

　　*處處[＿鼓]震地噪。

　　*複教[＿鼓]振鈴。

　　*欲[＿鼓]時，明星將現。

　　*處處[＿鼓]，求欲論議。

這並不是說那時的"鼓"字絕對不能"空動"，事實上，"鼓"在雙音單位的環境裏，仍然可依空動詞的格式運作。譬如，在同一部書裏，我們發現：

　　不鼓自鳴。（佛本行集經，卷二）

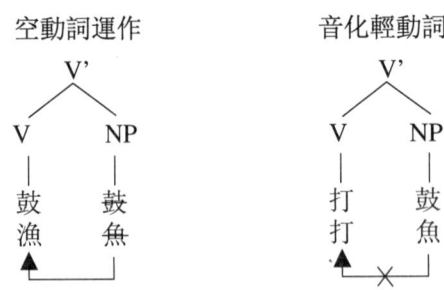

不言而喻，"鼓"字是"空動"還是"輕動"的選擇，取決於它是否能雙的自然語境。因此，凡是單音節"鼓"字不便獨立的地方，就採用"音化"輕動詞的方式使之成雙（如加"打""擊"等）。於是才有"處處[打鼓]震地噪"，因爲"處處[鼓]震地噪"中的"空動單音運作"在當時新型的韻律系統中難以立足（不管是加輔音、換元音，還是長言或短言）。可見，空動詞的位置用一個一般的動詞來填充是一種自然而然的韻律結果。然而，避單求雙的方法雖簡單，但其潛涵的意義卻極大：是韻律的要求迫使空動詞退位、是韻律的規則實現了輕動詞的"現身"。⑥這一方面說明韻律到了這個時代才發揮出它的作用，另一方面也看出是韻律的格式保證著輕動詞的句法框架，從而把漢語從綜合性特徵發展到分析型的類型——韻律要求的結果正是分析型語言的運作。韻律的促變和形態作用，於此可見其要也。

2.2 被字句（從詞到語）

被動句的歷史發展已廣爲人知，然而其中的問題及其潛在的意義似乎並未引起人們足夠的注意。首先，大家知道，"被 V"之間在先秦是不能插入施動者的，東漢以後才能如此。譬如：

萬乘之國，被圍於趙。（戰國策，齊策）

臣被尚書召問。（蔡邕：被收時表）

我們都知道"被圍於趙"是先秦的語法，正如王力先生（1985）所說"那時候，施動者是不允許插在中間的"。然而，東漢末年出現了"被尚書召問"。我們要問：以前不允許的爲什麼偏偏在這個時候允許了呢？這是第一個問題（時代問題）。第二，"不允許"意味著結構不合法。爲什麼不合法呢？這是先秦被字句的結構問題。如果先秦的被字結構不允許中間插入施動者，那麼爲什麼後來又允許了呢？東漢末年的被字結構發生了什麼樣的變化呢？注意：結構上允許但出現頻率低的，是使用而不是句法問題；"不允許"是結構而不是使用的問題。因此不從結構上回答爲什麼不允許的問題等於沒有解決問題。被字句的難點還不在於爲什麼不允許的問題。如果解釋了爲什麼先秦不允許的問題，用同樣的理由則無法說明爲什麼東漢以後又允許了的事實。

然而，從韻律的角度來分析，我們不僅解決了這種結構的改變，而且發現這種結構的改變正好和當時的雙音化的韻律轉型同步而行（雙音化實際反映了韻律系統的改變）。最早出現的"被圍、被困"都是雙音節的標準韻律詞（所以在當時的大勢之趨下凝固成詞，中間才不容插斷），到了東漢《論衡》時代才出現"被侮辱、被迫害、被譭謗"一類三個音節的結構。三個音節的[中心詞＋補述語]與兩個音節的絕然不同。這裏，我們在歷史上第一次看到韻律上的長短之別開始扮演起句法形態上的特有的角色。比較：

  詞/語：複印文件 進口貨物 出版讀物

  詞： 複印件   進口貨   出版物

  語： 印文件   進貨物   出讀物

不難看出，三個音節的"複印件"是名詞，而"印文件"是動詞短語而不可能是詞。這種區別詞語的韻律形態在"被誹謗"的歷史發展中開始發生作用："被＋VV"是動詞短語，因此不再是詞。它告訴我們："被圍"在先秦一度被重新分析爲一個句法單位，這個單位是在韻律的標識下首先成爲一個韻律詞，其後固化爲一個複合詞。在同樣的韻律規則驅使下，"謗"也變成了"譭謗"，從而也把"被＋V"的雙音節模式拉長爲三個音節的[被＋VV]。然而，1＋2 和 2＋1 兩種格式（或韻律形態功能）絕然不同。請看當時的例子：

  [2＋1] 詞法成熟於《論衡》：馬下卒、偃月鉤、喪家狗、繭栗牛、兩頭蛇

  [1＋2] 造語成熟於《論衡》：被譭謗、被污辱、被迫害、被累害、被棺斂

[2＋1]型三音節構詞法成熟於《論衡》，與此相反而相成的是，[1＋2]式被字句也成熟於《論衡》。這是《論衡》的作者的原因呢，還是時代所致呢？不管怎樣，這兩種"偶合"反映了一條規律：韻律的形態功能已開始發揮作用，如下：

  [1＋1] ＝ 構詞功能（韻律詞、句法詞、複合詞……）

  [2＋1] ＝ 詞

  [1＋2] ＝ 語

  [2＋1] ↔ [1＋2] ＝ 詞語的對立與別語的功能

換言之，不僅[被 V]和[被 VV]截然不同（在韻律形態的系統裏，前者爲詞標記而後者是語標記），就是[2＋1]和[1＋2]也涇渭分明：它們的對立不僅是節律上的不同，更重要的是被用來標示詞和短語範疇的對立。必須指出：漢語從這以後便有了"複印件"和"印文件"的語法差異。從而使漢語的詞語範疇有了自己的形式標記，雖然這種形式標記和傳統所謂"音段形態"的方法不同。在這種韻律形態的作用下，[被 VV]當然就被重新分析爲短語。[被 VV]成爲短語以後，自然允許施動者插入"被"和後面"雙音節動詞"之間，以至於今天的被字句裏，如果動詞掛單，施動者仍然不容置入其中。⑦ 比較：

  悟空常被師傅批評。

  *悟空常被師傅批。

在韻律形態開闢的道路上，被字句往後的發展雖經"萬變"，而仍然"不離其宗"。如：

  被定州官軍打敗。（周書，晉蕩公護傳）

樹被風吹倒。(闍那崛多譯：佛本行集經)

龍被射死。(吴康僧會：生經)

己被放在此山澤深險之處。(楚辭補注)

龜被生揭其甲。(嶺表録異)

禰衡被武帝謫爲鼓吏。(世説新語，言語)

2.3 動補結構（R→V Movement）

輕動詞和被字句告訴我們從東漢開始，漢語便起用韻律的音步爲形態手段；而東漢以後發展起來的動補結構，又從核心重音的角度向我們揭示了漢語韻律形態標記的另一方式。比較：

a. 打破頭。(百喻經)

b. 打汝頭破。(祖堂集)

c. 打破煩惱碎。(壇經)

d. *打破碎煩惱。

e. *打煩惱破碎。

從漢末到六朝，動補結構中不僅有"打破頭""打頭破"兩種形式，還可以説"打破煩惱碎"這種"一動兩補"的句子。有趣的是，歷史記載中絶不見"*打破碎煩惱"和"*打煩惱破碎"的説法。如何解釋這種現象呢？從句法上説，"打破頭"一類句式是從下面的結構中派生出來的(參馮勝利 2005)：

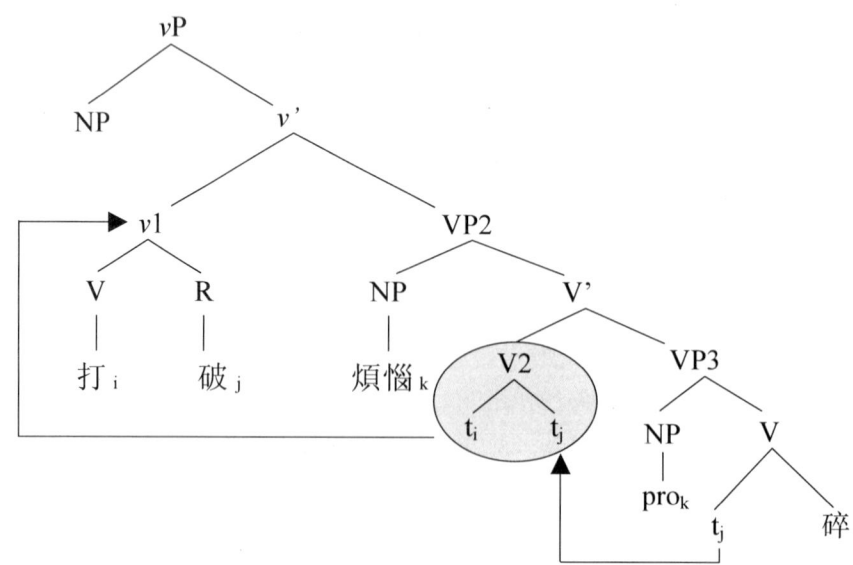

注意：如果采用當代句法的分析，我們無法根據同一形態因素（句法移位元是形態特徵導致的結果）讓補語成分既移動又不移動。如果根據"形態特性（feature）導致移位"的説

法,那麽只能得到和"打破煩惱"一樣的"*打破碎煩惱"的結果,而得不到"打破煩惱碎"這樣"一個移,一個不移"的結果。爲什麼會産生違背句法的運作呢?要解釋這一結構的複雜性,我們需要知道爲什麼現代漢語不能説"*關窗户嚴"。我們知道,"關"是動詞,"窗户"和"嚴"都是"關"的補述語。核心重音只能分派給動詞直接支配的姊妹成分,所以只有"窗户"可以得到重音,因此"關窗户嚴"不合法。這和"*放了在桌子上"的情況一樣,要想讓句子合法,就得把可以併入的成分移出核心重音指派的範域,於是就促發了補語"嚴"字上移的句法運作,出現"關嚴窗户"的句子。這是現代漢語,而古代漢語的事實更證明了補語上移是韻律促發的結果。正因爲是韻律導致的句法運作,所以是移是留,一决於韻律:如果兩個補語("破"和"碎")都上移,形成"打破碎煩惱"那麽"煩惱"就得不到重音;如果兩個都不移動,成爲"打煩惱破碎",那麽"破碎"得不到重音,句子也不合法。剩下的選擇只能是移動一個(造成合法的"打破煩惱"),保留一個(造成合法的"打煩惱碎")。前者合法,因爲"打破"是一個句法韻律詞,核心重音可以指派給"煩惱";"碎"字殿后也允許,不僅因爲和"打頭破"同屬一類,更重要的是它們所以合法是因爲它們使用頻繁,形同"語助"(因此輕讀)的原因所致。(参馮勝利 2005)⑧

總之,動補結構的移位運作告訴我們:没有韻律的促發與保證,很難解决"一動兩補"的結構,很難解釋爲什麼其中的兩個補語不能一起上移、一起保留,而非一個上移一個保留不可的奇怪現象。然而,在韻律的系統裏,奇怪變成了自然。更重要的是,動補結構的韻律作用告訴我們,核心重音從這個時候開始,便和韻律詞法交互作用,促發著新格式的産生和發展。韻律促發的句法運作,正是它形態功能的重要表現。

3 漢語韻律變化的歷史證據

根據當代語言學理論,人類語言所以不同是形態參數的不同所致⑨。據此,通過形態參數的不同,我們不僅可以把英文和漢語區分開來,而且還可以有效地把印歐語和漢藏語區别開來。理論的功能就在於它的普遍威力——如果形態參數理論正確的話(至少今天已廣爲接受),那麼處於歷時上的不同語言和不同的演變,無疑也是形態參數不同所導致的結果。這本没有什麼奇怪:形態參數原則的共時性實現(横向效應)導致語言地域上的不同(不同的語言和方言);而其歷時性實現(縱向效應)就造成了語言在時間上的差異(不同歷史階段的語言和嬗變)。語言縱横皆異的基本原理是一樣的。根據這一理論,漢語的歷史分期可以,也應當以它的形態類型爲標準。原因很簡單,形態類型的嬗變必然引起由形態决定的句法結構的不同與演變——形態是根。

上面看到,韻律不僅在現代漢語中發揮著它形態的功能,在古代漢語中同樣起著促發演變的作用。如果形態是決定語言的基本因素,那麼我們要問:韻律的形態作用是否自古而然? 雖然我們現在還不能給這個問題下一定論(即使韻律自身的形態功能,也剛剛提到日程上來,Feng 2006b),但我們可以肯定地說,上述韻律的形態功能,在遠古漢語中是沒有的。原因很簡單,遠古漢語的韻律結構和截至東漢發展起來的韻律結構有著本質的不同。這種不同,我曾在幾個不同的地方提出討論(參馮勝利 2000,2004),這裏不妨綜舊益新,合爲如下七端。

第一,遠古的入聲字不僅有/p,t,k/,而且,根據近來的研究(參潘悟雲 2000),也有/b,d,g/。如果韻尾存在濁塞音,那麼遠古漢語的音步就和其他韻素音步的語言一樣,可以自成音步。就是說,遠古漢語的音步很可能是韻素音步,這和後來的音節音步大不一樣。

第二,韻素音步不僅可能,事實上也有案可稽。譬如:

吾喪我。(莊子,齊物論)

爾爲爾,我爲我。(孟子,公孫丑上)

彼以其富,我以吾仁,彼以其爵,我以吾義。(孟子,公孫丑下)

爾,而忘勾踐之殺女父乎?(史記,吳太伯世家)

爾無我詐,我無爾虞。(左傳,成公元年)

爾愛其羊,我愛其禮。(論語,八佾)

這裏"吾/我"雖同義反復,但不容互換;其中"爾/我""彼/我"均相互對言,彼此強調。爲什麼古人用"爾……我……"而不說"汝……吾……"? 爲什麼古人說"彼……我……"而不用"夫……吾……"? 其中的奧妙就在於"我"的音節強於"吾"。換言之,強調式的音節強於它的對應式。(參見《俞敏語言學論文集》137 頁,潘悟雲《上古指代詞的強調式和弱化式》2001:279-313) 請看:

吾 *ŋa   汝 *njǎ   夫 *pǎ

我 *ŋal   爾 *njěl   彼 *pǎl

不難看出,"吾喪我"就是"ŋa 喪 ŋad"(根據俞敏的擬音)——彼此之間的差別就在韻尾的一個/d/(或/l/)。這個 /d/ 是韻母中的韻素,而它的有無直接影響到能否重讀。這說明上古韻素的多少直接關係到音節的"輕重"。譬如:

弱音節	強音節
如 [nio]	若 [niak]
何 [gʻa]	曷 [gʻat]
胡 [gʻo]	惡 [ʔag]
有 [wje?]	或 [wjek]

根據高島先生的研究(1999),上述成對的同義詞不僅表現爲音節上的強與弱,而且是語義上的強弱。亦即:

強調式	一般式
若	如
曷	何
惡	胡
或	有

所有這些強調重讀式的音節比相應的非強調式的音節均多出一個韻素，因爲它們都是入聲字。亦即：CVC 重於 CV。根據當代韻律的理論，CVC 含有兩個韻素，所以可以保證音步的實現，所以才可獨立成爲一個韻律單位、才能重、才能強調。由此可見，上古漢語韻素音步的存在，確鑿無疑。否則，不可能有 CVC 與 CV 詞語之間的種種對立。

第三，尾音脫落與聲調的產生導致韻素音步的消失。我們知道，原始漢語本無聲調[11]，這一結論已爲學界普遍接受。據此，我們可以推知：上古漢語必然存在、至少允許由韻素組合的音步，雖蛛絲馬跡也與後來的音步大相徑庭。很簡單，沒有聲調自然沒有聲調對韻素音步的阻擾。而"聲調阻止韻素在音節内部建立音步"（參馮勝利 2005），則無疑促發新的音步形式的出現。這又是古今韻律結構必然不同的音步標誌：前聲調漢語是雙韻素音步結構，聲調產生後則是雙音節音步結構。

第四，事實上，上古音韻學的研究成果，很多都爲我們"上古韻素音步"的理論提供了堅實的證據。譬如，三等介音來源於上古的短元音（參包擬古 1980，鄭張尚芳 2003，Starostin 1989，白一平 1995[28 屆國際漢藏語學會論文]，Pulleyblank 1962–1963，潘悟雲 2000，等等）。如果上古的元音確有長短之分，那麼僅此一端就足以證明那一時期的語言必然對韻素十分敏感，否則元音的長短將無法區別。[11]換言之，根據我們韻素音步的理論，長短元音的存在不僅和我們的分析相行不悖，而且本身就是我們理論所預測的直接結果。

第五，新起的聲調如果發揮作用，那麼上面所論的上古韻素音步（包括充當韻素音步的入聲字）必然爲整個系統所不容而被取代。因此在聲調建立的新型體系中，它們必然逐漸失去存在的地位（有關論證參馮勝利 2000）。這就是爲什麼上面那些以韻素多少爲標誌的輕重對立型詞語，到了後來便爲"以音節多少爲標誌的輕重形式"所代替。這就是說，聲調的逐步建立與雙音節形式逐步增加的同步發展，同樣可以證明我們聲調排斥單音步的理論。早先漢語沒有聲調，但有韻素多少的對立；後來有了聲調，但隨之而來是單雙音節的對立。譬如：

孔 khloog	→ 窟窿
瓜 k^{w}raa	→ 果蠃
權 gron	→ 權輿
筆 brug	→ 不律
椎 dhjul	→ 鐘馗
僂 groo	→ 佝僂
茨 zli	→ 蒺藜

"筆（*brug）"是單音節，但是又可説成"不律"；僂（*groo）是一個字，但是可以説成"佝僂"。此外，如"茨"又叫"棘藜"，"椎"又叫"鐘魁"等等，春秋以後更層出不窮。它們本非二物，但却要分爲二語（聯綿詞）。因爲急言之則曰"僕"，緩言之則曰"不穀"。

綜上所述，"我-吾""彼-夫""爾-汝""如-若"以及"僕-不穀""孔-窟窿""茨-棘藜""椎-鐘魁"等的輕重緩急之差，雖表現在發語輕重的對立之上，而其所以必此者，乃音步類型不同所致。更有意義的是，這種 CVC 跟 CV 的對立可以告訴我們：漢語史上確曾有過一個以韻素多少爲輕重的時期，而這種對立出現在較早文獻裏的事實，充分證明早期韻素音步的存在。

第六，下面的語言事實，進一步鑿實了上面的結論。請看：

唯黍年受？（甲骨文合集，9988）

我受黍年。（甲骨文合集，10020）

隹丁公報。（殷周金文集成，八）

唯余馬首是瞻。（左傳，僖公十四年）

何城不克？（左傳，僖公四年）

何事能治？（國語，晉語一）

甲骨文中"唯黍年受"一類單音節動詞殿後的［唯+賓+V］型句子極爲普遍（參張玉金 2001:216）；然而後來"*唯余馬首瞻"一類的話則不復存在，這説明動詞掛單殿後的句子已不合法。然而，這不是句法的要求而是韻律的制約。這也足以證明遠古的韻律和後代截然不同。

第七，無獨有偶，上古文學和語言的同步變化也爲上古韻素音步提供了堅實的證據（參馮勝利 2008），請看：

斷竹，續竹；

飛土，逐肉。（彈歌）

或鼓，或罷，

或泣，或歌。（易經，中孚，六三）

屯如，邅如；

乘馬，班如；

匪寇，婚媾。（易經，屯六，二）

我們知道，文學史上所謂的"二言詩"都是遠古詩歌的殘留，後來就全都消失了。我們還知道，天下沒有"一行只有一個音步"的詩歌形式（孤詞只句者不算）。上述兩點的邏輯結果演化出一個自然結論：遠古漢語一個音節一個音步。事實上，唯其如此才有"二言兩步"的詩體。否則，要麼"二言"和"四言"沒有區別；要麼"二言"詩體本不存在。有了"一個音節一個音步"的理論，二言詩體的韻律結構才可以分析爲如下形式（擬音參鄭張尚芳《上古音系》）：

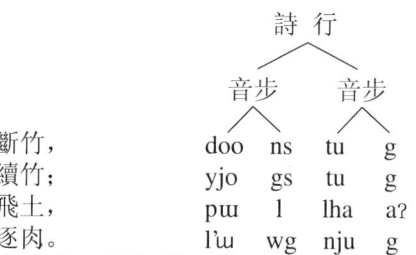

```
          詩 行
         ╱    ╲
       音步    音步
      ╱  ╲    ╱  ╲
斷竹，  doo ns  tu  g
續竹；  yjo gs  tu  g
飛土，  pɯ  l   lha a?
逐肉。  lʉ  wg  nju g
```

這無疑爲我們遠古漢語韻素音步的理論提供了又一個鐵證。當然，二言詩體後來消失的事實，也爲韻素音步變成音節音步的理論提供了額外的證據。

無論從音系學（上述一、二兩點）還是節律學（三、四兩點），或是詞彙學（第五點），或是句法學（第六點），以至於文學上看（第七點），古今韻律結構之不同，均歷歷在目，不容否認。[12]據此，如果韻律不僅在現代漢語中發揮著它形態的功能，而且在古代漢語中同樣起著促發演變的作用，那麼韻律的這種形態功能絕非自古而然。因爲發揮作用的韻律形態是漢語從韻素音步變爲音節音步而後的事情。

那麼遠古的形態和後來發展出來的韻律形態有何不同呢？無疑，這是漢語史研究的一個嶄新的課題。儘管這方面的研究還剛剛起步，令人鼓舞的是：以往漢語沒有形態的説法日益被新的上古形態的研究和新的發現所取代（參 Pulleyblank 1962－1963，梅祖麟 1980，潘悟雲 2000，沙加爾 1999，包擬古 1980 等）。目前的一般結論是：遠古漢語確有形態標誌，不過許多都被漢字掩蓋了。譬如：

王之藎臣，無念爾祖。（詩經，大雅，文王）

毛傳："無念，念也。"可見"無"字無義，相當於一個詞頭。這類現象（潘悟雲稱爲"半音節"）在上古漢語研究裏越來越引起人們的重視。無論如何，上古漢語有形態語素，而且和現知的語言一樣，是用 segmental-phonology（音段）的手段來實現的，無論屈折性語素（inflection）還是派生性語素（derivation）都莫不如此。然而，隨著遠古音段形態的丟失（伴隨著音節的簡化和複輔音的丟失），我們認爲，漢語並非從一個有形態的語言轉變到一個沒有形態的語言。換言之，我們認爲以往所謂"漢語沒有形態 Chinese has no morphology"的説法是相當片面的。與以往的看法不同，我們認爲：如果形態（morphology）的作用是它的語法功能，而它的語法功能一般通過語音的形式來表現，那麼韻律也是語音，韻律也可以作爲形態的標記。因此，在歷史演變中，漢語雖然丟失了大量的音段形態的標記，但是作爲補償，漢語又自己發展出一種超音段的形態標記。最明顯的就是"四聲別義"。沒有人否認聲調的形態功能，也沒有人否認聲調是超音段形式。因此，超音段形式作爲形態的標記，自東漢聲調趨備以來就已然如此。而事實上，不僅聲調，音步、節律還有重音都可以作爲漢語形態的標記手段。我們雖然不必説人類語言所有的形態都必須通過語音來標記，但這裏所要強調的是：超音段形式也是語音，因此超音段形式（如聲調、重音、長短、節律等等）也是實現形態的一種手段（參馮勝利 2007a）。一言以蔽之，韻律是漢語丟失了音段形態手段以後所發展出來的一種新型的形態標誌。[13]如果說漢語有自己的特點,我們認爲,把超音段形式作爲自己的形態標誌,堪稱漢語的一大特點。

總而言之,古漢語確曾經歷了從音段形態(segmental-phonologic morphology)到超音段形態(supersegmental-phonologic morphology)的歷史演變。

4 以形態類型爲標準的漢語史兩分法

根據當代語言學的理論,形態決定語法(或語法體系)。據上文所述,如果漢語經歷了一個從音段形態到超音段形態的歷史發展,那麼,區分漢語歷史發展階段的決定因素就不能不從她的形態類型上著眼。換言之,漢語歷史發展階段中的一個本質的不同,就是她自身形態系統的類型轉變──從音段形態到超音段形態。據此,我們認爲漢語史的分期儘管可以根據不同的標準劃分爲不同的階段或時期,但是最重要的、對語言類型起決定作用的因素,是它的形態。如果以形態類型的標準來分期的話,我們主張把古代漢語二分爲東漢以前"音段形態類型"的語言和東漢以後才逐步形成的"超音段形態"爲主的語言兩大類型。音段形態和超音段形態的區分不僅支持了 Huang(2005)提出的古代漢語綜合(synthetic)與分析(analytic)的兩分法理論,而且進一步鑒實了古代漢語從綜合走向分析的原因(超音段形態的作用)及其轉型年代的確定(以東漢爲界)。

這種以東漢爲界而一分爲二的分期法,不僅考慮到漢語本身的語音、文字、詞法和句法的類型不同,同時還兼顧到以語言爲基礎的文學的發展。大量的事實表明,東漢以後確是漢語形態類型全面轉變的時期,也可以說是漢語文學語言面目全新的新階段。這裏不妨臚舉數例以見一斑(僅列與韻律形態有關者數例而已)。

東漢以來漢語類型性演化示例:

(一)語音演變

(1)去入有別("去聲備于魏晉。"段玉裁)

(2)離去無破("真正的聲調讀破是東漢時才產生的。"參張傳曾 1992)

(3)三音節音步成熟(參馮勝利 2008)

(4)聲調俱全("四聲起于齊梁。"錢大昕)

(5)四音節複合音步("密而不促。"劉勰)

(6)古注音變出現("古聲者,實、填、塵同。"鄭玄)[14]

(7)聲訓絕跡(古代音系的大轉型,使後人無法再因聲求源)

(二)詞法演變

(1)雙音詞暴漲(創造出大量單雙對應詞:戮/殺戮、筍/竹筍)

(2)三音詞出現(喪家犬、馬下卒、偃月鉤、兩頭蛇。參胡敕瑞 2005)

(3) 四字格成詞 (但能護持宣助佛之政法。《法華經‧五百弟子受記品》)
　　(4) 聲調形態造詞法 (四聲別義)
(三) 句法演變[15]
　　(1) 代詞賓語歸位 (不我知 → 不知我;何知 → 知何)
　　(2) 被字句成熟 (被戮 → 被尚書召問)
　　(3) 動補結構出現 (壓死 → 打死之)
　　(4) 係詞產生 ([A B 也] → [A 不是 B])
　　(5) 量詞產生 (枚,個等)
　　(6) 輕動詞取代空動詞 (齊王鼓 → 處處打鼓)
(四) 文體演變
　　(1) 三言詩出現:穎水清,灌氏寧。
　　　　　　　　　穎水濁,灌氏族。(史記,灌夫傳)
這是最早的三言詩 (體),它與先秦的三言大相徑庭 (參馮勝利 2008)。
　　(2) 五言詩出現:青青園中葵,朝露待日晞。
　　　　　　　　　陽春布德澤,萬物生光輝。
　　　　　　　　　常恐秋節至,焜黃華葉衰。
　　　　　　　　　百川東到海,何時復西歸?
　　　　　　　　　少壯不努力,老大徒傷悲。(漢樂府,長歌行)
這是最早的五言詩 (體)。(參馮勝利 2008)
　　(3) 四三體出現:五經無雙,許叔重。(太平御覽,495 卷)
　　　　　　　　　關東大豪,戴子高。(後漢書,戴良傳)
這類前四後三押韻的謠諺,始于西漢,盛于東漢。
　　(4) 四六文成熟:迷迤平原,
　　　　　　　　　南馳蒼梧漲海,
　　　　　　　　　北走紫塞雁門。(蕪城賦)
駢文是東漢以後六朝的特產。
　　(5) 七言詩出現:紅顏零落歲將暮,寒光宛轉時欲沉。(擬行路難十八)
嚴格意義上的標準七言詩體,到劉宋的鮑照才開始。它和辭賦裏面的七字句,無論從音步單位看還是就節律單位說,都不能同日而語。
(五) 韻律演變
　　(1) 前有浮聲,後有切響。(宋書,謝靈運傳論)
　　(2) 兩句之內,角徵不同。(南史,陸厥傳)
　　(3) 聲有飛沉,響有雙疊。雙聲隔字而每舛,疊韻離句而必睽。沉則響發如斷,飛

则聲揚而還;並輜轆交往,逆鱗相比。迓其際會,則往蹇來連。(劉勰:文心雕龍,聲律)

(4) 四字密而不促,六字格而不緩;或變之以三五,蓋應機之權節也。(劉勰:文心雕龍,章句)

在中國古代文獻裏,上述種種現象都是兩漢以來歷史上的首次出現,先秦是絕對沒有的。這並不是説先秦的作家"才疏學淺"(沈約説前人"未睹此秘",殊不知那時尚未成"此秘")。事實上,正如 Sapir(1921)所説"仔細研究一種語言的語音系統……你就可以知道它曾發展過什麽樣的詩"。毫無疑問,什麽樣的土壤結什麽樣的果——先秦的語言"長"不出四六和七五;東漢以後的土壤也"生"不出"單動"與"二言"⑯。東漢之爲漢語轉型之大界,亦諦矣!

5 結語

綜合本文觀點,我們認爲從音段形態(segmental-phonologic morphology)到超音段形態(supersegmental-phonologic morphology)的發展,是漢語從綜合型語言(synthetic language)到分析型語言(analytic language)演變的一種内在契機和根據。我們設想:從遠古到上古,音節結構的簡化伴隨音段形態的失落,不僅導致聲調的出現和韻律結構的改變,同時啓動了該語言系統中超音段的形態功能,以此補償音段形態的丟失。其結果,漢語的韻律便負載起一般功能語素所承擔的多種職能,在詞彙化和句法化的進程中,扮演著促發語言變化、決定變化方向等重要角色。最後所要指出的是:如果韻律本身就是語言形態的一種形式,那麽,漢語史的歷史分期當以形態標誌爲標準,分爲"音段形態時期的漢語"和"超音段形態時期的漢語"兩大類型。由于超音段形態功能的出現與形成在東漢前後,因此,我們提出把東漢作爲漢語類型變化的分界期,分界前後的漢語分屬兩種不同性質或類型的語言:其前爲綜合型語言(synthetic language),其後屬分析型語言(analytic language)。

從普通語言學上看,如果韻律本身就是語言形態之一種,那麽,就像決定語言變化及彼此差異的其他形態語素一樣,韻律也是語言所以嬗變和不同的一種功能參數。據此,韻律所以有制約詞法和句法的巨大力量也便不足爲奇。不僅如此,普通語言學上一向所持的"句法無涉語音"之説(phonology-free syntax),也不攻而自破。

毋庸諱言,本文的論題與論點均爲首次提出、且屬嘗試性論證,再加之以問題複雜、頭緒繁多,許多地方均未逮細密,諸多要點更有待續證而後詳明。修葺補葺,有待來日,是耶非耶,則尚祈方家是正。

附 注

①當然,句中的單音節動詞的詞性改變比比皆是,如"他的來和去顯得有點兒太突然"等等。然而,這

是"句位"保證的臨時功能,所以"*北京的來""*飯的吃"都不成話,這和"*教材的編"不合法的道理一樣。

②注意:把"雙音節"當作動詞名詞化的標記並不意味著所有的雙音形式都是名詞化的結果,正如-ly 是副詞的標記,並不意味著所有帶-ly 的形式(如 holly, mealy)都是副詞一樣。當然,音段形態和超音段形態的作用範圍必不相同,容另文專述。然而,我們必須首先承認超音段的形態功能,而後才能進而比較它和音段形態的差異。

③有些動詞前的三音節動賓似乎是例外,如"邁大步前進"。但是,漢語不說"*邁大步地前進",所以"邁大步前進"可以分析成連動而非狀動。感謝蔣紹愚先生給本文提出這一點。

④注意:我們説韻律是一種語法手段,這並不意味著所有的語法功能都由一種手段來實現。漢語構詞靠韻律,但"螞蟻上樹"是詞(一道菜名),既不合詞法(漢語沒有[主+謂+賓]構詞法),也無視韻律。有關韻律構詞的例外和反例,參馮勝利2001。

⑤有關"綜合型語言"和"分析型語言"的區分,參 Huang 2005。

⑥理論上,空動詞至少有"causative(使)""eventive(有)""agentive(爲、作、把等)""experiential (經)""inchoative(化、成、作、爲等)"。後來發展爲輕動詞也不只"打"(漢末有"作、起、取"等,今天有"弄、整、搞"等)。感謝蔣紹愚先生指出這一點。

⑦注意:不只今天,就是歷史上也有例外。如《朱子語類》:"如被人罵,便説被人打;被人打,便説被人殺。"(感謝蔣紹愚先生提供的例子)然而,這類被字句中的掛單動詞,要麽攜帶對比重音,要麽處於核心重音之外,因此不是真正的反例。(參馮勝利2000)

⑧這裏,特別感謝蔣紹愚先生爲本文提供的重要反例:《金瓶梅》"吃了一回,使丫鬟房中搭抹涼席乾淨""西門慶即令小廝收拾前廳西廂房乾淨""搭抹身體乾淨""滌盞乾淨"等。這類"乾淨"的用法確有待進一步研究,而我們尤其要發現"乾淨"以外的例子(不然則是輕讀的個例而已)。

⑨"The observed variation has to do with the degree of morphological realization of the functional structure",參喬姆斯基(2004:28)。

⑩這一結論實際上可以從段玉裁"古無去聲"和黄季剛先生"古無上聲"的論斷中推演出來。即使從王力先生的"長入短入"説,上古漢語亦非四聲,因爲"入"聲非調也。

⑪在漢語方言中沒有長短元音的對立,只有在廣州話中主要元音爲/a/而且帶韻尾的韻中有長短對立,不過短元音的音色有變/ɐ/,所以可以解釋爲伴隨性特徵。(參潘悟雲2000)

⑫當然,韻素音步與音節音步具體在什麽時候交替,就如同聲調的產生和完成具體在什麽時候出現一樣,有賴於將來的深入研究,目前只能給出相對的時間。

⑬至於這種新型標誌的形態功能有無音段形態強、有無音段形態範圍廣,則是可以深入研究的另一個問題。

⑭鄭玄是我們看到的最早注解古代音變的注釋家(見 Behr 2004)。

⑮參 Peyraube 1996,魏培泉2002。

⑯這裏的"單動"指"單音節活用的動詞"(意思是説:先秦沒有"活用"的字,東漢以後很少能够活用的);這裏的"二言"指的是"二言詩體"。

參考文獻

包擬古　1980　《原始漢語與漢藏語》,潘悟雲、馮蒸譯,北京:中華書局,1995年。
程湘清　1992　《先秦雙音詞研究》,載程湘清主編《先秦漢語研究》,濟南:山東教育出版社。
丁邦新　1979　《上古漢語的音節結構》,《歷史語言研究所輯刊》第50輯。
―――　1998　《丁邦新語言學論文集》,北京:商務印書館。

馮勝利　1997　《漢語的韻律、詞法與句法》,北京:北京大學出版社,2005 年。
──── 2000　《漢語韻律句法學》,上海:上海教育出版社。
──── 2001　《論漢語詞的多維性》,《當代語言學》第 3 期,161－174 頁。
──── 2005　《漢語韻律語法研究》,北京:北京大學出版社。
──── 2007　《試論漢語韻律的形態功能》,在第 16 屆國際漢語語言學會(IACAL-16ᵗʰ)上發言,Columbia University,May 24－27,2007。
──── 2008　《論三音節音步的歷史來源與秦漢詩歌的同步發展》,《語言學論叢》第三十七輯,北京:商務印書館。
胡敕瑞　2005　《從隱含到呈現(上)——試論中古詞彙的一個本質變化》,《語言學論叢》第三十一輯,北京:商務印書館。
劉丹青　1994　《漢語形態的節律制約》,《語法研究與語法應用》,北京:北京語言學院出版社。
梅祖麟　1980　《四聲別義中的時間層次》,《中國語文》第 6 期。
潘悟雲　2000　《漢語歷史音韻學》,上海:上海教育出版社。
喬姆斯基　2004　《論自然與語言》(影印本),北京:北京大學出版社。
沙加爾　1999　《上古漢語詞根》,龔群虎譯,上海:上海教育出版社,2004 年。
王洪君　2000　《漢語的韻律詞與韻律短語》,《中國語文》第 6 期。
王　力　1958　《漢語史稿》,北京:科學出版社。
魏培泉　2003　《上古漢語到中古漢語語法的重要發展》,載何大安主編《古今通塞:漢語的歷史與發展》,臺北:中研院歷史語言研究所。
俞　敏　1948　《古漢語裏面的連音變讀(sandhi)現象》,《燕京學報》第 35 期。
──── 1999　《俞敏語言學論文集》,北京:商務印書館。
張傳曾　1992　《從秦漢竹帛中的通假字看入變爲去當在兩漢之交》,載程湘清主編《兩漢漢語研究》,濟南:山東教育出版社。
張玉金　2001　《甲骨文語法學》,上海:學林出版社。
鄭張尚芳　2003　《上古音系》,上海:上海教育出版社。
Behr, Wolfgan　2004　Language change in premodern China-notes on its perception and impact on the idea of a "con-stant way", in: Achim Mittag & Helwig Schmidt-Glintzer (eds.), *Ideology and historical criticism* (Spe-cial issue of Historiography East and West), Leiden: E.J. Brill, 2004, pp. 13－51.
Feng Shengli　1997　Prosodic structure and compound word in classical Chinese. In: Jerry Pack ard (ed.) *NewApproaches to Chinese Word Formation: Morphology, Phonology and the Lexicn in Modern and Ancient Chinese*. Berlin: Mouton de Gruyter. 197－260 (收入馮勝利 2005)。
──── 2006a　Prosody and poetic evolution in ancient Chinese. Paper presented at AAS Annual Meeting.
──── 2006b　Facts and mechanisms of prosodic syntax in Chinese. A talk presented at the Chinese Linguistics Workshop, Chicago University, December 1－2, 2006.
Huang, C-T. James　2005　Syntactic analyticity: the other end of the parameters. 2005 LSA Summer Institute Lecture Notes. MIT & Harvard.
Peyraube, Alain　1996　Recent issues in Chinese historical syntax. In: C.-T. James Huang & Y.-H. Audrey Li (ed.) *New Horizons in Chinese Linguistics*. pp. 161－213. Dordrecht: Kluwer Academic Publishers.
Pulleyblank　1962－1963　The consonantal system of old Chinese. *Asia Major* 9. (《上古漢語的輔音系統》,潘悟雲、徐文堪譯,北京:中華書局,2000 年)

Sapir, Edward 1921 *Language — An Introduction to the Study of Speech*. New York: Harcourt, Brace and World Inc.

Starostin, S. A. 1989 Rekonstrukcija drevnekitajskoj fonologičeskoj sistemy [The reconstruction of the Old Chinese phonological system]. Moskva: Nauka.

Takashima, Ken-Ichi(高島謙一) 1999 The so-called "third"-possessive pronoun *jue* 氒（=厥）in classical Chinese. *Journal of the American oriental Society* 119.3: pp. 404–431.

Xu, Dan 2006 *Typological Change in Chinese Syntax*. Oxford University Press.

2006 年秋初稿
2008 年夏第三稿

On the Morphological Function of Prosody and the Chronology of Syntactic Changes in Chinese
FENG Shengli

Abstract: Based on previous work on prosodic syntax in the past decade, this paper proposes that (1) prosody itself functions as a functional category in syntax. It is further argued that (2) the prosodic effects caused by prosodic morphology are actually triggers of syntactic operations and changes in Chinese history. It is also shown that the morphological system of Old Chinese had changed from a system of segmental-phonologic morphology to a system of supersegmental-phonologic morphology. Finally, it is argued that the history of syntactic changes in ancient Chinese could be chronologized into two major periods: one with a segmental-phonological morphology before Eastern Han and the other with a supersegmental phonological morphology after the Han, giving rise to a subsequent typological change from syntheticity to analyticity.

Key words: prosody, morphological function, syntactic changes

（馮勝利　哈佛大學　北京語言大學）

從重言到重疊：漢語 AA 式形容詞的歷時演變

石　鋟

提　要　現代漢語裏，形容詞的 AA 重疊形式有兩類：一類是單音狀態形容詞構成的重言，如"皚"重言爲"皚皚"；另一類是單音性質形容詞構成的重疊，如"白"重疊爲"白白"。本文首先描寫了 AA 式重言產生與發展的過程，其次重點論證了 AA 式重言向 AA 式重疊的歷時演變，最後分析了這種演變的動因和機制。

關鍵詞　重言　重疊　演變

漢語的 AA 式形容詞實際上有兩類：一類是所謂"重言"，如"皚皚""彤彤"；一類是所謂重疊，如"白白的""紅紅的"。本文的目的是要分析和說明重言向重疊的歷時演變。文章分爲如下幾個部分：一、重言的定義；二、重言與重疊的區別；三、重言的產生；四、重言的發展及其趨勢；五、重疊的出現；六、重疊對重言的繼承與發展；七、重疊對重言的替換；八、從重言到重疊的動因與機制。

一　重言的定義

目前，學術界主要的看法是：重言又叫疊字，是一個很籠統的概念。在先秦，基式有獨用例的 AA 式結構叫重言，基式找不到獨用例的 AA 式結構也叫重言[①]。例如：

　　（1）未見君子，憂心忡忡。（詩，召南，草蟲）
　　（2）其未醉止，威儀反反。（詩，小雅，賓之初筵）
其中，"忡忡"的基式"忡"可以獨用。例，《詩·邶風·擊鼓》："不我以歸，憂心有忡。"毛傳解釋"憂心有忡"爲："憂心忡忡然。"顯然，"忡忡"是"忡"的重言。然而，"反反"的基式"反"却未見獨用。

基式有獨用例的 AA 式結構中，單音形容詞、動詞、名詞、擬聲詞的重疊都叫重言。例如：
1.1　單音形容詞的重言
　　（3）秩秩斯干，幽幽南山。（詩，小雅，斯干。毛傳：幽幽，深遠也。）

---

* 感謝李崇興老師和匿名審稿人對本文修改的指教。

出於幽谷,遷於喬木。(詩,小雅,伐木。毛傳:幽,深也。)

(4) 此令兄弟,綽綽有裕。(詩,小雅,角弓。毛傳:綽綽,寬也。)

寬兮綽兮,猗重較兮。(詩,衛風,淇奧。毛傳:綽,緩也。)

1.2 單音動詞的重言

(5) 二子乘舟,汎汎其景。(詩,邶風,二子乘舟。王先謙《集疏》:"汎,浮貌,重言之曰汎汎。")

汎彼柏舟,亦汎其流。(詩,邶風,柏舟。毛傳:汎汎,流貌。)

(6) 有客宿宿,有客信信。(詩,周頌,有客。《爾雅·釋訓》:"有客宿宿,言再宿也;有客信信,四宿也。")

公歸不復,於女信宿。(詩,豳風,九罭。毛傳:宿,猶處也。再宿曰信。)

1.3 單音名詞的重言

(7) 燕燕於飛,差池其羽。(詩,邶風,燕燕)

(8) 楚楚者茨,言抽其棘(詩,小雅,楚茨。毛傳:楚楚,茨棘貌。)

翹翹錯薪,言刈其楚。(詩,周南,漢廣。孔穎達《正義》:"楚亦木名。"《說文》:"楚,叢木。一名荊也。")

1.4 單音擬聲詞的重言

(9) 伐木丁丁,鳥鳴嚶嚶。(詩,小雅,伐木。鄭箋:嚶嚶,兩鳥聲也。)

嚶其鳴矣,求其友聲。(詩,小雅,伐木。向熹《詩經詞典》:嚶,鳥叫聲。)

(10) 坎坎鼓我,蹲蹲舞我。(詩,小雅,伐木。鄭箋:爲我擊鼓坎坎然。)

坎其擊鼓,宛丘之下。(詩,陳風,宛丘。毛傳:坎坎,擊鼓聲。《集傳》:坎,擊鼓聲。)

從上面的例子可以看出:"幽幽""綽綽"是單音形容詞"幽""綽"的重言;"汎汎""宿宿""信信"是單音動詞"汎""宿""信"的重言;"燕燕""楚楚"是單音名詞"燕""楚"的重言;"嚶嚶""坎坎"是單音擬聲詞"嚶""坎"的重言。

就先秦而言,基式找不到獨用例的重言多,基式有獨用例的重言少。在基式獨用的重言中,單音形容詞的重言多,單音動詞、名詞、擬聲詞的重言少。

爲了準確瞭解先秦重言中基式獨用的情況,我們對《詩經》中的353個重言詞的421次用例進行了詳盡的分析。在分析中,做到了如下幾點:第一,確定某重言詞的基式是否獨用,以《詩經》中出現的單用例爲准,其他文獻的單用例一律不參考。因爲《詩經》是較早的作品,用比它晚的文獻證明,得出的結論不一定可靠。這就是曹先擢(1980)提出的"以本書證本書"的方法[②]。第二,確定某重言詞基式是否獨用,以基式和重言詞的意義相同相近爲准。僅僅是字形相同而意義上沒有聯繫的,不是重言關係。第三,基式和重言詞的意義以歷代的注解爲准,其中毛傳、鄭箋是主要參考。

分析的結果是：《詩經》353個重言詞，有95個詞的基式在《詩經》中能獨用。其中，單音形容詞73例，單音動詞14例，單音名詞4例，單音擬聲詞4例。看來，先秦所謂重言多是基式不能獨用的疊字，而基式可獨用的重言主要是單音形容詞的重言。

爲了討論的方便，本文中的"重言"僅指單音形容詞構成的重言形式。

引起我們深思的是："幽幽""綽綽"等單音形容詞構成的重言與我們在現代漢語平面上所說的單音形容詞的重疊（如"深深的""寬寬的"）還很不一樣。那麼，它們的區別在哪裏呢？

二　重言與重疊的區別

人們普遍認爲："皚皚""彤彤"是重言，"白白的""紅紅的"是重疊。從現代漢語層面上看，"皚"與"彤"已不能獨用，它們不是詞，是詞素。但從漢語史角度看，它們也是可以獨用的，也是詞。例如：

(11) 皚如山上雪，皎若雲間月。（漢卓文君：白頭吟）

(12) 靜女其孌，貽我彤管。（詩，邶風，靜女）

"白"與"皚"、"紅"與"彤"意義相同，都是形容詞，又都可以重疊，爲什麼重疊之後的形式一類被稱之爲重言（皚皚、彤彤），而另一類被稱之爲重疊（白白的、紅紅的）呢？當然，"皚皚""彤彤"的出現時間比"白白的""紅紅的"出現要早。除了出現時間的早晚之外，兩者的根本區別是什麼呢？

我们認爲：重言與重疊的根本區別在於它們的基式屬於形容詞的兩個不同小類。重言的基式（如"幽""皚"）是單音狀態形容詞[③]；重疊的基式（如"深""白"）是單音性質形容詞。重言與重疊的區別實際上是單音狀態形容詞和單音性質形容詞的區別。

怎樣區分單音狀態形容詞和單音性質形容詞呢？在現代漢語的平面上，朱德熙（1956、1982）憑藉語言單位的外在形式將形容詞的簡單形式（如"紅"）稱之爲性質形容詞，把形容詞的複雜形式（如"紅紅的""彤紅"）稱之爲狀態形容詞。但是，從漢語史的角度看，狀態形容詞並不一定都是複雜形式。楊建國（1979）、郭錫良（2000）、石鋟（2004）、劉丹青（2005）發現，上古漢語也有單音狀態形容詞的存在。

楊建國（1979）從語法功能的角度提出了區分先秦兩類形容詞的三條標準。

第一，單音性質形容詞可以受時間副詞和程度副詞的修飾和補充。例如：

(13) 既富矣，又何加焉？（論語，子路）

(14) 彼其髮短而心甚長。（左傳，昭公三年）

(15) 窺鏡而自視，又弗如遠甚。（戰國策，齊策）

"富""長""遠"都是單音性質形容詞。其中，"富"可以受時間副詞"既"修飾，"長"可以受程度副詞"甚"修飾，"遠"可以後接程度副詞"甚"。與"富"同義的"裕""饒"等，與"長"同義的"漫"

"綿"等,與"遠"同義的"遥""遼""迢""邈"等,它們都是單音狀態形容詞,都不能受時間副詞和程度副詞的修飾,都不能帶程度副詞作補語。

第二,單音性質形容詞可以用於比較句。例如:

(16) 天下之水,莫大於海。(莊子,秋水)

"大"是單音性質形容詞,可以用於比較句。而與"大"同義的"浩""龐"等是單音狀態形容詞,不能用於比較句。

第三,單音性質形容詞可以有"使動""意動"用法。例如:

(17) 欲潔其身而亂大倫!(論語,微子)

(18) 孔子登東山而小魯,登泰山而小天下。(孟子,盡心上)

單音性質形容詞"亂"有使動用法,與"亂"同義的單音狀態形容詞"紛""縈"等沒有使動用法。單音性質形容詞"小"有意動用法,與"小"同義的"眇""藐""蕞"等沒有意動用法。

我認爲,區別單音狀態形容詞與單音性質形容詞不僅可以從結構形式和語法功能兩方面入手,還可以從語義特徵的角度分析它們的不同。實際上,單音狀態形容詞與單音性質形容詞最本質的區別在於它們的語義特徵不同。單音狀態形容詞的意義比較具體,一般只用來描寫有限的一類或幾類事物,結合面窄。例如,同樣是形容"白"的狀態,單音狀態形容詞隨描寫對象之不同會有不同的詞。章太炎《訄言·訂文附正名雜義》:"鳥白曰皠,霜雪白曰皚,玉石白曰皦,色舉則類,形舉則殊。"還有,"月光之白曰皎,臉色蒼白曰䴖,頭髮之白曰皤"。它們都可以重疊起來,構成所謂重言。例如:

(19) 悠悠玄魚,皠皠白鳥。(文選,何晏:景福殿賦)

(20) 飄積雪之皚皚兮,涉凝露之隆霜。(漢劉歆:遂川賦)

(21) 嶢嶢者易缺,皦皦者易汙。(後漢書,黃瓊傳)

(22) 皎皎明月,煌煌列星。(漢秦嘉:贈婦詩)

(23) 䴖,面白䴖䴖也。(玉篇,面部)

(24) 營平皤皤,立功立論。(漢書,敘傳。顏師古注:皤皤,白髮貌。)

"皠""皚""皦""皎""䴖""皤"都可以獨用,也都能疊用,但不管是獨用還是疊用,在表示"白色"時都含有所描寫物件的形象在內(如看到"皚"則想到"霜雪"),因而描寫的對象都只限於一類或幾類事物。相比之下,性質形容詞的意義抽象,結合面廣,"白"修飾或描寫的對象是非常多的,不會限於哪一種或幾種事物。

正因爲單音性質形容詞描寫的對象多,對象之間可以比較,所以單音性質形容詞可以用於比較句;正因爲單音性質形容詞修飾的對象可以比較,自然就產生了等級,也就產生了程度,所以單音性質形容詞可以受不同等級的程度副詞修飾。不僅如此,單音性質形容詞的描寫對象還可以構成一個意義等級的連續體,因而有反義詞。如"遠"的連續體可以由"很遠""比較遠""有點遠""不遠"和"近"構成。因此,"遠"與"近"構成反義。而"遥""遼""邈"描寫的對象有限,不能用於比較句,不能受程度副詞修飾,因而也就沒有反義詞。同理,"大"與"小"可以構成反義,與"大"同義的單音狀態形容詞"浩""龐"等和與"小"同義的單音狀態形容詞"藐""蕞"等却不構成反義。單音性質形容詞大多有反義詞,單音狀態形容詞却没有反義詞。

能否用於比較句,能否受程度副詞修飾,能否有反義詞等,這些都是受語義特徵制約的。

三　重言的產生

可能受文體的影響,甲骨文文獻中没有見到任何詞類的重言(張玉金,2001)。西周金文中已能見到"趑趑""穆穆"等為數不多的幾個 AA 式重言了(徐振邦,1998)。《詩經》是韻文作品,重言形式已特别發達,共有 AA 式重言 73 個。

什麽原因導致了重言的產生呢?也就是説,單音狀態形容詞為什麽需要重言呢?要瞭解 AA 式重言產生的原因就非常有必要瞭解單音狀態形容詞 A 的使用情况。

楊建國(1979)、郭錫良(2000)發現,先秦的單音狀態形容詞可以獨用。獨用的單音狀態形容詞的語用功能是描寫情貌,這可以從古人的注解和今人的分析兩方面得到證明。

古代學者對先秦單音狀態形容詞的解釋大多冠以"貌"字或"然"字。例如:

(25) 裳裳者華,其葉湑兮。(詩,小雅,裳裳者華。毛傳:湑,盛貌。)

(26) 北風其喈,雨雪其霏。(詩,邶風,北風。毛傳:霏,甚貌。)

(27) 蓼彼蕭斯,零露湑兮。(詩,小雅,蓼蕭。毛傳:蓼,長大貌。)

(28) 驛驛其達,有厭其傑。(詩,周頌,載芟。毛傳:有厭其傑,言傑苗厭然特美也。)

"湑、霏、蓼、厭"等都是單音狀態形容詞,毛傳都用"××貌"或"××然"來解釋。這表明:在古代學者看來,單音狀態形容詞就是表情貌的。

現代學者同樣認為單音狀態形容詞是描寫情貌的。楊建國(1979)認為:"從意念上看,狀態詞或者繪景、或者擬聲,總之,都是用來描摹事物的某種狀態。"

AA 式重言的語用功能是描寫情貌,而單音狀態形容詞的語用功能也是描寫情貌。單音狀態形容詞 A 已能完成描寫任務,為什麽還會出現其强化形式 AA 呢?

我們對《詩經》和《楚辭》中單音狀態形容詞的使用情况全面考察後發現:它們在先秦的使用已受到很大限制,純粹單用的較少,重言使用的最多,其次有帶詞尾或加襯字使用的。

單音狀態形容詞在先秦的一種主要的使用方式就是重言。如例(25)至(28)的"湑、霏、蓼、厭"等又都可以重言。例如:

(29) 有杕之杜,其葉湑湑。(詩,唐風,杕杜)

(30) 今我來思,雨雪霏霏。(詩,小雅,采薇)

(31) 蓼蓼者莪,匪莪伊蒿。(詩,小雅,蓼莪)

(32) 厭厭其苗,綿綿其麃。(詩,周頌,載芟)

除重言外,先秦的單音狀態形容詞還可以帶表狀態的詞尾"然、若、如、爾、焉"等④。例如:

(33) 浩然和平,以爲氣淵。(管子,內業)

(34) 巽在牀下,用史巫紛若,吉無咎。(易,巽)

(35) 賁如皤如。(易,賁)

(36) 鄭雖無腆,抑諺曰"蕞爾國",而三世執其政柄。(左傳,昭公七年)

(37) 諸侯其誰不欣焉望楚而歸之。(左傳,昭公元年)

單音狀態形容詞"浩、紛、皤、蕞、欣"等分別帶上了詞尾"然、若、如、爾、焉"構成爲"浩然、紛若、皤如、蕞爾、欣然"。其中,"浩"可重言爲"浩浩","紛"可重言爲"紛紛","皤"可重言爲"皤皤","欣"可重言爲"欣欣"。

在《詩經》中,單音狀態形容詞還常與"有、其、斯、思"等襯字聯合使用,以增強描寫性⑤。例如:

(38) 終風且曀,不日有曀。(詩,邶風,終風)

(39) 我來自東,零雨其濛。(詩,豳風,東山)

(40) 朱芾斯皇,室家君王。(詩,小雅,斯干)

(41) 思媚其婦,有依其士。(詩,周頌,載芟)

單音狀態形容詞"曀、濛、皇、媚"分別與襯字"有、其、斯、思"聯合,構成"有曀、其濛、斯皇、思媚"來加強描寫的意味。其中,"曀"又可重言爲"曀曀","濛"又可重言爲"濛濛","皇"又可重言爲"皇皇"。

不管是加襯字,加詞尾還是重言,都說明了一個問題:先秦的單音狀態形容詞獨用性已很差,表情貌的功能弱化,需要其他的手段來支援和強化其描寫性。

在強化單音狀態形容詞描寫性的各種方式中,哪一種方式最具有優勢呢?我們對《詩經》和《楚辭》的單音狀態形容詞的使用情況進行了窮盡性的調查,得出如下統計數字:

	詩 經	楚 辭
單音狀態詞獨用	304	93
單音狀態詞帶詞尾	10	13
單音狀態詞配襯字	99	
單音狀態詞重言	353	224

從上面的統計可以發現如下幾個問題:

第一,協助單音狀態形容詞增強其描寫性的各種方式中,重言的用例最多,是最重要的方式。

第二,從《詩經》到《楚辭》,單音狀態形容詞獨用的越來越少,《楚辭》中獨用的單音狀態形容詞不到《詩經》的三分之一。

第三,從《詩經》到《楚辭》,單音狀態形容詞帶詞尾的用例有增多的趨勢。

上面的調查表明：在單音狀態形容詞描寫性減弱的過程中，有多種方式都試圖配合單音狀態形容詞增強其描寫性，而重言是最重要的一種方式。因此，我們認爲單音狀態形容詞的AA式重言産生的動因是先秦單音狀態形容詞語用功能的弱化。

四　重言的發展及趨勢

我們通過大量的調查發現，AA式重言産生於先秦，兩漢魏晉時期得到了較大發展，唐代使用達到鼎盛時期。縱觀先秦至唐的AA式重言，發現它們在結構、功能和意義幾個方面都有較大的發展。

4.1 AA式重言在結構上的發展

從結構上說，AA式重言的發展趨勢是AA由不帶詞尾到帶詞尾，由帶"然、如、若"等描狀詞尾到帶"底、地、生"等抽象詞尾。

先秦，早期著作中的AA式重言都不帶詞尾，晚期著作中的AA式重言多帶詞尾"焉、乎、然、如、爾"等。例如：

(42) 昔堯之治天下也，使天下欣欣焉人樂其性，是不恬也。（莊子，在宥）

(43) 周監於二代，郁郁乎文哉，吾從周。（論語，八佾）

(44) 何爲紛紛然與百工交易？（孟子，滕文公上）

(45) 私覿，愉愉如也。（論語，鄉黨）

(46) 爾毋從從爾，爾毋扈扈爾。（禮記，檀弓上）

"欣欣""郁郁""紛紛""愉愉""從從"等重言形式分別帶上了詞尾"焉、乎、然、如、爾"。

我們調查了先秦的《詩經》《楚辭》兩部韻文作品，又調查了《尚書》《周易》《左傳》《論語》《孟子》五部散文作品，發現：在韻文中，AA式重言都不帶詞尾；在散文中，AA式重言多帶詞尾"焉、乎、然、如、爾"等。

各部散文帶詞尾的情形如下表：

著作＼詞尾	焉	乎	如	然	爾
《周易》					
《尚書》	1				
《左傳》	4	4			
《論語》			6	10	2
《孟子》	3	4	2	13	1

由上表可以發現如下規律：

第一，早期著作《周易》AA式重言都不帶詞尾，晚期的《孟子》帶詞尾的數量多，詞尾的種類也多。

第二,詞尾"然"出現的時間晚,但用例最多。

五代至宋,AA 式重言之後又出現了新的詞尾"底""地""生"等。例如:

(47) 忽然堂堂底坐,你向什麽處摸索?(祖堂集,卷十四,魯祖和尚)

(48) 不言不語只偎人,滿眼裏,汪汪地。(全宋詞,晁端禮,一落索)

(49) 掃地次,道吾曰:"太區區生!"(五燈會元,雲嚴曇晟禪師)

"堂堂""汪汪""區區"之後分別帶上了詞尾"底""地""生"。"底""地""生"等詞尾與"然、如、爾"相比已沒有描摹情狀的作用了。

4.2 AA 式重言在功能上的發展

從功能上說,AA 式重言的發展趨勢表現在三個方面:一是 AA 式重言的非謂語化;二是 AA 式重言做降格成分;三是 AA 式重言受程度副詞修飾。

4.2.1 AA 式重言的非謂語化

先秦時期,AA 式重言主要作謂語。例如

(50) 瞻彼淇奧,綠竹猗猗。(詩,衛風,淇奧)

(51) 大隧之中,其樂也融融。(左傳,隱公元年)

其次可以作狀語、定語或主賓語。例如:

(52) 余一人無日忘之,閔閔焉如農夫之望歲,懼以待時。(左傳,昭公三十二年)

(53) 敢昭告于皇皇后帝。(論語,堯曰)

(54) 禍自所由生也,生自纖纖也。(荀子,大略)

爲了較爲全面地瞭解先秦文獻中 AA 式重言的功能,我們調查並統計了《詩經》《楚辭》《尚書》《周易》《左傳》《論語》《孟子》七部著作中 AA 式重言的用法。AA 式重言《詩經》共 353 詞,使用 421 次;《周易》共 23 詞,使用 47 次;今文《尚書》37 詞,使用共 45 次;《論語》共 32 詞,使用 43 次;《孟子》共 38 詞,使用 60 次;《左傳》共 43 詞,使用 51 次,但引用《詩經》21 次,引用《尚書》2 次,我們實際只討論《左傳》新出現的 AA 式重言 28 次的用例;《楚辭》只統計了先秦作者屈原、宋玉的作品,共 127 詞,使用 168 次。

AA 式重言的具體用法如下表:

	《詩經》	《尚書》	《周易》	《左傳》	《論語》	《孟子》	《楚辭》
總例數	421	45	47	28	43	60	168
作謂語	332	24	41	21	36	28	123
作定語	59	10	2	3	3	3	27
作狀語	30	11	4	4	4	23	16
作主語						1	2
作賓語						5	

從上表可以發現這樣一個事實:先秦,無論是在韻文中還是在散文中,AA 式重言主要

作謂語，作定語和作狀語是其很次要的功能，作主語和賓語是個別現象。

兩漢魏晉時期，AA 式重言的功能發生了較大變化，由先秦的主要作謂語發展到大多數作狀語或定語。

我們全面調查了兩漢魏晉賦《陶淵明集》《論衡》《世說新語》四種文獻中的 AA 式重言詞的功能。兩漢魏晉賦所用 AA 式重言 174 詞，使用 287 次；《論衡》有 38 詞，使用 73 次；《世說新語》有 57 詞，使用 78 次；《陶淵明集》有 69 詞，使用 100 次。它們的具體用法如下表：

	兩漢魏晉賦	《陶淵明集》	《論衡》	《世說新語》
總例數	287	100	73	78
作謂語	119	8	17	27
作定語	99	64	33	8
作狀語	69	27	15	39
作主語			2	2
作賓語		1	6	2

把上表與先秦 AA 式重言的功能比較一下，就會發現：AA 式重言的功能由主要作謂語已向主要作狀語、定語轉移。在賦中，AA 式重言作謂語還占有略微的優勢；在《論衡》和《陶淵明集》中，作定語占優勢；在《世說新語》中，作狀語占優勢。我們稱這種變化爲 AA 式重言功能的非謂語化。

4.2.2 AA 式重言作降格謂語

先秦，AA 式重言不管是作謂語，還是作狀語、定語等，都是句子的成分。魏晉時期，個別 AA 式重言已降格作句子成分的成分了，由作主句的謂語變爲作主謂謂語的謂語。到了唐代，這種現象漸多。例如：

(55) 楊柳葉纖纖，佳人懶纖縑。（梁簡文帝蕭綱：春閨情詩）

(56) 三秋北地雪皚皚，萬里南翔渡海來。（全唐詩，盧照鄰：失群雁）

(57) 夕陽下西山，草木光曄曄。（全唐詩，寒山：夕陽下西山）

例 (55) 中，"楊柳"是全句的主語，"葉纖纖"是全句的謂語，AA 式重言作爲"葉纖纖"的降格謂語。例 (56) 的"皚皚"和例 (57) 中的"曄曄"都是降格謂語。

4.2.3 AA 式重言受程度副詞的修飾

先秦，所有 AA 式重言都不能受程度副詞的修飾。魏晉時期，個別重言開始受程度副詞修飾了。例如：

(58) 阿母謂府吏，何乃太區區。（樂府古辭，古詩爲焦仲卿妻作）

(59) 異縣不成隔，同鄉更脈脈。（梁王僧孺：爲人傷近而不見詩）

唐代已有許多 AA 式重言可以受程度副詞修飾了。而且，我們還進一步發現，能否受程度副詞的修飾與 AA 式重言的使用頻率有關。使用頻率高的 AA 式重言容易受程度副詞的修飾。

我們統計了《全唐詩》中出現 100 次以上的 AA 式重言的使用頻率,得出如下結果:

詞條	使用頻率	詞條	使用頻率	詞條	使用頻率	詞條	使用頻率
悠悠	743	依依	263	娟娟	165	漫漫	125
蒼蒼	378	青青	257	淒淒	155	霏霏	121
蕭蕭	358	沈沈	237	遲遲	149	杳杳	115
紛紛	333	迢迢	230	冥冥	143	寥寥	107
茫茫	310	漠漠	213	濛濛	140	浩浩	105
寂寂	265	翩翩	166	萋萋	126	亭亭	103

以上的 AA 式重言大多能受程度副詞"更、甚、太"等的修飾。例如:

(60) 池塘經雨更蒼蒼,萬點荷珠曉氣涼。(全唐詩,溫庭筠:薛氏池垂釣)

(61) 獨坐南樓正惆悵,柳塘飛絮更紛紛。(全唐詩,羅鄴:惜春)

(62) 惡趣甚茫茫,冥冥無日光。(全唐詩,寒山:惡趣甚茫茫)

(63) 天上夢魂何杳杳,宮中消息太沈沈。(全唐詩,韓偓:長信宮)

使用頻率越高,修飾它的程度副詞的種類也越多。《全唐詩》中,"悠悠"的使用頻率最高,可受"最、甚、更"等幾個程度副詞的修飾。例如:

(64) 跡不趨時分不侯,功名身外最悠悠。(全唐詩,司空圖:攜仙籙)

(65) 萬里音書何寂寂,百年生計甚悠悠。(全唐詩,薛逢:九日雨中言懷)

(66) 從北南歸明月夜,嶺猿灘鳥更悠悠。(全唐詩,羅鄴:覽陳丕卷)

這種現象最初只出現于韻文中。宋代,散文中的 AA 也可受程度副詞的修飾。例如:

(67) 一日,忽招和仲飯,意極拳拳。(朱子語類,卷一三一)

不管是韻文還是散文,受程度副詞修飾的 AA 式重言都處於謂語位置。

先秦,所有 AA 式重言都不能受程度副詞的修飾,爲什麼後來能受程度副詞修飾?這裏需要解釋的原因較多。我想最主要的原因是:魏晉之後,特別是唐代,AA 式重言表狀態的功能在弱化,甚至向表屬性的方向發展。

4.3 AA 式重言在意義上的發展

從意義上說,AA 式重言的發展趨勢表現在兩方面:一是詞彙意義的多義化;二是語法意義的抽象化。

我們比較了先秦文獻與魏晉隋唐文獻中 AA 式重言的意義,發現許多 AA 式重言的詞彙意義都有多義化的趨勢。它們在先秦構成重言後,迅速詞彙化,以 AA 作爲一個詞彙單位,由單義而衍生出多義。例如,單音狀態形容詞"浩"本指水勢盛大的樣子。重言爲"浩浩"也用來描寫水勢盛大。例如,《尚書·堯典》:"湯湯洪水方割,蕩蕩懷山襄陵,浩浩滔天。""浩浩"再引申,可描寫天宇廣大無邊貌。例如,《詩·小雅·雨無正》:"浩浩昊天,不駿其德。"又引申爲聲音洪大。例如,漢·蔡琰《胡笳十八拍》:"鞞鼓喧兮從夜達明,胡風浩浩兮暗塞營。"再引申用來形容寬廣、深遠。例如,《古詩十九首·涉江采芙蓉》:"還顧望舊鄉,長路漫浩浩。"再引申可形容胸懷開闊坦蕩,氣魄恢弘。例如:唐·白居易《詠意》:"身心一無系,浩浩如虛舟。"

又如,單音狀態形容詞"皎"本指月光潔白貌。《説文》:"皎,月之白也。"重言爲"皎皎"後詞義擴大,可形容其他物體的潔白貌。例如,《詩·小雅·白駒》:"皎皎白駒,食我場苗。"引申可形容光明、明亮的樣子。梁·吴均《憶費昶詩》:"皎皎日將上,獵獵起微風。"再引申爲"明白、分明"之意。例如,梁·王僧儒《爲人述夢詩》:"皎皎無片非,的的一皆是。"又引申爲比喻心地純潔。例如,漢《樂府古辭·豫章行》:"我心何皎皎,梯落葉漸傾。"

其他如"依依"原指"草木茂盛貌",後引申出"隱約""依戀不捨的樣子"等意思;"綿綿"原是"連綿不斷的樣子",後引申出"悠遠、延長貌""時間長久"和"情思不斷"等意義。

AA式重言的語法意義是表狀態,但許多AA式重言隨著義項變多,有一種越來越抽象和越來越主觀化的趨勢。如"浩浩"的"水勢盛大"義還比較具體形象,而"寬廣、深遠"義則較爲抽象,"胸懷開闊"義則主觀性較強。"依依"的"草木茂盛"義較爲具體形象,而"依戀不捨"的意義則主觀性較強。

4.4 AA式重言的發展趨勢

AA式重言在結構上的發展趨勢是AA由不帶詞尾到帶詞尾,由帶"然、如、若"等描狀詞尾到帶"底、地、生"等抽象詞尾。這説明AA式重言的描狀性在逐步弱化。

AA式重言在功能上的發展趨勢是由主要作謂語發展爲主要作定語和狀詞,甚至作降格謂語、受程度副詞修飾。這也説明AA式重言的描狀性在逐步弱化。

AA式重言在意義上的發展趨勢是多義化、抽象化、主觀化。具體比抽象的描寫性強;客觀比主觀的描寫性要強。這同樣説明了AA式重言的描狀性在弱化。

從結構、功能、意義等幾個方面都會發現:AA式重言的發展趨勢是描寫性的逐步弱化。

五　重疊的出現

5.1 AA式重疊的出現

單音性質形容詞構成的AA式重疊在先秦已零星出現。例如:

(68) 無曰高高在上,陟降厥士。(詩,周頌,敬之)

(69) 青青子衿,悠悠我心。(詩,鄭風,子衿)

唐代,AA式重疊形式大量出現。一是出現了許多新的AA式重疊詞;二是先秦至魏晉時出現的AA式重疊詞使用頻率增高。

新出現的AA式重疊如"短短""好好""厚厚""滿滿""慢慢""白白""黄黄"等等。例如:

(70) 白日何短短,百年苦易滿。(全唐詩,李白:短歌行)

(71) 楊花慢惹霏霏雨,竹葉閒傾滿滿杯。(全唐詩,韋莊:章江作)

(72)青青竹笋迎船出,白白江魚入饌來。(全唐詩,杜甫:送王十五判官)

5.2 AA式重疊出現的動因

AA式重疊為什麼會出現呢?這里包含著兩個問題:一是AA式重疊為什麼會在先秦零星出現?二是AA式重疊為什麼會在唐宋大量出現?

唐以前,AA式重疊的出現是一種零星的、偶發性的現象。它的出現,可能是受AA式重言的影響,通過類推而產生的。最初是一種語用行為,還沒有形成為一種必然趨勢。用例也是個別的,沒有頻率可言。

唐代,AA式重疊的出現是一種體系性的、必然性的現象。它的出現有內部和外部雙重動因。內部動因是單音性質形容詞潛在的描寫性被啓動。形容詞發展的總趨勢是意義越來越抽象,概括性越來越高。這就導致了只能描寫某一類或某幾類事物的單音狀態形容詞系統的消亡,它的功能位置出現空缺。同時,隨著形容詞雙音化趨勢的加快,原有的單音狀態形容詞開始與同義的單音性質形容詞結合,由一個詞類變成了一個詞素類。如"悠"與"久"結合,"蒼"與"白"結合,"紛"與"亂"結合,"寂"與"靜"結合,"浩"與"大"結合,等等。每一組中,前一個是單音狀態形容詞,後一個是單音性質形容詞。兩者結合就構成了新的雙音性質形容詞"悠久""蒼白""紛亂""寂靜""浩大"等。這種結合過程是雙向互動的。一方面是單音狀態形容詞的意義更加抽象化,能與單音性質形容詞組配;另一方面是單音性質形容詞的描寫性由隱性變為顯性[6],它也能與單音狀態形容詞組配,兼有表狀態的用法。因此,單音性質形容詞也就像單音狀態形容詞一樣可以重疊表狀態。這種內部動因使得AA式重疊大量出現成為可能。

外部動因是AA式重言描寫性的全面弱化,已不能擔負起描寫性的語用功能。前面的分析已顯示:AA式重言由不帶詞尾發展到帶詞尾"然、如、若、爾、焉";由主要作謂語發展到主要作狀語和定語,甚至作降格謂語;由不受程度副詞修飾發展到像單音性質形容詞一樣能受程度副詞的修飾;意義由單義變為多義等等。這一系列的變化都說明,AA式重言的描寫功能在逐步弱化。唐代,因單音狀態形容詞的消亡[7],AA式重言已不再能產生大量的新成員來完成描寫的任務,而已有的AA式重言詞的描寫功能又已弱化為近似於一個性質形容詞。整個表描寫的表達系統已經不能適應語言表達的需要了,需要一個新的描狀系統來完成語言中表描寫的任務。這時,由單音性質形容詞重疊來替補AA式重言就成為一種必然的趨勢。

六 重疊對重言的繼承與發展

AA式重言發展成為AA式重疊是一種系統性的變化。討論兩者的繼承關係應從整體上把握兩者在語用功能、結構特徵、句法功能和語法意義等方面的繼承性。

6.1 AA 式重疊對 AA 式重言在語用功能上的繼承

AA 式重言的語用功能是描寫，AA 式重疊的語用功能也主要是描寫。這一點在 AA 式重疊產生的初期表現得很明顯。

唐宋是重言向重疊發展的過渡時期，重言與重疊往往在上下文中對比著使用。例如：

（73）青青巖柳，絲條拂于武昌；赫赫山楊，箭竿稠于董澤。（張鷟：遊仙窟）

（74）澄潭隱隱聽龍吟，古洞深深聞虎驟。（敦煌變文集：雙恩記）

（75）薄薄施鉛粉，盈盈掛綺羅。（全唐詩，魏承班：菩薩蠻）

例（73）中"青青"與"赫赫"相對，例（74）中"隱隱"與"深深"相對，例（75）中"薄薄"與"盈盈"相對。"青青""深深""薄薄"是 AA 式重疊；"赫赫""隱隱""盈盈"是 AA 式重言。由此可以看出，唐宋時的人仍是把兩者看作同一類詞語，表現同一種功能來使用的。這一點證明，在語用功能上，AA 式重疊是對 AA 式重言的繼承。

6.2 AA 式重疊對 AA 式重言在結構上的繼承

AA 式重言在結構上曾先後帶過詞尾"然、若、如、爾、焉、生、地、底"等；AA 式重疊在結構上繼承了這一點，也能帶詞尾"然、地、底"等，例如：

（76）深深然，高高然。人不吾知，又不吾謂。（全唐詩，讖記，道者遺記）

（77）何況慢慢地，便全然是空。（朱子語類，卷一一四）

（78）只是小小底物事會變。（朱子語類，卷七十九）

衆所周知，現代漢語層面上的 AA 式重疊多帶詞尾"的"。但是，唐宋時期的 AA 式重疊多不帶詞尾。相比之下，AA 式重言帶"地、底"的現象要比 AA 式重疊普遍得多。

另外，AA 式重疊在個別情況下還帶一套 AA 式重言不帶的詞尾"許、馨、個"等。例如：

（79）才既不長，於榮利又不淡；直以真率少許，便足對人多多許。（世說新語，賞譽）

（80）婀娜腰肢細細許，矇眬眼子長長馨。（張文成：遊仙窟）

（81）有僧到大溈，師指面前狗子云："明明個，明明個。"（祖堂集，第十七，福州西院和尚）

6.3 AA 式重疊對 AA 式重言在語法功能上的繼承

唐宋時期，AA 式重言可以作謂語、狀語、定語和補語。AA 式重疊繼承了這些用法，也能作謂語、狀語、定語和補語。例如：

（82）看公如今只恁地慢慢，要進又不敢進，要取又不敢取。（朱子語類，卷一百二十）

（83）頭風不敢多多飲，能酌三分相勸無？（全唐詩，白居易：酬舒三員外）

（84）承聞天臺有青青之水，綠綠之波。（祖堂集，卷七，夾山和尚）

（85）上得床，將一條棉被裹得緊緊地，自睡了。（南宋話本，快嘴李翠蓮記）

"慢慢"作謂語,"多多"作狀語,"青青"和"綠綠"作定語,"緊緊地"作補語。可能因為 AA 式重疊比 AA 式重言的描寫性強一些,唐宋的 AA 式重疊沒有作降格謂語的用法,也不能受程度副詞的修飾。

6.4 AA 式重疊對 AA 式重言在語法意義上的繼承與發展

單音狀態形容詞的語義特徵是形象性和具體性。形象性是針對抽象性而言的,指的是具體的形象感。性質形容詞中只有抽象的概念,狀態形容詞中往往包含具體的形象。例如,我們說到"白";想到的是"黑、紅、黃"等一些抽象的顏色。可當我們說"皚"時往往想到的是霜雪的形象,說"皎"時想到的是月光的形象,說"皤"時想到的是白髮的形象。提到"依依"立刻想起楊柳;說到"灼灼"馬上聯想到桃花。與形象性相聯繫的是具體性。形象感是"具體而微"的,因此具有形象感的狀態形容詞描寫的對象也不可能是一個寬泛的抽象物,一般是比較具體或是有針對性的物件。楊建國（1979）就指出:"先秦狀態詞意念上是'定象'的,它們各自都有自己一定的描摹物件。"

單音狀態形容詞重言而成的 AA 式重言其語法意義也是表具體的狀態。越是早期的重言,其表狀態的意義越具體,是一種"具象狀態"（石毓 2004）。同樣是描寫植物葉片的茂盛,《詩經》的作者們描寫桃葉的茂盛用"蓁蓁"（《周南·桃夭》）;描寫苕葉的茂盛用"菁菁"（《小雅·苕之華》）;描寫楊葉的茂盛用"牂牂"（《陳風·東門之楊》）;描寫柞葉的茂盛用"蓬蓬"（《小雅·采菽》）;描寫蘆葦葉的茂盛用"泥泥"（《大雅·行葦》）。

形象性和具體性因過分依賴於"此情此景",隨著情景的消失,重言詞的意義也就容易模糊化,變得難以捉摸。漢代學者在解釋它們時不得不進行概括,通用"盛貌"在解釋它們。

與單音狀態形容詞相比,單音性質形容詞的語義特徵是概括性和抽象性,它們修飾或描寫的對象相當廣泛,不限於某一類或某幾類事物,因此可以受程度副詞的修飾,含有量的特徵。由單音性質形容重疊而成的 AA 式重疊,其語法意義雖然也表狀態,但表示的不是具體的狀態,而是一種抽象狀態,我們曾稱之為"泛化狀態"（石毓 2004）。這種狀態缺少具體而形象的特徵,但產生了"程度"的意義,有了"量"的成分。朱德熙（1956）、俞敏（1956）、黎錦熙（1957）、邢福義（1965,2000）、李宇明（1996）、石毓智（1996）等許多學者都指出:單音性質形容詞重疊的語法意義"都包含著一種量的觀念在內"。"皚皚"是霜雪的樣子,而"白白的"是很白的樣子。"皚"重言後只表狀態,沒有量的變化,"白"重疊後不僅表狀態,還有"很白"的意思,兼表程度。

顯然,從 AA 式重言到 AA 式重疊,語法意義發生了很大的變化,由具象狀態發展為泛化狀態,由"無量"變得"有量",從而"狀態"也就衍生出了"程度"。

七　重疊對重言的替換

如果説，唐宋是 AA 式重言向 AA 式重疊的過渡時期；那麽，元明則是 AA 式重疊淘汰 AA 式重言的時期。

7.1 唐宋兩類 AA 式結構的使用情況

唐以前，用於描寫的 AA 形式幾乎全是 AA 式重言，AA 式重疊屬個別現象。唐宋時期，AA 式重言在生成上是消亡期，在使用上是興盛期。也就是説，唐宋已不再大規模地産生新的 AA 式重言，但先秦至魏晉産生的 AA 式重言被大量使用，使用頻率極高。同時，唐宋也是 AA 式重疊的産生時期，産生了一批新的 AA 式重疊，但使用頻率不高。

爲了瞭解唐宋時期 AA 式重言與 AA 式重疊的使用情況，我們對《全唐詩》中出現的 AA 形式進行了定量分析。從數量上説，AA 式重言遠遠多於 AA 式重疊。在《全唐詩》中，AA 式重言多達 760 多例，而 AA 式重疊只有 61 例。

從使用頻率上説，AA 式重言的使用頻率是歷史上最高的時期，也遠遠高於 AA 式重疊。我們僅列舉前 20 例高頻的 AA 式重言和 AA 式重疊的使用頻率對比如下：

《全唐詩》AA 式重言的使用頻率表：

詞條	詞頻	詞條	詞頻	詞條	詞頻
悠悠	743	青青	257	遲遲	149
蒼蒼	378	沈沈	237	冥冥	143
蕭蕭	358	迢迢	230	濛濛	140
紛紛	333	漠漠	213	萋萋	126
茫茫	310	翩翩	166	漫漫	125
寂寂	265	嫋嫋	165	霏霏	121
依依	263	淒淒	155		

《全唐詩》AA 式重疊的使用頻率表：

詞條	詞頻	詞條	詞頻	詞條	詞頻
高高	81	淡淡	15	淺淺	7
明明	41	彎彎	13	早早	5
輕輕	33	小小	12	急急	5
暗暗	25	長長	11	平平	5
深深	24	短短	9	暖暖	5
遠遠	19	滿滿	8	碎碎	5
細細	18	薄薄	7		

兩相對比可知，AA 式重言的使用頻率也遠遠高於 AA 式重疊。其中，"悠悠"的使用頻

率最高,達 743 例,20 詞的使用頻率都在 100 以上。而 AA 式重疊的使用頻率很低,最高的"高高"也僅 81 次,大部分詞的使用頻率在 10 例以下。

7.2 元明兩類 AA 式結構的使用情況

元明時期是 AA 式重言逐漸消退的時期,也是 AA 式重疊大發展的時期。從數量上說,AA 式重言數量大爲減少,AA 式重疊數量大爲增加。

從使用頻率上說,唐宋時期,AA 式重言處於高頻狀態,AA 式重疊處於低頻狀態;元明時期這種局面發生了逆轉,AA 式重言處於低頻狀態,AA 式重疊處於高頻狀態。

爲了弄清楚重言與重疊在元明的使用情況,我們重點調查了《元曲選》《金瓶梅詞話》和《醒世姻緣傳》三部作品中 AA 式形容詞的使用情況。《元曲選》的曲文大抵是元代的文獻,它的賓白多是明人加上的(梅祖麟 1984)。《金瓶梅詞話》是明代中葉的作品。《醒世姻緣傳》是明末清初的作品。我們以這三部作品爲對象,考察重言與重疊在數量和使用頻率上的變化。

7.2.1 重言與重疊在數量上的變化

重言與重疊在三部作品中數量的變化如下表:

	《元曲選》	《金瓶梅詞話》	《醒世姻緣傳》
重言	153	101	65
重疊	57	79	101

上表顯示,AA 式重言的數量呈遞減之勢,AA 式重疊的數量呈遞加之勢。《元曲選》中,AA 式重言多於 AA 式重疊;《醒世姻緣傳》中,AA 式重疊多於 AA 式重言。

從數量上可看出:AA 式重言的發展呈消退趨勢;AA 式重疊的發展呈增漲趨勢。

7.2.2 重言與重疊在使用頻率上的變化

在使用頻率上,我們重點調查了《元曲選》和《醒世姻緣傳》兩部作品。

《元曲選》中,AA 式重言詞共 153 個,AA 式重疊詞共 57 個;《醒世姻緣傳》中,AA 式重言詞共 65 個,AA 式重疊詞共 101 個。我們分別選取了兩部作品中的兩類重疊形式的前 18 個詞,看看它們的使用頻率。

《元曲選》AA 式重言的使用頻率表:

詞條	詞頻	詞條	詞頻	詞條	詞頻
悠悠	20	蕭蕭	10	匆匆	8
紛紛	20	漣漣	10	烘烘	7
孜孜	14	淡淡	9	凜凜	7
款款	13	飄飄	9	泠泠	7
隱隱	12	惺惺	9	漫漫	7
堂堂	10	澄澄	8	騰騰	7

《元曲選》AA式重疊的使用頻率表：

詞條	詞頻	詞條	詞頻	詞條	詞頻
慢慢	72	小小	18	活活	11
明明	34	好好	17	高高	11
遠遠	27	多多	16	緊緊	10
暗暗	27	急急	15	微微	9
輕輕	24	大大	14	重重	8
早早	19	細細	11	忙忙	7

《醒世姻緣傳》AA式重言的使用頻率表：

詞條	詞頻	詞條	詞頻	詞條	詞頻
碌碌	9	奄奄	4	戀戀	3
挣挣	9	團團	3	茫茫	3
伴伴	6	草草	3	匆匆	3
翩翩	4	滔滔	3	揚揚	3
洶洶	4	諄諄	3	冥冥	2
諄諄	4	洋洋	3	忡忡	2

《醒世姻緣傳》AA式重疊的使用頻率表：

詞條	詞頻	詞條	詞頻	詞條	詞頻
好好	59	遠遠	23	忙忙	16
慢慢	56	急急	23	全全	13
足足	50	滿滿	21	牢牢	13
小小	32	高高	20	細細	10
快快	29	大大	20	活活	10
緊緊	29	輕輕	16	呆呆	10

比較上面兩部作品中兩類AA式重疊形式的使用頻率，可以發現：

（一）AA式重言的使用頻率越來越低。在《元曲選》中，使用頻率在10次以上的還有"悠悠、紛紛、孜孜、款款、隱隱、堂堂、蕭蕭、漣漣"8個詞；在《醒世姻緣傳》中，使用頻率在10次以上的AA式重言詞沒有一例。

（二）AA式重疊的使用頻率越來越高。在《元曲選》中，使用頻率在20次以上的只有"慢慢、明明、遠遠、暗暗、輕輕"5個詞；在《醒世姻緣傳》中，使用頻率在20次以上的有"好好、慢慢、足足、小小、快快、緊緊、遠遠、急急、高高、大大"11個詞。

（三）兩部作品都呈現同一種趨勢，AA式重疊的使用頻率比AA式重言的使用頻率高。

從上面的分析可以看出：AA式重言正在逐步退出狀態形容詞系統。無論從數量上還是從使用頻率上，這種消退的趨勢都相當明顯。

7.3 AA 式重言消退的途徑

隨著 AA 式重疊的發展，AA 式重言的消退是一個循序漸退的過程，其消退的途徑有以下四條：

第一，數量上的銳減，大量的 AA 式重言已不再使用。先秦至兩漢魏晉，產生了大量的 AA 式重言詞。其中，有許多詞因適用對象不多，使用頻率不高，早已死亡。有許多在唐代使用頻率不高的 AA 式重言後代也多已不見。僅從《元曲選》《金瓶梅詞話》和《醒世姻緣傳》中也能發現，《全唐詩》中的 760 多例 AA 式重言絕大多數已不復存在。

第二，語體上，許多 AA 式重言詞從口語退到了書面語中。唐以前，AA 式重言是口語中的成分；唐宋時期，AA 式重言雖可用於口語，但更多的是用於文人的詩詞等書面語體中。到了元明時期，口語性很強的對白或行文中已很少能見到 AA 式重言了，但文人的詩詞中還可見到它們。例如：

(86) 洪波浩渺，滔滔若塞外九河；轟浪奔騰，滾滾似巴中三峽。(醒世姻緣傳，二十九回)

上例的"滔滔""滾滾"都只出現於明代小說的詩詞之中。這說明，它們雖出現於明代的書面作品之中，但在明代的口語中已經消亡。

第三，語法上，許多 AA 式重言詞由詞變成了構詞語素。有些 AA 式重言詞因描寫性弱化，語用功能衰弱，由一個造句單位語法化成為了一個構詞單位，變成了 ABB 詞和一些固定四字格的構詞語素。例如：

(87) 李驛丞指天畫地，血瀝瀝的發咒。(醒世姻緣傳，八十八回)

(88) 敬待夫子，和睦妯娌，諸凡處事井井有條。(醒世姻緣傳，引起)

上例中，"血瀝瀝"的"瀝瀝"，"井井有條"的"井井"在元明以前都是獨用的 AA 式重言詞。到了《醒世姻緣傳》中，它們都降格成為了 ABB 詞和四字格慣用語的語素了。這說明，它們作為一個詞實際已經消亡了。

第四，語義上，少數留存下來的 AA 式重言詞大部分義項消失。唐宋時期的 AA 式重言詞，數量最多，使用頻率最高，每個 AA 式重言詞的義項也最豐富。到了元明，有少數 AA 式重言詞雖還沒有喪失詞的資格，但大部分義項已喪失殆盡，意義又變得單純起來。如"歷歷"在《全唐詩》中使用達 76 次之多，義項也特別豐富。例如：

(89) 晴川歷歷漢陽樹，芳草萋萋鸚鵡洲。(全唐詩，崔顥：黃鶴樓)

(90) 歷歷上山人，一一遙可觀。(全唐詩，白居易：遊悟真寺)

(91) 君不見沈沈海底生珊瑚，歷歷天上種白榆。(全唐詩，白居易：澗底松)

(92) 歷歷愁心亂，迢迢獨夜長。(全唐詩，戴叔倫：雨)

(93) 歷歷余所經，悠悠子當返。(全唐詩，韓愈：送湖南李正字歸)

(94) 鳴蟬歷歷空相續，歸鳥翩翩白著行。(全唐詩，李中：秋日登潤州城樓)

例（89）是"清楚分明貌"；例（90）是"眾多貌"；例（91）是"排列成行的樣子"；例（92）是"憂愁貌"；例（93）是"逐一"的意思；例（94）是"鳥蟲叫聲"。到了《醒世姻緣傳》中，"歷歷"使用僅一次，義項當然也只有一個，是"清楚分明"的意思。例如：

(95) 入殮的時節，通身透明，臟腑筋骨，歷歷可數，通是水晶一般。（醒世姻緣傳，二十七回）

八　從重言到重疊的動因與機制

8.1 從重言到重疊的動因

從歷時的角度看，導致 AA 式重言向 AA 式重疊發展的動因有三類：語用矛盾動因、語用新奇性動因和語義明晰性動因。

8.1.1 語用矛盾動因

形容詞 AA 形式由重言到重疊經歷了兩次大的弱化過程和兩次大的發展。由單音狀態形容詞表描寫發展到由單音狀態形容詞帶詞尾、加襯字和重言來表描寫，這是狀態形容詞系統的第一次大弱化。第一次弱化的結果是 AA 式重言的大量出現。

AA 式重言由不帶詞尾發展到帶詞尾；由主要作謂語發展到主要作狀語、定語，甚至作降格謂語；由不受程度副詞修飾發展到可受程度副詞修飾；由重言發展成重疊等等。這是狀態形容詞系統的第二次大弱化。第二次弱化的結果是由單音狀態形容詞的重言變成了單音性形容詞的重疊。

這兩次弱化和發展的背後，起作用的是語用矛盾動因。狀態形容詞（含單音狀態形容詞和幾類 AA 式形容詞）發展的總趨勢是語用功能（描寫性）的不斷弱化；漢語生動性表達的總要求是語用功能（描寫性）的不斷強化。當單音狀態形容詞的描寫性弱化後，就用帶詞尾、加襯字，甚至是構成 AA 式重言的方式來強化描寫性。當 AA 式重言需要帶詞尾、需要作降格謂語，甚至是需要用程度副詞修飾時，就要用 AA 式重疊去取代它。語用矛盾動因推動了形容詞 AA 式重言向 AA 式重疊的發展。

8.1.2 語用新奇性動因

從使用的角度看，狀態形容詞多出現于文學性強的文體中，很少用於政論及科技性的文獻。描寫性成分對語體有選擇性。從發展的角度看，狀態形容詞的每一次大的變化都是從詩賦等韻文中開始的，然後慢慢擴散到散文。《詩經》集中體現了單音狀態形容詞向 AA 式重言的轉化；而唐詩又集中表現了 AA 式重言向 AA 式重疊的轉化過程。

人類語言交際的一種主要傾向：用新穎的說法取代陳舊的說法以取得更強的語用力量（Lehman 1995；劉丹青 2001）。詩歌對新奇性的追求更甚于普通語言。於此可見，追求新奇是強化狀態形容詞描寫性的又一大動因。

8.1.3 語義明晰性動因

AA 式重疊形式的消長有如下兩種趨向：第一，意義易於理解的 AA 式重言能被後世繼續使用；意義不易理解的 AA 式重言多不能流傳於後世。第二，基式語義範圍狹窄的 AA 式重言終歸消亡；基式語義範圍寬泛的 AA 式重疊發展至今。這些都反映出"意義明晰性"在 AA 式重疊形式的發展中起作用。意義越明晰，語用功能越不易被弱化。這說明，追求語義明晰性也是 AA 式重疊形式發展的一大動因。

8.2 從重言到重疊的機制

形容詞 AA 重疊形式從重言發展到重疊有三種機制在起作用，即"強化""更新"和"類推"。

8.2.1 強化

"強化"（reinforcement）本是語法化理論中的術語。它指在已有的虛詞虛語素上再加上同類或相關的虛化要素，使原有虛化單位的句法語義作用得到加強（劉丹青 2001）。

西方語法化理論著作常舉的一個典型的強化例子是 on top of。現代英語的 on 是個高度語法化的前置詞，語義上相當於漢語中的後置詞"上"。它的本義是"在物體的上方表面"，但引申出的語義域極其寬泛。例如，on the wall（在牆上）指表面而不指上方；on monday（在星期一）表日期；on sale（減價中）指時間上的進行狀態；on the condition（在此條件下）表抽象的相關性等等。因此，當說話人真想強調在某物上方表面時，會覺得 on 的意義太寬泛而選用 on top of。這種現象就是強化（劉丹青 2001）。

Lehman（1995）指出：當虛化成分過分弱化時，更新和強化是保存語法力量的兩種選擇。漢語形容詞 AA 式重言的產生就是"強化"的結果。不過，AA 式重言的出現不是為了保存語法力量，而是為了保存語用力量。

當單音狀態形容詞的語用力量（描寫性）弱化後，為了強化其描寫性，就采用了加描寫性詞尾"然、如、若、爾、焉"和重言的辦法來補救。唐代，AA 式重言受程度副詞修飾，這也是為了保存描寫性而采用的一些強化手段。

8.2.2 更新

"更新"（renewal）指用較自主的單位取代更虛化的單位起同樣或類似的作用（劉丹青 2001）。

"更新"與"強化"不同。強化涉及新舊並存，而更新是新舊相替。AA 式重疊替代 AA 式重言采用的就是"更新"手段。AA 式重言本是單音狀態形容詞的強化形式，產生之初有較強的語用功能（描寫性），使用多了，使用久了，就成了舊形式，又難以充分發揮作用，需要用新的形式來增強描寫性。

當 AA 式重疊代替 AA 式重言的時候，詞尾"的"也代替了詞尾"然"等。這也是一種更新。

8.2.3 類推

類推就是一個語法格式的擴展（Hopper & Trauggot 2001）。類推可以使一個語法格式擴大其使用範圍，也能誘發新的語法格式。

當單音狀態形容詞描寫性弱化後，AA式重言在先秦應運而生。就先秦而言，單音狀態形容詞重言是一種自然的變化結果；而單音性質形容詞也出現了極個別的重疊現象（如《詩經》的"高高"）。這是一種突變，是重言類推的結果。也就是說，重言的語法格式擴大了使用範圍，誘發了個別重疊的産生。唐代，隨著重言描寫性的弱化，重疊才成爲一種主要的描寫形式。

附　注

① "重言"最先是宋人用來稱呼疊字的術語，先秦還没有這個名稱。

② 曹先擢在《〈詩經〉疊字》一文中討論"疊字在意義上與單字的派生關係"時，肯定了邵晋涵和王筠注意到了"疊字"（如"丕丕"）和"單字"（如"丕"）在意義上的派生關係，把疊字分爲兩類：一類是"疊字與單字的意義基本相同"，如"丕丕"與"丕"都有"大"義；另一類是"疊字與單字意義不相涉"，如"居居"與"居"。前者有"喜"義，後者無"喜"義。在判定某些具體的疊字與單字在意義上是否有派生關係時，王筠的方法有兩個：一、直觀法。如"灼灼其華"，他憑直觀認定"灼灼"是"灼"的重疊；二、根據古代字書，主要是《説文》。曹先生對這兩種做法提出了批評，指出："在研究《詩經》疊字與單字在意義上派生關係問題時，比較穩妥的辦法是以本書證本書，即對《詩經》中疊字與單字的使用情況進行考察，凡疊字的單字在《詩經》中能獨立運用，而疊字的意義與單字的意義或相同，或基本相同，或相關，那麽就認爲這個疊字與單字有派生關係。"

③ 單音狀態形容詞的概念參見楊建國（1979）、郭錫良（2000）、石鋠（2004）和劉丹青（2005）。

④ 參見張博（2000）。

⑤ 參見王顯（1956）。

⑥ 單音性質形容詞的描寫性由隱性變爲顯性是自身變化的結果，還是與單音狀態形容詞組配的結果，值得進一步研究。

⑦ 參見石鋠（2004）。

參考文獻

曹先擢　1980　《〈詩經〉疊字》，《語言學論叢》第六輯，北京：商務印書館。
郭錫良　2000　《先秦漢語名詞、動詞、形容詞的發展》，《中國語文》第3期。
黎錦熙　劉世儒　1957　《漢語語法教材》，北京：商務印書館。
李宇明　1996　《論詞語重疊的意義》，《世界漢語教學》第1期。
劉丹青　2001　《語法化中的更新、强化與疊加》，《語言研究》第2期。
———　2005　《形容詞和形容詞短語的研究框架》，《民族語文》第5期。
梅祖麟　1984　《從語言史看幾種元雜劇賓白的寫作時期》，《語言學論叢》第十三輯，北京：商務印書館。
沈家煊　1994　《"語法化"研究綜觀》，《外語教學與研究》第4期。
石　鋠　2004　《漢語形容詞重疊形式的歷史發展》，中國社會科學院研究生院博士學位論文。

石毓智　1996　《論漢語的句法重疊》,《語言研究》第 2 期。
王　顯　1956　《〈詩經〉中跟重言作用相當的有字式、其字式、斯字式和思字式》,《語言研究》第 1 期。
向　熹　1980　《〈詩經〉裏的複音詞》,《語言學論叢》第六輯,北京:商務印書館。
──　　1986　《詩經詞典》,成都:四川人民出版社。
邢福義　1965　《談"數量結構+形容詞"》,《中國語文》第 1 期。
──　　2000　《漢語語法學》,長春:東北師範大學出版社。
徐振邦　1998　《聯綿詞概論》,北京:大衆文藝出版社。
楊建國　1979　《先秦漢語的狀態形容詞》,《中國語文》第 6 期。
俞　敏　1956　《名詞、動詞、形容詞》,上海:上海教育出版社。
張　博　2000　《先秦形容詞尾碼"如、若、爾、然、焉"考察》,載張博著《古漢語詞彙研究》,銀川:寧夏人民出版社。
張玉金　2001　《甲骨文語法學》,上海:學林出版社。
朱德熙　1956　《現代漢語形容詞的研究》,《語言研究》第 1 期。
──　　1982　《語法講義》,北京:商務印書館。
Lehman, Christian　1995　*Thoughts on Grammatocalization*. Munich: Lincom Europa.
Moravcsik, Edith A.　1978　Reduplicative constructions. Greenberg. (ed.) *Universals of Human Language* Vol.3. Stanford: Stanford University Press.
Paul J. Hopper & Elizabeth Closs Traugott　2001　*Grammaticalization*(《語法化學說》). 北京:外語教學與研究出版社。

From Repetition to Reduplication: On the diachronic change of AA patterns of adjectives in Chinese

SHI Qin

Abstract: The paper focuses on the diachronic change of AA patterns of adjectives in Chinese. From the perspective of Modern Chinese, AA form consists of two patterns: (1) repetition, e.g. repeating *ai* 皚 (white) into *aiai* 皚皚 (a state of white); (2) reduplication, e.g. repeating *bai* 白(white) into *baibai* 白白(very white). First, we describe how AA repetition emerges and develops. Then we illustrate the course of change from repetition to reduplication. Last, we analyze the motivation and mechanism of this change.

Key words: repetition, reduplication, change

(石　毅　湖北大學文學院　430062)

先秦漢語人稱代詞系統的演變*

羅　端（Redouane Djamouri）

提　要　這篇文章討論先秦漢語中第一人稱代詞和第二人稱代詞系統的發展。我們將這一時期（公元前13世紀到公元前3世紀）分爲三個階段來討論。當"集體/專指"這個區別從第一人稱擴展到第二人稱之後，又出現了"客觀/主觀"這個語用上的區別，該區別同時反映在句子的語義和句法層面。

關鍵詞　上古漢語　人身代詞　指代系統　歷史演變

0　引言

　　本文的目的是描述古漢語第一和第二人稱代詞指稱系統的演變。文章本身對於歷史句法分析並不提供很大的幫助，但是却有助於我們處理詞法問題，並且考慮某些理論問題，比如代詞系統通常的組成和變化。

　　本文考察的資料有：商朝甲骨文（公元前13-前11世紀）、周朝金文（公元前10-前5世紀）、春秋和戰國時期傳下來的文獻（公元前6-前3世紀）如《詩經》《尚書》《左傳》《論語》《孟子》《荀子》《莊子》等。

　　從已有的各种研究文獻之中，可以統計出來的先秦時期用於第一和第二人稱的代詞不少於17個。其中11個用於第一人稱，6個用於第二人稱。這裏要說明的是這些詞出現在不同的時期，有些只在一種文獻中出現。

　　從表1、表2中可以看到這些代詞的上古擬音和不同的變體。

　　本文不包括第三人稱代詞的描述。這種代詞是在周朝才出現的。根據潘允中（1982）所說：第三人稱代詞在秦以前沒有出現過。第三人稱代詞一般是從指示詞演變來的，比如"此"或者"之"。有些第三人稱代詞是從名詞演變來的，如"君"或者"夫"；它們仍然保留了原來名詞的某些語義特徵。在大部分情況下，第三人稱的指稱用專名或者普通名詞來表示。

---

*　本文是根據作者幾年前在"國際中國語言學學會第二次學術年會"（1993年6月23-25日，巴黎）上的法文發言提綱及在"Conference on Morphosyntactic Changes in Chinese"（1997年1月16-19日，University of California Los-Angeles, Lake Arrowhead Conference Center）上的英文發言提綱寫成的。成文時基本保留了原來的材料。

表1：先秦文獻中第一人稱代詞

	上古音[1]
我	*ŋâi?
余、予	*la（*laʔ）
台、以	*lə（*ləʔ）
（魚）	*ŋa
虞	*ŋa
吳	*ŋwâ
吾	*ŋâ
卬	*ŋâŋ
揚	*ljaŋ
朕	*drəm?（*drəŋ?）

表2：先秦文獻中第二人稱代詞

	上古音
爾、尔	*njəj?
而	*nə
若	*nak
女、汝	*na?
乃	*nə̂?
戎	*nuŋ

1 "朕"的排除

一般學者通常把"朕"包括在古漢語的人稱代詞的系列中。"朕"確實是用在人稱的指稱上，這從商代的甲骨文時期就有了。那時候"朕"只用於皇帝指稱自己。它逐漸被捨棄不用，一直到秦始皇又重新把它起死回生。以後"朕"僅限於在仿古書面語中使用。在甲骨文中"朕"常用作修飾語（見例1），但這不是它唯一的功能，也可以用作主語（見例2）或賓語（見例3）。

(1) 甲辰卜，王：羌弗戠朕史(使)。二月。（合集，06599）

(2) 庚辰卜，王貞：朕徝(循)夃(今方)。六月。（合集，20547）

(3) 王固曰：且(祖)乙弗若(諾)朕，不其……（合集，13604反）

如上所述，以及例句所示，"朕"是皇帝用來指稱自己的，所以一些學者認爲"朕"是一種尊稱。我認爲"朕"之所以有這種尊稱的含義，正是因爲它本身具有非人稱代詞的性質。實際上"朕"不應該看作是一個真正的代詞，而是一個名詞；可以說"朕"作爲指代（referential）的用法是次要的（如文言文中"君"或"臣"指代第二或第一人稱的用法）。這種假設似乎可以由幾個事實印證：

（甲）在周朝的金文中，"朕"用作第三人稱的修飾語並不少見，尤其是用在名詞的前面，而這個名詞，指稱的是青銅器所有者可尊敬的先祖：

(4) 克敢對揚天子休。用乍(作)朕皇且(祖)考白(伯)寶劙(林)鐘。（克鐘，西周晚期）

（乙）有的時候甚至在指第一人稱的情況下，"朕"和第三人稱物主代詞"其"可以連用。如下例所示：

(5) 王若曰：孟侯朕其弟小子封。（尚書，康誥）

（丙）同樣，"朕"本身可以由一個真正的第一人稱代詞來修飾。在這種情況下，似乎應該把它理解爲一個名詞而且解釋爲"尊敬的人"，而不要把它看作第一人稱代詞的重復。

(6) 女(汝)台(以)卹余朕身。[②]（叔夷鐘，春秋晚期，齊靈公，公元前 581 年）

（丁）"朕"作爲一個修飾語也可以和一個它所修飾的名詞用"之"字聯繫起來。這樣，它就用在兩個名詞當中。應該指出的是，從屬詞"之"用來連接真正的人稱代詞和名詞是在戰國後期才出現的。

(7) 曰：朕之愆允若時。（尚書，無逸）

然而，"朕"作爲名詞的基本語義是模糊的。我認爲這個詞也不是一個完全的代詞。但是，它經歷的語義"虛化"比"君"或"臣"等詞更強烈。後者仍然保持名詞的語義。

2 甲骨文中的人稱代詞的用法

除"朕"以外，甲骨文的人稱代詞系統只限於第一人稱代詞"我""余"和第二人稱代詞"汝"和"乃"。下表顯示這四個代詞的語法功能和語義特徵的不同：

表 3：甲骨文中第一和第二人稱代詞的用法

		主語	賓語	修飾語	專指	集體
第一人稱	我	+	+	+		+
	余	+	+	（+）	+	
第二人稱	汝	+	+		+	
	乃			+	+	

2.1 "我"和"余"的區分

在甲骨文中"我"和"余"可以從語義上來劃分："我"指的是集體（collective）的"我們"，而"余"相當於現代漢語專指（specific）的"我"。"我"的集體意義應該以下列方式表達：

"我$_1$ +（我$_2$ + …… + 我$_n$）+（你$_1$ + 你$_2$ + …… + 你$_n$）+ 他$_1$ + 他$_2$ + …… + 他$_n$"

而不能以下列方式表達：

"*我$_1$ + 我$_2$"，"*我 + 我$_1$ + 我$_2$"，"*我 + 你 + 他"或"*我 + 他$_1$ + 他$_2$"

如以下兩個商朝甲骨文例子所示，卜人"爭"所說"我受年"之中，"我"不能用來指稱自己，而是包括自己在內的整個集體：

(8) 丙午卜，爭貞：我受年。（合集，9672 正）

(9) 戊申卜，爭貞：帝其降我茣（熯）。（合集，10171 正）

在甲骨文中"我"總是用來指集體，並且和"余"相對，後者專指"我"個人。據下面三例所示，"余"主要用作王指稱他本人：

(10) 庚巳卜，王貞：余亡壱（害）。（合集，5002）

(11) 王固曰：余母（毋）冓（遘）若（諾）茲卜，不其隹（唯）辛，出（有）希（祟）。（合集，13658 反）

(12) 王固曰：隹（唯）甲壱（害）余。（合集，00974 反）

理論上，"余"在商代的漢語裏也可以指"我們"，正如周代的金文一樣。但是，始終可以和"我"相對，而後者指集體。在甲骨文裏"余"沒有"我"用得多，這主要是因爲卜辭的內容總是以全商族的名義面對卜人所說的，而不是以一個人的名義說的。

2.2 第二人稱代詞"汝"和"乃"的區分

由于商朝甲骨文的用途很特殊，很少看到人跟人之間的直接對話。因爲這個原因，第二人稱代詞出現得比較少。在商朝甲骨文中，只有"汝"和"乃"兩個第二人稱代詞。它們的區別是：在句法上有不同的功能。正如表 3 所顯示，"汝"可以用作主語和賓語（見例 13、14），"乃"只用作修飾語（見例 15）。

(13) ……女（汝）其入乎出（有）司：女（汝）克挈（俘）二人。（合集，35362）

(14) 己亥卜，殻貞，王曰：戾（侯）豹，余其䕺（得）女（汝）……受……二。（合集，03301）

(15) 戊戌卜，殻貞，王曰：戾（侯）豹，余不朿（束）其合，以乃史歸。（合集，03297 正）

"汝"和"乃"的上古音是很接近的：[*naʔ]和[*nəʔ]。"乃"正好可以看作是由"汝"的元音弱化演變來的。在語義上，甲骨文中，"汝"和"乃"兩個都用於單數和專指。同樣，儘管甲骨文中找不到二者用作專指和多數的具體例證（"你們""你們的"），但我們確實無法否認在當時活的語言中有這種用法的可能性。

3 西周金文中的人稱代詞

西周時期金文的代詞系統基本和商代相同，但是有兩點不同。第一個不同是：人稱代詞"我"不僅用來指稱集體的"我們"，也可以用來指稱專指的"我"。第二點不同的是，出現了一個新的第二人稱代詞"爾"，語義上同"汝"和"乃"相對；"爾"指的是集體，也不專指哪一個人。

表 4：西周金文裏第一和第二人稱代詞的用法

	主語	賓語	修飾語	集體	專指
我	+	+	+	+	+
余	+	+	+		+
汝	+	+			+
乃			+		+
爾	(+)		+	+	

3.1 第一人稱代詞"我"和"余"

如上所述，從語義的標準來看，集體和專指的相對可以區別甲骨文中的"我"和"余"，但是我們從上表可以看出這個標準不完全適用於周代的金文。尤其是，不能夠區別"我"和"余"的專指用法。

3.1.1 "余"的專指用法

在西周金文裏，"余"仍然用來指稱第一人稱。它可以用作主語（例 16、17、18）、賓語（例 19、20）或修飾語（例 21）。"余"在所有的例句中都用作專指而單數的"我$_1$"，但這並不是說它在當時的語言中不能表達專指和複數的"我$_1$+我$_2$"。

(16) 王若曰：（……）余非庸（庸）又婚（悟）。（毛公鼎）

(17) 今余弗叚（假）組，余用乍（作）朕後男獸（獵）障（尊）殷（簋）。（師衰簋）

(18) 余小子肇帥井（型）朕皇且（祖）考懿德。（單白昊生鐘，西周晚期）

(19) 今余易（賜）女（汝）毌（貫）五。（逆鐘，西周晚期）

(20) 降余厚多福無疆。（井人安鐘，西周晚期）

(21) 福余順孫。（鈇鐘，西周晚期）

3.1.2 "我"的集體用法

在西周金文裏，"我"仍然保留商朝甲骨文中指稱集體的用法。它可以用作主語（例 22）、賓語（例 23）或修飾語（例 24）：

(22) 王若曰：（……）我聞（聞）殷述（墜）令（命）。隹（唯）殷邊厌（侯）田（甸）雩（與）殷正百辟率肆于酉（酒）。（大盂鼎）

(23) 王若曰（……）肆皇天亡斁（斁）臨保我有周。（毛公鼎）

(24) 南或（域）叚（服）孳敢臽（陷）處我土。（宗周鐘）

3.1.3 "我"的專指用法

從西周金文中，可以觀察到"我"用來表達非集體而單數的新現象。"我"從集體演變爲專指個人並沒有什麼可大驚小怪。我們可以從很多語言中找到類似的例子，尤其從複數人稱代詞變爲有尊貴含義的單數代詞（如英文的"we"或法文的"nous"既用來指稱複數的第一人稱，也可以用來指稱尊貴含義的單數人稱）。

不過，如果說"我"可以用來專指個人，那麼它和專指單數的"余"的區別還是沒有解決。

如例子所示，"我"和"余"都可以由"王"本人來表示他自己。所以就不能説這兩個代詞客觀上表示一個不同的貴賤含義或社會地位。

從周代的金文看，它們的不同是在強調層面上的。如下邊的例句所示。"我"作爲專指似乎是主動地強調，而"余"則没有特殊的語義傾向。

(25) 明公（……）迺令（命）曰：今我唯令（命）女（汝）二人亢眔矢奭左右于乃察（僚）厶（以）乃友事。（矢令方尊）

(26) 王若曰（……）：女（汝）母（毋）敢妄寧。虔夙（夙）夕惠我一人。（毛公鼎）

"我"怎麼從多數變成專指和焦點"是我本人"，這一點，我還不清楚。

3.2 第二人稱代詞"汝"和"乃"

第二人稱代詞在甲骨文中出現得很少，而在周代的金文中却用得比較多。這和文字的內容有關係，金文往往是直敘的方式，由王提出建議或封賞諸侯，或者是諸侯表示感謝。

代詞"汝"指的對話的人往往是專指的，但是可以指單數（例 27—29），也可以指多數（例 30）。但是從來不指集體（*"你$_1$ + 你$_2$ + …… + 你$_n$ + 他$_1$ + …… + 他$_n$"）。"汝"可以作主語（例 27—28），也可以作賓語（例 29—30）。

代詞"乃"總是用作修飾語，這跟它在商代的甲骨文中的用法没有什麼變化。可以指單數（例 27—28）也可以指多數（例 30）。

(27) 敬明乃心達（率）厶（以）乃友干善（捍禦）王身。谷（欲）女（汝）弗厶（以）乃辟圅（函）于囏（艱）。（師詢簋）

(28) 女（汝）勿克余乃辟一人。（大盂鼎）

(29) 余易（賜）女（汝）臤兽一卣。（彔白威毁蓋）

(30) 今我唯令（命）女（汝）二人亢眔矢奭左右于乃察（僚）厶（以）乃友事。（矢令方尊）

3.3 第二人稱代詞"爾"

第二人稱代詞"爾"首先是出現在西周的金文中。出現的次數不多，如（31）和（32）中所示，用作修飾語或主語。"爾"在語義上和"汝"以及"乃"相對，因爲它指稱的是"集體"。

(31) 王聿（諝）宗小子于京室曰：昔才（在）爾考公氏。克達（賴）文王肆文王受茲（兹）大命。（……）爾有唯小子亡戠（識）。覞（視）于公氏。有爵（勳）于天。（何尊）

(32) 弋皇且（祖）考高對爾剌嚴才（在）上。（……）裏（懷）受（授）余爾齭（數）福。（癲鐘）

從表 5 可以看出"爾"補足了原來系統中的一個語義缺陷，在第二人稱代詞的系列中成了"我"的對應成分。

表 5：西周金文裏第一和第二人稱代詞的用法

	專指	集體
第一人稱代詞	余	我
第二人稱代詞	汝、乃	爾

4　春秋、戰國金文中的人稱代詞

除了上述西周金文裏的人稱代詞外，在春秋、戰國時期又出現了幾個在過去的文獻中不存在的人稱代詞。我們的問題是要確定這些新的形式是地區性的文字變體，還是由詞法演變出來的新形式，或者是完全獨立的代詞。

表 6：春秋、戰國金文裏第一和第二人稱代詞的用法

	主語	賓語	修飾語	集體	專指
我	+	+	+	+	+（強調）
余	+	+	+		+
以			+		+
吾	+		+		+
汝	+	+			+
爾			+	+	
乃			(+)		+

4.1 第一人稱代詞

第一人稱代詞"我"和"余"在東周的金文中基本上和上一時期，也就是西周的用法相同。"我"大部分用來指集體，但是有少數例子表示專指。在后一種情況下"我"表示強調。"余"一直用作專指第一人稱單數或者多數。所以我們可以説專指的"我"是有標記的詞，而"余"是中性的。

在這一時期一個突出的現象是出現了兩個新的第一人稱代詞的形式："以"和"吾"。它們有不同的文字變體。

4.1.1 "以"是在春秋時期出現的，主要是在齊、邾和徐這些東部的國家。在這些地方的金文裏，"余"和"以"在句法功能上互補。"余"用作主語（例 33、34）和賓語，而"以"從下列（33）-（35）的三個句子中可看出只能用作修飾語。

(33) 余恁䚦(以)心。(王孫遺者鐘，春秋晚期，齊國)

(34) 曰：余畢龏(恭)威忌，鑄辝(以)龢鐘二鍺。(鼄公牼鐘，春秋晚期，邾宣公，公元前 587 年)

(35) 公曰：尸，女(汝)敬共(恭)辝(以)命。(……) 余命女(汝)嗣(嗣)辝(以)鏊(鐅)。(叔尸鐘，春秋晚期，齊靈公，公元前 581 年)

如表1所示,上古的"余"和"以"在讀音上是接近的。前者的構擬音是[*laʔ]而後者的構擬音是[*ləʔ]。顯然這兩個字除了韻腹(主要元音)以外,讀音是相同的。這一事實,再加上它們句法功能的互補,讓我覺得"以"可能是"余"的語音弱化形式。韻腹[a]之所以變成[ə]可能由於從一般人稱代詞用作修飾性代詞,因而處在非重音的位置上而受到弱化。這种現象也可以用來解釋早期第二人稱代詞"汝"[*naʔ](主語和賓語)和"乃"[*nə̂ʔ](修飾語)之間的關係。

4.1.2 "吾"的出現

另一個在東周金文中出現的第一人稱代詞是"吾",它比"以"字出現得稍微晚一點,春秋後期和戰國初期,出現在齊、徐、燕、越和晉等國家,而且有不同的文字變體,但出現的頻率不高,只用作修飾語(例36、37)和主語(例38)。

(36)僳(保)虞(吾)兄弟。(⋯⋯)僳(保)虞(吾)子姓(姓)。(齡鎛(齊厌鎛),春秋中晚期,齊國)

(37)厰(吾)厶(以)匡(宴)厶(以)喜厶(以)樂嘉賓。(沈兒鎛,春秋晚期,徐國)

(38)虞(吾)厶(以)祈眉壽。(繼書缶,春秋晉國)

從戰國中期開始,其他的國家也都用"吾"來代替"余"作第一人稱專指代詞。但是我們不能把"吾"[*ŋâ]代替"余"[*laʔ]這個現象當作一個派生或演變的現象,因爲我們沒法證明[l-]聲母到[ŋ-]聲母的演變。

我認爲"吾"是一個獨立代詞,出現在東部國家的語言裏,並且逐漸代替了"余"。不過"余"還繼續用於仿古的文體。

在金文中"吾"剛開始出現的時候,和"余"同時使用,僅見於一兩個例子,而且看起來,它們之間沒有明顯的區別。在例句(39),"虞"(="吾")用作主語,而"余"作修飾語。例(40)和例(41)是同一個時代兩個不同的銘文;它們正好顯示相反的現象:"虞"(="吾")用作修飾語,而"余"作主語。

(39)余畜孫書也,擇其吉金,厶(以)𠂤(作)鑄銛(缶),厶(以)祭我皇祖,虞(吾)厶(以)旅眉壽。(繼書缶,春秋晉國)

(40)昔者虞(吾)先考成王曇(暴)棄群臣。(中山王𧊒方鼎,戰國早期)

(41)余智(知)其忠誏(信)施(也)。(中山王𧊒方壺,戰國早期)

4.2 第二人稱代詞

從表6,我們可以看到第二人稱代詞"汝""爾"和"乃"在東周的金文中基本上和上一個時期——也就是西周——的用法相同。"汝"還用作主語和賓語,而有專指的指稱作用。"乃"只用作修飾語;不過,它基本上由"爾"字所代替。"爾"也可以寫作"尓"和"而",它主要表示集體的意思。在這裏就不多舉例子了。

5 《詩經》和《尚書》中的人稱代詞

表 7 和表 8 列了《詩經》和《尚書》中第一和第二人稱代詞的次數以及它們在不同用法上的頻率。

表 7:《詩經》裏第一和第二人稱代詞的用法

	總數	主語(%)	賓語(%)	修飾語(%)
我	574	23	32	45
(余)予	94	61	21	18
卬	5	100	-	-
汝	46	46	54	-
爾	205	13	34	53
乃	1	-	-	100
戎	5	40	-	60

表 8:《尚書》裏第一和第二人稱代詞的用法

	總數	主語(%)	賓語(%)	修飾語(%)
我	228	41	12	47
(余)予	221	82	13	5
吾	2			
汝	172	73	21	6
爾	229	52	23	25
乃	99	-	-	100

從《詩經》和《尚書》中我們看到的不是第一手資料。這些文獻我們無法確定時間、來源、一致性和真實性。傳到今天的，實際上是經過加工整理的綜合材料。

在這些資料中，我們可以看到所有東周金文中所用的人稱代詞的各種形式。有時候是以不同的變體出現的，如"余"/"予"的變體。

《詩經》包括兩個新形式的代詞，有鼻輔音的韻尾。一個是"卬"[*ŋâŋ]，另一個是"戎"[*nuŋ]。

5.1《詩經》和《尚書》中的第一人稱代詞

應該指出："吾"在《尚書》裏只出現了2次（《秦誓》和《微子》），而在《詩經》裏只出現了1次。這些罕見的例句很可能是後代的編者所引用的訛誤。

"余"在這兩種文獻中經常寫成"予"。它具有專指的作用，可以用作主語、賓語，或修飾語。不過，它用作主語的次數最多。

"我"和"余"兩個都可以用作主語、賓語或修飾語。"我"在《詩經》裏面出現的頻率比"余"要多。在《尚書》裏面"我"和"余"出現的次數很接近。"我"作修飾語的次數是最多的。

在大部分的情況下,"我"還用來指集體。根據我們的統計,"我"有18次指集體,只有2次作專指。

代詞"卬"在《詩經》中只出現了5次,而且只用作主語,在以後的文獻中,再沒有發現。高名凱(1946)認為"卬"的發音跟"吾"和"我"相近,應該與這兩個代詞歸於一類。周生亞(1980)認為"卬"只是"吾"的一個方言形式。

5.2《詩經》和《尚書》中的第二人稱代詞

從表7和表8可以看出,"爾"比"汝"更常用。在《詩經》裏,它出現的頻率比"汝"多三倍。這個比例正好跟"我"和"余"一樣。

從語義角度看,"汝"同於"余",主要使用在專指性指稱。"爾"在主語和賓語的用法上主要指的是集體,跟"我"的用法一樣。用作修飾語的時候,"爾"可以用於專指也可以指集體。它幾乎完全代替了"乃"。

《詩經》中第二人稱代詞"戎"出現了5次,跟第一人稱代詞"卬"次數相當。周生亞(1980)認為"戎"可能是一個方言變體,比"汝""爾"和"乃"多了一個鼻韻尾。我本人也同意這種解釋,也就不在本文中再描述"卬"和"戎"這兩個代詞。

6 《左傳》《論語》《孟子》和《荀子》中的人稱代詞

從表9可以看到"余"出現的次數仍然比較多,尤其在《左傳》裏,而《左傳》是上述文獻中最古老的一種。一般"余"只出現在早期文獻的引文中(《尚書》或《詩經》),或者仿古體的文獻中。

同樣,第二人稱代詞"乃"也只出現在早期文獻的引文中。它基本上已被"爾"代替了。

表9:《左傳》《論語》《孟子》和《荀子》裏第一和第二人稱代詞的用法

	總數	主語(%)	賓語(%)	修飾語(%)	專指	集體
(余)予	233	58	30	12	+	
吾	918	65	2	33	+	
我	917	39	39	22	+	+
汝	145	47	46	7	+	
爾	119	36	15	49	+	+
乃	9	−	−	100		

那麼,如果我們不必討論作為仿古形式的"余"和"乃",也就不必討論"我"和"爾"表示集體的用法,因為"我"和"爾"與"吾"和"汝"在集體與專指上剛好形成對比。否則,我們就得解釋"我"和"爾"用作專指的時候跟"吾"和"汝"的區別。這個問題以前諸家的解釋如下:

(一)詞格的不同

馬建忠(1898)首先提出:"吾"比其他第一人稱代詞更多地用作主語和修飾語。高本漢（1920）作了進一步闡述，並且試圖説明"吾""我""汝"和"爾"四個代詞可以歸於兩個不同的格類（morphosyntactic classes）。他在語音構擬的基礎上，建立了兩個屈折詞尾不同的類，其區别在于他們的韻尾。

表10：高本漢（1920）詞尾的區分

	主格和屬格	賓格
第一人稱代詞	吾 *ngo	我 *nga
第二人稱代詞	汝 *nio	爾 *nia

後來，好多學者都想證明高本漢的説法。其中包括胡適（1921）、容庚（1929）、王雲渠（1932）、廖序東（1964）、馬國權（1981）、漆權（1984）、何樂士（1984）、Nishiyama Takeshi（西山猛 1994）等人。

這些學者的研究結果都或多或少和高本漢類似，也就是説以上四個代詞可以按照他們的語法作用分類。有些學者試圖指出這四個代詞的區别並不那麽嚴格，但是從代詞的使用頻率上看高本漢的假設有一定道理。這些學者的觀察並不能解决問題。不同代詞以不同的頻率用在不同的語法功能上是很多語言的常見現象。這跟語法本身没有關係。

（二）韻律的區别

Kennedy（1956）認爲高本漢用詞形屈折變化來區分人稱代詞是有問題的，他提出"韻律"的區别，並建立了以下的對比：

表11：Kennedy（1956）韻律特徵的區分

平聲（high tone） 在句子中間 (in the middle of a phrase)	上聲（low tone） 停頓之前或在句末 (preceding a pause or at the end of a phrase)
吾 *ngo	我 *nga
不 *piug	否 *piug
斯 *sieg	此 *tsiar'
夫 *b'iwo	彼 *pia'

他認爲："我"［*nga］等於上聲的詞"吾"［*ngo］加平聲的詞素［-a］的並合。問題是，平聲詞也可以出現在句末，上聲詞也出現在句中或在詞組中間，也不一定非得有音律的停頓。例如，"保我家"（"保護我們家族的人"）。值得注意的是 Kennedy 的假設並不能解釋第二人稱代詞"汝"［*nio］/ 和"爾"［*niar］的區别，這兩個代詞都是上聲。

（三）語義區别

胡適（1921、1925）認爲高本漢用詞格作爲"我"和"爾"與"吾"和"汝"這四個代詞的區分標準是不完全的。他增加了語義的區别，例如單數/複數，强調或者尊卑之别：

表 12：胡適（1921）的語義區分

	主語	修飾語	賓語
吾	單數／複數	（單數）／複數	
我	焦點，強調	複數／單數	最常用
汝	單數	—	單數
爾	複數／尊稱單數	單數／複數	複數／尊稱單數

何樂士（1984）認爲在《左傳》裏面"我"和"爾"具有強調和尊稱的作用。而"吾"和"汝"沒有這些語義特徵。

（四）歷史方言變異的解釋

周生亞（1980）和潘允中（1982）試圖以方言變異作爲區別的標準：

（甲）殷方言，以甲骨文、宗周金文、《尚書》爲代表文獻："余""朕""汝""乃"和"我"。

（乙）洛方言，以《詩經》爲代表文獻：只用"我"和"爾"。

（丙）魯方言，以《論語》《孟子》和《左傳》爲代表文獻：在一般的場合下用"吾"和"汝"（口語），而在比較文雅的場合用"我"和"爾"。

這個假設並沒有考慮代詞系統的歷史演變，也沒有提供爲什麼這些代詞可以同時出現在同一個句子當中。

潘允中（1982）在王力（1958）分類的基礎上，認爲第一人稱代詞應該分成兩個同源詞的語音組。每一組詞必須與特定族群的方言相應，並且沒有詞形變化的不同：

（甲）"吾""我""卬""余"：鼻音聲母 [*ng-]

（乙）"余""予""以""朕"：齒音送氣聲母 [*dʻ-]

然而，根據我們以上的觀察，"我""余"和"朕"同時出現在商朝卜辭中。這一點本身就足以否定不同方言這一假設。

7　我們的建議

7.1 第一、第二人稱代詞系統的三個演變階段

根據我們的觀察，第一和第二人稱代詞系統大體上可以分成以下三個演變階段：

（甲）第一個階段（商朝時期）

人稱代詞系統相對簡單，正如表 13 表明的那樣，只限於區別"專指"和"集體"概念，只有第一人稱代詞含有"集體"的概念（第一人稱代詞"我"在商代的甲骨文中，最初指的是集體 [包括"我＋你＋他"]）。

表 13：商朝甲骨文人稱代詞系統

	專指	集體
第一人稱代詞	余	我
第二人稱代詞	汝	—

(乙) 第二個階段（西周時期）

人稱代詞系統開始複雜化。"我"在大部分情況下，用來表示集體的"我們"，但是也用作專指的"我"。開始，專指的"我"用來表示對比（強調）。

表 14：西周人稱代詞系統

	專指		集體
	無標記	有標記	
第一人稱代詞	余	我	我
第二人稱代詞	汝	-	爾

(丙) 第三個階段

但是實際上它已經包括了專指"我"的存在。而"余"指的是説話的人。每一次説話人用"余"的時候他就表示我此地、此時説話。后來第一人稱代詞"吾"出現了，而且逐漸代替了"余"和它在話語中的特點。

逐漸，"我"和"余/吾"的不同已經不能用語義的標準來區別，也不能用詞形變化來區別了。也就是説其區別已經構成了話語的事實。

這樣一來，當説話的人用"我"來表示他自己的時候，他把自己看作是一個跟當時、當地不同的對立角色。我們把這種現象叫做時間和空間上"身份的隔絶"。

表 15：東周人稱代詞系統

	專指		集體
	無身份距離	有身份距離	
第一人稱代詞	（余）＞吾	我	我
第二人稱代詞	汝	爾	爾

在第二人稱代詞上，我們注意到"爾"兩次出現在兩個不同的歷史階段裏，因此它補充了第一人稱和第二人稱代詞系統的對稱。"爾"就取得了"我"在上一個歷史時期的語義特徵。

我們應該注意到"我"和"爾"用於表達"身份距離"的時候，至少在通用語中，"吾"已經代替了"余"。

至於第一人稱代詞"吾"在第三個阶段代替"余"則可以看爲一個"典型的類推現象"："吾"[*ŋa]代替了"余"[*la?]以後，周朝代詞系統在音韻方面就完全對稱了。

表 16：東周時期成對比的 A 類和 B 類的人稱代詞

	第一人稱代詞	第二人稱代詞
A	余 *la? ＞ 吾 *ŋa	汝 *na?
B	我 *ŋâi?	爾 *njəi?

7.2 我們假設的印證

在第三個階段（戰國文獻）的話語中，我們叫做"身份距離"的區別，在語言層面上也可以找到一些具體的語法痕迹。

（甲）在一種主觀對話的情況下，對話人用"吾"和"汝"而不用"我"和"爾"。因此我們可以說"吾命汝"而從來不會說"*我命爾"。同樣，我們也可以理解爲什麽在《左傳》裏面經常可以看到在對話中說話者用"吾子"來指稱當面的對話者（等於"您"），而從來不用"*我子"來指稱。

（乙）這種"身份距離"可以說是把"我"和"爾"推到了第三人稱的範圍。我們注意到"我"和"爾"跟西周金文以及《尚書》中第三人稱物主代詞"厥"之間的特殊關係，這點足以證明我們的上述觀點（見例42-43）：

(42) 王若曰（……）肆皇帝亡斁（斁），臨保我厥周。（師訇毀簋，西周晚期）

(43) 王若曰：小子胡！唯爾率德改行，克慎厥猷。（尚書，蔡仲之命）

我們可以從(44)(45)的例句中看出"我"和"爾"在句法上幾乎可以用作名詞。這就說明"我"和"爾"跟第三人稱指稱範圍有密切的關係。

(44) 嗚呼！君已曰：時我。（尚書，君奭）

(45) 子絕四：毋意，毋必，毋固，毋我。（論語，子罕）

（丙）由于"我"和"爾"表達了這種"身份距離"，這就使得這兩個人稱代詞可以用來表達話題或者焦點。就焦點方面，可以從"唯"或"則"的使用來看：

(46) 明公（……）迺令（命）曰：今我唯令（命）女（汝）二人亢眔矢奭左右于乃寮（僚）。（矢令方尊）

(47) 曰："鄭昭、宋聾，晉使不害，我則必死。"（左傳，宣公十四年）

"我"和"爾"用作話題，有時也不用任何標志。這樣，我們常常可以發現，兩個人稱代詞的所指形成了語義對比：

(48) 子貢欲去告朔之餼羊。子曰："賜也！爾愛其羊，我愛其禮。"（論語，八佾）

(49) 爾爲爾，我爲我。（孟子，公孫丑上）

（丁）"我"和"爾"用來表達"身份距離"也可以由以下事實得到證明：當說話者表述一段話或一件事的時候，往往指的是過去或者將來而不是說話的當時。

(50) 孟子曰："吾固願見，今吾尚病，病愈，我且往見，夷子不來！"（孟子，滕文公上）

此句可以譯爲：孟子說："我（這個人）本來願意見他，我現在還有病，病好了（以後），我（那時候）就去看他，他不必來！"

相反，說話者當地當時的"我"或"你"只用"吾""汝"而從來不用"我""爾"，例如在戰國文獻中一般只用"吾聞……"而不用"*我聞……"來表達"我（當地當時說話的這個人）得知……"。

這裏我要引用《論語》中的一個例子，其中胡適(1921)發現轉述者把"我"當作"吾"用，犯了錯誤。其實，這是一個轉述引語，"我"表示一種身份隔絕。

(51) 子告之曰:"孟孫問孝於我,我對曰:無違。"(論語,爲政)

此句可以譯爲:孔子告訴他說:"孟孫(過去)向我問到孝道的時候,我(當時)回答說,不要違背禮節。"

在下面的例句中,"我"和"吾"同時出現在一個句子中,清楚地顯示這些代詞表示跟說話者有身份隔絕(確實在此句它們是用以表達語用上"非真實"irrealis 和"真實"realis 的不同語氣):

(52) 子貢曰:"我不欲人之加諸我也,吾亦欲無加諸人。"(論語,公冶長)

此句可以譯爲:子貢說:我(在設想的情況下)所不想別人加在我身上的事,我(此地此時的這個人)也不想加在別人的身上。

(53) 孟子曰:吾今則可以見矣。不直,則道不見;我且直之。(孟子,滕文公上)

上句同樣可以譯爲:孟子說:我現在就可以見他了。如果不(跟他)說直話,那麼真理就不表現了;我將跟他說直話。

(戊)最後,還有一點語言上的特徵,就是在假設句或讓步句中只能用"我"和"爾"。因爲使用這兩種句式的時候,說話人表達的是一個設想的情景,要求對話者也跟着設想,然後,才把肯定的情景講出來。

(54) 閔子騫曰:"善爲我辭焉!如有復我者,則吾必在汶上矣。"(論語,雍也)

(55) 賈大夫曰:(……)我不能射,汝遂不言不笑夫!(左傳,昭公二十八年)

(56) 我食吾言,背天地也。(左傳,僖公十五年)

在西方翻譯的中國古籍中,我們發現,只有"吾"沒有"我"的句子常常被當作假設句。在下面(57)的例句中,Ryckmans(1987)把《論語》中的這句話的第一部分理解爲假設:"Si je sacrifie sans y mettre le coeur,…"("如果我舉行祭祀可是不是真心的……")其實,不如譯作:"當我不是真心祭祀的時候,就像沒舉行祭祀"。

(57) 子曰:吾不與祭,如不祭。(論語,八佾)

在這句話中,孔子並不是說我們應該假設一種場景,在祭祀時他不專心,這樣等於沒有祭祀。動詞謂語"如"的意思是"與之相似",這也證實了我們的理解。句子的第一部分不能看作從屬句,而應該是整句的主語。

"我"用作讓步句的例子如下:

(58) 王若曰:吾惛,不能進於時矣。(……)我雖不敏,請嘗試之。(孟子,梁惠王上)

(59) 雖我亦成也。(莊子,齊物論)

(60) 子墨子曰:用而不可,(難哉)雖我亦將非也。(墨子,兼愛下)

8 結論

　　本文試圖證明，從商朝到戰國時期，上古漢語裏人稱代詞系統發生了很大的變化。我們排除了"朕"、字體不同的形式（"余、予"等）及字音不同的形式（"汝、乃、余、以"）後，提出人稱代詞系統的發展可以分爲三個明顯不同的階段：商朝時期、西周時期和東周時期。代詞系統趨於複雜。商朝時期表達集體概念的"我"和表達專指的"余"對立，在第二個階段，由於類推，第二人稱也出現了同一個類型的變化，即出現了表達集體概念的"爾"和表達專指的"汝"。在同一時期，"我"也可以是專指的、單數的指代詞，用來表達焦點或話題，這點不同於"余"。第三個階段，代詞系統固定爲兩類對立："專指"和"集體"的對立繼續存在，第二種對立發生在專指上，即語用上有所不同，我們稱之爲"身份差異"，"吾/汝"指"這、現在"（hic et nunc），而"我/爾"在表述中脱離"這、現在"的内涵。我們看到，這一代詞系統非常特別，這使參與説話的人稱可以不受動詞特殊情貌標記的影響，在特定的語義及句法環境裏（假設、讓步、強調、話題化），充分利用"身份差異"的不同。

　　"吾"的出現及其代替"余"使"吾/我""汝/爾"的對立後來與藏緬語系的人稱代詞系統平行。這似乎與時代不合，但本文不打算討論這個問題。

附　注

① 表上的上古擬音引自 William Baxter（白一平 1992）和 Axel Schuessler（2007）。
② 郭沫若（1935:206）把"余朕"譯成現代漢語中的"我自己"，這樣"朕"就成了反身代詞。這種解釋似乎有些牽強。

參考文獻

陳初生　1987　《金文常用字典》，西安：陝西人民出版社。
大西克也　1998　《談談"我"字在列國金文中的一個特殊用法》，《慶祝唐作藩教授七十壽辰學術論文集》，北京：北京語言文化大學出版社。
高名凱　1946　《漢語的人稱代名詞》，《燕京學報》30，1—26頁。
郭沫若　1935　《兩周金文辭大系攷釋》，日本東京：文求堂。
郭沫若主編　1978　《甲骨文合集》，北京：中華書局。
何樂士　1984　《〈左傳〉的人稱代詞》，《古漢語研究論文集》，北京：北京出版社。
胡　適　1921　《吾我篇》，《胡適文存》，上海：上海亞東圖書館。
―――　1925　《爾汝篇》，《胡適文存》，上海：上海亞東圖書館。
洪　波　1996　《上古漢語第一人稱代詞"余（予）""我""朕"的分別》，《語言研究》第1期。
黄盛璋　1963　《古漢語的人身代詞研究》，《中國語文》第6期，443—472頁。

金守拙（Kennedy，George A.） 1956 《再論吾我》，《中研院歷史語言研究所集刊》，28，273－281頁。
廖序東 1964 《論屈賦中人稱代詞的用法》，《中國語文》第5期，360－367頁。
馬國權 1981 《兩周銅器銘文代詞出攤》，《中國語文研究》第3期，67－74頁。
潘允中 1982 《漢語語法史概要》，鄭州：中州書畫社。
漆權 1984 《〈史記〉中的人稱代詞》，《語言學論叢》第十二輯，北京：商務印書館，171－193頁。
容庚 1929 《周金文中所見代名詞釋例》，《燕京學報》6，1041－1046頁。
王力 1958 《漢語史稿》，北京：科學出版社。
王雲渠 1932 《古代中國文法的"予""吾""我"》，《師大國學叢刊》1(3)，31－56頁。
西山猛 1992 《上古漢語第一人稱代詞"予"的出現條件問題》，《中國文學論集》第二十一號，1－12頁。
許世瑛 1965 《〈世說新語〉中第二身稱代詞研究》，《中研院歷史語言研究所集刊》36(A)，185－235頁。
周法高 1963 《"之""厥""其"用法之演變》，《中國語文論叢》，84－98頁。
———— 1972 《中國古代語—法稱代編》，臺北：臺聯國風出版社。
周法高主編 1974 《漢字古今音彙》，香港：香港中文大學出版社。
周生亞 1980 《論上古漢語人稱代詞繁複的原因》，《中國語文》第2期，127－136(＋139)頁。
大西克也 1992《殷周時代の一人稱代詞代名詞の用法をめぐって ― 殷周漢語研究の問題點》，《中國語學》239：115－124。

Baxter，William H. 1992 *A Handbook of Old Chinese Phonology*. Berlin，New York：Mouton de Gruyter.
Benveniste，Emile 1965 *Problèmes de linguistique générale*. Paris：Gallimard.
———— 1974 *Problèmes de linguistique générale II*. Paris：Gallimard.
Djamouri，Redouane 1993 "Evolution du système de la personne en chinois archaïque", paper presented at the *Second Conference of the International Association of Chinese Linguistics*, Paris, June 23－25.
Dobson，W. A. C. H. 1959 *Late Archaic Chinese*. Toronto：University of Toronto Press.
———— 1968 *The Language of the Book of Songs*. Toronto：University of Toronto Press.
Gassman，Robert H. 1984 Eine Kontextorientierte Interpretation der Pronomina *wú* und *wǒ* im *Meng-tzu*. *Asiatische Studien*，38(2)：129－153.
Graham，Angus Charles 1952 "The Archaic Chinese Pronouns". *Asia Major* 15(1)：17－61.
Jaquesson François 1993 "Sur le système des pronoms personnels". *Bulletin de la Société de Linguistique de Paris*，LXXXVIII(1)：65－84.
Joly，André 1987 *Essais de systématique énonciative*. Lille：Presse Universitaires de Lille.
Karlgren，Bernard 1920 "Le proto-chinois, langue flexionnelle". *Journal Asiatique*，15：205－233.
Marchello-Nizia，Christiane 1995 *L'évolution du français：Ordre des mots，démonstratifs，accent tonique*. Paris：Armand Colin.
Nishiyama，Takeshi（西山猛） 1994 On the differences of the usages of first-person pronouns between the Song of South and other Texts in Archaic Chinese, in Gassman R. H. & He Leshi (eds) *Papers of the First International Congress on Pre-Qin Chinese Grammar*，364－382. Changsha：Yuelu shushe.
Ryckmans，Pierre 1987 *Les entretiens de Confucius* (transl.). Paris：Gallimard.
Sagart，Laurent 1996 "OC *nga 'I'：inherited or innovated？", paper presented at the *29th ICSTL&L*，October 10－13，Noordwijkerhout，the Netherlands.
Thurgood，Graham 1985 "Pronouns, verb-agreement systems, and the subgrouping of Tibeto-Burman", in Graham Thurgood，James A. Matisoff & David Bradley (eds) *Linguistics of the Tibeto-Bur-*

man Area: The State of the Art: 376 – 400, Pacific Linguistics C-87. Camberra: The Australian National University.

Evolution of the Referential System in Archaic Chinese
Redouane Djamouri

Abstract: This paper describes the evolution of the referential system formed by the first and second personal pronouns in Archaic Chinese. Three different stages can be observed from the 13th century to the 3rd century B.C. After the 'collective/specific' distinction having been extended from the 1st to the 2nd pronouns, it gave place to an 'objective/subjective' discursive distinction which is also reflected in the sentence at a semantic and a syntactic level.

Key words: Archaic Chinese, personal pronouns, referential system, historical change

（羅　端　法國國家科研中心東亞語言研究所）

先秦漢語第一人稱代詞的發展
——基於分段描寫的歷時研究

張玉金

提　要　先秦漢語第一人稱代詞從殷商到戰國時代發生了變化，這種變化表現在數量、頻率、稱數、句法功能等方面，也表現在系統方面。系統方面的變化經歷了三個階段：第一階段是從殷商到西周，這時經常使用的第一人稱代詞有"我""余（予）""朕"；第二階段是春秋時代，這時使用的人稱代詞主要是"我"和"余"；第三階段是戰國時代，這時使用的第一人稱代詞主要是"我""吾"。這種變化是地域因素、時代因素、代詞系統外部的因素和內部的因素等多種因素綜合作用的結果。

關鍵詞　先秦漢語　第一人稱代詞　變化

本項研究是建立在分段描寫的基礎之上的。我們曾把先秦時代分成殷商、西周、春秋、戰國四個時段，依據可靠的語料分別描寫了各個時段的代詞系統。[①]

本文擬在前述分段描寫的基礎上進行歷時考察。探討先秦漢語第一人稱代詞從殷商時代到戰國時代的演變，並探討其演變的原因。

一　數量和頻率方面的變化

（一）數量方面的變化

殷墟甲骨文中的第一人稱代詞只有三個，即"我""余""朕"。

到了西周時代，除了繼續使用"我""余""朕"以外，又多出了"卬""吾""台"三個代詞。"卬""吾"可能都是西方周族人的方言詞，"吾"可能是"卬"的變體。"台"有人說是"余"的變體，但不一定可靠，其來源有待研究。從寫法上來說，西周語料中的"余"，有"予"這種寫法（主要見於傳世文獻），"朕"有"媵"這種寫法（主要見於出土文獻）。

春秋時代，第一人稱代詞的數量沒有變化，仍然是六個。

戰國時期的語料中有"吾""我""余（予）""朕"四個第一人稱代詞。跟西周、春秋時代相比，少了"卬""台"兩個代詞。

(二) 頻率方面的變化

1. "余（予）"

在殷墟甲骨文中，"余"共出現 170 次，占第一人稱代詞出現總次數（811）的 21%；西周語料中"余"共出現了 285 次，占第一人稱代詞出現總次數（1111）的 25.7%；春秋語料中的"余"共出現 116 次，占第一人稱代詞出現總次數（531）的 21.8%；戰國語料中的"余"共出現 506 次，占第一人稱代詞出現總次數（4597）的 11%。可見，從殷商到春秋，"余"出現的頻率並沒有很大的變化。只是到了戰國時代，"余"的出現頻率降低了。依據鄒秋珍（2006），戰國前期，"余（予）"還在口語中出現，當時人說話時還用"余（予）"自稱，只是此時的"余（予）"經常表示某種身份和態度。到了戰國後期，"余（予）"不僅使用的頻率更少，而且基本不會用在口語中，"余（予）"出現的地方，主要是引古書或模仿古人語言。《楚辭》代表的是楚方言，楚國地處邊遠地區，當"余（予）"在中原地區的口語中逐漸消失時，楚方言中還活躍著"余（予）"。

2. "朕"

在殷墟甲骨文共出現了 30 次，占第一人稱代詞出現總次數（811）的 3.7%；西周語料中的"朕"共出現 275 次，占第一人稱代詞出現總次數（1111）的 24.8%；在春秋時代的語料中，"朕"共出現 19 次，占第一人稱代詞出現總次數（531）的 3.6%；在戰國時代的語料中，"朕"共出現 28 次，占第一人稱代詞出現總次數（4597）的 0.6%。殷商時代的"朕"和西周時代的"朕"出現頻率不同，這可能與文獻體裁有關。到了春秋時代，"朕"已基本不用了。"朕"雖然出現了 19 次，但有 1 次見於《尚書》，有 18 次見於春秋金文。《尚書》中的"朕"，是周平王賜命晉文侯時的自稱，用詞古雅，顯然不是當時的口語。而金文跟後世的文言文一樣，是一種脫離口語的書面語，不能反映當時口語的變化。金文中用"朕"，不能說明當時的口語中還用"朕"。依據鄒秋珍（2006），戰國前期的《論語》《左傳》《墨子》以及稍後《孟子》《莊子》等文獻中使用的"朕"，要麼是轉引古書，要麼是作者擬古用的。戰國中後期的《荀子》《韓非子》《戰國策》《呂氏春秋》以及戰國竹簡、帛書等出土文獻中，"朕"則完全不用。比較特殊的是《楚辭》，當"朕"在中原地區逐漸消失時，楚方言中還保留著"朕"。從秦始皇起至清末，"朕"是皇帝專用的自稱。

3. "卬"

在殷商語料中見不到，始見於西周語料中，共有 4 次。在春秋時代的語料中只出現了 3 次，很不常用。戰國語料中見不到"卬"。"卬"是西方周族人的方言詞，始終未能進入共同語。

4. "吾"

不見於殷代，始見於西周晚期的《周易》裏，只出現了 1 次。在春秋時代的語料（春秋金文）中"吾"共出現 7 次，頻率明顯增大。到了戰國時代，"吾"已是個很常用的第一人稱代詞了。在戰國時代的語料中，"吾"共出現了 2207 次，占第一人稱代詞出現總次數（4597）的

48%。

5."台"

也不見於殷代,始見於西周晚期的銅器銘文裏,只出現了 2 次。在春秋時代的語料中,"台"共出現 8 次,次數明顯增多。春秋時代,"台"的使用頻率達到高峰。到了戰國時,這個詞已經不用了。在戰國語料中,"台"用作代詞的例子一個也見不到。

6."我"

在殷墟甲骨文中已很常見,共出現 611 次,占第一人稱代詞出現總次數(811)的 75.3%;西周語料中的"我"共出現 544 次,占第一人稱代詞出現總次數(1111)的 49%;在春秋時代的語料中,"我"共出現了 378 次,占第一人稱代詞出現總次數(531)的 71.2%;戰國時代的語料中,"我"共出現了 1856 次,占第一人稱代詞出現總次數(4597)的 40.4%。從西周到春秋時代,"我"的使用頻率增大了,這應是當時口語的反映。在春秋時代,"余"的使用頻率未有太大變化,"朕"在口語中已基本不用了,"卬""吾""台"都很少見,這樣"我"必然常被使用。可是到了戰國時代,由于"吾"的使用頻率大大增加,達到總次數的 48%,相應地"我"的使用頻率就降低了。

二 稱數方面的變化

"余(予)""朕"這兩個代詞,在殷商、西周、春秋和戰國時代的語料中都可見到,在這四個時段中它們都是表示單數的,沒有變化。

"卬""台"兩個代詞,不見於殷代,始見於西周,終見於春秋。從西周到春秋,這兩個代詞的稱數也沒有變化,都是表示單數的。

"吾"這個代詞始見於西周,發展於春秋,繁榮於戰國。"吾"在西周語料中只出現了 1 次,是表示單數的。在春秋語料中只出現了 7 次,也都是表示單數的。但到了戰國時代,"吾"有表示複數的用例了。不過,表示單數的頻率仍大大超過了表複數的頻率。依據鄒秋珍(2006),《左傳》中"吾"表複數的約占其總數的 20%,《孟子》《莊子》《韓非子》《呂氏春秋》等,表複數的不到其總數的 10%,《論語》《楚辭》表示複數的情況更少,《論語》中"吾"作主語無一例外地表示單數。《楚辭》中"吾"幾乎所有的用例都表示單數,這應是其原始面貌的反映。

從殷商至春秋,漢語代詞單數和複數的表達方式一般都是同形的。不過,到了戰國時期,出現了一種新的複數的表達方式,就是"吾儕"的使用,類似的形式還有"吾曹""吾屬"等,這種用法是"我"所沒有的。例如:

(1) **吾儕**偷食,朝不謀夕,何其長也?(左傳,昭公元年)

(2) **吾曹**何愛不為公!(韓非子,外儲說右上)

(3) 令公子裸而解髮,直出門,吾屬徉不見也。(韓非子,外儲說右上)

"我"的稱數則有變化,可用下表表示:

時段　　　稱數	殷商	西周	春秋	總計
表示複數	611	246	60	917
表示單數	0	298	318	616

表示複數的"我"占總次數的百分比逐漸減少:

　　殷商　→　西周　→　春秋
　　100%　　　45.2%　　　15.9%

表示單數的"我"占總次數的百分比則逐漸增加:

　　殷商　→　西周　→　春秋
　　0%　　　54.8%　　　84.1%

依據鄒秋珍(2006),"我"在戰國時期,也沒有稱數方面的限制,既可表單數,也可表複數。一般的情況是,表複數的比例明顯少於表單數的比例。《左傳》是個例外,"我"表複數的次數約占其總數的60%左右。這與《左傳》本身的內容有關。《左傳》記錄的是春秋列國的政治、外交、軍事各方面的活動及有關言論,國與國交往或發生戰爭進行交涉時,說話者以"我"自稱,並不代表說話者一個人,往往代表著說話人自己這一方面,如自己國家、自己軍隊等。所以在這種語境下,"我"經常表示複數。"我"的這種用法在戰國其他文獻中也常見。不過,總的來說,"我"還是以表單數爲主。

三　句法功能方面的變化

先看"余"。從殷商到戰國時代,"余"作主語的次數占其出現總次數的百分比如下:

作主語　殷商　→　西周　→　春秋　→　戰國
　　　　85.9%　　　73%　　　69.8%　　　54.7%

作賓語的次數占總次數的百分比如下:

作賓語　殷商　→　西周　→　春秋　→　戰國
　　　　12.9%　　　19.6%　　　5.2%　　　25.3%

"余"作定語的情況是:從不能作定語到能夠作定語,從作定語的次數少到次數多。[②] 歷代作定語的次數占總次數的百分比如下:

作定語　殷商　→　西周　→　春秋　→　戰國
　　　　0%　　　1.8%　　　16.4%　　　17.6%

由上述可見,"余"在句法功能方面的最大變化是能夠作定語了,而且次數越來越多。作主語的"余"由多到少，作賓語的則由少到多。

從春秋時代起（西周晚期可能已是如此），"朕"在口語中基本不用了，它只出現在特定的書面語中。

從殷商到戰國，"朕"都是主要作定語的，但歷代頻率有變化：

作定語	殷商 →	西周 →	春秋 →	戰國
	63.3%	92.4%	84.2%	64.3%
作主語	殷商 →	西周 →	春秋 →	戰國
	36.7%	7.3%	0%	25%
作賓語	殷商 →	西周 →	春秋 →	戰國
	0%	0%	0%	10.7%

"朕"在句法功能方面最突出的變化是由不能作賓語到能作賓語。這種用例如下：

(4) 天忘朕邪？天忘朕邪？（莊子，在宥）

(5) 天降朕以德，示朕以默，躬身求之，乃今也得。（莊子，在宥）

這種用例在《尚書·盤庚》篇中也可以見到：

(6) 女何弗告朕？而胥動以浮言。（尚書，盤庚）

這說明，到了戰國時代，"朕"已經成了一個古語詞。人們已經不知道"朕"不可以作賓語，而用錯了。《尚書·盤庚》篇中的"朕"作賓語，這說明這篇文獻未能保留商代語言的原貌，很可能是後代人寫的或者是後代人在原有材料的基礎上改寫的。

另一個變化是，"朕"由不能作同位語的成分到可以作。這樣的用例在春秋時代的語料中可以見到。例如：

(7) 吉日壬午，作為元用，玄鏐鏞鋁，**朕余**名之，謂之少虞。（少虞劍銘，集成，18.11696）

(8) 女以恤**余朕**身。（叔夷鐘銘，集成，1.278）

(9) **朕宋右師延**，惟嬴嬴盟盟，揚天惻，畯共天常。（宋右師延敦銘，集錄，538）

"吾"在西周時代的語料中只見到一個作主語的例子。在春秋時代的語料中，"吾"共出現 7 次，其中作主語的有 5 次，占總次數的 71.4%；作定語的有 2 次，占總次數的 28.6%。在戰國時代的語料中，"吾"共出現 2207 次，其中作主語的有 1508 次，占總次數的 68.3%；作定語的有 658 次，占總次數的 29.8%；作賓語的有 41 次，占總次數的 1.9%。"吾"到了戰國時代才開始用作賓語，作賓語時還有限制。依據鄒秋珍(2006)，"吾"在戰國語料中作賓語大致有以下幾種情況：

在否定句中作動詞賓語，賓語前置。這種情況最多，共 30 例，如：

(10) 若不吾勝。（莊子，齊物論）

(11) 言仁義而不吾毀也。（墨子，公孟）

(12) 不吾知其亦已兮,苟余情其信芳。(楚辭,離騷)

(13) 不吾知也。(論語,先進)

作介詞賓語,有 8 例,如:

(14) 夫子嘗與吾言于楚,必是故也。(左傳,成公十六年)

(15) 每斳者以吾參夫二子者乎!(呂氏春秋,貴直論)

(16) 雖忘乎故吾,吾有不忘者存。(莊子,田子方)

在肯定句中,作動詞雙賓語中的間接賓語,"吾"字後加介詞"以",共 3 例,如:

(17) 賂吾以天下,吾滋不從也。(左傳,昭公二十六年)

(18) 嬌吾以其美好兮,覽余以其修姱。(楚辭,抽思)

"卬"在西周時代可作主語、賓語,到了春秋時代,只見到作主語的例子。

"台"從西周到春秋都是作定語的。

"我"從殷商到戰國,作主語、賓語、定語的頻率如下:

	殷商(%)	西周(%)	春秋(%)	戰國(%)
作主語	67.1	35.7	18.8	41.2
作賓語	23	14.9	28.3	41.8
作定語	9.8	46.5	48.7	14.3
其 他	0.1	2.9	4.2	2.7

由上表可見,從殷商到戰國,作主語的逐漸減少,而作定語的逐漸增多。

四 代詞系統的演變

我們認爲,從殷商到戰國,先秦漢語語料中的第一人稱代詞系統主要經歷了三個發展階段:

第一階段是從殷商到西周(確切地說是到西周中期),這時經常使用的第一人稱代詞有"我""余(予)""朕"。

殷墟甲骨文中的第一人稱代詞只有"我""余""朕"三個,它們都常用。"我"有 611 次,"余"有 172 次,"朕"有 30 次。西周語料中的第一人稱代詞有 6 個,即"我""余""朕""卬""吾""台",它們出現的次數分別是:544 次、285 次、275 次、4 次、1 次、2 次。可見西周時代常用的第一人稱代詞也是"我""余""朕"三個。這三個代詞的區別大體是:"我"主要表示複數(殷商時代表示複數,從西周早期開始已經可以表示單數,但不多見),"余""朕"表示單數。"我"在句法功能方面具有全面性,可以作主語、賓語、定語、兼語等。而"余(予)"和"朕"的句法功能都不夠全面,"余(予)"可作主語、賓語、兼語,而不作定語(在甲骨文中不作定語,西周語料有作定語的例子,但很少見),"朕"常作定語,較少作主語,不作賓語、兼語。這兩個代詞在句法功能方面具有互補性。"余（予）"和"朕"兩個代詞的句法功能結合起來，相當於"我"的句法功能。

第二階段是春秋時代（這一階段可能始自西周晚期），這時使用的第一人稱代詞主要是"我"和"余"。

春秋語料中的第一人稱代詞也有 6 個，即"我""余""朕""卬""吾""台"，它們出現的次數分別是：378 次、116 次、19 次、3 次、7 次、8 次。這時常用的第一人稱代詞只有"我""余"兩個。它們的區別有四點：首先，這兩個代詞的出現頻率不同。"我"出現 378 次，"余（予）"出現 116 次，前者的出現頻率是後者的三倍還多。其次，"我"可以表示複數，而"余（予）"不能。"我"在殷商時代都是表示複數的，到了西周時代才開始表示單數，但仍保有表示複數的用法。而"余（予）"始終都是表示單數的，並未發展出表示複數的用法。再次，"我"主要是作定語，"余（予）"主要是作主語。在春秋時代的語料中，"我"作定語的最多，其次數占總次數的 48.7%。而"余（予）"在殷商時代不能作定語，後來雖然可以逐漸作定語，但次數也不多，占總次數的 16.4%。"余（予）"最常見的用法是作主語，其次數占總次數的 75%；而"我"作主語的次數只是其總次數的 18.8%。最後，"我"常與"爾"配對使用，"余（予）"常與"女（汝）"配對使用。之所以如此，這是與早期漢語第一人稱代詞的體系性有關。在殷商、西周早中期時期，"我"與"爾"是一對，都主要表示複數，"余（予）"與"女（汝）"是一對，都表示單數，主要作主語、賓語。到了春秋時代，代詞體系雖然已有較大的變動，但是作爲一種慣性，"我"仍習慣與"爾"共現，"余"仍習慣與"女"共現。

第三階段是戰國時代（這一階段可能始自春秋戰國之交），這時使用的第一人稱代詞主要是"我""吾"。

戰國時期的語料中有"吾""我""余（予）""朕"四個第一人稱代詞，它們出現的次數分別是 2207 次、1856 次、506 次、28 次。可見這時常用的第一人稱代詞只有"吾""我"。依據鄒秋珍（2006），"吾""我"之間的區別主要有以下幾點：（一）在句法功能的分佈上，二者呈現出一定的差異，"吾"較少作賓語，而"我"最主要的功能就是作賓語，但二者在配合使用時並没有嚴格的互補關係；（二）就表示自稱這一意義來説，"吾"經常是只説自己，不涉及他稱，而"我"是相對他稱的存在而自稱的。因此，"我"經常在與他稱的對比中突出自己，以表示對自身的強調。不過，"吾"和"我"之間不存在任何謙敬意義的差別。

周生亞（1980）詳細討論過上古漢語人稱代詞的問題。他把上古漢語人稱代詞的主要形式分成三大系統：第一是"余（予）""朕""女（汝）""我""爾"。他認爲第一系統可能是殷方言的人稱代詞，代表文獻是甲骨文、宗周金文和《尚書》。殷方言的人稱代詞的特點是第一、第二人稱代詞有形態變化，第一人稱代詞有單複數的區別。第二系統可能是洛邑方言的人稱代詞，代表文獻是《詩經》。洛邑方言人稱代詞的特點是三格通用，没有格位和數的限制。第三個系統可能是魯方言或其他某些北方方言，代表文獻是《論語》《左傳》和《孟子》。

該方言人稱代詞的顯著特點就是"吾""女（汝）"和"我""爾"兩系並存。這兩套人稱代詞的使用次數相差不多。他指出，上述第二系統，即洛邑方言，是當時雅言（即共同語）的基礎方言，"我""爾"是雅言形式。雅言的出現打破了方言的均勢，周生亞從兩個角度來說明這一點。第一個角度是，在語言使用上，當時正式社交場合、文化教育生活都是使用雅言的；第二個角度是，在語言本身上，雅言的出現，必然要直接影響當時各個方言人稱代詞的發展，其表現是："我""爾"大量使用；殷方言人稱代詞的形態、數的特徵到西周時代遭到破壞，根本原因是雅言的崛興；西周之後，"朕""乃"等詞已是典型的古語詞。

我們的看法跟周生亞（1980）不同。我們認為先秦時代的共同語出現時代較早，且具有時代性，也就是説時代不同，共同語也有不同。在殷商和西周早中期，共同語是以殷方言為基礎方言的。西周晚期到春秋早中期，則是以宗周方言為基礎方言的。從春秋晚期到戰國時代，漢語共同語才是以洛邑方言為基礎方言的。洛邑方言與宗周方言不會有太大的區別。我們知道，東都洛邑是在西周初年修建的，由于洛邑居天下之中，地理地置十分重要，因此周初才有此重大舉措。西周人營建了洛邑，洛邑的統治者也是西周人（很多周族人遷到成周），在西周早中期，洛邑的共同語也是殷方言。洛邑在西周時代儘管重要，但也比不上首都鎬京。所以在西周末年，對以殷方言為基礎的共同語給予強烈衝擊的，不會是洛邑方言，而只能是宗周方言。春秋開始，平王東遷。遷到洛邑的不僅是一個平王，還有整個周王朝和大部分周族人。首都雖有變動，但是，由于共同語的慣性、大部分周人遷到了洛邑和周人仍是天下統治者的事實，天下的共同語是不會有太大改變的（後來有發展，主要是時代因素造成的）。

我們還認為，除了《楚辭》這種語料之外，其他語料很難説是代表某種方言的語料，因為各種語料並沒有鮮明的地域性。甲骨文是殷商人的刻辭，當然是殷方言（這是當時的基礎方言）的代表文獻，可是宗周金文和《尚書》的作者是周族人，怎麼能成為殷方言的代表文獻呢（若認為反映的是以殷方言為基礎的共同語就可以講得通了）？把《詩經》看作洛邑方言的代表文獻也是值得考慮的。《詩經》中的《周頌》《大雅》都作於西周前期，這些文獻與《尚書》中的《周書》《逸周書》中的真文獻沒有多大區別。即使僅從人稱代詞系統來看，也是非常相似。《詩經》中的《小雅》是西周末年的作品，也是西周文獻。"雅"是西周首都的樂調，用的是當時的共同語。《周頌》是周族宗廟祭祀的樂歌，用的也是當時的共同語。游汝傑（2000）説，《詩經》中的《大雅》和《小雅》都是西周王畿的詩，西周王畿在今陜西中部，三頌中的《周頌》也是西周王朝的作品，也產于王畿。游汝傑的見解是正確的。西周早中期的共同語基本同于殷方言，所以《大雅》《周頌》中的人稱代詞同于殷方言的人稱代詞。《小雅》為西周末期的作品，其時的共同語受到宗周方言的影響而發生了變化，因而《小雅》中的人稱代詞不同於《周頌》《大雅》。至于十五國風，絕大多數是春秋時代的作品，采自不同的地域。這些作品的原件，其中肯定會有不少方言土語，若不同地域方言中的人稱代詞有所不同，那也肯定會在詩歌中有所表現。但是，我們所見到的《國風》，其中的人稱代詞系統基本一致，也就是説呈現出系統的單一性。這可説明，《國風》中的詩歌，肯定是用當時的共同語加工過。至於《論語》《左傳》和《孟子》，都是用共同語寫的，不是用方言寫的，因爲它們與形成於其他地域的作品並無明顯的差別。

五　演變的原因

造成上述變化的原因，有以下幾點：

(一) 地域因素

從殷商到戰國，天下的統治者幾經變化。不同的統治者在不同的地方建都。商代後期的都城是殷（今天的安陽），武王滅紂之後，建都于宗周（鎬京），東周初年平王東遷于成周（洛邑）。首都不同，基礎方言就不同。基礎方言不同，必然導致共同語的差異。共同語有差異必然影響到漢語共同語中的代詞，使其發生變化。比如漢語共同語中的第一人稱代詞到西周晚期有了變化，這雖然有時代因素，但主要是地域因素。這時漢語共同語中第一人稱代詞體系變動的根源，在於基礎方言的改變——由東方的殷族方言變爲西方的周族方言。

到了戰國時代，群龍無首，分成戰國七雄。這導致文字異形、言語異聲。《楚辭》中的代詞與其他地域的差別，是地域因素造成的。楚國地處邊遠地區，當代詞在中原地區的口語中發生變化時，楚方言不一定跟著變化。

(二) 時代因素

語言畢竟是一種歷史現象，必然因時而異。從春秋到戰國，天下的首都、基礎方言無明顯變化，但漢語共同語中的代詞却有了較大變化，這主要是時代的因素在起作用（代詞在各地的差異，則是由地域因素決定的）。

(三) 代詞系統外部的因素

從很早的時候起，中華大地就成了文明禮儀之邦。作爲其表現形式就是在當時的語言中產生了大量的謙稱、尊稱，這些謙稱和尊稱雖然都是名詞，但這些名詞的產生和廣泛使用，必然會對漢語代詞產生影響，大大限制了一般的人稱代詞的使用範圍。

(四) 代詞系統內部的因素

在殷商時代，共有三個第一人稱代詞，即"我""余""朕"。"我"表示複數，沒有句法功能方面的限制；"余""朕"表示單數，有句法功能上的限制："余"作主語、賓語，"朕"作主語、定語。但從西周早期開始，"我"已開始表示單數，這種變化給已有的代詞系統造成了強烈的衝擊。由於"我"功能的擴展，侵蝕到"朕"的領域，這樣，表示單數作定語的"朕"到了西周晚期已經從口語中消失了。春秋時代共同語中常用的第一人稱代詞只剩下了"我"和"余"，兩者形成了新的對立。到了戰國時代，"余"也從口語中消失了，"吾"用得多起來了，這時常用的第一人稱代詞則是"我""吾",這兩者也有了自己的分工。

當然,先秦漢語第一人稱代詞的發展,是上述各種因素綜合作用的結果。這些因素構成一個整體,共同對先秦漢語第一人稱代詞產生影響,使之發生了上述的種種變化。

附　注

①參見張玉金《殷墟甲骨文代詞系統研究》,《文史》第四十二輯,北京:中華書局,1997年;張玉金《西周漢語代詞研究》,中華書局,2006年;張玉金《春秋漢語第一人稱代詞研究》,待刊;鄒秋珍《戰國時代人稱代詞研究》,華南師範大學漢語言文字學專業碩士學位論文,2006年5月,指導教師為張玉金教授。

甲骨文的資料出自於下列四種著錄書:1.郭沫若主編,胡厚宣總編輯《甲骨文全集》(1-12冊),中華書局,1979年10月至1982年10月。2.中國社會科學院考古研究所《小屯南地甲骨》(上、下冊),中華書局,1980年10月至1983年10月。3.李學勤、齊文心《英國所藏甲骨集》,中華書局,1985年9月。4.許進雄編《懷特氏等收藏甲骨文文集》,加拿大多倫多皇家安大略博物館,1979年4月。

西周時代的語料,可以分為傳世文獻和出土文獻兩大類。傳世文獻有《易經》中的卦爻辭;《詩經》中的《周頌》《大雅》《小雅》;《尚書》中的《大誥》《康誥》《酒誥》《梓材》《召誥》《洛誥》《多士》《無逸》《君奭》《多方》《立政》《顧命》(含《康王之誥》)《費誓》《呂刑》;《逸周書》中的《世俘》《商誓》《皇門》《嘗麥》《祭公》《芮良夫》《度邑》《克殷》《作雒》等。出土文獻包括西周金文、西周甲骨文。西周金文的資料主要出自《殷周金文集成》,西周甲骨文的資料出自《甲骨文合集補編》。

春秋時代的語料,可以分成兩類,一類是傳世文獻,一類是出土文獻。傳世文獻主要有三:一是《詩經》中的《國風》(其中可能間有西周時代的文獻)、《商頌》《魯頌》,這種語料絕大多數屬於春秋早期到春秋中期的;二是《尚書》中的《文侯之命》和《秦誓》,這兩篇文獻也是春秋中期以前的;三是《春秋》,這是春秋時魯國史書的原文。出土文獻主要是春秋金文。這種語料主要見於下列兩部著作裹:一是《殷周金文集成》,本文簡稱為《集成》;二是《近出殷周金文集錄》,本文簡稱為《集錄》。出土文獻還有阜陽漢簡《詩經》,雖為殘缺,但仍有參考價值。引用《詩經》例句時,要加以參考。

戰國時代的語料,也有兩個類別:即傳世文獻和出土文獻。傳世文獻包括戰國初期的《左傳》《論語》《墨子》和戰國後期的《孟子》《荀子》《莊子》《韓非子》《戰國策》《呂氏春秋》《楚辭》。出土文獻包括兩個部分,一是戰國時代的出土文獻,包括戰國詛楚文、戰國帛書、戰國竹簡等;二是漢代簡帛中的戰國書籍,如銀雀山漢簡中的《孫臏兵法》,馬王堆帛書中的《戰國縱橫家書》。

本文中的各項資料均依據上述語料,不再贅注。

②管燮初(1953)、陳夢家(1956)、陳煒湛(1984)不承認"余"有作定語這種句法功能。但下例中的"余"有人認為是作定語的:乙丑卜,王貞:占娥子余子?(《合》21067)此說不可信。"占娥子余子"一句是主謂謂語句,主語是"占娥子",謂語是"余子",意思是占娥之子我以之為子。可見這類例子中的"余"都是作主語的。

參考文獻

陳夢家　1956　《殷墟卜辭綜述》,北京:科學出版社。
陳煒湛　1984　《甲骨文所見第一人稱代詞辨析》,《學術研究》第3期。
管燮初　1953　《殷墟甲骨刻辭的語法研究》,北京:科學出版社。
韓耀隆　1967　《金文中稱代詞用法之研究》,臺灣《中國文字》第22、23冊。

洪　波　　　1996　《上古漢語第一人稱代詞"余（予）""我""朕"的分別》，《語言研究》第 1 期。
黃盛璋　　　1963　《古漢語的人身代詞研究》，《中國語文》第 6 期。
賈則夫　　　1981　《對"朕""余（予）""吾""我"的初步研究》（上、下），陝西師大學報》第 1 期、第 2 期。
競　成　　　1996　《簡論漢語人稱代詞》，《古漢語研究》第 1 期。
李佐豐　　　2004　《古代漢語語法學》，北京：商務印書館。
馬國權　　　1981　《兩周銅器銘文代詞研究》，香港中文大學《中國語文研究》第 3 期。
潘允中　　　1982　《漢語語法史概要》，鄭州：中州書畫社。
錢宗武　　　2004　《今文〈尚書〉語法研究》，北京：商務印書館。
容　庚　　　1929　《周金文中所見代名詞釋例》，《燕京學報》第 6 期。
史存直　　　1986　《漢語語法史綱要》，上海：華東師範大學出版社。
王　力　　　1989　《漢語語法史》，北京：商務印書館。
向　熹　　　1993　《簡明漢語史》（上、下），北京：高等教育出版社。
楊伯峻　何樂士　1992　《古漢語語法及其發展》，北京：語文出版社。
游汝傑　　　2000　《漢語方言學導論》（修訂本），上海：上海教育出版社。
張玉金　　　1997　《殷墟甲骨文代詞系統研究》，《文史》第四十二輯，北京：中華書局。
────　　2006　《西周漢語代詞研究》，北京：中華書局。
中國社會科學語言研究所古代漢語研究室　1999　《古代漢語虛詞詞典》，北京：商務印書館。
周生亞　　　1980　《論上古漢語人稱代詞繁複的原因》，《中國語文》第 2 期。
周法高　　　1959　《中國古代語法：稱代編》，《歷史語言研究所專刊》39，臺北：中研院。
祝中熹　　　1986　《先秦第一人稱代詞初探》，《蘭州大學學報》第 2 期。
鄒秋珍　　　2006　《戰國時代人稱代詞研究》，華南師範大學漢語言文字學專業碩士學位論文。

Development of the First Person Pronouns in Pre-Qin Chinese: A diachronic research based on periodized texts
ZHANG Yujin

Abstract: The first person pronouns in Pre-Qin Chinese saw great change from the Yin dynasty to the Warring States period, reflected in terms of number, frequency, reference, and syntactic functions, as well as in the whole system. Three stages can be delimited as far as the systematic changes: Stage I is from Yin to West Zhou; Stage II is the Spring and Autumn period; Stage III is the Warring States period. The changes are resulted from the internal factors of the system per se and the external factors of region and time.

key words: Pre-Qin Chinese, first personal pronouns, change

（張玉金　華南師範大學文學院　510631）

從《戰國縱橫家書》看西漢初期複數概念的表達*

徐　丹

提　要　漢語的複數表達是用詞彙形式，不同於有形態變化的語言。漢語複數表達最初通過字形，可能也曾通過形態，最終以詞彙形式表達複數概念。詞彙形式在上古漢語一直以前加形式爲主，中古（東漢）時期，由于受佛經翻譯的影響，後加形式開始增多。漢以降，名詞後的數量組合發展成熟並開始前加於名詞。我們認爲，"數量名"形式是漢語内部需求而發生、發展的形式，"名詞＋曹、輩"（後來形式"們"[每]）等大概是漢語受外來語影響而開始發展、擴大的。前者系統、成熟，後者不系統，也不夠發達。本文通過西漢初期的出土文獻觀察漢語在類型轉變時期如何表達複數概念。

關鍵詞　複數概念　語言類型　前加形式　後加形式

1　問題的提出

　　"量"是人類對客觀世界裏物體的一種約定性規定。物體的大小、長短、體積、重量是一種客觀存在。這種感知投射到語言平面，會有不同的表達方式。例如談到量，必然涉及單數和複數，即一和一以上的對立。但是這種對立在不同的語言表現形式不同。有的語言用形態表達複數概念（如印歐語言），有的用詞彙形式表達複數概念（如漢語）。有些語言不但有單數和複數的對立，還有單數和雙數的對立。複數在各語言裏表達形式不同，但却是語言裏不可缺少的一部分。Sanches（1973）、Greenberg（1972）曾經提出，有複數表達的語言一般不用量詞，用量詞的語言複數表達是非強迫性的。我們認爲，西方語言學家所説的複數概念，一般只限於形態上的詞綴。可以認爲，複數表達起碼有兩種語言類型（Dryer 1989）：一種是用形態裏的詞綴表達複數；一種是用詞彙裏的詞表達複數。從這個角度看，漢語裏不但有量詞，而且還有"複數"表達，只不過不是形態語言裏的詞綴罷了。

　　漢語的複數表達分別反映在名詞詞組和動詞詞組。在名詞詞組裏，複數的表達可以見

---

　　* 本研究受到法國研究部 ANR-06-BLAN0259 項目的支持，特此致謝。本文第一次曾在 2008 年 3 月斯坦福大學召開的"中古漢語構詞及句法變遷"的研討會上宣讀過。第二次曾在 2008 年 5 月中國社會科學院語言研究所召開的"量與複數概念-亞洲語言中數字和人稱的表達第二次研討會"上宣讀過。感謝在場的同仁提出了許多有益的建議。本文所談的"複數標記"不同於有形態語言的"複數標記"，不能用同一類形式化的標準衡量。

到前加形式（衆、群、諸）和後加形式（餘、輩、曹、等、們）。前加形式反映上古漢語的特徵，後加形式，除"餘"外，都是由事物的類別詞在西漢以後開始發展而形成的。動詞詞組裏，副詞（皆、悉、都等）位於動詞前，表達施動者或者是受動者的複數意義。這類副詞曾經很發達，從中古漢語開始，這些副詞逐漸讓步於"都"。這些豐富的具有細微差別的副詞後來由"都"統一承擔了它們的功能。

用名詞後綴或名詞後的詞彙形式表達複數概念可以看作是"後加形式"。漢語裏表達複數有一個類型上的轉變，即由"前加形式"轉變爲"後加形式"。這種表達複數的後加形式是漢代以降逐漸發展起來的。最初只有"餘、屬、輩、曹、等、儕"[①]發展到後來的"每，滿，們"[②]。儘管表達複數的形式一直不具有普遍性（一般限於有生命的名詞），但可以説漢代以後後加形式的複數標記開始發展。表達複數的前加形式只遺留在固定用法和成語裏了。先秦已有的"屬、曹、等、輩"等詞最初只表示事物的類別，在漢後才開始發展成後加形式表達複數概念。這大概是由于漢語在東漢時期受到了佛典語文的影響（朱慶之 1993:381-382）。近代漢語出現的"們"是否受到外來語的影響，學者們的觀點還不統一[③]。不管怎樣，"們"在漢語裏發展成爲複數的標記也很説明問題[④]，即漢語表達複數概念採用了後加形式，放棄了原有的前加形式如"衆、群、諸"等。前加形式和後加形式在漢譯佛典裏常可以同現[⑤]。值得注意的是，"數量"組合幾乎在同一時期移到名詞前，用以表達量。而原有形式"名＋數＋量"形式被漢語擯棄了。

本文重點討論古漢語如何表達複數概念。材料限於一時一地。但論述力圖勾勒出漢語複數表達演變的粗綫條。例句主要來自出土文獻《戰國縱橫家書》。採用此文獻的好處有二，一是材料可靠，二是該文獻被斷定在公元前 195 年上下。這個時期正是西漢前期。兩漢時期是漢語許多句法現象變更的重要時期（Xu Dan 2006），量詞在這一時期有重要的發展（公元後 3 世紀-6 世紀），我們想觀察一下在量詞真正發展起來之前，漢語裏的複數概念在這部出土文獻裏是如何表達的。我們認爲漢語複數概念的表達經歷了字形[⑥]，形態（?），詞彙幾個階段。詞彙形式是漢語裏表達複數概念的基本形式。詞彙形式最初是前加形式，最終轉爲後加形式。根據 Dryer（1992）的研究，語序是 OV（賓動）語序的語言，複數的詞彙形式用後加形式，而 VO 語序的語言更常見的是前加形式。VO 語序的現代漢語，複數標記詞很顯然是後加形式。在類型學上，漢語又一次獨樹一幟。我們在最後一節討論中提出，漢語裏複數標記詞產生了後移是因爲"數量"組合開始前加於名詞，成了前加形式。"數量名"側重表達"定量"[⑦]（可以表達單數，也可以表達複數）。"數量名"成了漢語裏占絶對優勢的表達數量的方式。而專職表達複數概念的後加形式始終不夠發達、用法有限。

如果甲骨文和後來的漢語可以看成一個語言系統的話，那麼漢語在造字的起始階段明顯用直觀的方法表達複數概念。上古漢語裏有可能還曾通過形態表達複數概念。上古漢語與現代漢語類型不同（Xu Dan 2006），而中古漢語初期是重要的轉型階段。沙加爾（Sagart

1999［2004 中譯本］)提出上古漢語存在中綴"-r-",這個中綴表達複數概念:在名詞詞組裏,"-r-"表達量多,在動詞詞組裏,"-r-"表達多次:"中綴 *-r-主要派生表示多物體(plural objects)的名詞和分佈式(distributed)的動作(重複的動作,或數處同進行的動作,以及施事需要投入精力的動作),對形容詞有屬性加強的功能。"⑧(中譯本 2004:124)

由于他舉的例子非常有限,有時顯得有些勉强,所以,還未被大多數學者接受。他還舉了現代方言的例子。他認爲現代方言(晉語和閩語)裏的中綴"-l-"是上古漢語中綴"-r-"的遺存形式或者變體。請看幾個例子(同上,130－131):

晉語(例子來自粟治國 1991)

| pai | 擺動 | pəʔ-lai 來回擺動 |
| pən | 奔跑 | pəʔ-lən 四處亂跑 |

獲嘉話(例子來自賀巍 1989)

| pai | 擺動 | pə(ʔ)-lai 來回擺動 |
| paʔ | 拔,選 | pə(ʔ)-laʔ 撥弄［如:算盤］ |

閩語(例子來自 D ésirat)

| pɛiŋ³¹ | 拋,翻 | pɛ³¹-lɛiŋ³¹ 反復地翻動,如炸魚 |
| niaʔ¹³ | 眨眼 | niaʔ¹¹-liaʔ¹³ 反復地眨眼 |

當然上述例子仍需要進一步的討論。沙加爾(1999:107;中譯本 2004:118)曾提出,漢語裏某些形態詞綴消失,"也許是同一時期導致量詞產生的一個因素"。羅端(2008)⑨則提出甲骨文和上古漢語文獻中有的名詞前加"有"前綴表達複數。他同意周錫韜(1988)的看法,周錫韜認爲,"甲骨文裏'有又'與'有年'的'有'字應該讀爲'多'"。羅端提出,"有+名"表達的是一個"集合"(collective)而非"逐指"(distributive)的概念。儘管上古漢語是否存在形態上表達複數的詞綴還有待於進一步研究,但我們相信,上古漢語應該有形態上表達複數的方式,只不過不一定是我們所定義的那樣罷了。

2 《戰國縱橫家書》裏表達複數的主要形式

現在我們通過一部具體的語料探討西漢時期(即漢語轉型時期)複數表達的不同方式。其中,詞彙形式最豐富,以前加形式爲主。

2.1 通過詞義表達量多

這裏說的詞,某種意義上說的仍是字。因爲《戰國縱橫家書》(以下簡稱《戰縱》)語料裏的詞仍是以單音節詞爲絕對優勢的。如果不算副詞和形容詞,本身已含有複數意義的名詞並不多見。請看幾個例句:

旬

《説文》曰:"十日爲旬。""甲日至癸日爲一旬。"(徐中舒等 1998:1017)

(1) 秦、韓之兵毋東,旬餘,魏是(氏)榑(轉),韓是(氏)從,秦逐張義(儀),交臂而事楚,此公事成也。(戰縱,第 22 章)

世

《説文》曰:"三十年爲一世。"金文裏"世"有多種異體字,基本上都是在"止"上加點兒。意義已是概數的意義,而非特指三十年。請見兩個例子:

(2) 永亟(世)母(毋)忘。(陳侯午錞,例子來自陳初生 2004)

(3) 此百世一時也。(戰縱,第 23 章)

古漢語裏十天爲一"旬",三十年爲一"世"。這類名詞本身已經表達了複數概念。"世"明顯地概數化了,在上面的例子中都指一個不確切的漫長的時間段。

在我們的語料裏,有一些詞也表達複數意義,某些書稱之爲"集體量詞",如"家、室、乘、師、軍"等。這裏僅舉幾例:

(4) 千丈之城,萬家之邑,大縣十七,小縣有市者卅有餘。(戰縱,第 23 章)

(5) 則莫若招霸齊而尊之,使明(盟)周室而棼(焚)秦符。(戰縱,第 20 章)

(6) 大(太)公望封齊,召公奭封於燕,欲遠王室也。(戰縱,第 23 章)

(7) 臣以車百五十乘入齊。(戰縱,第 8 章)

(8) 奉萬乘助齊伐宋,民勞而實費。(戰縱,第 20 章)

(9) 王聽臣之爲之,警四竟(境)之内,興師救韓。(戰縱,第 24 章)

(10) 華軍,秦戰勝魏,走孟卯,攻大梁(梁)。(戰縱,第 15 章)

2.2 詞彙前加形式表達複數

衆(6 次)

"衆"通過字形"䖝"、字義都表達複數概念。"衆"身兼數職,有時是名詞,有時是形容詞,有時是副詞。在中山文裏已有"三軍之衆"的用法。在兩周銅器銘文裏已見"衆多佣友"(《衛鼎》例引自馬國權 1979)的組合。請再看幾個例子:

(11) 十八年,齊遣卿大夫衆來聘。(商鞅量,例引自馬國權 1979)

(12) 有(又)慎毋非令羣臣衆義(議)功(攻)齊。(戰縱,第 7 章)

(13) 以卅萬之衆,守七仞之城。(戰縱,第 15 章)

(14) 今王以衆口與造言罪臣,臣甚懼。(戰縱,第 4 章)

(15) 禾穀(豐)盈,衆人喜之。(戰縱,第 21 章)

在(11)(12)兩個句子裏,"衆"用作副詞,修飾動詞"來"和"議"[⑩]。在(13)"卅萬之衆"裏,"衆"的功能是名詞,在(14)"衆口"、(15)"衆人"裏,"衆"起形容詞的作用,修飾後面的名詞。

重（35次）

"重"有兩讀。在《戰縱》裏一般爲"重視"義,但在下列句子裏表達複數概念:

(16) 臣之所處者重卵也。（戰縱,第4章）

"重卵"表示像累卵那樣,情況危險、不穩定。

羣（6次）

在金文裏上部是"君",下部是"羊",成了形聲字。中山文裏又已有"群臣"。"群"可以作動詞、名詞或形容詞：

在《陳侯午錞》裏有"群諸侯"的用法。這說明兩個問題：一是早在周朝時,"諸侯"已經形成一個詞；二是"群"可以作形容詞,修飾其他名詞。"群臣"在《戰縱》裏出現了6次,但不見與"侯"組合。請看幾個例子：

(17) 而王弗試（識）則不明,羣臣莫以聞則不忠。（戰縱,第16章）

(18) 粱（梁）之羣臣皆曰："粱（梁）守百萬,秦人奈粱（梁）何也。"（戰縱,第26章）

諸（9次）

現在再看幾個有關"諸"的用例。銘文中已見"諸父諸兄""諸侯百姓"。到上古漢語後期,"諸侯"似乎已經成爲固定用法。其他也表達複數意義的形容詞不和"侯"搭配。在"諸侯"這個詞裏,"諸"逐漸失去了複數標記作用[11]。在我們的語料《戰縱》裏,"諸"出現了9次,其中8次都是出現在固定語"諸侯"中[12]。

(19) 微獨趙,諸侯有在者乎？（戰縱,第18章）

(20) 秦五世伐諸侯,今爲齊下……（戰縱,第20章）

例中的"諸侯",可以看成是固定的用法,用以表達一個集合。

看起來,"衆、群、諸"都可以作爲形容詞修飾名詞,但其分工有所區別："衆"修飾的名詞比較寬泛,"群"趨於和"臣"組合,而"諸"和"侯"結合。在《戰縱》裏不見有混用的情況。這些詞詞義上有差別,語用功能不同,但在句法上是一致的,即都是用前加方式表達複數概念。

2.3 詞彙後加形式表達複數

我們已經說過,漢語裏名詞詞組複數表達的後加形式（如"輩、每、們"等）,是一種後起的形式。在漢代前,前加形式爲表達複數的主要形式。在先秦傳世文獻裏有少量"名詞＋屬、輩、曹、等、儕"的用法,但是開始向複數標記轉變,還是漢代以後的事情。如果說漢語裏的前加形式逐漸讓位於後加形式的話,那麼"餘"從出現以來就一直存留在漢語裏。在《戰縱》裏,後加形式"曹、輩、儕、屬"均未見到,只有一例"等"的用法。由于整理簡帛小組也認爲"不詳",我們暫且放置一邊[13]。

現在我們看看《戰縱》裏後加形式"餘"是怎樣表達複數概念的。

餘（11次）

上古漢語裏常見的是"其餘、有餘、無餘"。[14]

在《戰縱》裏，"餘"共出現 11 次，其中 2 次通"與"，3 次相當於"剩餘"，此處不計。"餘"有以下幾種詞序：

-數詞＋餘（＋名詞）

（21）今王之東地尚方五百餘里。（戰縱，第 26 章）

（22）臣之所以備患者百餘。（戰縱，第 14 章）

-名詞＋餘

（23）旬餘，魏是（氏）樽（轉）。（戰縱，第 22 章）

-數詞＋有＋餘

（24）千丈之城，萬家之邑，大縣十七，小縣有市者卅有餘。（戰縱，第 26 章）

"餘"表達的是一種概數。概數指的是大於一的不確切的複數概念。概數可以説是一種模糊的複數概念。現代漢語口語裏，"多"基本代替了"餘"的這種表達。在《戰縱》裏，"多"基本上用作動詞或副詞，未見到在名詞詞組裏的後加用法。

2.4 表達複數的副詞

在動詞詞組裏，表達複數概念的副詞異常豐富。副詞承擔複數表達的功能一直沿襲至今。在《戰縱》裏三個常用的副詞是"皆、共、悉"，有兩處用"俱"，兩處用"並"。下面看看這幾個詞如何表達複數概念。

皆（20 次）

皆的最初字形，意義不甚明確。在甲骨文裏，是一個或兩個虎字頭的字在"口"上。在金文裏則成爲兩個"人"在"口"上[15]。

"皆"的語義指向往往是施動者或是主語的全體[16]。請看幾個例句：

（25）之後，秦受兵矣，齊勺（趙）皆嘗謀。（戰縱，第 4 章）

（26）今爽也，强得也，皆言王之不信薛公，薛公甚懼。（戰縱，第 14 章）

（27）公孫央（鞅）功臣也，襄子親因（姻）也，皆不免，封近故也。（戰縱，第 23 章）

（28）此皆因過（禍）爲福，轉敗而爲功。（戰縱，第 20 章）

例（25）中指"齊、趙"兩國，（26）中指"爽、强得"二人，（27）中指"公孫鞅、襄子"二人。在（28）裏，"皆"表示"此"，用於複數義。

悉（5 次）

"悉"的語義指向往往是受動者或賓語的全體：

（29）君悉燕兵而疾贊之，天下之從於君也，如報父子之仇。（戰縱，第 19 章）

（30）然則吾將悉興以救邯鄲。（戰縱，第 27 章）

"悉"可以作動詞（如"悉燕兵"），也可以作副詞（如"悉興"即"悉興全部兵力"）。

共（7 次，其中 2 次爲地名）

在甲骨文裏，"共"的字形是拱起雙手。後來金文裏"共"是雙手捧起一塊璧。後來引申爲"共同"義。請看《戰縱》裏出現的幾個例子：

(31) 不則與（與）齊共講。（戰縱，第 14 章）

(32) 私心以公爲爲天下伐齊，共約而不同慮。（戰縱，第 17 章）

(33) 燕趙共相，二國爲一。（戰縱，第 17 章）

在上列句子中，"共"的語義指向是不同的兩方共同做一件事情。

俱（2 次）

根據徐中舒等人（1998:241），"具"的甲骨文本義不明，陳初生（2004:284）則釋爲"鼎"，並指出在金文裏已作"俱"當"全部"講。

(34) 齊勺（趙）未嘗謀燕，而俱諍（争）王於天下。（戰縱，第 4 章）

(35) 臣以信不與仁俱徹，義不與王皆立。（戰縱，第 5 章）

在《戰縱》的時代（公元前 200 年左右），很明顯，"俱"和"皆"從語義到句法都可以是同義詞。

並（2 次）

在甲骨文和金文都是二人並肩而立，指共同做某事的意思。中山文裏有"將與吾君並立於世"。⑰ 請看《戰縱》裏的例句：

(36) 並立三王，燕、趙之所願也。（戰縱，第 20 章）

(37) 秦、韓并（並）兵南鄉（嚮）楚，此秦之所廟祀而求也。（戰縱，第 24 章）

其實，從帛書的照片上能看出，在 20 章的"並"是兩個"立"字的"並"，在 24 章是另外一個字體"並"。第二個"並"意義是"兼也，合也"。（徐中舒 1998:919）⑱ 這一事實表明，這兩個字由于字形相近，難免混用並已經開始合併了。

通過上述例子，可以看出，漢語表達複數的主要方式是通過形容詞、副詞，名詞少一些。表示量多的這些修飾詞處於被修飾詞的前面。如果不算本身表示複數概念的名詞，漢語表示複數的詞在名詞詞組裏以前加形式多見。西方一些語言，主要通過名詞詞組顯示複數（副詞表達複數則不發達）。西方語言在名詞詞組裏，用後加形式表達複數，且作爲後綴的形式黏附於名詞。

2.5 關於"數"的用法

我們已經在另一篇文章討論了"數"的概數含義和用法，此處簡要地介紹一下"數"的功能及用法。例句從略。"數"不同於"衆、群、諸"，後者主要負擔形容詞功能，而"數"則身兼數職，可以作名詞、動詞、形容詞及副詞。"數"作副詞表達的複數概念時，不像"皆、悉、並、共、俱"等表達"全部、共同"義，而是表達一個模糊的複數概數。"數"表示不確指的多數、多次。"數"在句法位置上既像"衆、群、諸"那樣前加於名詞表達複數概念，又像"皆、悉、共、並、俱"那樣前加在動詞前表達動作的多次。但"數"的語義及語義限制明顯與這些詞不同。"衆、群、諸"一般修飾有生命的名詞而"數"没有這個語義限制："數"可以修飾有生命的名詞，也可以修飾無生命的名詞。"皆、悉、共、並、俱"修飾動詞時,都有共同,全部的語義内涵,但"數"修飾動詞時,却表達某一動作的重複實現。換句話説,用"皆、悉、共、並、俱"等副詞時,施動者(或受動者)必須是複數,用"數"時,没有這個語意限制,因爲"數"只限於修飾動詞。

2.6 量詞的發展

在《戰國縱横家書》裏,未見到真正的量詞。常見的單位詞有"乘"。詞序是"名+數+單位詞",如"車百五十乘"。最常見的是數詞直接修飾名詞,如"一女子""二城""八縣"等等。這表明量詞還未發展起來。可以説,語體影響了量詞的使用和發展。在同一漢墓出土的醫書中,量詞的使用就比較多[19]。常見的語序是"名+數"或是"名+數+量"。"數+名""數+單位詞+名詞"少見(徐莉莉 1997:19-20)。鑒於上述事實,可以説,西漢初期,量詞正處於發展階段,以"名+數+量"的詞序爲主。與此同時,複數的詞彙表達形式仍以前加形式爲主。

3 漢語標記複數的類型及類型上的轉變

上古漢語和現代漢語表達複數的類型和方式是不同的。漢語在造字的最初階段,有的字形裏已經包含了複數含義。上古漢語裏很可能有表達複數意義的形態,只不過被不表音的漢字掩蓋了。先秦漢語裏的"衆、群、諸"等前置於名詞以表達複數意義,但從漢代後,由于受佛經翻譯的影響,漢語裏後加成分如"輩、曹、等"開始被挖掘用以表示複數(但這些詞未能變成真正的複數標記詞)。後加成分"餘"一直保留了下來[20],而前加成分都被漢語放棄了。宋、元以來後加於名詞的"們(每)"至今保留在漢語裏。我們認爲,複數意義的詞彙表達由前加成分變爲後加成分與漢語量詞的發展有很大的關係。很多學者都已指出過,漢語量詞最初的詞序是後置於名詞(名+數+量),後來前置於名詞了(數+量+名)[21]。我們初步認爲,數+量前加於名詞和複數標記後加於名詞是相輔相成、相互關聯的現象[22]。即漢語在漢代前後發生了類型上的轉變,調整了詞序,使大量的量詞作爲修飾語前置於名詞。東漢以後少量的表達複數的成分後置於名詞。換句話説,漢語裏量詞形成了一個詞類,名詞詞組裏有數詞時,量詞成爲不可缺少的成分,而表達複數概念的詞未能形成一個獨立的詞類,在名詞詞組裏不是必不可缺少的成分。漢語動詞詞組没有這種變化。從古到今,副詞裏都有一個次詞類(一般被稱爲範圍副詞)表達複數意義。上古和中古時期,這類副詞一直很豐富,中古以後,"都"開始發展,到了現代,"都"把其他同義或近義的副詞都排擠掉了。

根據 Dryer(1992)對世界上 625 個語言的研究,用詞彙形式表達複數的語言是少數,多數都用詞綴形式。下面是他引用的兩個用詞彙形式表達複數的例子:

Gbeya: ó tṹ wí-ré
PL black person

```
                    black people (Samarin 1966:81)
Gurung:    cé      pxra-bée      mxi        jaga
           that    walk-ADJ      person     PL
           those walking people (Glover 1974:97)
```

這裏的 PL 是複數標記詞,Gbeya 語在中非使用,Gurung 語在尼泊爾使用。前者是 VO (動賓)語序,用前加形式表示複數,後者是 OV(賓動)語序,用後加形式。二者從地理、語言屬系、語言類型看都很不同。Dryer(1992:104-105)指出,從語言的類型上看,OV 語序的語言無一例外地用後加形式,而 VO 語序的語言更常見的是前加形式。如果我們承認漢語的語序一直以主動賓爲主的話,那麼漢語給類型學又一次提供了有意思的例證(即與大多數 VO 語言不合的例證)。漢語曾經以前加形式爲主(春秋戰國時期),這與 VO 語序的語言表現吻合,但轉變爲以後加形式爲主,這是 OV 語序語言的特徵。複數標記後置和數量詞組前移似乎有某種相關性。量詞和複數標記詞都是後起的。數詞在中古時不再能直接修飾名詞,必須結合量詞,而這些名量詞中古後必須前置於名詞。與此同時,中古漢語裏進一步發展了後置的複數標記詞。語言接觸和借用促進了後加形式的發展。漢語原有的前加形式萎縮了。漢語表達複數的後加標記一直是一種不夠發達的標記系統,只限於某些有生命的名詞[②],而漢語裏產生的數量詞系統,是由漢語內部的動因誘發並發展出來的一種成熟的標記系統。

附 注

①在斯坦福大學召開的會議上,曹廣順先生提示筆者,朱慶之先生曾提出表達複數的"輩、曹"可能是非漢語的成分進入了漢語。

②吕叔湘先生(1985)曾經提出,"們"和中古的"輩"可能有語源關係。吕先生還提出,北系方言用"每",南系方言用"們"。

③元代文獻中甚至出現了非指人名詞后加"們"的用法。祖生利(2005:54)認爲是一種"漢兒語言"。

④我們同意馮春田先生(1991:232)的意見:"們"在最初的用法裏,明顯有表示"某一類"的意思。

⑤這是胡敕瑞在斯坦福大學召開的會議後和筆者交談時提到的。邢福義先生在 20 世紀 60 年代的文章中也分析過現代漢語裏"諸"和"們"可以同現。

⑥應當注意到,某些漢字在造型上已暗含複數涵義。請參見郭攀(2004)、Behr(2006)。如玨:此字表示"兩塊玉"。絲:表示兩束絲的形狀。鱻:《说文》释爲"群鳥也"。這些疊字有一個共同的特點,即通過重複某一字形,表達量大或量多。這些已經表達複數意義的字形,有的被簡化,有的被擯棄,但許多字仍保留在現代漢語裏。上述這些字形無疑已經表達了複數概念。這種重複字形(或圖形)表示量多的方法在漢字裏雖然不占主流,但是,這些疊字表達複數概念是一種直觀的、視覺上的表述。當然這並不意味著所有疊字都表達複數概念。甲骨文裏還有其他許多重體字或疊字。但其表達意義不明。

⑦請參見儲澤祥(2000)的文章。

⑧沙加爾給出的例子(中譯本 2004:124)。

洗 xǐ	＜sejX＜ *ᵃsirʔ	'to wash'
洒 sǎ	＜sreaïH＜ *ᵃsrirʔ-s	'to sprinkle'
鬭 dòu	＜tuwk＜ *ᵃtok	'to come into contact with, to meet'
斲 zhuó	＜træwk＜ *ᵃtrok	'to strike, hew or hack repeatedly'
齊 qí	＜dzej＜ *ᵃs-lij	'to be the same, in line, equal'
儕 chái	＜dzreaj＜ *ᵃsr-lij	'groups of individuals, states'
空 kōng	＜khuwng＜ *ᵃkhoŋ	'hollow, empty'
腔 qiāng	＜khæwng＜ *ᵃkhroŋ	'lungs, cavities of the body'

⑨見於 2008 年 5 月 28 日於北京中國社會科學院語言所召開的 ANR-06－BLAN0259 項目（量与複數概念－亞洲語言中數字和人稱的表達）第二次研討會上的發言稿。

⑩在現代漢語裏，"衆"雖然不用作副詞了，但仍遺留在詞彙裏，如"衆議院"。

⑪在《朱子語類》裏，甚至有"諸侯們"的用法（馮春田 1991:236）。

⑫"諸"只有一次是單獨出現的：諸可以惡齊勾（趙）者將□□之。(戰縱，第 3 章)

⑬此例是：若楚不遇，將與梁（梁）王復遇於圍地，收秦等，(遂) 明（盟）功（攻）秦。(戰縱，第 12 章) 筆者在此向李佐豐先生的幫助表示謝意。

⑭如《詩經》裏已見：今也每食無餘。(秦風,135)匪伊垂之，帶則有餘。(小雅,225)

⑮在中山文字里，則是這樣一個字形 䨣 。

⑯我們完全贊同楊伯峻、何乐士兩位先生 (1992) 對"皆、悉"的辨析。即"皆"的語義指向常是主語或施動者，而"悉"的語義指向常是賓語或受動者。《史記・李斯列傳》中有"皆、悉"對舉的例子："諸男皆尚秦公主，女悉嫁秦諸公子。"第二句裏的"女"可以理解爲受事主語。

⑰真正的字體請參見原件。

⑱徐中舒等人 (1998) 指出，卜辭中的"並"字，未見許慎所說的"從"義。

⑲詳見張俊之、張顯成 (2002)、徐莉莉 (1997)。

⑳后加成分"許、所"也是在漢代時期出現的，但"所"在現代北方話裏不再應用，即使是在書面語裏也銷聲匿跡了。

㉑上古晚期發生了下面的轉變（貝羅貝 1998）：

　　名詞 + 數詞 + 單位詞＞數詞 + 單位詞 + 名詞

（數詞 + 單位詞 + 名詞）這一詞序到漢代開始普遍，由於類推，量詞最終進入同一格式形成今天這個格局。

㉒李艷惠、石毓智 (2000) 從另一個角度探討了量詞系統和複數標記"們"的制約關係。

㉓即便是有生命的名詞，漢語也不能隨便加複數標記。

參考文獻

陳初生　2004　《金文常用字典》，西安：陝西人民出版社。
儲澤祥　2000　《數詞與複數標記不能同現的原因》，《民族語文》第 5 期,58-64 頁。
馮春田　1991　《近代漢語語法問題研究》，濟南：山東教育出版社。
郭　攀　2004　《漢語涉數問題研究》，北京：中華書局。
郭文鎬　1985　《"餘"前置於數詞的用法》，《中國語文》第 5 期,367-368 頁。
江藍生　1995　《說"麼"與"們"同源》，《中國語文》第 3 期,180-190 頁。

李艷惠　石毓智　2000　《漢語量詞系統的建立與複數標記"們"的發展》,《當代語言學》第 1 期,27 - 36 頁。

呂叔湘（江藍生補）　1985　《近代漢語指代詞》,上海:學林出版社。

羅　端　2008　《甲骨文中和上古漢語文獻中名詞前"有"表複數的形式》,"量與複數概念——亞洲語言中數字和人稱的表達"第二次研討會,北京。

馬國權　1979　《兩周銅器銘文數詞量詞初探》,《古文字研究》第一輯,126 - 136 頁。

沙加爾　1999　《上古漢語詞根》,龔群虎譯,上海:上海教育出版社,2004 年。

肖　興　2000　《〈韓非子〉的"皆"考察》,《古漢語研究》第 4 期,40 - 47 頁。

邢福義　1960　《論"們"和"諸位"之類並用》,《中國語文》第 6 期,289 頁,292 頁。

―――　1965　《再談"們"和表數詞語並用的現象》,《中國語文》第 5 期,365 - 366 頁。

徐莉莉　1997　《馬王堆漢墓帛書（肆）所見稱數法考察》,《古漢語研究》第 1 期,19 - 41 頁。

徐中舒主編　1998　《甲骨文字典》,成都:四川辭書出版社。

楊伯峻　何樂士　1992　《古漢語語法及其發展》,北京:語文出版社。

于省吾主編　1996　《甲骨文字詁林》,北京:中華書局。

張俊之　張顯成　2002　《帛書〈五十二病方〉數量詞研究》,《简帛語言文字研究》第一輯,張顯成主編,成都:巴蜀書社,191 - 224 頁。

周法高　1962　《中國古代語法:構詞編》,《歷史語言研究所專刊》39,臺北:中研院。

周錫䪖　1988　《論"有、其、斯、思"的詞性》,《中山大學學報》第 2 期。

朱慶之　1993　《漢譯佛典語文中的原典影響初探》,《中國語文》第 5 期,379 - 385 頁。

祖生利　2005　《近代漢語"們"綴研究綜述》,《古漢語研究》第 4 期,49 - 55 頁。

Downing, Pamela　1996　*Numeral Classifier Systems-The case of Japanese*. Amsterdam and Philadelphia: John Benjamins.

Dryer, Matthew　1989　Plural words. *Linguistics*. 27, 865 - 895.

―――　1992　The greenbergian word order correlations. *Language*, 68 - 1, 81 - 138.

Greenberg, Joseph　1972　Numeral classifiers and substantival number: problems in the genesis of linguistic type. *Working Papers on Language Universals*. N°9, 1 - 39.

Iljic, Robert　2001　The problem of the suffix - men in Chinese grammar. *Journal of Chinese Linguistics*. 29 :1, 11 - 68.

Peyraube, Alain, Wiebusch Thekla　1993　Le rôle des classificateurs nominaux en chinois et leur évolution historique: un cas de changement cyclique. *Faits de langues*, 2, 47 - 57.

Pulleyblank, Edwin G.　1962　The consonantal system of Old Chinese. *Asia Major*. 9.

―――　1973　Some New hypotheses concerning word families in Chinese. *Journal of Chinese Linguistics*, 1:1. 111 - 125.

Sanches, Mary　1973　Numeral classifiers and plural marking : an implicational universal. *Working Papers on Language Universals*. N°11, 1 - 22.

T'ou, Benjamin　1976　The structure of nominal classifier systems. In *Austroasiatic Studies*, Part II, Philip N. Jenner, et al.(eds), 1215 - 1247. Honolulu: University of Hawaii Press.

Wolfgang, Behr　2006　"Homosomatic juxtaposition" and the problem of "syssemantic" (*huì yì*) characters. In *Ecriture chinoise. Donn ées, usages et représentations*, F. Bottéro and R. Djamouri (eds), 75 - 114.

Xu Dan　2006　*Typological change in Chinese Syntax*. Oxford University Press.

How Chinese Expresses Plurality in the Early Han
XU Dan

Abstract: In Chinese, plurality is expressed by means of words. This is different from other morphological languages. Initially, the Chinese language indicated plurality via logos/drawings of characters, it might also use morphology. Eventually plural words (lexical item) won off. The plural words were in the majority of the cases prenominal in Old Chinese. Due to the influence of Buddhist text translation in Middle Chinese (Eastern Han), the usage of postnominal plural words has increased. After the Han, the combination "numeral + classifier" found after nouns had stabilized and began to shift before nouns. We hypothesize that the nominal group "numeral + classifier + noun" was formed and developed to satisfy the needs of Chinese syntax. The use of "noun + PL (*cao/bei*)" (later *men/mei*) was developed and increased during contacts with other languages. The classifier system is systematic and mature while the plural marking is neither systematic nor developed. This paper will show how Chinese express plurality during the typological change period in examining excavated texts from the Western Han.

Key words: plurality, language typology, prenominal, postnominal

（徐　丹　法國國立東方語言文化學院　法國國家科研中心東亞語言研究所）

周秦漢語"被動語態"之檢討

洪 波

提 要 自從《馬氏文通》從拉丁語借入了主動和被動兩個概念之後,被動語態一直是漢語語法研究所特別關注的一個領域,古代漢語語法研究也是如此。本文從形態和句法兩個角度重新審視了周秦漢語的"被動語態"問題,並對周秦漢語12個常見動詞的用法進行了逐一的個案分析,結論是:周秦漢語存在自動語態和使動語態,但不存在被動語態。

關鍵詞 周秦漢語 被動語態 使動語態

0.1 普通語言學所説的被動語態(passive voice)是一種句法範疇或句法-形態範疇。《馬氏文通》按照拉丁語法建立漢語語法學,在《實字卷之四》中專辟一章講"受動字",乃是因爲拉丁語之動詞有主動態和被動態之分,而在馬氏看來,拉丁語動詞的主動態與被動態之分在漢語中也存在,因此馬氏所講的"受動字"實際上指的就是動詞的被動語態。馬氏講古漢語中的"受動字"可以通過六種途徑識别出來,包括"爲……所……"先於外動字式,"爲"字先於外動字式,外動字後"於/于"字爲介式,"見""被"加於外動字式,"可""足"加於外動字式,以及外動字單用式等六種。他都是從受動字著眼,而不是從句法上所謂的被動式著眼,所列舉的六種形式都是用來判别"受動字"的,這與他所接受的理論是一貫的。[①]20世紀30年代以後的漢語語法學家們雖然接受了馬氏的"受動"之説,但著眼點則與馬氏迥異。王力《中國現代語法》乾脆就説:"敍述句有主動式和被動式的分别。(一)謂語所敍述的行爲系出自主語者,叫做主動式,……(二)謂語所敍述的行爲系施於主語者,叫做被動式。……"(1985:87)這是純粹從句法上來講被動語態的。無論是馬氏從動詞著眼講被動語態,還是後來的學者從句法上來講被動語態,迄今爲止,極少有人懷疑漢語是否有被動語態。就我所知,惟有高名凱先生曾提出過質疑。他説:"其實,只要詳細的研究漢語,我們就可以看得出,漢語具有動詞功能的詞,實在並沒有施動和受動的分别。漢語具有動詞功能的詞是中性的,因爲漢語具有動詞功能的詞可以沒有主語。在這種情形下,因爲主語不存在,施動或受動就很難

---

* 本文爲紀念徐通鏘先生而作,研究工作得到國家社科基金資助,專案號爲05BYY034。初稿曾在第六屆國際古漢語語法研討會暨第五屆海峽兩岸漢語史研討會(2007年8月西安)上宣讀。本次發表前承匿名審稿人認真審閲,謹此謝忱。

决定,即因爲其很難決定,它可以是施動,也可以是受動,完全視視點如何而定。……简言之,漢語是用施動的形式來表示受動的意義的,如果有必要的話。"(1986:202)

0.2 20世紀以來,研究漢語語法的學者講被動式,把著眼點從動詞轉到句法上來。就古代漢語而言,大家都認可的所謂被動形式(或者被動標記)是馬氏所提出的"爲……所……"式、"爲"字式、"於/于"字式和"見""被"式。姚振武(1999:43)對這些被動形式逐一進行過檢討,他説:"把'於''見''爲'看作被動式的'結構特點',依然是用西方語言的'形態'觀念比附漢語的産物,是基本脱離先秦漢語實際的。據我們研究,先秦漢語受事主語句系統可分爲'意念句''遭遇義動詞句'和'指稱句'三大類。"姚先生認爲,古代漢語中的所謂被動標記"於""見""爲"實際上都不是被動標記,我們基本上贊同他的這一看法。不過,如果只是證明了"於""見""爲"不是被動標記,那還不能就此下結論説上古漢語没有被動語態。而且姚先生也只是否定了"於""見""爲"是被動標記,並没有否定上古漢語有被動語態,他用"受事主語句"代替被動句的説法實質上是换湯不换藥的説法。有鑒於此,本文想側重討論周秦漢語的被動語態問題。

0.3 從普通語言學的角度看,被動語態(passive voice)在語法上有三個要素,其一是要有主語範疇,其二是要有及物範疇與不及物範疇之分,其三是要有一定的形態或句法手段。這三個要素缺一不可,一個及物動詞的受事成分在語法上占據句子主語的位置,並通過一定的形態或者句法手段來標明它與及物動詞的語義關係,這樣構成的句子才是被動句,它所體現出來的不同於主動句的句子形態才是被動語態。本文將立足於以上所説的三個要素來重新檢討周秦漢語的"被動語態"問題。本文所討論的周秦漢語指的是公元前11世紀到公元前3世紀的漢語,也就是西周到戰國末期的漢語。由于本文所涉及的"主語範疇"問題、"及物與不及物之分"問題和"形態問題"都是古漢語語法研究中非常大的也是非常棘手的問題,根本不可能在一篇文章中徹底討論清楚,所以本文只能拈取一些能看得清的語言事實來討論,相關問題的深入研究尚期待著方家一起來做。

一 周秦漢語的主語範疇問題

1.1 主語(subject)是在語義因素和語用因素相互作用下語法化出來的一種句法範疇(參見科姆里1989:126-152)。因其是一種語法化的産物,因此不是所有的語言都一定會有主語這種語法範疇。有這種語法範疇的語言,其主語的語法化程度也不一定相同,因而其語法屬性和語義涵蓋面也不一定相同。[②]印歐語系的語言都有主語範疇,而且是一種高度語法化了的句法範疇。主要表現在兩個方面,其一是印歐語的主語範疇對句子中的動詞産生了高度約束,一個小句必須要有一個而且只能有一個定式動詞,該定式動詞要與主語在形態上保持一致關係。其二是主語範疇的語義涵蓋面已經大大超出動詞的施事論元,包括了受事論元、當事論元、與事論元等語義角色,甚至還包括了語義角色爲空的論元,即所謂形式主語。在世界上的很多其他語言裏,其主語範疇與印歐語比較起來就有很大的不同,如在一些比較典型的作格語言裏,主語範疇限於施事論元,或者限於施事論元和工具論元,比如在古典藏語中,衹有施事論元和工具論元加施格標記 gis。

對主語範疇的這樣一種理論認識非常重要,它是本文討論周秦漢語主語範疇的一個理論基礎。

1.2 Li & Thompson (1976) 將世界上的語言劃分爲主語優先型和話題優先型等不同的類型,認爲漢語是話題優先型語言。他們的意見在國際上影響很大。他們的分析是建立在所有的語言都有主語和話題之分的基礎之上的,然而如前文所說,主語是語法化的產物,不是所有的語言都一定會有主語。如果一種語言根本沒有主語範疇,那麼所謂的話題優先也就落空了。所以我們要相信 Li & Thompson 對漢語的看法在周秦漢語中也是成立的,我們必須先搞清楚周秦漢語到底有沒有主語這個東西。要搞清楚周秦漢語有沒有主語,是個非常棘手的問題。由于漢字不是漢語的完備記錄,也由于漢語史文獻在歷史傳抄過程中的"校勘"等原因,今天我們已經很難窺見周秦漢語的完備狀態。比如語音方面是否體現形態差異,我們現在還不甚了了,甚至根本不清楚。《公羊傳·莊公二十八年》:"春秋伐者爲客,伐者爲主。"東漢何休注云:"伐人者爲客,長言之;見伐者爲主,短言之。皆齊人語。"如果何休的說法是有根據的,那麼在《公羊傳》產生的戰國時期的齊國方言中,動詞"伐"有兩個語音形式,反映了主動和被動的形態分別。然而這樣的情況歷史留給我們的祇是一鱗半爪,連"伐"字在齊國方言中的這種分別要不是何休的注釋我們也不得而知。《廣韻》"伐"字祇有"房越切"一個注音。最近一個時期以來,上古漢語語音研究取得了很多可喜的成果,一些語音史專家也已經意識到要與上古漢語形態問題聯繫起來,然而目前階段語音史的研究成果要全面應用到上古漢語形態研究方面還有很大一段距離。在目前條件下來探討周秦漢語是否有主語範疇,所可依傍的主要還是句法的表現。

1.3 根據我們的初步觀察,周秦漢語有主語範疇。主要有以下六個方面的證據:

(一)來自代詞的證據。早在上個世紀初葉,瑞典漢學家高本漢(1913[1929])就用形態差異說來解釋上古漢語人稱代詞繁複的原因,他認爲上古漢語的第一、第二人稱代詞有格和數的分別。他的觀點已經影響了一個世紀,至今很多學者仍然相信他的解釋大體上是對的。洪波(1996、2000、2002)則根據上古漢語第一、第二人稱代詞在殷商甲骨文和周代較早時期文獻中的使用情況提出上古漢語第一、第二人稱代詞繁複的原因不是由于形態差異造成的,而是由于表義不同造成的。不過,洪波(1991a、1991b)則通過論證指出周秦漢語中存在著一套兼指代詞,這套指示代詞由"厥/其、是/時/寔、之、爰、焉"組成,它們在最初階段有著嚴格的格位分工,"厥/其"如王力先生早已指出的那樣是個領格代詞,"是/時/寔"是主格代詞,而"之"是個賓格代詞,這也是大家所公認的。至於"爰"和"焉",它們最初的功能都是稱代處所的,而"爰"總是分佈在動詞之前,"焉"總是分佈在動詞之後,所以"爰"是前置處所格,"焉"是後置處所格。它們的這種格位分工在《山海經·五藏山經》得到最爲嚴格的體現,各司其職,絲毫不爽。《山海經·五藏山經》中"是"字只占據主格位置,説明其語言裏存在著主語範疇。

（二）來自話題化的證據。話題化是任何語言都會采用的一種語用同時也牽涉到句法的一種手段。在有主語範疇的語言裏,一個通常不占據主語位置的論元成分如果不通過一定的句法或形態運作使它占據主語位置,而僅僅是通過話題化運作使它占據話題的位置,那麼它只能占據話題的位置而不能占據主語的位置,主語位置上應該出現的論元成分並不因爲其他論元的話題化而影響其出現。比如英語:

(1) this book I haven't read it

例中的 this book 是動詞 read 的受事論元,它通過話題化手段而提升爲句子的話題,但並沒有通過一定的句法或形態手段提升爲句子的主語,因此句子的主語仍然存在。在有主語的語言裏,一個通常不占據主語位置的論元成分如果單純地被提升爲話題,它本身並不影響句子主語的隱現,而且在它的常態位置上會留下一個語跡,至少會留下一個空位,如例（1）中的 this book 就是如此,它在其常態位置上留下了語跡 it。現在我們來看看周秦漢語的情形。

周秦漢語的動詞"言"是一個三價動詞,它含有施事論元、受事論元（也稱作内容成分）和對象論元。其受事論元可以通過話題化運作而成爲句子話題,但一般要在其常態位元上置留下語跡"之"。例如:

(2) 夏禮（,）吾能言之,杞不足徵也；殷禮（,）吾能言之,宋不足徵也。（論語,八佾）

例中"夏禮""殷禮"都是動詞"言"的受事論元,現在它們通過話題化運作而成爲句子的話題,但在其常態位置上都留下了語跡"之"。如果去掉這個語跡"之",則變成"夏禮（,）吾能言""殷禮（,）吾能言",這樣的句子是不能説的。因爲在周秦文獻中像"吾能言"這樣的説法都是表示"我能説話"的意思,其中的"言"只是一個一價動詞,只包含施事論元。如:

(3) 八年春,石言于晉魏榆。晉侯問於師曠曰:"石何故言？"對曰:"石不能言,或馮焉。"（左傳,昭公八年）

"言"所包含的對象論元也可以通過話題化而成爲句子的話題,這時它的常態位置上要麼是一個空位,要麼保留一個語跡成分。例如:

(4) 賜也,始可與言詩已矣！（論語,學而）

(5) 子曰:"可與言而不與之言,失人；不可與言而與之言,失言。"（論語,衛靈公）

例（4）"賜"是動詞"言"的對象論元,被話題化爲句子話題,引介它的介詞"與"後面留下了一個空位；例（5）動詞"言"的對象論元被話題化後又被省略了,每個句子中有兩個引介它的介詞"與"字,前一個的後面留下了空位,而後一個的後面保留了語跡成分"之"。

周秦漢語的動詞"殺"也是一個三價動詞,包含施事、受事和工具論元。"殺"的受事論元

如果只是通過話題運作而成爲句子話題,則"殺"字後面要麼留下空位,要麼保留語跡成分"之"。例如:

(6) 今有殺人者,或問之曰"人可殺與?"(孟子,公孫丑下)
(7) 去喪,無所不佩。非帷裳,必殺之。(論語,鄉黨)

例(6)"人可殺與"一句中的"人"是"殺"的受事論元,話題化後,"殺"後留下了空位;例(7)"帷裳"是"殺"的受事論元,話題化並承前省略了,"殺"後保留了語跡"之"。

以上兩個例子說明,在周秦漢語裏,動詞的受事論元如果單純地話題化,在其固有位置上要有空位或語跡,空位和語跡的存在說明它們並沒有成爲句子的句法主語。儘管在這種話題化的句子裏句子的句法主語可以出現也可以不出現,但無論句子的句法主語出現與否,都說明在這種話題句中仍有一個句法主語存在。

(三) 來自主格標記的證據。洪波(1991a,b)指出周秦漢語的指示代詞"是/寔"有標記主語的功能。例如:

(8) 匪舌是出,維躬是瘁。(詩經,小雅,雨無正。按:出,同"拙"。)
(9) 唯東宮與西廣寔來。(國語,楚語上)

例(8)中的"舌"和"躬"雖然是一對對比話題,但它們分別是動詞"出(拙)""瘁"的當事成分,例(9)中的"東宮和西廣"是動詞"來"的施事成分,但並不是對比話題,而它們都用"是/寔"來標記,說明它們都是句子的句法主語。

(四) 來自非話題化的典型受事論元前置的證據。"賓語前置"用"之""是"等標記,這是大家耳熟能詳的周秦漢語語法現象。例如:

(10) 吾斯之未能信。(論語,公冶長)
(11) 君人者,將禍是務去。(左傳,隱公三年)

例(10)(11)中的"斯""禍"分別是動詞"信""去"的受事論元,它們前置於動詞而又未居於句子話題位置,但它們也不是句子的句法主語,因爲它們只是爲了凸顯才前置的,"之"和"是"的作用就是這種凸顯的標記,所以這種前置不是一種單純的句法運作,而是一種句法和語用運作。兩例中的"吾"和"君人者"所占據的則顯然是句子主語位置。與此相對照的是,在周秦漢語中動詞的受事論元前置並占據主語的位置則需要有另外的句法處理。主要有三種方式:一種方式是加遭受義動詞,另一種是變成判斷形式,還有一種是排比或對舉(詳見下文)。這些方式與非話題化的受事論元前置的處理方式迥然有別。

(五) 來自小句的最小構成的證據。小句的最小構成指的是一個光杆名詞和一個光杆動詞構成的句子。周秦漢語裏如果一個光杆名詞加在一個動詞之前構成一個小句,這個光杆名詞一般只能是動詞的施事論元或當事論元,這說明周秦漢語裏只有施事論元和當事論元能充當句法主語,從而也證明有句法主語這種句法範疇的存在。在周秦漢語裏受事論元加在動詞之前而又能構成一個獨立小句,較常見的只有熟語化的"日食",非熟語化的說法則要説成"日有食之","日"只是一個話題,不定代詞"有"才是句法主語。《左傳》裏有一個例外:"(晏子)曰:'君伐,焉歸?'"這個例子中的"君伐"是"君被伐"的意思。但這個例外是可以解釋的,晏子是齊人,根據《公羊傳》何休注,齊國方言裏"伐"字有主動態和被動態的對立,那麽這裏的"伐"字應該是被動態。

（六）來自使動態的證據。周秦漢語動詞的自動用法一般都是由施事論元或當事論元占據主語位置,當其用作使動時,則由表示使役者的外在施事論元占據主語位置,而其自身的內在施事論元或當事論元則要變換到賓格位置。[3] 例如:

(12) 赫赫宗周,褒姒威之。（詩經,小雅,正月）

例中"威"是"滅"的使動形式,"褒姒"是"威"的外在論元（致使主體）,占據了句子主語位置,"赫赫宗周"作爲"威"的內在當事論元則必須移到賓語位置,雖然經過話題化處理,出現在句子話題位置,但賓語位置仍保留了它的語跡"之"。在使動態中施事論元或當事論元必須移到賓語位置,這種處理説明主語位置只能有一個名詞性成分,而不能有兩個或兩個以上的名詞性成分。這種情況正是主語的特性,因爲一個句子只能有一個主語。

二　周秦漢語動詞的句法及物性問題

及物（transitive）和不及物（intransitive）這對概念也是《馬氏文通》從拉丁語法中借過來的。在印歐語中,動詞有及物與不及物之分,而被動語態是只有及物動詞才能擁有的一種語態形式。及物和不及物的分別實際上也可以表述爲動詞的句法及物性的差異。一個動詞如果在句法上只能擁有一個核心論元成分,則是不及物的,而擁有兩個或兩個以上核心論元的動詞則是及物的。周秦漢語語序的基本狀態是將動詞的論元成分或非論元名詞性成分安排在前後兩側,而動詞的核心論元成分在常態情況下一般都可以不借助介詞引介而直接置於動詞的前面或者後面。因此,周秦漢語動詞的句法及物性可以根據它們在不借助介詞的情況下所能共現的核心論元成分的多少來判別。根據這個標準,周秦漢語動詞的句法及物性與現代漢語有很大的不同。在現代漢語裏,確實有一批只能與一個核心論元成分共現的動詞。然而,在周秦漢語裏,只與一個核心論元共現的動詞却是很少見的,李佐豐（1994）只列舉出16個常用的。有些動詞,比如"死",在現代漢語裏是一個絕對的不及物動詞,而在周秦漢語裏則可以見到"死"帶兩個核心論元的例證。例如:

(13) 召忽死之。（左傳,莊公九年）

這種狀況顯示,周秦漢語動詞的句法及物性與印歐語有很大區別,可以説基本上不存在印歐語那樣的及物與不及物兩大分野,因此我們拿印歐語的及物/不及物範疇來範概周秦漢語動詞,顯然是不合適的。

周秦漢語動詞的句法及物性的這種不同于印歐語動詞句法及物性的特點,其根源主要在於周秦漢語存在使動態。由于使動態的存在，擴展了很多動詞的句法及物性，而且使動態還生成了一種提升動詞句法及物性的句法基模（syntactic schema），很多只包含一個内在論元的動詞可以仿照使動態句法基模而"活用"爲帶兩個核心論元，使自身的句法及物性得到提升，如前引例（13）動詞"死"的這種所謂"爲動"用法就是如此。使動態及其所形成的句法基模的另一個重要影響是它擴展了句法賓語的語義角色，使得在最小成句組合中通常占據主語位置的施事論元和當事論元也可以占據賓語位置，並使得其他論元如原因論元、目的論元也通過"類化"而可以占據賓語位置，成爲動詞的核心論元。這就打破了賓語位置通常由受事論元和與事論元占據的格局，使得賓語位置的論元角色複雜化了。賓語位置論元角色的複雜化無法都推嬗到主語位置上，反而造成了主語位置論元角色的限制，受事論元、與事論元等不能直接提升到主語位置，就是這種限制的反映。

三　周秦漢語"被動結構"的形態和句法問題檢討

3.1 被動語態的三要素之一是形態和句法形式。本節檢討周秦漢語所謂被動句的形態和句法形式問題。

3.2 上文提到《公羊傳·莊公二十八年》何休注，這條材料如果可靠，那麼在周秦時期齊國方言中動詞可能存在主動與被動的對立，也就是說可能存在被動形態。那麼在當時的雅言裏是否也存在這種對立呢。有三條材料能反映這個問題。

　　（14）故曰：或勞心，或勞力；勞心者治人，勞力者治於人；治於人者食人，治人者食於人：天下之通義也。（孟子，公孫丑上）

　　（15）故善戰者致人而不致於人。（孫子兵法，虛實）

　　（16）虞卿請趙王曰："人之情寧朝人乎？寧朝於人也？"趙王曰："人亦朝人耳，何故寧朝於人？"（戰國策，趙策四）

例（14）《孟子音義》在"食人"後注音曰"音嗣"，在"食於人"後注音曰"如字"，而"治人"和"治於人"後皆無注音，亦即皆當"如字"處理。我們知道，"食人"之"食"是使動用法，這種用法《廣韻》"祥吏切"，而它的自動用法《廣韻》"乘力切"。《孟子音義》的作者認爲"食於人"中的"食"與其自動用法在讀音上沒有區別。[①] 同樣，他認爲"治人"之"治"和"治於人"之"治"在讀音上也沒有區別。"治"《廣韻》確有兩個反切，一個是"直吏切"，另一個是"丈之切"。但這兩個反切音所反映的不是主動和被動的區別，而是反映的完成體與未完成體的區別。《左傳·襄公二十七年》："夫子之家事治，言於晉國無隱情。"這裏的"治"是"治理好"的意思，是"治"的完成體用法，在功能上相當於一個不及物動詞或者形容詞。陸德明《經典釋文》注曰："治，直吏反。"這條注音材料說明在上古時期，"治"的未完成體用法是讀平聲"丈之切"的音，而完成體則讀"直吏切"的音。無論是哪種情況，都說明"治"在《廣韻》所保留的兩個反切音與其主動和被動用法無關。例（15）"致人"和"致於人"也是主動和被動的對立。"致"《廣韻》只有一個反切音，因此它的主動和被動用法不大可能有語音上的區別。例（16）的"朝"字也一樣，"朝"作動詞用也只有一個讀音形式。以上三條材料在一定程度上證明周秦漢語雅言裏並不存在主動和被動的形態差異。

　　3.3 至於周秦漢語的被動句法形式和所謂的"被動標記"，我們基本上贊同姚振武的觀點，長期廣泛認可的被動標記"見"是個"遭受"義動詞，"爲"是"判斷"義關係動詞，"於"則是個全能介詞。

　　"見"被認爲是最古老的被動標記，楊伯峻、何樂士（1992）曾舉出甲骨文的例證。王力（1980）指出"見"來源於"遭受"義動詞，解惠全、洪波（1987）曾詳細討論過"見"的演化過程。"見"加在另一個及物動詞之前，它前面的名詞在語義上是它後面的及物動詞的受事成分，這一點是無可置疑的。例如：

　　　　（17）盆成括見殺。（孟子，盡心下）

現在一般都認爲這種用法的"見"是一個助動詞。根據朱德熙（1982），助動詞是真謂賓動詞，只帶謂詞性賓語。也就是説，在結構上，助動詞是句子的結構核心。那麼把"見"看做是一個被動標記顯然不合適的。

　　而且，"見"是否是一個真正的助動詞也是值得重新考慮的。考之周秦文獻，"取""獲"等也有類似"見"字的這種功能。例如：

　　　　（18）大福不再，祇取辱焉。（左傳，昭公十三年）
　　　　（19）吾子何愛於一環？其以取憎於大國也，盍求而與之？（左傳，昭公二十六年）
　　　　（20）使臣獲釁軍鼓，而敝邑知備，以禦不虞，其爲吉孰大焉？（左傳，襄公九年）

如果我們承認例（18）至（20）中的"取""獲"都是普通動詞，是句子的主要謂語動詞，那我們又有什麼理由認爲"見"就一定是一個助動詞呢？誠然，"取""獲"還可以帶名詞賓語，也可以帶一些看上去有名詞化傾向的動詞賓語。例如：

　　　　（21）子鮮不獲命於敬姒。（左傳，襄公二十六年）
　　　　（22）夏，單伯會之，取成于宋而還。（左傳，莊公十四年）

但"見"字也同樣有這種功能。例如：

　　　　（23）故國離寇敵則傷，民見凶饑則亡。（墨子，七患）

所以我們認爲高名凱（1986）的意見是很有道理的："'見'字本身就是一個具有動詞功能的詞，而且是施動式的。""見"是一個普通動詞，"被"字在周秦時期就更是一個普通動詞。一個顯著的證據就是"被"字不僅可以加在一個及物動詞的前面，而且還可以加在一個小句的前面，當它加在一個小句的前面的時候，小句一定要用"之 s"形式，也就是小句的主語和謂語之間要加"之"字。例如：

　　　　（24）有獨知之慮者，必被庶人之怨。（戰國策，趙策二）

"爲"字加在一個及物動詞或者一個由及物動詞構成的主謂短語的前面,而它前面的名詞在語義上是後面動詞的受事成分,這種用法始見於春秋時期的文獻。它後面的主謂短語的動詞前再加一個"所"字就構成"爲……所……"式,而這種形式則是戰國晚期才出現的。很多學者都承認"爲……所……"式是從"爲"字式演變來的。呂叔湘(1982)認爲"爲"字式中的"爲"字是一個係詞,而在他之前,《馬氏文通》已經指出"爲……所……"式中的"爲"字是一個係詞。"爲……所……"式中的"爲"是一個係詞,大家比較容易接受,因爲大家都知道"所V"是一個名詞性成分。但"爲"字式中的"爲"字有些學者就不承認它是係詞。這個"爲"字是否是一個地道的係詞確實是可以討論的,但它是一個動詞性的詞則是可以肯定的。請看下面的例子:

(25) 員不忍稱疾辟易,以見王之親爲越之擒也。(國語,吳語)

(26) 身死國亡,爲天下之大僇。(荀子,正論)

以上兩個例子中"爲"所構成的句子照一般的分析,都是所謂的被動句,但"爲"字後面所跟的都是"之 s"形式,"之 s"形式是名詞性成分,在這兩個句子裏它是"爲"的賓語無疑。"之 s"形式是"爲"字的賓語,那麼"爲"字就一定是句子的主要謂語動詞。無論"爲"字是否係詞,只要它是一個動詞,那麼它就不可能是一個被動標記,所構成的句子也就不可能是被動句了。

《馬氏文通》把"於/于"看作被動標記是最沒有道理的。我們知道,"於/于"在古代漢語裏是一個全能介詞,它可以引介任何一種名詞性成分。即便是在受事主語句中,"於/于"也不一定就是引介施事成分。例如《孟子》裏有一段很有名的話:

(27) 舜發於畎畝之中,傅說舉於版築之間,膠鬲舉於魚鹽之中,管夷吾舉於士,孫叔敖舉於海,百里奚舉於市。(孟子,告子下)

例中有 6 個排比句,都是受事主語句,每個句子中都有介詞"於"引出的名詞短語,但是它所引介的都是處所成分,而不是動詞的施事成分。過去人們常舉《左傳·成公二年》的"郤克傷于矢"作爲"於/于"引介施事成分的例子,但這個例子中的"矢"並不是一個施動者,而只是一個工具成分。此外如:

(28) 喜生於好,怒生於惡。(左傳,昭公二十五年)

這也是一個受事主語句,而"於"引出的是原因成分或源點成分。楊伯峻、何樂士(1992)還曾舉出被動句中不用"於/于"而用"自"引出施事成分的例子:

(29) 懋父賞禦正衛馬匹自王。(懋父殷)

這也說明"於/于"不是一個被動標記。高名凱(1986:207)說:"'於'是表示'空間''時間'或其他關係的虛詞,在具有動詞功能的詞之後加上一個'於'字,如《孟子》之'治於人',這正表明這個動作是和這'於'字所介紹的具有名詞功能的詞有關係的。'於'字本來只表示動作或歷程所發生的一個地點,而且是泛指的。它只表示動作或歷程與其所介紹的具有名詞功能的詞有關聯,但沒有說得明白是哪一個方向的關聯。"高先生這話的基本意思就是"於"只是引出一個名詞性成分,它並不限於引出施事,也並不表示被動。

根據以上所述，周秦漢語所謂"被動式"既沒有形態上的區別，也沒有句法上的標誌，因此我們只能承認周秦漢語沒有主動態和被動態的對立，也就是說，周秦漢語沒有被動語態。

四　周秦漢語 12 個動詞的個案分析

4.1 我們選取周秦漢語中 12 個動詞，以《春秋左氏經傳》《論語》《孟子》三部文獻作爲調查對象，對它們進行定量分析，摸清它們的使用情況。我們所選擇的 12 個動詞是：召、取、殺、戮、用、食、焚、治、生、傷、喪、辱。選擇這 12 個動詞主要基於以下考慮：第一，它們都能構成 N₁ + V + N₂ 句式，且當其構成該句式時 N₁ 不會是動詞的受事；第二，它們都是常用動詞，使用頻率在三部文獻中都比較高，甚至很高；第三，它們的自主性程度是不相同的，大致按我們的排列順序形成一個連續統，越靠前的自主性程度越高，越靠後的自主性越低，因此它們分別代表了周秦漢語不同類的動詞。選擇《春秋左氏經傳》《論語》《孟子》三部文獻也是基於以下考量：第一，它們是春秋末葉到戰國中葉的文獻，時代上比較靠近，其語言面貌大致一致，有利於作共時分析；第二，這三部文獻都是研究周秦漢語的代表性文獻，具有典型性；第三，三部文獻的題材各不相同，而又都接近於當時的口語，具有代表性；第四，這三部文獻在東漢以後的注疏中保留了一些音注，有利於我們窺見當時的語音面貌。

4.2 上述 12 個動詞在《春秋左氏經傳》《論語》《孟子》中使用的整體情況如下表：

表 1[⑤]

	召	取	殺	戮	用	食[⑥]	焚	治	生[⑦]	辱	傷	喪
主動	144	264	509	26	244	194	0	0	0	0	0	0
無標記受動	0	0	0	0	0	7	0	0	0	0	0	0
自動	0	0	0	0	0	1	11	59	13	15	5	
使動	0	0	0	0	0	38	43	90	144	24	25	53
"見"	0	0	2	0	0	0	0	0	0	0	0	0
"爲"	0	0	0	11	2	0	0	0	2	0	0	0
"於/于"	0	0	0	0	0	1	0	2	0	0	1	0

4.3 表中"召""取"兩個動詞只有主動用法，既未見使動用法也未見各種形式的受動用法。

"殺""戮""用"三個動詞有主動用法，未見無標記受動用法和使動用法。"殺"可以出現在"見"字句中，"戮""用"可以出現在"爲"字句中，在這三部文獻中，"殺"與"戮""用"形成互補。這三個動詞都未見由受事論元充當主語而用"於/于"引出施事論元的用法。

"食"的主動用法是由真正施事論元充當主語的用法，這種用法上今音讀 shí。"無標記受動用法"的 7 個用例皆爲"日食"，皆出自《春秋左氏經傳》，這種用例只能看做是一種熟語化的說法。《經典釋文》沒有把這種用法的"食"注爲"祥吏反"，因此其讀音應該與其主動用法一致。"食"有 38 例使動用法，皆爲"使……吃""給……吃"的意思，這種用法上讀"祥吏反"的音,今音 sì。

"焚""治""生"三個動詞比較特別。通常我們把下面各例中的主語都分析爲這三個動詞的施事論元,而把各例中的賓語都分析爲這三個動詞的受事論元:

(30) 瞽叟焚廩。(孟子,萬章上)

(31) 勞心者治人。(孟子,公孫丑上)

(33) 戴嬀生桓公。(左傳,隱公三年)

然而當這三個動詞構成最小成句單位 NV 時,N 却只能是"受事論元"。例如:

(34) 廄焚。(論語,鄉黨)

(35) 夫子之家事治。(左傳,襄公二十七年)

(36) 莊公寤生。(左傳,隱公元年)

因此通常的認識顯然是錯誤的,(30)－(33)中的主語並非這三個動詞的施事論元,而賓語也非一般的受事論元。這三個例子中的主語應該是使事論元,即這三個例子中的"焚""治""生"實際上都是使動用法,而其賓語是使動賓語,是這三個動詞的內在當事論元。如此則(34)－(36)中的主語就不是受事論元充當主語了,而是當事論元充當主語。基於此,在表1中,我們把像例(30)－(33)這樣的用例都歸入"使動"一欄,而把(34)－(36)這樣的用例都歸入了"自動"一欄。這樣處理的理由是:(一)一個動詞的最小成句單位所體現的應該是其最基本的也是最核心的用法,如果把這三個動詞的最小成句單位中的 N 都視爲受事論元,則就得承認有一部分動詞的最基本最核心用法是受事論元充當主語,那麼周秦漢語的受事主語句就會因此而多出很多倍。(二)如果把這三個動詞的最小成句單位中的 N 視爲受事論元,那麼"時日曷喪"(《尚書·湯誓》)中的"時日"是否也要處理爲受事論元充當主語呢?因爲同樣可以見到"綦毋張喪車"(《左傳·成公二年》)這樣的例子。而我們知道"喪"是"亡"的使動形式,"綦毋張"只能是"喪"的使事論元,"車"是"喪"的內在當事論元,同樣"時日"也是"喪"的當事論元。因此,把"焚""治""生"三個動詞與"喪"作同樣的處理顯得更爲合理。

"焚""治""生"三個動詞只有"治"在前引例(14)中有2次用"於"引出施事論元的用法,而且是在對舉的情況下使用的。

"辱""傷""喪"三個動詞的最小成句單位 NV 中的 N 都是它們的內在當事論元,所以它們沒有主動用法,只有自動用法和使動用法。"辱"有2例出現在"爲"字句中,"傷"有1例出現在"於/于"字句中。

4.4 根據表1和上一小節的分析,可以看出這12個動詞判然分爲兩個陣營。前6個動詞爲一個陣營,這個陣營裏的動詞除了讀 sì 的"食"之外,只有主動用法,沒有使動用法;後一個陣營有使動用法,但沒有主動用法。即便我們把後一個陣營裏的自動用法也歸入主動用法,但有無使動用法仍然壁壘分明。這説明周秦漢語存在主動態和使動態這個論斷是完全正確的。與此相反,在這12個動詞中,除了讀 shí 的"食"有熟語化的受動用法"日食"之外,沒有一個動詞有無標記受動用法,而"見""爲""於/于"等即便承認它們都是被動標記,在這三部文獻中的使用頻率也是非常低下的,與主動態和使動態用法的使用頻率不可同日而語。因此,根據我們對這12個動詞在三部文獻中使用情況的分析,再綜合前文對被動形態問題和句法標記問題的檢討,我們可以得出結論:周秦漢語存在主動態(自動態)和使動態的對立,但不存在主動態和被動態的對立。

有一點值得最後提出來。兩漢以後,隨著周秦時期使動態的解體,有相當一部分動詞的使動態用法固化爲一般的及物用法,而有一部分動詞則失去了使動用法,只保留了自動用法。這種嬗變爲中古以後新興被動式——"使役型被動"的產生創造了條件。有關情況我們將另文討論。

附　注

①後來的一些學者沒有搞清楚馬氏所依傍的理論,對他的"外動""受動"之分以及所列舉的六種形式當中的一部分都提出了批評,例如《〈馬氏文通〉讀本》說:"受動是外動字的用法問題,馬氏把受動字作爲一類與外動字、內動字並列,不妥。"這些批評意見實際上是誤會了馬氏。

②關於主語問題可參閱 Subjects and Universal Grammar—An Explanatory Theory, Yehuda N. Falk, Cambridge University Press, 2006。

③本文所說的"內在論元"指的是動詞自身語義特徵所決定的必有論元,"外在論元"指的是非動詞語義特徵所決定的必有論元,而是通過句法或形態手段賦予後所獲得的論元。

④實際上《孟子音義》將"食於人"之"食"注爲"如字"是錯誤的,這個"食"也應該與前一個"食"同音。但即便如此,也是使動用法的讀音,而不是反映被動語態。

⑤表中"主動"指由施事論元充當主語的用法,"無標記受動"指的是受事成分充當主語的用法,"自動"指由當事成分充當主語的用法,即傳統所謂"內動"。"使動"指所帶賓語是使動賓語但卻是動詞的內在施事論元或者當事論元的用法。"見"指加在動詞之前的"見","爲"指加在動詞之前或者加在施事成分之前的"爲","於/于"指出現在動詞之後引出施事成分的介詞"於/于"。統計中"爲"與"於/于"如果同出則記入"爲"類,"見"與"於/于"同出則記入"見"類,但實際上在所統計的三部文獻中沒有出現"爲""於/于"、"見""於/于"同現的情況。

⑥"食"有主動和使動兩種用法,主動用法讀 shí,使動用法讀 sì。表中"主動"欄內的"食"字用例都讀 shí,"無標記受動"欄內的7個用例都是"日食"的用例,《經典釋文》沒有將這個"食"注爲"祥吏反",因此應該讀 shí。"使動"欄內"食"字用例都讀 sì,"於"字欄內的用例出於前引(14)《孟子》,應讀 sì。

⑦"生"有兩個基本義項,一是"出生""產生""發生",二是"活著""生存";相應地,它的使動用法也有兩種,一種是"使產生""使發生"的意思,另一種是"使活過來""使存活"的意思,本文只考察"生"的"出生""產生""發生"這個義項及其使動用法,因此其"活著""存活"義及其使動用法不在本文之列。

參考文獻

[美]伯納德·科姆里(B. Comrie)　1981　《語言共性和語言類型》,沈家煊譯,北京:華夏出版社,1989年。
高本漢　1913[1929]　《原始中國語爲變化語說》,《東方雜誌》26卷5期。

高名凱　1986　《漢語語法論》，北京：商務印書館。
洪　波　1991a　《上古漢語指代詞書面體系的再研究》，《語言研究論叢》第六輯，天津：天津教育出版社。
──────　1991b　《兼指代詞的原始句法功能研究》，《古漢語研究》第1期。
──────　1996　《上古漢語第一人稱代詞"余（予）""我""朕"的分別》，《語言研究》第1期。
──────　2000　《上古漢語第一人稱代詞"吾""卬"的來源及其與"余（予）""我""朕"的分別》，《語言研究論叢》第八輯，天津：天津人民出版社。
──────　2002　《先秦漢語對稱代詞"爾""女（汝）""而""乃"的分別》，《語言研究》第2期。
李佐豐　1994　《文言實詞》，北京：語文出版社。
呂叔湘　1982　《中國文法要略》，北京：商務印書館。
王海棻　2000《馬氏文通讀本》，上海：上海教育出版社。
馬建忠　1898　《馬氏文通》，北京：商務印書館，1983年。
梅祖麟　2000　《四聲別義中的時間層次》，《梅祖麟語言學論文集》，352－376頁，北京：商務印書館。
──────　2000　《從漢代的"動·殺""動·死"來看動補結構的發展——兼論中古時期起詞的施受關係的中立化》，《梅祖麟語言學論文集》，222－246頁，北京：商務印書館。
王　力　1980　《漢語史稿》（中册），北京：中華書局。
──────　1985　《中國現代語法》，北京：商務印書館。
解惠全　洪　波　1987　《古漢語表示被動的"被"和"見"》，《天津師大學報》第5期。
徐通鏘　1998　《自動和使動——漢語語義句法的兩種基本句式及其歷史演變》，《世界漢語教學》第1期。
楊伯峻　何樂士　1992　《古漢語語法及其發展》，北京：語文出版社。
姚振武　1999　《先秦漢語受事主語句系統》，《中國語文》第1期。
周法高　1959　《中國古代語法：稱代編》，《歷史語言研究所專刊》39，臺北：中研院。
周祖謨　2004　《四聲別義釋例》，《問學集》（上册），81－119頁，北京：中華書局。
朱德熙　1982　《語法講義》，北京：商務印書館。
Li，Charles N. & Sandy Thompson　1976　Subject and topic: a new typology. In Li (ed)，*Subject and Topic*. New York: Academic Press.
Yehuda N. Falk　2006　*Subjects and Universal Grammar—An Explanatory Theory*，Cambridge University Press.

Re-examine Passive Voice in Archaic Chinese
HONG Bo

Abstract: Since *Ma Shi Wen Tong* borrowed the two concepts of active vs. passive voice from Latin, passive voice has become and always is a focused area in the grammatical research of Contemporary Chinese as well as Archaic Chinese. This paper reviews the passive voice in Archaic Chinese from syntactic and morphological perspectives, and analyzes one by one the use of twelve high-frequency verbs in Archaic Chinese. It concludes that Archaic Chinese has active voice and causative voice, but no passive voice.

Key words: Archaic Chinese, passive voice, causative voice

（洪　波　南開大學文學院　300071）

元白話特殊語言現象再研究

曹廣順　陳丹丹

提　要　元代是漢語史發展過程中比較特殊的時期,蒙古人入主中原,蒙古語與漢語發生了前所未有的語言接觸。但是,這時期的語言接觸到底在多大程度上影響了漢語,一直是一個有爭議的問題。本文通過對古本《老乞大》《元朝秘史》《元典章·刑部》這三種元白話文獻中特殊語言現象使用情況的比較研究,考察了這些特殊語言現象的蒙語背景和使用原則,並從全新的視角重新探討與元白話相關的一些問題,比如如何定義元白話文獻和"漢兒言語",以及元白話的性質、元白話與漢語的關係等。

關鍵詞　語言接觸　元白話　特殊語言現象　中介語

零

有元一代,蒙古人入主中原造成了漢語歷史上一次大規模的語言接觸,也留下了大量與這次語言接觸有關的文獻。多年來,語言學界對元白話研究的興趣有增無減,大家關注的主要是元白話中出現的特殊語言現象,以及什麼是元白話、元白話的性質和元代特殊語言現象對漢語的影響。本文通過對古本《老乞大》《元朝秘史》《元典章·刑部》這三種元白話文獻中特殊語言現象使用情況的比較研究,重新探討上述問題,希望能夠對這些問題有一些更清楚的認識。

壹　從古本《老乞大》看元白話中的特殊語言現象

古本《老乞大》是1998年韓國慶北大學南權熙教授在整理大邱一處私人藏書時發現的。經考證,一般認爲刊行于朝鮮太祖(1392-1398)至太宗(1400-1418)年間,大致相當於中國的明初,而其中所反映的語言是元代的。古本《老乞大》是外國人學漢語的會話書,選取的素材是一個朝鮮人去元大都做買賣的經歷,以日常對話爲主,比較接近當時的口語。

所謂元白話中的特殊語言現象,是指在元代使用的漢語中的一些句式受蒙古語的影響,呈現出與標準漢語語法不一致的地方。從古本《老乞大》看,這些特殊現象主要有以下幾種:

1. 賓語前置句
1.1 謂語動詞爲一般及物動詞

漢語的基本語序是 VO 型,通常情況下,賓語位於動詞之後,而蒙古語的語序與漢語不同,基本語序是 OV 型,賓語通常位於動詞之前。古本《老乞大》受蒙古語的影響,出現了一些賓語前置的句式。例如:

(1) 咱每爲父母心盡了,不曾落後。
(2) 茶飯喫了呵,椀子傢俱收拾者。
(3) 布帳子急忙打起者,鋪陳整頓者,房子裏搬入去者。鞍子轡頭,自己睡臥房子裏放者,上頭著皮氈蓋者,那的之後,鑼鍋安了者,疾忙茶飯做者。
(4) 休要底似肥的,帶肋條肉買者。
(5) 主人家,別處快鐝刀借一箇去。
(6) 似這般冷呵,咱每遠垛子放者射,賭一箇羊。

這類句子與漢語的受事主語句很難區分。李泰洙(2003)提出了 5 條標準,判定這些句子的底層爲 OV。但是他也承認"把受事主語句中的話題句與底層結構 OV 式嚴格加以區分是相當困難的"。到目前爲止,大家還沒有找到一條更好的標準來判定一個句子的底層到底是漢語的受事主語句,還是蒙古語的 OV 語序,有時只能靠語感來判定。古本《老乞大》中即使使用上述標準和語感雙重標準來判斷,此類 OV 句式也不足 20 例。這在整個古本《老乞大》中,大約只占句子總數的 1.6%。

1.2 謂語動詞爲"有"

"有"字句是元白話典型特殊句式之一,古人提及元白話的時候,有"無句不有"的説法,由於"有"字句數量多,情況比較複雜,所以我們把它單列出來統計。在古本《老乞大》中,這類謂語動詞爲"有"的賓語前置句實際上又可分爲兩種,一種動詞"有"表示"領有"和"存在"。如:

(7) 爲什麼這般的歹人有?
(8) 父母在生時,家法名聽好來,田產物業有來,孳畜頭匹有來,人口奴婢有來。
(9) 恁這布裏頭長短不等,有勾五十尺的有麼?

與之相關的,表"存在"的"有"在古本《老乞大》中還有一種比較特殊的用法,即表示人或事物存在的處所、位置。這時的"有",其含義相當於"在"。如:

(10) 這店裏面賣毛施布的高麗客人李舍有麼?
(11) 店在那裏?兀那西頭有。

古本《老乞大》中雖然使用這種特殊動詞"有"字句,但其所占的比例也很小,絕大多數句子使用的仍是標準的漢語 VO 語序。據我們統計,古本《老乞大》中共有動詞"有"字句 132 句,其中 OV 語序的 18 句,VO 語序的 112 句,另有 2 例使用了兩種語序的疊加句式。

2. 特殊的判斷句

標準的漢語判斷句結構一般爲"S＋是＋O",古本《老乞大》中存在一些結構比較特殊的判斷句,現歸類如下:

S＋O＋是

(12) 你這馬,他每都一發買將直南賣去,便將到市上,也則兀的是。

(13) (恁這馬是一主兒那,是各自的?)一主兒的不是,這四箇伴當是四箇主兒。

(14) 離閣有一百步地向街,那北巷裏向街開雜貨鋪兒便是。

古本《老乞大》中這種"S＋O＋是"格式的判斷句共有9句,其中3句是否定句,4句"是"前面有"便",1句賓語爲代詞。

S＋O＋有

(15) 你了不得,我儘儸有。

蒙古語的判斷句主語和謂語之間不用係詞,而是把表示肯定的助詞置於謂語之後,表示判斷,其直譯成漢語之後就是"SO有"句式。例(15)正是這種直譯蒙古語判斷句式的代表,在古本《老乞大》中僅1見。

S＋是＋O＋有

(16) 這蔘是新羅蔘有,也著中。

(17) (你的師傅是什麼人?)是漢兒人有。

江藍生(2003)認爲"這種特殊判斷句很顯然是漢語與阿爾泰語判斷句相融合而產生的疊加式",即:"S是O"＋"SO有"——→"S是O有"。這類句子出現了5例。

古本《老乞大》中,共查找到判斷句148句,其中"S＋是＋O"類133句,"S＋O＋是"類9句,"S＋O＋有"1句,"S＋是＋O＋有"5句。幾類相加,特殊的判斷句僅出現15句,占判斷句總數的十分之一,顯然在當時不是判斷句的主流。

3. 句末帶助詞"有"的句式

古本《老乞大》中"有"的另一種特殊用法是用於句尾,作助詞或時體標記。如:

(18) 恁是高麗人,却怎麽漢兒言語説的好有?

(19) 你道的是,我也心裏那般想著有。

這些句子中的"有"和前面提到的動詞"有"有一個明顯的不同——句子中除"有"外還另有動詞,去掉句末的"有"字,句子依然成立。

(18') 恁是高麗人,却怎麽漢兒言語説的好?

(19') 你道的是,我也心裏那般想著。

這類"有",李泰洙(2003)認爲是句末語助詞,可以用在陳述句、判斷句、特指問句等多種句子的末尾,主要表示一種肯定的語氣。祖生利(2007)認爲是動詞的時體標記,表示現在、將來、過去的時的意義及輔助表示完成、進行等體的意義。在來源上,二者都認爲其源於蒙古語句末的助動詞,是蒙古語句末助動詞的直譯。

古本《老乞大》中大概有句子1200句,帶有這類助詞"有"的句子共出現45次,約占全文的3.7%。這類句末助詞"有"的使用沒有明顯的規律,有很大的隨意性。如:

(20)一箇手打呵,響不得有。一箇腳行呵,去不得有。

(20')阿的涯十年也壞不得。

(21)這橋便是我夜來說的橋,比在前哏好有。在先則是土搭的橋來,如今都是板慢了。這橋梁、橋柱比在前哏牢壯。

例(20)助詞"有"用於假設句中,位於動補結構之後,例(20')同樣是假設句,動補結構之後沒有使用助詞"有"。例(21)"這橋便是我夜來說的橋,比在前哏好有"與"這橋梁、橋柱比在前哏牢壯"兩句,出自同一個說話人之口,都是比較句,形容詞前面都加了副詞"哏"修飾,僅僅一句之隔,却采用了兩種不同的句式。這足以說明句末助詞"有"的使用並沒有強制性的規則。

4. 方位詞後置表示對象、處所等

蒙古語是有格標記的語言,其名詞和代詞用不同的格來標記其在句中與其他詞的句法關係,漢語沒有與之相對應的語法範疇,在元白話中采用後置的方位詞來對應蒙古語的領格、賓格、與—位格、工具格、離格、共同格等附加成分,表示對象、處所、工具、領屬等意義。古本《老乞大》中常見的後置方位詞有"根底""上/行"等。

NP + 根底 + VP

古本《老乞大》中,"根底"表示動作的對象,相當於漢語的"向/對"。"NP + 根底 + VP"共有4例:

(22)你誰根底□文書來?

(23)明日病疴了時,大醫根底重重的酬謝也。

(24)好媳婦別人根底去也。

(25)恁這等慣做買賣的人,俺一等不慣的人根底多有過瞞有。

NP + 上/行 + VP

古本《老乞大》中"上/行"既可以表示動作的對象,又可以表示處所,相當於漢語的"在""到"等,還可以表示領屬,相當於漢語的結構助詞"的"。我們檢索到的"NP + 行 + VP"的例句共有4句,其中的"行"全部表示動作的對象,而且"行"前面的名詞都為"師傅";"NP + 上 + VP"的例句4句,其中表示動作對象的1句,表示處所的2句,表示領屬的1句。

(26)每日學長將那頑學生師傅行呈著。

(27)鍋子上蓋覆了,休著出氣,燒動火,暫霎兒熟也。

(28)那般者,你買下飯去時,這間壁肉案上買豬肉去。

(29)兀的燈來也,壁子上掛者。

(30) 你是姑舅弟兄,誰是舅舅上孩兒,誰是姑姑上孩兒?

類似的情況在古本《老乞大》中基本上是使用標準漢語語法手段,即用介詞來表示對象、處所等,這種特殊用法的出現的頻率微不足道。

5. 方位詞"上/上頭"位於句末表示原因

(31)(恁是高麗人,却怎麼漢兒言語説的好有?)俺漢兒人□學文書來的上頭,些小漢兒言語省的有。

(32) 那般呵,消化不得上頭,腦痛頭眩,不思飲食。

祖生利(2004)認爲,這種表示原因的後置詞"上/上頭"是"直譯中古蒙古語表示原因的後置詞 tula 和形動詞工具格附加成分-ar/-bar"。這類帶有原因後置詞的句子在古本《老乞大》中共有7例。

同時,古本《老乞大》中的原因分句還有既含有漢語表示原因的連詞("因、爲"等),又含有"上/上頭"的句子。如:

(33) 爲這上,買的人少,怎做,爭什麼有?

(34) 因那上頭眾人再不曾勸,信著他胡使錢。

這類混合式的句子有4例。

6. "呵/時"位於句末表示假設

(35) 有人問著,一句話也説不得時,教別人將咱每做甚麼人看?

(36) 你一般身材做襖子呵,細褶兒儘句也。

這類句子的數量不算少,共有39句。同時出現的還有漢語句式(11句):

(37) 若再撤簽試不過,將出免帖來毀了,便將功折過免了打。

(38) 如馬來處不明,賣主一面承當。成交已後,各不許番悔。

但和上面提到的幾種情況不同的是,用"呵/時"表示假設在元代以前就已經出現了(孫梅青2006),元代只是繼續使用,同時數量有所增加。就語言接觸所造成影響的類型説,這是與前面幾種不同的一類,如果説前面的幾項對漢語來說是有沒有的問題,"呵/時"只是多和少的問題。數量的多少反映的是一種對漢語發展的推動,而不是采用了其他語言的新格式。

古本《老乞大》中也有同時使用假設連詞和"呵/時"的句子。如:

(39) 若背不過時,教當直學生背起,打三下。

(40) 他每若是歹人,來歷不明呵,怎生能勾到這裏來?

(41) 怕你不信時,別簡店裏試商量去。

(42) 不爭將去時,連其餘的馬都染的壞了。

這類句子共有17例。

從上面的統計和分析可以看出，元白話確實受蒙古語影響，產生了一些異於漢語標準語法的特殊語言現象，也使一些虛詞的使用出現了量的變化。但正如我們上面所指出的，這些特殊的語言現象或者數量有限，或者在使用時受到種種限制，並沒有成爲當時漢語語法的主流。

元白話在使用這些受蒙古語影響而產生的特殊句式的同時，並沒有放棄漢語原有的表達方式，尤其是關係到像語序這種比較基本的語法範疇時，漢語的表達方式占有絶對的優勢。

貳　從《元朝秘史》看元白話特殊句式的蒙語背景和使用原則

《元朝秘史》是記載蒙古族古代歷史的珍貴文獻史料，13世紀時以畏吾兒體蒙古文書寫成，原名爲《忙豁侖·紐察·脱卜察安》(*Mongol-un Nicco，Tobeaan*)（蒙古的秘史）。明初"四夷館"根據元朝留存下來的《脱必赤顔》(《秘史》)本，"紐切其字，諧其聲音"，用漢字音寫原文，撰成音譯本，並逐字標注旁譯，每節後又附摘要的譯文——總譯，明洪武十五年（1382）譯成，改名爲《元朝秘史》。《秘史》的漢譯者主要是：翰林侍講——火原潔，蒙古人；翰林編修——馬沙亦黑、哈麻，可能是色目人。

《元朝秘史》的總譯也是一種帶有蒙古語影響特徵的漢語，而其形式是原文、旁譯和總譯三者俱備，爲我們瞭解漢譯和蒙古語原文的關係，提供了一個比較理想的條件。以下我們從《蒙古秘史》總譯和旁譯的對比，來考察元白話特殊句式的蒙語背景和譯者對這些句式的使用原則。

動詞"有"字句

(1) 聽得不兒罕山野物廣有。

不峏（罕）[ᵗ罕]·（哈）[ᵗ合]ᵏ敦 訥　　戈ᵗ劣額孫　戈ᵗ魯兀黎
　　　山　　名　　的　　　野物　　　可捕
撒亦禿ᵗ合剳兒　撒因　客延。
　　好有的　　　地　好　麼道

(1') 也速該親家，我家裏有個女兒年幼小哩，去看來。

也速該　ᵗ忽答　格兒　圖兒　米訥　幹都牙。
　名　　親家　家　　裏　　我的　去來
幹勤米訥　兀出兀堅備由　ᵗ忽答兀者禿該
　女子我的　　　小　有　　　親家　看

(2) 問道，有一個那般人，騎著那般馬的人有來麼道？

帖亦模　帖亦模　古温　帖亦模　秣（驃）[驃ᵗ]禿　不列額
那般　　那般　　人　　那般　　　馬　　　　　有來

客延　速ᵗ剌阿速。
麼道　問呵

(2') 那百姓説：有那般的人那般的馬與你問的相似。
　　帖迷　亦兒堅　嗚詁列ᵗ論．古温　別兒　秣ᵗ驎　別兒　赤訥　速ᵗ剌ᶜ
　　那　　百姓　　説　　　　人　也　　馬　也　你的　　問的
　　忽途兒　阿答里　備由。
　　行　　相似　　有

(2'') 也速該説："我心裏不好。"
　　也速該·把阿禿兒　嗚詁列ᵗ論　朵脱ᵗ剌　米訥　卯危備。
　　也速該　名　　　　説　　　　内　　我的　歹有

《元朝秘史》中的動詞"有"字句和古本《老乞大》一樣，可以表示"領有"和"存在"。以上所舉各例，所有旁譯中的"有"都位於賓語之後，而在總譯中，只有例1一例與旁譯的格式相同，采用賓語前置句式。其餘各例都是沿用標準的漢語句式，把"有"移到賓語的前面。另外，例2''旁譯中的主要動詞"有"，在總譯中並沒有出現，而是采用了意譯的方式，用漢語的形容詞謂語代替了原來的動賓結構。

判斷句

(3) 蒙列兒的子即是不里孛可。
　　可温亦訥　不ᵗ里　不列額。
　　兒子他的　人名　有來

(4) 那婦人説："我是鎖兒罕失剌女名合答安。"
　　帖ᵗ列　額篾　古温嗚詁列ᵗ論　鎖ᵗ兒ᶜ罕·失ᵗ剌　因　幹勤
　　那　　婦　人説　　　　　　　人名　　　　的　女
　　必　ᶜ合答安揑ᵗ列台。
　　我　女名名字　有的

(5) 我是王罕。
　　必　王ᶜ罕　備
　　我　人名　有

《元朝秘史》中的判斷句與動詞"有"字句的情況類似，都是在總譯中把典型蒙古語的句式改成標準的漢語句式。從我們查找到的判斷句來看，所有的判斷句在總譯的時候都由原來的"S+O+有"改成了"S+是+O"式。

其他詞語的特殊用法

(6) 孛兒帖説："濶木合安答人曾説他好喜新厭舊有來。"
　　孛ᵗ兒帖·兀真　嗚詁列ᵗ論　濶木ᶜ合　安答　委亦當ᶜ合　客額ᵏ　頗　不列額。

元白話特殊語言現象再研究　　115

　　　　　婦人名　　説　　人 名 契合好厭舊 被　　説 有來
(6') 其婿見人來，走了。
　　　額ʳ列亦訥　土蹕阿主兀
　　　丈夫 他的　走了 有來
(7) 豁阿臣老婦人回説："載著羊毛有。"
　　　ᵗ豁阿ᵘ臣　額篋堅　鳴詁列ʳ論　翁ᵗ合孫　帖額周　阿木
　　　　名　　老婦人　　説　　　　毛　　載著　　有
(7') 他口裏雖説父子，動靜却別。
　　　阿蠻亦訥　額赤格可兀　客額周　阿木。阿不ʳ里 亦訥
　　　　口他的　　父　子　　説著　　有　　德性　他的
　　　幹額ʳ列　備由。
　　　　男　　　有

在總譯中，用於句末作助詞或表示時體的"有"，用與不用兩可。出現的頻率，以例6的"有來"爲例，在《元朝秘史》旁譯中出現188次，總譯中保留的有20次，保留的比例差不多1/10。

(8) 王罕、劄木合兩個根底，帖木真知感。
　　　脱幹ʳ鄰ᵗ勒ᵗ罕　劄木ᵗ合　ᵗ豁牙ʳ里　帖木真　不識ʳ憐鳴詁列ʳ
　　　人 名 皇帝　人 名　　兩個 行　　名　　　知　　　説
(9) 日裏來俺行吃馬奶子。
　　　兀都兒　不ʳ里蠻途兒　亦ʳ列周　額速克　赤列周　幹都木。
　　　　日　　　每　俺行　　來著　　馬妳子　　吃著　　去有
(10) 俺可以擄他。
　　　必答　帖迭泥　哈兀魯牙　客額罷。
　　　咱每　他每行　盡擄咱每　　説了
(11) 因俺巴孩合罕被拿時，將合答安、忽圖剌兩個名字提説來上頭。
　　　俺巴（孩）[ᵗ孩]·ᵗ合罕 訥　ᵗ合答安　ᵗ忽圖剌　(豁)[ᵗ豁]
　　　　名　　　　　皇帝 的　　名　　　　名　　　　兩個
　　　牙ʳ里　捏ʳ列亦揚抽 亦 (列)[ʳ列]克 薛額兒
　　　　行　　　題 名 著　　　説來的　　　上頭

在總譯中，漢語的後置方位詞的使用帶有很强的隨意性。如例8旁譯用"行"對譯原文中蒙古語表示對象的格標記，而總譯中用"根底"；例10、11的旁譯中都有格標記"行"，但總譯中没有使用。這是因爲蒙古語的主語和賓語都在動詞的一端，必須使用格標記才能明確各個名詞或代詞之間複雜的關係，而漢語的語序是重要的語法手段，例10、11的主賓關係通過語序已經能够清楚地區分，不需要再加上後置的方位詞來表明身份。

(12) 帖木真説:"爲我的上頭恐傷著你,我與他廝射。"

　　帖木真　嗚詀列（論）[舌論]　米訥　禿剌　赤　額舌露絲
　　　人名　　説　　　　　　　　我　的上頭　你　　恐
　　帖兀澤　必　中合兒鐷闌勒都速　客額周
　　　被害　我　　　廝射　　　説　著

(13) 也速幹因得寵。對成吉思説:……

　　　成吉思　中合罕　田迭　阿蘭罷。塔阿剌黑答舌侖　也速幹　中合敦　嗚詀
　　　太祖　　皇帝　　那裏　要了　　被寵的上頭　　　名　　　娘子　　説

(14) 你若有性命呵。

　　　阿民　額列　赤訥᾿字額速。
　　　性命　但　　你的　有　呵

(15) 也速該把阿禿兒望見那婦人生的有顔色。

　　　汪格亦　周　兀者額速　汪格只速　不失台　幹乞　中合禿　兀者周。
　　　　探　　著　看　呵　　顔色　別有的　　　女子　　婦人　　見著

(16) 他兄弟每來到時,也客赤列都見了恐懼。

　　　古兒恢魯額　赤列都　阿余周。
　　　到了呵　　　名　　　怕著

(17) 帖木真對孛幹兒出説:"不是你呵,我這馬如何得？咱兩個人可以分,你要多少？"

　　　帖木真　嗚詀列舌論那可兒　必　赤馬答察　昂吉答　額迭
　　　人名　　説　　　伴當我　　你　自　　　　外　　　這
　　　(抹驪)[秣舌驪]　的顔　阿[蘭]中忽兀　不列額。(古)[中忽]必牙勒
　　　　馬每自的行要　　　　的麽　　　　　有來　　　　　咱每
　　　都牙　客堆宜　阿[蘭]中忽　客額木　客額別。
　　　分咱　幾多行　要　　　　　説有　　　説了

原因後置詞"上/上頭"與語氣詞"呵"的使用也和古本《老乞大》類似。旁譯中只用"上頭"標記原因從句,而在總譯中,例12改成兼用漢語表示原因的連詞"爲"和"上頭",例13僅用漢語表示原因的連詞,並未用原因後置詞。同樣,旁譯中只用"呵"標記假設從句,總譯中有用與不用兩種處理辦法,例17中,旁譯中並沒有用"呵",但因爲意義上是假設複句,所以在總譯中譯者加入了"呵"。

從以上的分析可以看出,元白話中這些"特殊的語言現象",確實有其蒙古語的根源,是從蒙古語到漢語的翻譯過程中,受蒙古語的影響而形成的。但是這些特殊語言現象的使用基本上是例外,在大多數情況下,翻譯者在翻譯過程中使用標準的漢語句式,而不會采用這些特殊的語言現象。

叁　從《元典章·刑部》看元白話特殊句式的使用分佈

《元典章》全名《大元聖政國朝典章》，是元代法令文書的彙編，分爲詔令、聖政、朝綱、台綱、吏部、戶部、禮部、兵部、刑部、工部十個部分，生動地再現了元代社會生活的各個方面。我們之所以選擇"刑部"作爲考察對象，是因爲"刑部"主要以獄訟公文爲主，是具體案件的真實記錄，其中陳述的部分是根據原告、被告和證人的證詞寫成，記錄人沒有做太多的文字修飾，因而其口語化程度很高。而且案件涉及的人物來自社會的各個階層，使我們得以透過他們的身份、階層、性別等來考察元白話特殊語言現象的使用分佈。

1. 卷三【燒烙前妻兒女】延祐三年十月

有後母韓端哥，不知主何情意，用鐵鞋錐於俺孫女郝醜哥舌頭上，烙訖三下；脊背上，烙訖七十二下。小廝郝罵兒也烙了七錐子。

你昨日城裏來的晚了。您兩個孩兒偷出小苴，客人處換棃兒吃。

我是換了五個棃兒吃來。

2. 卷四【殺死妻】延祐二年八月日

你喫人打罵，做不得男子漢。我每日做別人飯食，被人欺負。

我死活不根你去。

3. 卷三【亂言平民作歹】至大三年九月日

往常時，漢兒皇帝手裏有兩個好將軍來，殺底這達達剩下七個，走底山洞裏去了，上頭吊著一個驢，下面一個鼓兒，聽得撲洞洞響，諕得那人不敢出來。"您殺了俺，幾時還俺？"那將軍道："日頭月兒廝見呵，還您。"如今日月廝見也。這的是還他也。

如今真定府背後河元曲呂來，直了也。漢兒皇帝出世也。趙官家來也。漢兒人一個也不殺，則殺達達、回回，殺底一個沒。

以上是三個案件中記錄的供詞，所涉及的人物都是漢人，許多是女性，身份都是鄉野的平民百姓，他們使用的也都是標準的漢語語法。"日頭月兒廝見呵，還您"一句中"呵"在平民百姓供詞中出現從另一個側面證明，"呵"在元代可能是蒙漢均可接受的，在所謂特殊語言現象中屬另外的一類。從《元典章·刑部》前十卷中記錄的供詞看，平民百姓的供詞中基本上沒有出現過元代的特殊語言現象。由此可以看出，一般百姓在日常的交際中是很少或不會使用這些特殊的語言現象的，他們在交流的過程中，即使面對的是審問他們的官吏（很可能是蒙古人），他們所說的話仍是"純漢語"。

4. 卷四【倚勢抹死縣尹】至元二十五年

"晚夕吳縣尹睡着的時分，你教我知者，我殺那個。殺了呵，'他自抹死也'。麼道你官人每根底說者。"兩個這般商量了呵，晚夕那吳縣令睡着呵，那禁子"睡着也"。

我的伴當吳縣令,你的二十一件罪過要告有。

5. 卷七【品官妻與從人通姦】至元十八年十月

　　劉阿孫道:"劉提舉那廝,十二三年不曾來我行宿臥。我根你去。"

6. 卷八【取受被察推病,依例罷職】大德七年五月

　　京州行省的文卷刷去的監察每文書裏説有:"那行省姓郭的都事,爲刷馬的上頭,徐知州小名的人根底取受了一個馬,阿難答的奧剌赤田亨的根底取受了十一定鈔。出錢的、過錢的人每根底問呵,明白指證的文字與了也。他根底喚呵,'病'麽道推辭著,不肯出來對證。交醫人驗去呵,'没病'道有。又交喚呵,'病'麽道,一個月不曾出來。"

7. 卷四【倚勢抹死縣尹】

　　"那達魯花赤是甚麽人有?"麽道聖旨問呵,回奏:"姓崔的漢兒人有。"麽道奏呵,"事從這的每起有。敲了者。"麽道,聖旨了也。

　　案件4、5中提到的姓崔的達魯花赤、張千户和劉提舉之妻劉阿孫,都是當官的或者在社會上有一定身份、地位的人,他們的供詞中夾雜著"根底""麽道""行"等元白話中特殊的詞語和"你的二十一件罪過要告有"這樣賓語前置的特殊語序。6和7是聖旨和高級官員與皇帝説的話,他們是每句必用這些特殊的句式和詞語。

肆　幾點思考

　　以上我們列舉了古本《老乞大》《元朝秘史》和《元典章·刑部》中特殊語言現象使用的情况,簡言之:

　　古本《老乞大》表明,通常使用的"特殊語言現象"只限於很少的幾種語序和詞語(雖然以上的討論中我們没有舉出古本《老乞大》中全部的"特殊語言現象",但主要的幾種我們都作了統計和討論),這些特殊的語序和詞語與漢語一般的表達方式同時使用,而且所占比例相當小。

　　《元朝秘史》的材料展示了"特殊語言現象"的來源,在從蒙古語到漢語的翻譯過程中,蒙古語的影響造成了這些特殊語言現象的出現。同時也可以看到,用不用這些"特殊語言現象"來表達,帶有很大的隨意性,多數情况下,翻譯者不采用這些句式和詞語來表達。

　　《元典章·刑部》應該爲我們提供了一個元代社會不同階層人士對"特殊語言現象"使用情况的樣本,通過調查我們看到在一般老百姓的口中"特殊語言現象"基本不使用,官吏(包括其家人)會或多或少地使用,詔書等涉及蒙古統治者的部分是這些"特殊語言現象"的主要使用者,幾乎每個句子都會使用這些特殊的表達方式和詞語。

　　"特殊語言現象"的出現在這三種文獻中呈遞增的趨勢,其整體的使用狀况顯示,所謂元代白話文獻中的特殊語言現象是受蒙古語影響出現的,使用它的主體是元代進入中原的蒙古統治者。

　　我們所調查的這三種文獻都是大家通常所説的元代白話文獻。所謂元代白話文獻,祖

生利（2000）文中引用的有：雜劇、諸宮調、平話、《正統臨戎錄》《老乞大》《朴通事》《孝經直解》等。李崇興（2001）提出："元代的白話文獻可以分爲兩類：一類是純漢語的白話，如元雜劇；另一類就是這種'直譯體'白話，見於《元典章》《通制條格》《憲臺通紀》《南臺備要》諸書，多數是公文性質的作品，元代白話碑文也屬於這一類。"

而按照太田辰夫（1953）的意見，這些直譯體文獻、直講體文獻、會話書、紀實體文獻和《秘史》總譯，所反映的就是"漢兒言語"，一種在北方民族和"漢兒"之間使用的北方各民族共同語，是一種卑俗的、不合規範的漢語。

祖生利（2007）也認爲在北方各民族和漢人之間存在這樣一種共同語（蒙式漢語），他進一步把"蒙式漢語"定性爲"以北方漢語爲上層語言，以蒙古語爲底層的皮欽語（Mongolian Pidgin Chinese）"。

綜合以上幾位學者的意見，元代帶有白話色彩的文獻可以統稱元白話文獻，這種文獻所反映的語言，是"漢兒言語"，一種在北方民族和"漢兒"之間使用的"北方各民族共同語"，這種共同語的性質是"皮欽漢語"。對這些結論，有些問題還可以進一步思考：什麼是元白話文獻？什麼是"漢兒言語"？如何證明這種"漢兒言語"是北方民族的共同語？其性質是否是"皮欽漢語"？

以上三種文獻的比較證明，通常所說的元代白話文獻只是一個含有"特殊語言現象"的文獻集合，不同的文獻、不同的使用者對這些"特殊語言現象"的使用有明顯的差異。詔書等與統治者有關的材料使用最多，基本上是把漢語的詞彙和蒙語的語法混合在一起；一些官員（包括《元朝秘史》的譯者）會使用這些"特殊語言現象"，但使用的多少因人而異；古本《老乞大》以及一些官員的女性家屬，則只是偶爾會使用這些"特殊語言現象"。如果我們把這些文獻資料統稱爲元代白話文獻，其特徵就是：(1)接近當時口語；(2)在不同程度上含有元代受蒙古語影響而產生的"特殊語言現象"。可是，我們注意到，這種程度的差別在兩端上，幾乎可以說是不同性質的語言。像元雜劇和元典章、元代白話碑中的"直譯體"部分，前者差不多是"純漢語"，後者則是一種混合語或者皮欽語。這可能也就是當時特殊語言狀況的反映。蒙古人的入侵造成語言使用的巨大差異，除了純漢語，還有一種受蒙古語影響而產生漢語的變體，變體又因人或因人群而存在差異。因此"接近當時口語"就變成了一種模糊的說法，有的接近漢人說的漢語，有的接近蒙古人說的漢語。李崇興（2001）關於元代白話文獻的意見是比較接近歷史事實的，這些文獻應該分爲純漢語和直譯體兩類，它們雖然都接近口語，但接近的對象不同。所謂元代白話文獻是泛指這兩類文獻，但在作爲研究資料使用時，應該注意到它們之間有很大的差別，幾乎是兩種不同性質的語言。

也因此，如果我們把這些文獻的語言統稱"漢兒言語"，同樣也就抹殺了它們的內部區別，同時也使"漢兒言語"變成了一個沒有實際意義的概念。如果逐一分析不同的文獻和其中不同性質的內容，詔書等具備"皮欽語（Pidgin languages）"的一般特徵，它基本上是由簡化了的蒙語語法和漢語詞彙混合而成，是爲適應蒙漢交流的需要而出現的。但應該指出的是，這種交流只是在蒙古統治者要把自己的旨意傳達下去,或是爲把原來是漢語的東西譯成蒙語的時候,才會使用這種"蒙式漢語"。没有資料證明漢人學了這種"蒙式漢語"用於日常和蒙古人交流,所以詔書等"蒙式漢語"雖然具備皮欽語的一般特徵,但它可能没有作爲日常交流的工具使用過,是否是皮欽語還在未定之間。一些官員(包括《元朝秘史》的譯者)的語言有明顯的蒙古語影響,但其詞彙、語法系統仍基本上是漢語的。對"特殊語言現象"的使用個體差異明顯,與類似的漢語格式、詞語相比,這些特殊語言現象使用的頻率相差甚遠,用與不用之間没有規律可循。古本《老乞大》以及一些官員的女性家屬的語言是在使用漢語的同時,混入個別受到蒙語影響的句子,和漢語的區别很小。概括起來説,蒙古統治者的"蒙式漢語"具備皮欽語的結構特徵,但没有證據表明其用於真正的日常交際;其他兩種就其語言特徵看,只是漢語的一種變體,是蒙古人學習漢語時,從入門到掌握的過程中不同階段的反映。

這種元代白話與漢語之間是一種什麽樣的關係,常見的論述是説產生的原因是蒙古語向漢語的滲透,以後的消失則是向漢語的回歸。"滲透"是"比喻一種事物或勢力逐漸進入到其他方面"(《現代漢語詞典》[第5版],1215頁),説蒙古語向漢語滲透,意思應該是説蒙古語進入了漢語,由於蒙古語的影響漢語發生了改變。而所謂的改變,一般是指在漢語自身的系統之内出現了變化。我們上面的分析中曾經指出,嚴格的"蒙式漢語"(詔書)僅用於與統治者有關的文書,廣義的漢語變體使用於與蒙古人有關的資料。這兩種情況都只是蒙古人使用漢語,不論其正確與否,都和漢語自身的系統没有關係,都不是蒙古語滲透到了漢語裏面。遇笑容(《淺談"其人白王,父已死了"》)在分析譯經中的特殊語言現象的時候曾經指出:

"功能語法主張區分語法創新和語法演變,語用中出現的新用法是創新,新語法規約化、爲社會所接受後才是演變。

如果把早期翻譯佛經漢語視爲一種中介語,(中介語是指學習者在某一階段所建立起來的目的語知識系統,既包含母語的特徵,也包含目的語特徵。它不穩固,是逐漸變化的,在不斷的重組之中逐漸接近目的語。)這些佛經中的'特殊語法現象'只是西域僧人由於第二語言習得中的不完全習得所犯的錯誤,是語言習得中的一種錯誤的'創新'。只有當這種創新被引進漢語,爲以漢語爲母語的人群所接受的時候,才是'演變',才對漢語造成了影響。"

上述分析可能同樣適用於我們分析元白話。那些特殊的語言現象,即使變成了皮欽語,它也仍然是獨立於漢語之外的東西,還没有滲透到漢語中去,也没有對漢語造成任何改變。只有當那些被蒙古語影響的特殊語言現象再被漢語接受,進入漢語的語法系統之後,才有滲透可言。這就像遇笑容指出的,我們從來不會把美國留學生的漢語錯誤,當作英語影響漢語的例證來研究。如果没有滲透,也無所謂回歸。所謂回歸只是這些漢語錯誤的使用者不再犯這些錯誤了——有些是獲得了漢語的完全習得,有些是不再使用漢語了。

對於語法史而言,我們非常關心元代蒙古語是否真的滲透進了漢語。對此,過去雖然已經有了一些研究成果（如江藍生《從語言滲透看漢語比擬式的發展》，《中國社會科學》1999年第4期），但還不足以反映元代蒙漢語言接觸的全貌，還需要更廣泛深入的研究。

不言而喻，元白話中的"特殊語言現象"來源於蒙古語的干擾，而遠在蒙古人入主中原之前，漢族與北方少數民族就有廣泛深入的接觸。但在這些語言接觸中，是否已經形成了通行於北方各民族間的地域共同語——漢兒言語？限於材料，我們目前還不知道元代以前這種"漢兒言語"的語言面貌究竟如何。僅就元代材料而言，如果我們假設有這樣一種共同語存在，那麼當時的漢人應該不會使用，一般漢人與非漢人交流可能也不使用（以上我們列舉的《元典章》供詞可證），蒙古人之間在其没有放棄母語之前，同樣不會使用，剩下的只有蒙古人對漢人說的"蒙式漢語"和帶蒙古語影響痕跡的漢語。"漢兒言語"如果兼指這兩種蒙古人使用的帶蒙語影響的漢語，如我們以上所指出的，其内部缺乏一致性，不能說是一種共同語。如果專指"蒙式漢語"，它只是一個特定的集團在特殊的情況下使用的一種"語言"，使用者和使用範圍都没有達到共同語的程度。如果指帶蒙古語影響痕跡的漢語，這還只是一種漢語的個人變體，存在很大的個體差異，在没有固化之前，還没有發展到皮欽語的階段，更不會是共同語了。

或者是泛指使用其他語言的人與漢族交流時使用的一種受到其他語言影響的、包含各種非漢語成分的不穩定的漢語？如果這樣，這裏"共同語"的定義只是北方少數民族使用的帶有其母語影響的漢語。它的詞彙、語法系統仍然是漢語的，使用中或多或少的會出現語言錯誤，但没有任何錯誤（對漢語的改變）是已經固定下來，形成新的規則的。

所以，"漢兒言語"這種"地域共同語"是否存在，其語言特徵是什麼，以及它和漢語究竟是什麼關係，現有的研究都還不足以回答這些問題。

中介語、皮欽語、克里奧爾語是一個語言接觸造成語言變化的連續統。在中介語階段第二語言習得者的不完全習得造成大量的語言錯誤，這些錯誤是個人的，存在規律，但没有規範。皮欽語把這些個人變體固化，建立起一種體系。當皮欽語的語言結構嚴密、規範並母語化之後，就變成了克里奧爾語。元白話在這個連續統中所處的位置，應該在對其做了全面、深入的研究之後，才可能確定。就我們的研究而言，它應該還没有克里奧爾化，甚至也没有變成皮欽語。這是因爲：

1. 蒙古皇帝對中原文化和儒學的推崇，對漢文化教育的重視，使得蒙古人一直處於以漢語爲目的語的第二語言習得過程之中。

從成吉思汗開始，歷代蒙古皇帝都對漢文化十推崇，很多蒙古皇帝熱衷儒學，任用儒士，並采用漢制、曆法等。而且，元代蒙古皇帝都十分重視蒙古人的漢文化教育。

1233年，元太宗窩闊台下詔，在燕京設立國子學，教授蒙古貴族子弟漢語文和儒家經典。此後，除國子學之外，各地的地方官學也蓬勃發展起來，地方官學以儒學爲主，所教課程先以朱熹《小學》，次爲《孝經》《四書》。1313年，仁宗下詔恢復科舉制度，之後元代科舉共進行了十六屆，此舉對於蒙古、色目子弟學習漢學起到了巨大的推動作用。

终元一代，蒙古皇帝不斷采取措施，推動蒙古人的漢文化教育，這就使得蒙古人一直處於以漢語爲目的語的第二語言習得過程中。

2. 存在相當數量的雙語人，制約著人們使用含有這些特殊現象的語言。

在蒙古王朝統治的初期，國内急需大量的雙語人才，而市井私塾培養出來的人不能滿足高級翻譯的需求，所以，當初設立國子學的目的之一就是培養高層次的翻譯人才。八思巴字製成之後，元世祖下詔設立蒙古國子學和諸路蒙古字學，在全國範圍内普及蒙古語和蒙古新字。據此估計，當時官方的雙語人至少包括：各級軍政機關中的專職翻譯人員；國子學和地方官學生員；内外衙門大小官吏等。

元世祖定都中原之後，大批蒙古人在中原地區定居下來，形成民族雜居的局面，另外，民族通婚的現象也日漸普遍，很多蒙古貴族和漢軍世侯之間更保持著密切的婚姻關係。這也說明當時在民間，也存在相當數量的雙語人。

由于這些雙語人的存在，制約著人們使用含有這些特殊句式和詞語的語言，這些特殊的語言現象只是他們在習得過程中受到的蒙古語母語影響的産物，而當時的一些漢人爲了政治或經濟的利益，也模仿他們的錯誤表達。這一點從我們上面統計的《元典章·刑部》中女性很少使用這些特殊語言現象中可以得到佐證。

3. "詔令"中所出現的固化的特徵並不代表整個語言系統的固化。

在元白話資料中，"詔令"是特殊的一類，它基本上是蒙古語語法和漢語詞彙的混合，基本語法關係的表達都采用蒙古語的系統。如果僅就"詔令"而言，它有一個相對穩定的系統，已經出現了固化的特徵。但是"詔令"中的固化不是一種規範的固化。它實際上是由其翻譯文體所決定的。把詔令從蒙古語譯成漢語，在翻譯的過程裏，爲了忠實于原文不做任何變化地把漢語的詞彙填充到蒙古語的語法系統中去，翻譯手段的一致性帶來了語法系統的一致性，而這種固化並不是語言接觸理論通常所說的固化。

在除去"詔令"之外的所有元白話文獻中，就很難再看到"固化"的傾向了。既沒有強制性的規範，也沒有一個穩定的系統。幾乎所有的元白話文獻中都存在特殊語言現象，但是我們研究之後發現，無論是賓語前置，還是特殊虛詞的使用，沒有一種規則是強制性的，使用不使用和使用多少，都因人而異。規則的隨意性帶來的是系統的不穩定性，我們無法歸納出一個不同於漢語的基本的語法框架，所有語法現象的使用都以漢語的爲主。在這裏看到的只是一個個人變體的連續統：越接近老百姓特殊語言現象使用越少，越接近蒙古統治者特殊語言現象使用越多。所以，除非我們把元白話僅定義爲"詔令"這種特殊的翻譯體文書，否則我們在元代的文獻中很難看到元白話特殊語言現象固化爲皮欽語的傾向。

以上只是我們在對三種元代白話文獻中特殊語言現象進行對比研究之後的一些思考。僅就我們見到的材料看，元代白話文獻可以分爲接近當時漢語口語和不同程度上受到蒙古語影響的兩類。受到蒙古語影響的一類,不同文獻受到影響的程度有所不同,在對不同文獻的分析中,還沒有發現這些特殊語言現象固化的可信證據,其發展可能還處於中介語階段。這些中介語是否是北方各民族共同語,它何時產生、如何發展、有什麽樣的詞彙語法系統,目前的研究都還不足以給出答案。

參考文獻

江藍生 2003 《語言接觸與元明時期的特殊判斷句》,《語言學論叢》第二十八輯,北京:商務印書館。
李崇興 2001 《元代直譯體公文的口語基礎》,《語言研究》第 2 期。
李泰洙 2003 《〈老乞大〉四種版本語言研究》,北京:語文出版社。
李泰洙 江藍生 2000 《〈老乞大〉語序研究》,《語言研究》第 3 期。
孫梅青 2006 《元至明初漢語特殊語法現象研究》,中國社會科學院研究生院博士學位論文。
太田辰夫 1953 《老乞大的语言》,《漢語史通考》,江藍生、白維國譯,重慶:重慶出版社,1991 年。
遇笑容 2004 《漢語語法史中的語言接觸與語法變化》,《漢語史學報》第四輯,上海:上海教育出版社。
—— 2006 《淺談"其人白王,父已死了"——兼論語言接觸影響漢語語法的幾種模式》,第二十屆巴黎東亞語言學國際研討會會議論文。
中國社會科學院語言研究所詞典編輯室 2005 《現代漢語詞典》(第 5 版),北京:商務印書館。
祖生利 2001 《元代白話碑文中方位詞的格標記作用》,《語言研究》第 4 期。
—— 2004 《元代直譯體文獻中的原因後置詞"上/上頭"》,《語言研究》第 1 期。
—— 2007 《元代的蒙式漢語及其時體範疇的表達——以直譯體文獻的研究爲中心》,《當代語言學》第 1 期。

A Study of the Special Syntactic Features in *Yuan baihua*
CAO Guangshun, CHEN Dandan

Abstract: The Yuan Dynasty marks a special period of linguistic development in the history of China. During the Yuan Dynasty, the Mongols, a non-Han nomadic people, controlled most of the immensely populous Chinese region as legitimate holders of the imperial power for almost a century. In order to communicate with one another, Chinese and Mongolians experienced unprecedented language contact, and the language of this period is referred to as the *Yuan baihua*, a mixed Chinese and Mongolian language. Whether or not the Mongolian language influenced Chinese language structure (and if so to what extent) has long been a subject of controversy. In this paper, we compare and contrast special syntactic features found in *Lao Qida* (Yuan edition), *Yuanchao Mishi*, and *Yuandianzhang-xingbu*, examining the Mongolian influence (or interference) which led to the appearance of these features as well as their usage patterns within the texts. We also reexamine some issues related to *Yuan baihua* from new perspectives, such as how to define *Yuan baihua* and the so-called "Han'er yanyu", the nature of *Yuan baihua*, the relationship between *Yuan baihua* and the Chinese language, and so on.

Key words: language contact, *Yuan baihua*, special syntactic features, interlanguage

(曹廣順 中國社會科學院語言研究所 100732;
陳丹丹 中國社會科學院研究生院 100102)

試論元代的"漢兒言語"

祖生利

提　要　太田辰夫先生最早提出漢語白話發展史中"漢兒言語"的問題。本文在太田先生導夫先路的文章基礎上,運用語言接觸的一般理論,着重對元代"漢兒言語"的性質,元代"漢兒言語"與"蒙式漢語""純漢語"的關係,元代"漢兒言語"的形成、發展及使用的地域、範圍,以及反映元代"漢兒言語"的材料等問題進行較爲系統、深入的探討。文章還列舉了元代"漢兒言語"的若干詞彙借用和句法混合的事例。

關鍵詞　漢兒言語　語言接觸　克里奧爾化

1　關於"漢兒言語"

　　一部漢語發展史,不只是漢語自身從原始漢語到現代漢語垂直發展的歷史,而會在不同的歷史階段、不同的範圍內自願不自願地受到其他民族語言不同程度的接觸影響。[①]

　　至少從中古時起,由於戰爭征服等原因而導致的北方漢語同阿爾泰語的大規模語言接觸長達八九百年,鮮卑、契丹、女真、蒙古、滿等阿爾泰民族先後建立起統治中國北方乃至全國的政權。太田辰夫先生(1953)最早將中古以來在阿爾泰語接觸影響下的北方漢語稱爲"漢兒言語"。[②]他考證説:"漢兒"一詞"早在北朝就開始用"了,是對"北方中國的漢人或漢化了的北方民族"的通稱。"漢兒言語"就是指魏晉以來逐漸形成的、在北方漢人和北方民族之間通行的一種卑俗的漢語變體,有着深刻的阿爾泰語影響的痕跡。太田先生追溯了"漢兒言語"的發展歷史,認爲六朝是"漢兒言語"的形成初期,唐宋以後逐步發展,到元代普遍盛行,明代以後被"官話"所取代而消亡。

　　本文在太田先生導夫先路的文章基礎上,着重探討元代的"漢兒言語"問題。在元代,"漢兒"一詞是指原金國統治下北方地區的漢人,包括漢化了的契丹、女真人等。"漢兒言語"本是北方民族對漢人所説的話即漢語的稱謂:

　　　　這必闍赤一十(八)個孩兒教漢兒田地裏學言語文書去也。……這孩兒每學得漢兒每言語文書會也,你每那孩兒亦學底蒙古言語弓箭也會也。……教參學底時分呵,自是不蒙古言語去底孩兒每,只教漢兒言語説話者。會漢兒言語呵,若不漢兒言語裏説話,却蒙古言語裏説話,一番一簡子打者。(1233年燕京夫子廟太宗立國子學詔,《析津

志輯佚・學校》引）

　　咱如今朝廷一統天下，世間用著的是漢兒言語。咱這高麗言語只是高麗田地裏行的，過的義州，漢兒田地裏來，都是漢兒言語。（古本老乞大）

我們所説的元代的"漢兒言語"則用來特指元代後期在蒙古語（及諸色目人語）影響下形成的流行於大都等北方地區的漢語變體，它是元代蒙古語同北方漢語語言接觸的産物，有着顯著的蒙古語的干擾特徵。

2 "漢兒言語"的性質

　　太田先生在他的文章裏對"漢兒言語"的性質有如下一些闡述："這種口語即'漢兒言語'，它在'漢兒'中間使用，也在北方民族和'漢兒'之間使用，這是不言而喻的。但令人吃驚的是，即使在母語各異的北方民族中間它也被作爲共同語，並且連極僻遠的地方也可通行。""這一時代（指元代）的'漢兒言語'似乎比以前更加普遍地在北方民族間通行。……那種漢語自然是卑俗的，或者是不合規範的漢語，這一點毋庸置疑。""不單'漢兒'連蒙古人中懂'漢兒言語'的也不少。""因爲'漢兒言語'作爲中間媒介來使用，所以'漢兒言語'就成爲當時的共通語，這是顯而易見的。"

　　比照語言接觸的一般理論，太田先生所描述的"漢兒語言"性質上很像是一種皮欽語，即 Chinese-based Pidgin 或 Pidgin Chinese。根據一般的定義：皮欽語指兩個或多個言語社團，在一種全新的缺少有效的雙語或多語來輔助的接觸情形下，出於貿易等有限的交際需求，以及由于政治、經濟、文化等社會因素影響使得接觸中的社團成員不能或不願完全習得其他社團的語言而産生的一種中介語。皮欽語的詞彙通常主要來自接觸中的某一種語言（稱之爲 lexifier language），而語法則是數個接觸語言的一種折衷。由于交際的目的和範圍有限，皮欽語的詞彙和語法被大大減損（reduction）和簡化（simplification），缺少複雜精緻的形態結構。皮欽語不是任何人的母語，只是作爲其第二語言（甚至第三、第四語言）來使用。太田先生對"漢兒言語"性質的描述符合皮欽語的一般特徵：它在母語各異的北方民族交際中作爲中間語來使用；其詞彙主要來自北方漢語口語，因而"是卑俗的"，其語法則混合了阿爾泰語的若干語法特徵，因而"是不合規範的"。

　　但太田先生又説"漢兒言語"不僅在不同語言社團（即漢人與少數民族以及少數民族與少數民族）之間使用，而且也在漢人相互之間使用，即在一定範圍的北方漢人社團内，作爲一種母語在使用。這就跨越了皮欽語的階段，而更接近於克里奥爾語。語言接觸一般理論認爲，克里奥爾語由皮欽語發展而來。在長期持續穩定的接觸情形下，皮欽語的語言結構（包括語音、詞彙和語法）、使用範圍通過擴張（expansion）逐漸複雜和完善，最終完全滿足使用者日常生活交際和表達的全部需要，成爲一個新融合的言語社團的第一語言。克里奥爾語同皮欽語的一個標誌性區別是:前者是一個新融合的言語社團的母語,而後者則不是任何人的母語,因此也可以説,克里奥爾語是母語化了的皮欽語。

但也有一些克里奥爾語並未經由皮欽語的階段,而直接由詞彙供給語(lexifier language)逐漸變異而産生的(Thomason 2001)。"漢兒言語"應該屬於這種情形,它是一種多少已經克里奥爾化的語言,但它並非從"蒙式漢語"之類皮欽語發展而來,因爲它並没有經歷一個詞彙和語法的擴展過程,而是由北方漢語逐漸地變質而來。它以北方漢語爲詞彙供給語,同時吸收其他民族的部分詞彙,語法上則糅入契丹、女真、蒙古及畏兀兒等阿爾泰諸語言的語法特徵,成爲融合後的北方漢人(包括漢人和漢化了的契丹人、女真人、蒙古人、畏兀兒人等)的共同母語。

3 "漢兒言語"與"蒙式漢語""純漢語"的關係

元代漢語除存在"漢兒言語"外,還有所謂的"蒙式漢語"和"純漢語"。"蒙式漢語"簡言之,是指元代蒙古人所説的皮欽漢語,其詞彙主要來自北方漢語,語法則主要來自蒙古語。③"漢兒言語"和"蒙式漢語"都是在强烈的語言接觸情形下産生的漢語變體。"純漢語"④即標準漢語,指漢語未受(實際是一種理想化)或受異質語言影響較小時的狀態。

"漢兒言語""蒙式漢語""純漢語"三者之間的關係可用下圖來顯示:

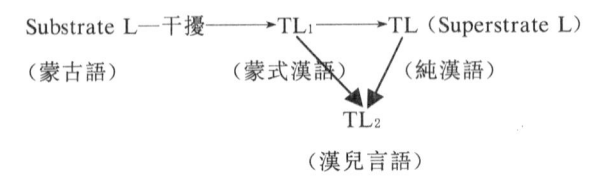

$$\text{Substrate L}—干擾\longrightarrow TL_1 \longrightarrow TL\ (\text{Superstrate L})$$
$$(蒙古語)\qquad\quad (蒙式漢語)\qquad (純漢語)$$
$$\searrow\quad\downarrow\swarrow$$
$$TL_2$$
$$(漢兒言語)$$

其中"蒙式漢語"是蒙古人對標準漢語(純漢語)不完全習得早期階段的産物,蒙古人在習得目標語(Target Language)即標準漢語的過程中,由于受到母語底層的干擾而出現種種不合漢語規則的説法。就個體而言,"蒙式漢語"的具體詞彙和句法表現可謂千差萬别,呈現出不穩定性,其中共同的、反覆出現的特徵,如用"裏""根底"等方位詞標記"格"的範疇,用"有"表示判斷和充當時體標記,用"呵"作爲假設從句標記,用"者"作爲祈使標記等等,則可能被固定下來(stabilized),成爲該皮欽語的民族特徵。這種皮欽漢語(TL_1)詞彙大部分來自北方漢語,語法則是蒙漢兩種語言的混合,並且兩者原有的語法手段都被大大地減損和簡化。而接觸的另一方,處于優勢語言地位的"純漢語",經由"協商"(negotiation)等機制,⑤接受"蒙式漢語"中某些特徵性的成分,最終形成一種既不同於 TL("純漢語"),也不完全同於 TL_1(蒙式漢語)的 TL_2,即"漢兒言語":同"純漢語"相比,"漢兒言語"顯然羼入了大量的異族語成分,明顯不合規範;同"蒙式漢語"相比,由于並不存在實際的底層干擾,所以其中的蒙古語句法表現要簡單機械得多,不像"蒙式漢語"那樣呈現出紛紜複雜的個體差異。

只有那些具有民族特徵性的東西才會通過"協商"融合到"漢兒言語"裏面來,爲接觸雙方(或多方)所接受,最終成爲漢人和漢化蒙古人(及色目人)的共同母語。

4 元代"漢兒言語"的形成、發展及使用的地域、範圍

正如太田先生所勾勒的,"漢兒言語"是在六朝以後北方阿爾泰語持續、接力式的强烈接觸影響之下逐漸形成的,是一個歷史層積的過程。唐代以前,在鮮卑語等阿爾泰語影響下出現的"漢兒言語",成爲那個時期北方一些接觸强烈的地區融合後的漢民族的共同語(《顔氏家訓·音辭篇》稱當時的漢語"南染吴越,北雜夷虜")。唐代至宋代前期,阿爾泰語的影響有所减弱,在此四百多年間,由于標準漢語優勢的影響,"漢兒言語"大概會在一定程度上向標準漢語回歸,出現"去克里奥爾化"(decreolization)傾向。遼、金、元時期,北方漢語和阿爾泰語的接觸進入一個新的更爲强烈的階段,特别是作爲現代漢語標準語來源地的北京地區,是契丹、女真、蒙古等民族最爲集中的地區之一,語言接觸的程度十分强烈。[⑥]由于文獻記録的缺乏,遼、金兩朝"漢兒言語"的具體面貌如何,目前尚不能詳知。但從下面僅存的這條有關"契丹式漢語"的記録中,我們不難推想,用方位詞來充當格標記和SOV語序,大概是阿爾泰式皮欽漢語共同的帶有普遍性的特徵之一:[⑦]

> 契丹小兒初讀書,先以俗語顛倒其文句而習之,至有一字用兩三字者。項奉使金國時,接伴副使秘書少監王補每爲予言以爲笑。如"鳥宿池中樹,僧敲月下門"兩句,其讀時則曰"月明<u>裏</u>和尚門子打,水底<u>裏</u>樹<u>上</u>老鴉坐",大率如此。補,錦州人,亦一契丹也。(宋洪邁《夷堅志》丙志卷十八)

元代北方的"漢兒言語"正是在遼金"漢兒言語"基礎上,重又加上蒙古語(及色目人語)的强烈影響而逐漸形成的。元代蒙古語同漢語的接觸,大致可以分爲三個階段(詳筆者2005):

(1)早期(1211-1260),這一時期是蒙古人對中原地區的軍事征服期和早期管理期,也是大規模語言接觸的發軔期。因爲軍事、政治、貿易乃至社會生活的迫切需要,催生了早期的一批主要從事(書面和口頭)翻譯的雙語人。語言上,蒙古語借詞大量出現,蒙式漢語初露端倪,如:

> 霆在燕京見差胡丞相來糶貨,更可畏。下至教學行及乞兒行亦出銀作差發。燕京教學行有詩云:"教學行中要納銀,生徒寥落太清貧。……相將共告胡丞相,免了之時<u>捺殺因</u>。"因此可見其賦斂之法。(黑韃事略,徐霆疏。"捺殺因",好。)

> 燕京市學,多教回回字及韃人譯語。才會譯語,便做通事,便隨韃人行打,恣作威福,討得<u>撒花</u>(賞賜),討得物事吃。(同上)

> 你已先成吉思皇帝聖旨<u>裏</u>:"道人每内中不吃酒肉、無妻男底人告天<u>者</u>。"不是那般

底人,吃酒、吃肉、有妻男呵,仙孔八合識你不揀擇出來那甚麽!"(1235 年重陽萬壽宫聖旨碑。"仙孔八合識",仙人師傅,"孔"是蒙古語 ky·un(人)的譯音,"八合識"爲蒙古語裏漢語"博士"的借詞。)⑧

(2)中期(1260－1294),即忽必烈統治的三十餘年。這段時期大蒙古國的統治中心轉到中原漢地,采用漢制,承緒漢統,完成全國統一,經濟和社會秩序逐步恢復並穩定發展。蒙古人和色目人定居漢地,民族雜居局面基本形成,蒙漢通婚日趨普遍。以傳授蒙漢語文爲重要内容的蒙古國子學、京師國子學和地方官學蓬勃興起,雙語人才大批湧現,蒙古人對漢文化逐漸瞭解,不少蒙古人"慕效華風",起漢名,取漢字。語言上,"蒙式漢語"和"純漢語"進入互動的"協商"過程,一些"蒙式漢語"的特徵進入到"漢兒言語"中。如直講體文獻所體現的:

心若有些兒不正便是昧了心,便是要去謾人。謾了下頭人呵,便是昧心;謾了上頭人呵,天也不可憐見。有一等人常常的做歹勾當,却來人面前說道"俺做的勾當好",便如掩著那耳朶了去偷那鈴的也似。(許衡:直説大學要略)

(3)後期（1295－1368）,從成宗即位至元朝滅亡。這一時期蒙古統治者日趨儒化,出現了仁宗、文宗、順帝這樣長於漢地,有較高漢學素養的蒙古帝王。官學規模和數量的不斷擴增,特別是恢復中斷已久的科舉制度,有力推動了漢學在蒙古人中的普及,湧現出大批精通漢學的蒙古儒士。徙居中原的蒙古人同漢人長期交往,互相通婚,日趨漢化。語言上,蒙漢接觸日益深化,最終形成元代的"漢兒言語",正如《古本老乞大》一書的語言所反映的:

恁這月盡頭到的大都那到[不]得? 知他,那話怎敢道。天可憐見,身已安樂呵,也到得有。恁是高麗人,却怎麽漢兒言語説的好有? 俺漢兒人[上]學文書來的上頭,些小漢兒言語省的有。你誰根底[學]文書來? 我在漢兒漢堂裏學文書來。

元代甚至更早,北方地區存在"漢兒言語"這一漢語變體,應是不争的事實。那麽,元代"漢兒言語"究竟在多大的地域範圍和怎樣的言語社團中通行,⑨或者説"漢兒言語"和"純漢語"的畛域何在,則是不容易回答的問題。

首先,從接觸持續的時間長短和強度來看,北方和南方存在着明顯的地域差異。北方地區,特別是大都地區語言接觸最早,而且程度也較强烈;南方地區語言接觸晚,而且程度較輕。前面已經説過,遼代以來黄河以北地區長期爲阿爾泰民族所統治。1215 年蒙占軍隊最先攻克燕京,其後相繼占領河北、山東、山西等地,到 1234 年蒙古人奄有淮河以北金國全部舊地。南方地區則一直在宋朝統治下,除雲南、四川等部分地區外,同蒙古語的大規模接觸要晚許多。到 1279 年最後占領廣東,統一全國,前後相差六十餘年。南北方語言接觸的強度也很不一樣。這首要取决於蒙古人口分佈的不均衡。元代全國人口最高紀録爲六千余萬,其中五分之四集中在江南。北方人口中半數以上居住在中原地區,而中國境内蒙古總人口大約只有四十萬,且主要集中於兩都、京畿地區及中原腹地河北、山東、河南三省。其中大都城内蒙古人最爲集中,所占人口比例應超過大都在城人數的十分之一。南方地區蒙古人則很少,越往南去,蒙古人越少。其次與蒙古人推行的民族歧視政策有關。南宋滅亡後,原屬南宋治下的江南漢人被稱爲南人,與原屬金國的漢人政治地位不同。世祖以後,南人不得職居省台已成爲制度,北方州縣長官也幾無南方士人擔任。南方士子入仕無門,自然會減少其學習蒙古語的積極性,進而削弱蒙古語對南方地區漢語的影響。因此,元代"漢兒言語"通行的範圍,應該主要是在蒙古人分佈集中的地區,即兩都、京畿及河北、山東、河南等某些地區。但即使是這些地區,由于蒙古人聚居方式的不同,"漢兒言語"的使用情形也會有不小的差異。河北、山東、河南等地的蒙古人,主要是蒙古人的鎮戍部隊,包括1284年建立的山東河北蒙古軍都萬户府(治所先在沂州,後移至濮州)、1287年建立的河南淮北蒙古軍都萬户府(治所在洛陽)、1289年建立的四川蒙古軍都萬户府(治所在成都)、1298年建立的陝西蒙古軍都萬户府(治所在鳳翔),各地蒙古士兵總數不過數萬,且基本處於"小聚居、大雜居"的狀態,加之屯田制度的推行和與漢族子女通婚,這些蒙古軍户"漸知耕墾播殖如華人",逐漸融入到當地漢人農户中,幾無分別。因此上述這些地區的"漢兒言語"大概只在一定的地域和社團範圍內通行,其勢力並未強大到足以將"純漢語"整個兒排擠出該地區,並取而代之成爲該地區所有社團成員日常生活的第一語言。[10]

　　兩都及京畿地區則不同,作爲元代政治、經濟、貿易和文化中心,不僅蒙古人口最爲集中,蒙古語的勢力最爲強大,而且聚居了大批操不同語言的色目人口,不同民族之間的日常交際迫切需要產生一種"折衷"的語言。處於人口和文化強勢的漢語自然成爲上層語言,而相對於鮮卑、契丹和女真人,蒙古人對本民族語言文化的固持,對漢文化的若即若離,不僅避免了被漢人的迅速同化,也使得"漢兒言語"帶上了很深的蒙古語結構特徵的印記。或許可以這樣推斷,元代後期,至少在大都城內,相當多的蒙古、色目人已經和漢人融合成爲新的言語社團,共同使用一種像《古本老乞大》所反映的那樣的"漢兒語言",作爲他們日常生活的第一語言。

5　元代"漢兒言語"的研究資料

　　由于文獻記錄的匱乏,元代以前"漢兒言語"的面貌如何已難於深究。六朝以來鮮卑、契丹、女真等阿爾泰語對漢語的接觸影響,目前只能根據文獻的零星記述加以懸想。元代則幸運得多,不僅有元曲等反映"純漢語"的較豐富的口語材料,也有蒙古人用回鶻文和八思巴字記錄的珍貴的中古蒙古語材料,更保留下大量蒙文直譯體文獻及直講體文獻和會話書材料,這就使得我們有可能對元代的"漢兒言語"進行深入、系統的探究。下面對這些材料所反映的語言性質逐一略加分析。[11]

　　(1) 直譯體文獻

　　多由蒙古語原文(不一定是寫成書面的)翻譯而來,廣泛存在於元代白話碑及《元典章》《通制條格》《憲臺通紀》《南臺備要》《經世大典》殘篇等典籍中。元代直譯體公牘,過去一般認爲是一種脱離口語的書面翻譯語體(如亦憐真1982),實際這種翻譯並不同于明初漢字標音的蒙古語文獻——《蒙古秘史》《華夷譯語》那樣的旁譯,完全是照搬蒙古語法;而是以當時的"蒙式漢語"爲口語基礎的,相當程度上反映了蒙古人口中皮欽漢語的實際情況:有限的詞彙,且主要來自北方漢語口語,並有大量借詞;蒙漢兩種語法的混合,語法表現尚不很固定,底層語言豐富的形態手段被大量減損、簡化[12]等,符合皮欽語的一般特徵(參筆者2007)。

(2) 直講體文獻

元代世祖朝起便經常選用漢儒爲蒙古皇帝講解儒家經典,泰定以後經筵進講更成爲一種制度。現存許衡《大學直解》《直説大學要略》《中庸直解》、吳澄《經筵講義》便是他們當年的經筵講稿。值得注意的是,這些講稿大多采用了所謂的"直講語體",即用明顯帶有"蒙式漢語"特徵的通俗淺近的口語講説經籍大意。我們知道,擔任經筵講官的漢儒大多"具極一時之選",十分重視經筵的政治效用,因此其講稿采用這種直講語體顯然是刻意爲之,是運用了"與外族人説話"(foreigner talk)的策略,有意模仿蒙古人所説的"蒙式漢語"的結果。由于經筵講議的對象爲漢語水準普遍不高的蒙古帝王、太子、諸王、大臣及其子弟,以這樣的皮欽漢語講授,無疑更易於爲多少已經漢化的蒙古人所理解。因爲不存在底層語言的實際干擾,直講體語言裏蒙古語成分對漢語的滲透,遠没有直譯體文獻呈現的那麼紛紜纏雜,只是吸收了"蒙式漢語"中具有特徵性的成分,體現出向融合語——"漢兒言語"過渡的一種狀態。

元代直講體文獻除上述宫廷經筵講義外,還有一些儒家經典的普及性讀物,如貫雲石《孝經直解》、鄭鎮孫《直説通略》即是。其讀者包括蒙古、色目官員和平民,以及一些文化水準較低的漢人百姓。《孝經直解》"自序"云:"嘗觀魯齋先生取世俗之言,直説《大學》,至於耘夫蕘子皆可以明之。世人□之以實,士夫無有非之者。于以見魯齋化□成俗之意,於風化豈云小補?愚末學輒不自□,僭效直説《孝經》,使匹夫匹婦皆可曉達,明於孝悌之道。庶幾愚民稍知理義,不陷於不孝之□。初非敢爲學子設也。"這説明,這種直講體語言是有着相當廣泛的民衆基礎的。

(3) 會話書

即《老乞大》和《朴通事》兩種朝鮮漢語教材。此前,學界只能見到經過明人修改的《老乞大》和《朴通事》。修訂者根據明代中葉的標準漢語,把舊本中視爲"元朝時語""蒙古之言"的蒙古語成分删除幾盡。1998年,湮滅已久的《古本老乞大》(或稱《舊本老乞大》)在韓國被發現,爲我們揭開了元代"漢兒言語"的神秘面紗,向我們呈現了元代"漢兒言語"的真實面貌。

根據史料記述和學者考證,《古本老乞大》成書於元末,反映的應是元代後期的漢語。作爲漢語教科書,《古本老乞大》的語言必然是在大都等地實際通行的活生生的語言,而且應當是該地區融合後的漢人社團,包括漢化蒙古人、高麗人、回回人等共同使用的語言。該書中大量存在的蒙古語語法現象,向我們表明:這正是我們所謂的元代"漢兒言語"。

(4) 元曲、平話等白話文獻

這些文獻反映元代受語言接觸影響較少的"純漢語"。但即使在"純漢語"文獻裏也能看到許多"漢兒言語"的痕跡,如前面注釋裏舉過的"有"字。又如:

窗隔每都颭颭的飛,椅卓每都出出的走。(錢霖:般涉調,哨遍)

你待放些兒啞刀兒,你我根前怎地使。(殺狗勸夫,四折)

俺則是天上有也者,料人間決無賽。(金童玉女,四折)

想劉禹不孝父母、不敬六親上頭,折罰劉禹子嗣。(元刊老生儿,二折)

6 元代"漢兒言語"裏的若干蒙古語特徵

(1) 詞彙方面

"漢兒言語"的詞彙主要來自北方漢語口語,但包含大量的蒙古語借詞。其中大多數是一些專有名詞和有關典章制度文化的名詞,如成吉思、月闊歹、阿里鮮、闊端等蒙古人名號,合剌和林、察罕惱兒等蒙語地名,哈罕、合敦、拔都魯、那延、札魯火赤、達魯花赤、怯列麻赤等蒙語官名、封號,按答奚、札撒、愛馬、不蘭奚、首思、怯薛、斡魯朵、奧魯等典章制度用語。蒙古人信奉薩滿教,以"蒙可·騰格里"(長生天)爲最高神,故"每事必稱天"(《蒙韃備錄·祭祀》),"其常談必曰:'托著長生天底氣力、皇帝底福蔭'。彼所欲爲之事,則曰:'天教怎地';人已爲之事,則曰:'天識著'。無一事不歸之天,自韃主至其民無不然。"(《黑韃事略》)元代"漢兒言語"裏也時見"天可憐見""天識者"這類的習語。也有一些蒙古語基本詞彙被音借進來,如"虎剌孩"(盜賊)、"撒花"(禮物)、"安答"(好友)、"牙不"(走)等,但這些詞彙真正融入漢語,取代了漢語原有的表示該意義的詞彙並流傳下來的則很少,[13]只有"胡同""站""歹"等寥寥數個。

由于底層語言的干擾,"漢兒言語"裏有些詞語的意義會產生變化,或出現一些迂回的表達。如"祗應"一詞,宋代漢語是"祗候、承應"的意思,元代則用作蒙古語 siusu(音譯"首思")一詞的意譯,特指站戶向驛乘人員提供的給養。又如"敲"意爲"處死","添氣力"意爲"提供人力、財物","無體例"意爲"違法","做賊說謊"意爲"做違法犯罪的事","要罪過"意爲"治罪"等等。

(2) 語法方面

經由"協商"等機制,"漢兒言語"中融入了大量的蒙古語語法特徵。例如:

1) 複數詞尾"每"用於非指人的事物及"VP 的每"

若是稻穰時,這頭口每多有不吃的。(古本老乞大)

你寫與我告子,各處橋上、角頭們貼去。(朴通事)

他的奴婢死的每死了,有的每都桃(逃)走了。(黑城出土文書,F105：W3)

2)方位詞的介詞用法

這個紫紵絲段子,到多少尺頭?……官尺裏二丈八,裁衣尺裏二丈五。(古本老乞大。"裏",工具格,用)

他的爺娘裏與文書來,你與我看一看中也不中。(朴通事。"裏",離格,從、自)

俺一等不慣的人根底多有過瞞有。(古本老乞大。"根底",賓格,對)

官人們文書,分付管酒的署官根底：支與竹葉清酒十五瓶、腦兒酒五桶。(朴通事;"根底",與格,給)

3)句末大量使用祈使語氣詞"者"

布帳子疾忙打起者,鋪陳整頓者,房子裏搬入去者。鞍子轡頭,自己睡臥房子裏放者,上頭著披氈蓋者。那的之後,鑼鍋安了者,疾忙茶飯做者。(古本老乞大)

張五,你饋我醫馬骨眼,一發就蹄子放血著。醫了,慢慢的牽將去,乾淨田地上樹底下拴著,喂的好著。(朴通事)

4)大量使用語氣詞"呵"作爲假設從句標記,"呵"猶"若"

這金胸背是草金,江南來的,你索三定呵,這服地真金的,去賣多少也?(古本老乞大)

朋友每若困中無盤纏呵,自巳(己)錢物休愛惜,接濟朋友,教使者。朋友若不幸遭著官司口舌呵,衆朋友每向前救濟者。若不救呵,傍人不唾罵那甚麽!有些病疾呵,休迴避。(古本老乞大)

5)句末動詞"有"的大量使用

黑衣道場裏你有來麽?——我有來。(朴通事。"有",在)

這弓把裏軟,難拽,沒回性有。(古本老乞大。"有",是)

如今那賊現在官司牢裏禁著有。(古本老乞大。"有",助動詞,與並列副動詞"禁著"一起表達現在進行體的意義)

6)方位詞"上/上頭"的原因後置詞用法,猶"因、因爲"

那般呵,消化不得上頭,腦痛頭眩,不思飲食。(古本老乞大)

今日個日頭,咱弟兄們和順的上頭,皇帝的大福陰裏,酒也醉了,茶飯也飽了。(朴通事)

7)表確定的句末語氣助詞"也者"的使用

天可憐見,身已安樂呵,便著五個日頭到也者。(古本老乞大)

大概人的孩兒從小來好教道的成人呵,官人前面行也者。他有福分呵,官人也做也

者,若教道他不立身成不得人,也是他的命也者。(古本老乞大)

8) 大量存在 SOV 語序

　　明日病疴了時,大醫根底重重的酬謝也。(古本老乞大)

　　俺家裏書信有那没?書信有。(古本老乞大)

　　我試搜,氣力有呵,我買。(古本老乞大)

9) 大量存在蒙漢混合結構

　　你的師傅是甚麽人?是漢兒人有。(古本老乞大。"是……有"均表示判斷,"有"的蒙古語底層是特殊動詞 a/bü)

　　他如今氣象大起來時,粧腰大模樣,只把我這舊弟兄伴當們根底半點也不睬。(朴通事。"把……根底",是漢語處置式標記和蒙古語賓格標記的混合)

　　一個見性得道的高麗和尚,法名喚步虛,到江南地面石屋法名的和尚根底,作與頌字,回光反照,大發明得悟,拜他爲師傅,得傳衣鉢。(朴通事。"法名喚XX"是漢語的説法;"XX法名的"是蒙古語的説法)

　　俺有一個伴當落後了來。俺沿路上慢慢的行著[等]候來。爲那上,遲了來。(古本老乞大。"爲……上",前爲漢語原因介詞,後者底層爲蒙古語原因後置詞或形動詞工具格)

附　注

① 例如梅祖麟先生(1991)曾經推斷:"北方的漢語方言多受阿爾泰語的影響,南方的多受南亞語和泰語的影響。"見石鋒、孫朝奮《訪梅祖麟教授》,《梅祖麟語言學論文集》第 544 頁,北京:商務印書館,2000 年。
② 《關於漢兒言語——試論白話發展史》,太田辰夫《漢語史通考》(江藍生、白維國譯)第 184 頁。
③ 對於元代的"蒙式漢語",筆者(2007)已有較詳細的討論,可參。
④ 這一詞語出自朝鮮李邊《訓世評話》的跋文:"《老乞大》《朴通事》多帶蒙古之言,非純漢語。"
⑤ Thomason(2001)歸納出語言接觸引起的語言變化的七個機制:語碼轉換、語碼交替、耳濡目染、協商、第二語言習得法、雙語者的第一語言習得、有意爲之。她説:"(所謂'協商',)特指語言接觸中,語言使用者之間通過對變化的討論和相互商定,達到有意識的妥協。……當説話者改變自己的語言(A)而去接近他們認爲是另一種語言或方言(B)的模式時,'協商'機制便發揮作用。""'協商'機制最顯著的例子,是那些在接觸狀態下,没有人懂得其他人的語言的情形,……原始皮欽語的起源是經典的例子。"見 Language Contact 第 6 章,第 142－143 頁。
⑥ 北京自古便是"五方之人咸聚"之所。六朝時,鮮卑族建立的前燕曾定都於此。唐代契丹、奚、胡等民族大量遷居幽州。遼代幽州改稱南京(又稱燕京),爲遼五京之一,時南京人口三十萬,以漢人、契丹人居多,還有奚、室韋、渤海等族。金滅遼後,遷都燕京,改稱中都,時中都人口近六十萬,除漢人外,女真人占有很大比重,還有多數已經漢化的契丹、渤海、奚等人。1215 年蒙古人攻陷中都後,燕京一直是大蒙古國統治中原的中心。1272 年忽必烈定大都爲國都,時大都人口四五十萬,其中既有世居於此的漢、契丹、女真、渤海、奚等族人,也有來自漠北的蒙古征服者,以及自中原、江南徙居於此的漢人、南人和來自西域、中亞乃至歐洲的色目人。據王惲《秋澗集》,至元初中都僅在籍的回回就達一萬三仟餘人。

⑦試比較蒙式漢語：前者,我蠻子田地裏去,回來時分,見村裏唱詞聚的人每多有。(元典章,刑部卷十九)/打捕鷹房民戶天鵝、鴟老、仙鶴、鴉鵲休打捕者。(元典章,兵部卷五)

⑧句中方位詞"裏"、助詞"者""呵"、特殊反詰句"不……那甚麼",均爲蒙古語底層語法的反映。詳下 6。

⑨太田辰夫(1953)注 24:"'漢兒言語'自然是 class dialect,但從它只限於中國北方而言,也有 regional dialect 的一面。"

⑩但這樣臆測,也許有過於低估"漢兒言語"勢力的危險。前引太田先生説過:"令人吃驚的是,(漢兒言語)即使在母語各異的北方民族中間它也被作爲共同語,並且連極僻遠的地方也可通行。"在內蒙額濟納旗黑城出土文書中,特別是民間私人家書中,常可見到位於句末的作爲元代"漢兒言語"標誌性特徵的"有"字:要趙二哥與你帶鈔,不肯帶有。隨後與你帶來。(F2;W18)/姨娘已在張沙剌城外有里。(F105;W3)另一方面,即使在"純漢語"統治的區域,"漢兒言語"的身影也時或可見。例如:

道童,先生有麼?俺師父有。(單刀會,二折)/打聽的兄弟哥哥有時候,忙離了許州。(千里獨行,二折)/元來廣寒殿嫦娥在這月明裏有。(漢宮秋,二折)

⑪太田先生(1953)介紹了研究元代"漢兒言語"的兩種重要資料——直譯體文獻和直講體文獻:"真正以'漢兒言語'爲基礎寫作的……是白話聖旨,《元典章》《通制條格》《永樂大典》中引用的包含着元代口語的文獻,以貫雲石《孝經直解》爲中心的各種直解類著述等。"但他没有區分這兩類文獻語言性質上的差異,另外由於未能見到《古本老乞大》的復現,没有把更爲重要的直接反映"漢兒言語"的會話書材料列入其中(而是作爲明代的資料)。

⑫例如:蒙古語的静詞(名詞、代詞、形容詞、數詞、形動詞等)均有格的變化,"蒙式漢語"裏形容詞、數詞則没有格的變化,這便是一種減損。同時,"蒙式漢語"只用"裏""根底""行(上)"等幾個方位詞來對應蒙古語各種格的複雜的形態變化,這便是一種簡化;從上層語言的角度來講,"蒙式漢語"很少使用介詞,而常用這幾個方位詞來行使漢語數量衆多的介詞的職能,這也是一種簡化。又如,蒙古語動詞有現在時的形態變化,而"蒙式漢語"則没有,因爲漢語動詞缺乏表示現在時的形態手段,這也是一種減損。

⑬Romaine(1988):"一般來説,底層語言的詞彙只有非常少的部分能進入皮欽語的核心詞彙中。"Windford(2003):"除了社會因素外,詞彙借用的等級和類型還有結構的(語言學的)限制,最一般的限制是衆所周知的"可借用層級",即開放的詞類如名詞和形容詞最容易被借用,封閉的詞類如代詞、關係詞最不容易被借用。借用等級早在 19 世紀即由 Whiteney(1881)提出,後來 Haugen(1950b)和 Muyken(1981b)也相繼提出。根據 Muyken,最常見的借用層級是:名詞＞形容詞＞動詞＞介詞(前置詞)＞並列關係詞＞數量詞＞限定詞＞自由代詞＞黏着代詞＞從屬關係詞。"

參考文獻

李崇興　2001　《元代直譯體公文的口語基礎》,《語言研究》第 2 期。
橋本萬太郎　1983　《北方漢語的結構發展》,《語言研究》第 1 期。
太田辰夫　1953　《老乞大的語言》,《漢語史通考》,江藍生、白維國譯,重慶:重慶出版社,1991 年。
————　1954　《關於漢兒言語——試論白話發展史》,同上。
徐通鏘　1981　《歷史上漢語和其他語言的融合問題説略》,《語言學論叢》第七輯,北京:商務印書館。
亦憐真　1982　《元代硬譯公牘文體》,《元史論叢》第一輯,北京:中華書局。
祖生利　2001　《元代白話碑文中方位詞的格標記作用》,《語言研究》第 4 期。
————　2002a　《元代白話碑文中助詞的特殊用法》,《中國語文》第 5 期。
————　2002b　《元代白話碑文中複數詞尾"每"的特殊用法》,《語言研究》第 4 期。

祖生利　2003　《元代直譯體文獻中助詞"一般"和"也者"的特殊用法》,《民族語文》第 6 期。
──── 2004　《元代直譯體文獻中的原因後置詞"上/上頭"》,《語言研究》第 1 期。
──── 2005　《元代蒙古語同北方漢語語言接觸的文獻學考察》,《蒙古史研究》第八輯。
──── 2007　《元代的蒙式漢語及其時體範疇的表達──以直譯體文獻的研究爲中心》,《當代語言學》第 1 期。

Romaine, S. 1988　*Pidgin and Creole Languages*. Longman Group UK Limited.
Holm, J. 2000　*An Introduction to Pidgins and Creoles*. Cambridge University Press.
Trask, R. L. 1996　*Historical Liguistics*. Edward Arnold Publishers Ltd.
Thomason, S. 2001　*Language Contact*. Edinburgh University Press Ltd.
Windford, D. 2003　*An Introduction to Contact Liguistics*. Blackwell Publishing Ltd.

On the *Haner Yanyu* of the Yuan Dynasty

ZU Shengli

Abstract: It was OHTA Tatsuo who first raised the question of *Haner Yanyu* in the history of spoken Chinese in 1953. In the light of his pioneering studies, the paper focuses on the *Haner Yanyu* during the Yuan Dynasty (HYYD). Applying the general theory of language contact, we discuss many important issues on HYYD, such as its nature, its relationship with Mongolian Pidgin Chinese and Standard Chinese, its formation and development, the range of its use, and the historical texts reflecting HYYD. Some important lexical and syntactic characteristics of HYYD are also discussed.

Key words: *Haner Yanyu* 漢兒言語, language contact, creolization

(祖生利　中國社會科學院語言研究所　100732)

"正爾"與"今爾"

——兼論時間與空間的關聯

胡敕瑞

提　要　本文由"今"與"正"時空概念上的關聯,推及"正爾"與"今爾"兩個詞的詞義相通。"正爾"與"今爾"作爲中古新興的兩個時間副詞,均可表達"現在（或正在）"和"立即（或不久）"兩義。"現在"和"立即"是兩個互有聯繫的時間概念,歷時和共時的例證説明這種聯繫具有普遍性。文章最後指出,"今"與"正"不但反映時空概念相互關聯,而且反映時空概念與指稱概念也有對應關係。

關鍵詞　佛典詞彙　時空隱喻　時間副詞

一

"正爾"和"今爾"是中古始見的兩個詞,主要見於漢譯佛典,中土文獻相對少見,其中"今爾"比"正爾"更少見,例如:

（1）大王今已聽,真得本願,<u>正爾</u>奉辭,涉路進發。（三國支謙譯：菩薩本緣經,卷中）

（2）知婆呵有女,應與我給使,若不見與者,<u>正爾</u>兵衆征。（姚秦竺佛念：説廣普經,卷七）

（3）時婆呵阿須倫王即敕左右：促集兵衆,吾有所伐,<u>正爾</u>令辦,各勿有疑。（姚秦竺佛念：説廣普經,卷七）

（4）王不悦曰：<u>正爾</u>須辦。（唐玄奘：阿毗達磨大毗婆沙論,卷一五〇）

（5）劉曰：卿且前去,我<u>正爾</u>取卿,共詣撫軍。（東晉郭澄之：郭子）

（6）賀曰：入洛赴命,<u>正爾</u>進路。（南朝劉義慶：世説新語,任誕）

（7）爾時諸天子來至此天子所,語此天子言：汝<u>今爾</u>來,可生善處,快得善處,快得善利。（東晉僧伽提婆：增壹阿含經,卷二十六）

（8）<u>今爾</u>衆伴爲汝故,一切安隱得歸還。（秦失譯人名：别譯雜阿含經,卷九）

以上諸例中的"正爾""今爾"大多出現在對話體的直接引語中,據此或可推想它們大概是中古新興的兩個口語詞。上古也見"正爾""今爾",但與以上諸例形同實異,例如：

(9) 正爾容,聽必恭。(禮記,曲禮上)

(10) 今爾以是殃之,不可。(國語,楚語下)

(11)《春秋》辭繁而不殺者,正也。何正爾?(公羊傳,僖公二十二年)

(9)-(11)諸例中的"爾"分別是人稱代詞和語氣助詞("正爾容"義爲"端正你的容貌","今爾以是殃之"義爲"現在你用這個來禍害他","何正爾"義爲"怎麼個正法呢"),其中的"正爾""今爾"都不成詞。(1)-(8)諸例中的"爾"不是人稱代詞或語氣助詞,而是一個相當於詞綴的成分;①諸例中的"爾"是沒有實義的詞綴,"今爾""正爾"的詞義由詞根"今""正"決定。

二

"正爾"與"今爾"的詞根"正"與"今"在概念上具有密切聯繫。從其固有概念來看,時間上的非(過)去非(將)來爲"今",空間上的不上(或前)不下(或後)爲"正",②下圖直觀地反映兩個概念之間的關聯:

```
    上           正           下
————————————■————————————→
    去           今           來③
```

"正"與"今"概念上的共性,是兩者分別表示時空上的不偏不倚。因爲時間概念是抽象的,因此往往需要借用具體的空間概念來表達;又因爲時間特性是一維的,因此借用來表達時間的空間概念也只能選用一維的(而不能是多維的);同時因爲時間的流程是單向度的,因此借用來表達時間的空間概念不僅是一維的,而且還得是單向度的(而不能是雙向多度的)。譬如英語不能用"deep/shallow""wide/narrow"或"left/right"等空間概念來表示時間,但可以用"up/down"或"ahead/behind"(L.Boroditsky,2000);漢語也不能用"深/淺""廣/狹"或"左/右"等空間概念來表達時間,但可以用"上/下"或"前/後"。因爲"深/淺""廣/狹"不是一維的,"左/右"不是單向度的;而"上/下""前/後"既是一維的,也是單向度的。漢語常見的"**上世**""**前世**"以及"**下世**""**後世**"等說法,便是運用空間上的"上下前後"來表達時間上的"過去未來"。既然空間上的"上/前"可以表示時間上的"過去"、空間上的"下/後"可以表示時間上的"將來",依此類推,時間上的"今"自然也可以借用空間上的"正"來表達。這不僅僅是一種推理,下列例子便可作證:

(12a) 告居士曰:"我須金寶,汝速與我。"居士報曰:"大王小待,須至岸上。"王尋遍言:"我停須用,<u>正今</u>得來。"(後秦佛陀耶舍共竺佛念:長阿含經,卷三)

(12b) 告居士曰:"我須金寶,汝速與我。"居士報曰:"大王小待,須至岸上。"王尋遍言:"我<u>今</u>須用,<u>正爾</u>得來。"(後秦佛陀耶舍共竺佛念:長阿含經,卷十八)

這是同一經中描寫同一事件的兩段話,句子結構和語義如出一轍,不同的是兩處用詞稍稍有別。第一處用詞差異是"我停須用"與"我今須用"的不同。我們知道,"停"與"正"聲母相近(一爲定母,一爲章母)、韻部相同(同爲耕部),兩者聲近義通,譬如"停午"與"正午"都是指非上午、下午之中午:④

(13) 自非停午時分,不見曦月。(北魏酈道元:水經注,江水二)

(14) 日正午,四面各令一丈夫執刀而立。(唐阿質達霰:大威力烏樞瑟摩明王經,卷一)

既然"停"義同"正",因此(12a)"停"與(12b)"今"的用詞不同,正好反映"正"與"今"的概念相通,"我停須用"與"我今須用"都是"我現在就要用"的意思。另一處用詞差異是"正今得來"和"正爾得來"的不同。因爲"正"與"今"概念相通,所以"正今"可以並列連用;由于"正"義同"停",所以"停今"也可並列連用,例如:

(15) 惲州闓司倉者,家在荊州。其女乳母鈕氏,有一子,妻愛之,與其子均焉,衣物飲食悉等。忽一日,妻偶得林檎一蔕,戲與己子。乳母乃怒曰:"小娘子長成,忘我矣。常有物與我子,停今何容偏?"(唐段成式:酉陽雜俎,前集卷之十五)

有人以爲例中最後兩句意思不可解,因此認爲上例中的"停"字當屬上讀(纘緒1989)。這是不明"停今"的意思所致,其實"停今"和"正今"義同,"停今何容偏"就是"現在怎麼可以偏心"的意思。(12a)中的"正今"與(12b)的"正爾"詞形雖然有別,但是詞義無異,"正今得來"與"正爾得來"都是"現在就得拿來"的意思。(12a)與(12b)兩處用詞的不同,反倒可以證明"正"與"今"的概念相通,這是一組不可多得的好例證。下面是另一組不期而遇的例子:

(16a) 此王於我極是大怨,又取我父母殺之,加住我界,今不報怨者,何日當克?我今正爾斷此命根。(東晉僧伽提婆:增壹阿含經,卷十六)

(16b) 此王於我極是大怨,又取我父母殺之,加住我國界,今不報怨者,何時當報怨?我今斷其命根。(東晉僧伽提婆:增壹阿含經,卷十六)

這也是同一經中描寫同一事件的兩段話,(16a)中的"今正爾"由"今"和"正爾"兩詞構成,是疊床架屋式的同義反復,其所表達的語義與(16b)中的"今"別無二致,"我今正爾斷此命根"即"我今斷其命根"。(12a/b)、(16a/b)兩組例子中的用詞差異,不但説明"正"與"今"之間的概念相通,而且也證明"正爾"與"正""今"意義相同,其中的"爾"只是一個相當於詞綴的成分。⑤

"停"與"今"、"正今"與"正爾"、"今正爾"與"今"是相同位置上的用語不同,傳統術語稱之爲異文;"正今""今正爾"是同義成分的並列連用,傳統術語稱之爲連文。異文往往以同義聚合爲前提(即預設意義相同或相近的詞才可以填入結構相同的位置),連文常常以同義組合爲前提(即預設意義相同或相近的詞才可以毗鄰連用)。如果異文成分所在大結構的語義相同,連文成分相互顛倒次序而語義不變,那麼異文和連文便可作爲詞義相同的佐證。(12a/b)與(16a/b)兩組例子除用兩處異文外,其他成分基本相同,而且整段語義完全一致,可以保證異文證據的有效性。下面再舉兩個連文的例子,來進一步證明"正(爾)"與"今(爾)"的聯繫:

(17) 我今正爾露頭聽卿説法,若不解吾疑結者,當取汝身分爲三分。(姚秦竺佛念:出曜經,卷二十八)

(18) 汝今尊榮富貴,快樂極可,正爾今以何故必欲出家?(吴支謙:撰集百緣經,卷八)

"今正爾"由"今"和"正爾"並列而成,"正爾今"由"正爾"和"今"並列而成,兩處連文次序互倒,但語義不變,意思都是"現在/如今",這説明"正(爾)"與"今(爾)"兩個概念的確存在共性,是兩個詞義相同的時間副詞。⑥

作爲時間副詞"正(爾)""今(爾)",除可理解爲"現在/如今"外,理解爲"立即/不久"也未嘗不可。如果説上面不少例句理解爲"現在/如今"或"立即/不久"兩可,那麼下面諸例似乎更傾向作"立即/不久"解("今爾"例少,僅以"正爾"爲例):

(19) 我有草席,王可就坐,果蓏可食,睒行取水,正爾來還。(西晉聖堅:睒子經,卷一)

(20) 長老可小停息,正爾復有伴耳。(東晉佛陀跋陀羅共法顯:摩訶僧祇律,卷三十五)

(21) 修跋仙士莫來止此泉邊,莫污辱此泉,設不隨我語者,正爾命根斷壞。(東晉僧伽提婆:增壹阿含經,卷二十二)

(22) 兒復語母:可時放我,及闇至彼,若不見聽,正爾殺母。(姚秦竺佛念:出曜經,卷四)

(23) 其妻語夫:設不辦者,正爾取死,復用活爲?(姚秦竺佛念:出曜經,卷十六)

(24) 今有此錢,正爾市肉,大德可小留待。(姚秦佛陀耶舍共竺佛念等:四分律,卷八)

以上"正爾"釋爲"現在/如今"顯得彆扭,釋爲"立即/不久"則怡然理順。以下"正爾"由上下文中同現的"尋時"或與之連文的"不久",更可見其"立即/不久"義:

(25) 設復有人往梵天上,取此石投閻浮地者,十二年乃到,然今如來威神所感,正爾當還。如來説此語已,是時彼石尋時還來。(東晉僧伽提婆:增壹阿含經,卷三十六)

(26) 設汝以手打此沙門者,此地當分爲二分,正爾當暴風疾雨,地亦振動。……彼惡鬼即以手打舍利弗頭,是時天地大動,四面有暴風疾雨尋時來至,地即分爲二分。(東晉僧伽提婆:增壹阿含經,卷四十五)

(27) 汝今捨前本心,更發無上至真等正覺,成如來道正爾不久。(姚秦竺佛念:菩

薩瓔珞經,卷十一)

(28) 宜速出,衰禍不久正爾當至。(唐道世:法苑珠林,卷四十九)

更有力的證據是下面一對同經異譯:

(29a) 王尋逼言:我今須用,正爾得來。(後秦佛陀耶舍共竺佛念:長阿含經,卷十八)

(29b) 王言:今當於此用之,疾與我金銀珍寶。(西晉法立共法炬:大樓炭經,卷一)

"疾與我金銀珍寶"對譯"正爾得來",這説明"正爾得來"的確切意思是"立即就得(給我把金銀珍寶)拿來","正爾"猶"疾",義爲"立即"。

如此看來,在有些語境中的"正爾""今爾"只能解釋爲"立即/不久",不能解釋爲"現在/正在";與之相反,在有些語境中的"正爾""今爾"却只能解釋爲"現在/正在",不能解作"立即/不久",例如:

(30) 作是念言:我今因苦理極,正爾誰能救濟我所壽命?(吴支謙:撰集百緣經,卷一)[7]

(31) 師聞之,乃棄庵而遯,行跨西嶺巖間,有一老叟今爾耕。(高麗一然:三國遺事,卷五)

(30)例"正爾"釋爲"現在"、(31)例"今爾"釋爲"正在"文通字順,如果釋爲"立即"或"不久"則軒輊難通。可見"現在/正在"與"立即/不久"如果混而不分,有些句子就講不通。辭書中可以把"現在/正在"處理爲一個義項,把"立即/不久"處理爲另一義項。遺憾的是,現有辭書大多連"正爾""今爾"兩個詞條都失收了。[8]

如果不明白"正爾"時間副詞的用法,[9]其所在的句子就容易誤讀,這兒舉三個《大正藏》中的誤讀例(正確斷句,分附例後):

(32) 復重思惟。世尊有教誡。諸弟子不得自殘。雖爾我今欲求涅盤。涅盤中無身。是故先除身取無爲正爾。便舉刀自刎。(失譯人名:分別功德論,卷二)/復重思惟:世尊有教誡,諸弟子不得自殘。雖爾,我今欲求涅盤,涅盤中無身,是故先除身取無爲,正爾便舉刀自刎。

(33) 復敕一臣。自今日始著鎧持仗手拔利劍。往語善容王了口。工了知不。期七日終正爾當到。(姚秦竺佛念:出曜經,卷六)/復敕一臣,自今日始,著鎧持仗,手拔利劍,往語善容王子曰:王子知不?期七日終,正爾當到。

(34) 王言。可得見不。答言。正爾。當來使王見之。(西晉安法欽:阿育王傳,卷二)/王言:可得見不?答言:正爾當來,使王見之。

以上三例分別代表三類誤讀,(32)例是誤屬上讀,(33)例是當斷不斷,(34)例是不當斷而斷。這些誤讀都是因爲不明白"正爾"的確切意思所致,以上三例中的"正爾"都是時間副詞,可以解釋爲"立即/不久"。

三

　　"現在"與"立即"兩個時間概念,析言有異、渾言無別,兩個概念具有内在聯繫,這種聯繫無論在古今漢語還是中外語言中都有體現。時間副詞"今爾"在中古兼具"現在""立即"義,時間副詞"今"在上古也兼有"現在""立即"義,王引之《經傳釋詞》卷五:"今,孫炎注《爾雅·釋詁》曰'即,猶今也'。故'今'也可訓爲'即'。《書·召誥》曰:'其丕能諴於小民,今休。'又曰:'王厥有成命治民,今休。'皆謂即致太平之美也。"我們還注意到,英語與漢語"今"同義的"now"也有"at once/immediately（立即）"義,而與漢語"正"同義的"right/just"也有"at once/immediately（立即）"義。更巧的是,英語中與漢語"正今"結構類似的"right now/just now"也有"immediately/soon（立即/不久）"義,略示其例如下:

　　(35) Stop now.（立即停止）

　　(36) Please call me right after dinner.（晚飯後請立即給我打電話）

　　(37) I pay you back right now.（我立即還給你）

"現在"和"立即"之間的語義聯繫,不但表現在中古,也體現在上古;[⑩]不但表現在漢語,也體現於英語。這些跨時空的歷時和共時例證,説明"現在""立即"兩個時間概念的聯繫具有普遍性。

　　不僅"現在"和"立即"兩個概念之間存在聯繫,"後（來）"和"立即"兩個概念之間也存在聯繫。不過和"立即"有關的"後"只是緊隨目前的"隨後",而不是遠離目前的"後來"。漢語可用"正爾"來表示"立即",也可用"隨後"等來表示"立即",所以在中古譯經中可以見到不少"正爾"和"隨後"的異文和連文例,例如:

　　(38) 語彼婢言:汝並前去,我正爾往。（姚秦佛陀耶舍共竺佛念等:四分律,卷十）

　　(39) 比丘尼言:汝並前去,我隨後往。（劉宋佛陀什共竺道生等:五分律,卷二十九）

"我正爾往"即"我隨後往",這是異文的例子。連文的例子如:

　　(40) 諸比丘報言:在後正爾當至。（姚秦佛陀耶舍共竺佛念等:四分律,卷十六）

　　(41) 佛告迦葉:汝並在前,吾正爾後往。（姚秦佛陀耶舍共竺佛念等:四分律,卷三十二）[⑪]

"(在)後正爾"與"正爾後"次序互易而語義不變,[⑫]都表時間的立時短暫。

　　不僅"現在"和"立即"兩個概念之間存在聯繫,"將（來）"和"立即"兩個概念之間也存在聯繫。漢語可用"正爾"來表示"立即",也可用"當/將"等來表示時間上的"立即",所以在中古譯經中也可以見到不少"正爾"和"當"的異文和連文例,例如:

　　(42) 若不見與者,正爾兵衆征。（姚秦竺佛念:説廣普經,卷七）

(43) 若不與者,當以兵取。(梁寶唱等:經律異相,卷四十六)

"正爾兵衆征"即"當以兵取",這是異文的例子。連文的例子如:

(44) 長者白言:尊者並在前,正爾當隨後。(東晉僧伽提婆:增壹阿含經,卷三十四)

(45) 世尊告曰:迦葉在前,吾正爾當往。(東晉僧伽提婆:增壹阿含經,卷十四)

(46) 三藏答言:正爾當作,未久之間,身遇重病,恐命將終,深生悔恨。(後秦鳩摩羅什:大莊嚴論經,卷三)

(47) 無比功德人,正爾當出世。(後秦鳩摩羅什:彌勒大成佛經,卷一)

(48) 若我不覺者,正爾當爲蛇所害。(後秦弗若多羅共羅什:十誦律,卷十五)

(49) 佛告純陀:汝所奉施佛及大衆,今正是時。如來正爾當般涅盤。(梁僧佑:釋迦譜,卷四)

以上例中"正爾"後都跟了一個"當","當"義爲"將",當然這種"將"只是近於目前的"將要",而不是指遙遠的"將來"。

正如"後"有"隨後"和"後來"之分,"將"也有"將要"和"將來"之別。時間鏈條是一個漸次推移的連續體,"現在(正/今)"與"後來(隨後)"或"將來(將要)"沒有明顯的界限,圖示如下:

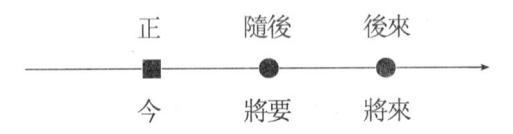

```
        正      隨後      後來
    ────■───────●────────●────▶
        今      將要      將來
```

靠近"正/今"的"後"或"將"可理解爲"隨後"或"將要"(這種"隨後"或"將要"可以聯想爲"立即""不久"),遠離"正/今"的"後"或"將"當理解爲"後來"或"將來"(這種"後來"和"將來"難以聯想爲"立即""不久")。

"現在""隨後"和"將要"之所以可以表示"立即",乃是概念聯想的結果。概念聯想並非隨意偶發,同樣是表時間概念的詞語,"先前""過去"等與"立即"卻風牛馬不相及,[13]這大概與人們感知和觀照一維時間的方式有關,因爲迅時概念只能在當下或隨後發生。這便是爲什麼"正爾"和"今"可以構成"正爾今"連文、和"後"可以構成"正爾後"連文、和"當"可以構成"正爾當"連文,並且"正爾今""正爾後""正爾當"都可以表達迅時立即義。

四

"正爾"與"今爾"的詞根分別爲"正""今","正"指空間上的此地(《説文》"正,是也。"),"今"指時間上的此時(《説文》"今,是時也。")。"是"的反面是"非","正"的反面也是"非"。"正"作爲空間上的此地與指示代詞"是/此"相關,"非"作爲空間上的非此地與指示代詞"匪/彼"相關("非/匪""彼"之間語音上具有聯繫)。人稱代詞也屬於指稱概念,葉氏柏森(1924)曾觀察到:"相當於第一人稱的地點副詞是 here....there 相當於第二人稱,yonder 相當於第三人稱,但一般只用一個副詞表示這兩種概念,如標準英語的 there(yonder 已廢棄)。在義大利語中,可以看到第一人稱與'這裏'之間的關係。"葉氏柏森的這一觀察具有類型學上的意義,漢語的人稱代詞和指示代詞之間也有這種聯繫,指示代詞的"彼/匪——此/是"對立,猶如人稱代詞的"彼/他——己/我"對立,所以古漢語第三人稱代詞"彼"和指示代詞"彼"同形,而第一人稱代詞和指示代詞"此"之間的聯繫,也可以在下面的對比例子中得到驗證:

(50)況復有能過於我上者。(後秦失譯人名:別譯雜阿含經,卷六) = 況復有過此上者。(宋求那跋陀羅:雜阿含經,卷四十四)

(51)我與世有常,言我至誠,其餘者為癡。(西晉法立共法炬:大樓炭經,卷三) = 我、世間有常,此實,餘虛。(後秦佛陀耶舍共竺佛念:長阿含經,卷十九)[14]

人稱概念上的指稱和空間概念上的指稱相互對應,空間概念上的"正(here)"與"非(there)"與指稱概念上的"此(this)"與"彼(that)"相互關聯,時間概念上的"今(now)"與"時(then)"與指稱概念上的"此(this)"與"彼(that)"也相互關聯,因此,"空間""時間"與"指稱"三者之間就有一種內在的聯通關係:[15]

空間	指稱	時間
正(here)	此(this)/第一人稱	今(now)
非(there)	彼(that)/第三人稱	時(then)

空間概念"正(是)""非(匪)"與指稱概念"此""彼"的關聯比較容易理解,下面用幾組同經異譯的例子來證實時間概念"今""時"與指稱概念"此""彼"之間的關聯:

(52)嗚呼!願我從此捨身。(隋達摩笈多:起世因本經,卷四) = 嗚呼!願我從今舍此身(隋闍那崛多等:起世經,卷四)

(53)譬如此間人,更毒痛法,呼嗟啼哭。(西晉法立共法炬:大樓炭經,卷六) = 如今時人,或有苦法,當觸惱時,亦唱是言苦哉苦哉。(宋施護等:二婆羅門緣起經,卷中)

(54)入彼處已,其守獄者,取彼地獄諸衆生輩。(隋達摩笈多:起世因本經,卷三) = 既入中已,時守獄卒,執取罪人。(隋闍那崛多等:起世經,卷三)

(55)其彼灰河,流注急疾,波浪高湧。(隋達摩笈多:起世因本經,卷三) = 時彼灰河,流注漂疾,波浪騰湧。(隋闍那崛多等:起世經,卷三)

例(52)(53)"今"對譯"此",例(54)(55)"時"對譯"其"(相當於"彼"),時間概念和指稱概念的相互關聯,與空間概念和指稱概念的相互關聯合若符節。空間、時間、指稱概念成系統的對應,說明它們之間的關聯並非巧合。概念互有聯繫,語言自有系統,挖掘諸如此類概念所指的聯繫和語言能指的系統是語言研究者的目標。

附　注

①上古雖然也見"爾"作詞綴,但主要還是用詞綴"然"。中古"爾"有取代"然"的趨勢,除了詞綴"爾"代替"然"以外,指代詞和應答詞"然"中古也用"爾"代替,在具有文白差異的佛典異譯中常可見到這種替換,如:

如是憍大語言,即生我慢,如來不然。(隋達摩笈多:起世因本經,卷一) = 自作如是憍大語已,即生我慢,如來不爾。(隋闍那崛多等:起世經,卷一)

汝實爲發起惡見,言但有水無有地火風耶?神言:唯然。(西晉法立共法炬:大樓炭經,卷四) = 汝實起此見,言水中無地火風耶?答曰:實爾。(後秦佛陀耶舍共竺佛念:長阿含經,卷二十)

②《周禮·春官·典同》鄭玄注:"正者,不高不下。"

③《放光般若經》:"諸去、來、今佛皆從般若波羅蜜中出。"《道行般若經》對譯爲"過去、當來、今現在佛皆從般若波羅蜜出生"。"去、來、今"即"過去、當來、現在"。

④劉熙《釋名》曰:"亭,停也。""亭""停"聲訓同源,實爲古今字,所以"停午"也作"亭午",例如:爾乃義和亭午,游氣高寨。(晉孫綽:游天臺山賦)

⑤"正爾"與"今爾"具有一個相同的詞綴"爾","自"也是中古常見的一個詞綴,而且佛典中也見"今自""正自"例如:

我今自歸佛、歸法、歸比丘僧。(姚秦竺佛念:鼻奈耶,卷三)

正自迷忘,不復憶念,唯願世尊,受我悔過。(宋佛陀什:五分律,卷一)

"今自""正自"作爲時間副詞,其詞義跟"今爾""正爾"有相同之處,試以上面前例與下面一例比較:

［我］正爾歸佛、歸法、歸比丘僧。(姚秦竺佛念:鼻奈耶,卷九)

兩句結構和句義相同,不同的只是"今自""正爾"兩個詞形。但是如上所論,"今"和"正"是詞義相通的兩個詞根,"自"和"爾"是兩個無實義的詞綴,因此"今自"和"正爾"實際上是兩個形異實同的時間副詞。

除詞綴"自"外,"復"也是中古習見的一個詞綴,但是"正復""今復"是否也有與"正爾""今爾"相同的意義,還有待進一步的調查。

⑥正因爲"正爾"與"今爾"都是時間副詞,所以還可見到其後再加"時"或"間"的例子,例如:

自在天子報曰:此事甚佳,正爾時辦。(東晉僧伽提婆:增壹阿含經,卷二十八)

尊者且去,我正爾間須臾到彼。(唐菩提流志:大寶積經,卷九十九)

"正爾時""正爾間"其實等同"正爾""今爾",再添"時""間"顯得有點畫蛇添足,但中古這種疊床架屋的現象並不少見。

⑦此例還有一種讀法,即把"正爾"屬上讀,理解爲指示代詞。但結合其他相關例句,我們還是趨向於把"正爾"屬下讀,理解爲時間副詞。

⑧王雲路、方一新(1992)與張萬起(1998)曾涉及"正爾"一詞,分別釋爲"正準備""就要"。方一新(1991)還專門討論過"正爾"一詞,並認爲它是魏晉時期以來的一個俗語詞。

⑨應提及的是,中古"正爾"除時間副詞的用法外,至少還有兩種用法,一是作假設連詞,義爲"假使、即便",如:婆羅門婦復作是念:正爾在我前死,我不與食。(鼻奈耶,卷九)/正爾於陰地視之,不見其雜色也。(抱樸子,內篇,卷十一)二是作指示代詞,義爲"如是",如:若告人未愈者,則後終不愈也,道法正爾,不可不信。(抱樸子,內篇,卷九)/天子復問:何以正爾?(佛說須真天子經,卷四)

⑩吳福祥(1996)也注意到"當時"作爲時間副詞可以兼表"那時"和"頓時、立刻"二義。就每個具體的"當時"來說,其所指的"那時"也就是彼時概念上的"今"。

⑪同經上文有"佛告迦葉:汝並在前,吾尋後往"。句義與此相若,"尋後"即"正爾後","正爾"同"尋"。

"尋"有"沿隨""隨後"義,其"立即"義當由此引申而來。

⑫ 聯想到上文"今正爾""正爾今"等顛倒反復的連文用法,對這裏"後正爾"與"正爾後"顛倒反復的連文用法或許不會再感陌生了。

⑬譬如"我現在去""我隨後去"都有"我馬上去"的意思,但"我先前去"則没有"我馬上去"的意思。

⑭《左傳·哀公六年》:"又曰:允出兹在兹。"杜注:"又逸書言,信出己則福亦在己。"指示代詞"兹"相當於表第一人稱的"己"。

⑮英語時空概念和指稱概念也存在對應關係,這種對應主要體現在句法結構上,譬如"here and there"表示處處,"now and then"表示時時,"this and that"表示各各,空間、時間、指代的對稱結構均表周遍語義。

參考文獻

[清]段玉裁 《説文解字注》,上海:上海古籍出版社,1981年。
[清]王先謙 《〈釋名〉疏證補》,上海:上海古籍出版社,1984年。
[清]王引之 《經傳釋詞》,長沙:岳麓書社,1985年。
白振有 1990 《詞尾"自"臆説》,《延安大學學報》第4期。
荻原雲來主編 1940 《梵和大辭典》,東京:梵和大辭典編纂刊行會。
方一新 1991 《正爾》,《社會科學輯刊》第4期。
蔣宗許 1993 《詞尾"自"再説》,《佳木斯教育學院學報》第3期。
—— 1994 《再説詞尾"自"和"復"》,《中國語文》第6期。
劉瑞明 1994 《關於"自"的再討論》,《中國語文》第6期。
—— 1998 《"自"非詞尾説駁議》,《中國語文》第4期。
王雲路 方一新 1992 《中古漢語語詞例釋》,長春:吉林教育出版社。
吴福祥 1996 《敦煌變文語法研究》,長沙:岳麓書社。
葉氏柏森 1924 《語法哲學》,何勇等譯,北京:語文出版社,1988年。
俞理明 1993 《佛經文獻語言》,成都:巴蜀書社。
纘緒 1989 《斷句錯誤一處》,《西北大學學報》第1期。
張萬起 1998 《〈世説新語〉詞典》,北京:商務印書館。
L. Boroditsky 2000 Metaphoric structuring: Understanding time through spatial metaphors, *Cognition*, 75(2000)1-28.
John Lyons 1977 *Semantics* (Volume2), Cambridge University Press. pp.636-724.
Elisabeth Engberg-Pedersen 1999 Space and Time, *Cognitive Semantics*, Jens Allwood and Peter Bardenfors(ed), John Benjamins Publishing Company.

Zheng'er and *Jin'er*: A case study on the space-time relations

HU Chirui

Abstract: This paper offers a case that the abstract concept of time such as *jin* 今 is associated with the concrete concept of space such as *zheng* 正. From the case the paper deduces a conclusion that *zheng'er* 正爾 and *jin'er* 今爾 are synonyms. As two new temporal adverbs in medieval times, *Zheng'er* and *Jin'er* share two meanings: (1) *Now*, and (2) *Immediately*. *Now* and *Immediately* are two associated concepts.

Many diachronic and synchronic examples prove that the association between these two concepts is universal. The paper also points out that the case study not only reflects the space-time relations, but also the relationship between space-time concepts and designation.

Key words: lexicon of Buddhist texts, space-time metaphorical mapping, temporal adverbs

（胡敕瑞　北京大學中文系　100871）

中古漢譯佛經被動式與佛經翻譯

龍國富

提　要　本文討論中古時期漢譯佛經中被動式的特點,分析其特點產生的原因。漢譯佛經中被動式具有超常規發展、"所 V"式被動句普遍使用且語用義以非"貶義"爲主的特點。這兩個特點的形成都與佛經翻譯有關。

關鍵詞　中古譯經　被動式　語言接觸

○　引　言

　　最近幾年,人們把目光投向中古時期(後漢至隋代)漢譯佛經的語法,開始認識到中古漢譯佛經的語法在漢語歷史語法研究史上的重要意義,認爲它的存在正好彌補了中古本土文獻的不足,爲該時期的語法研究提供了更爲充分的第一手材料,給人們瞭解漢語語法的全貌帶來了便利。本文討論該時期漢譯佛經被動式的特點,並從梵漢對勘的角度解釋其特點產生的原因。中古漢譯佛經中的被動式與同期本土文獻相比,有以下兩個方面的顯著特點:(1)被動式與本土文獻相比,超常規發展;(2)"所 V"式被動式普遍使用,且語用義以非"貶義"爲主。我們通過梵漢對勘發現,中古漢譯佛經這兩個方面的突出特點都與原典文翻譯有關。我們認爲第(1)點是由於廣泛使用的原典文被動語態、未來被動分詞和及物動詞過去分詞等的直接翻譯造成,第(2)點是翻譯者喜用一對一即"所"對譯梵語及物動詞過去分詞語尾-ta 或-na、被動語態語尾-ya,以及未來被動分詞語尾-ya 或 anīya 造成。

一　漢譯佛經被動式超常規發展

　　中古時期被動式的研究務必要關注漢譯佛經材料,這是當今學術界在該研究領域內所

---

* 本研究工作是作者主持的國家哲學社會科學基金(05CYY002)的成果之一。本文是作者博士後報告的部分內容得到導師曹廣順先生的指導。曾在第三屆漢譯佛典語言國際研討會(湖南師範大學文學院,長沙,2004 年 11 月)上交流過,吸收了與會者的意見,在此一併致以謝忱。文中的錯誤概由本人負責。

得到的共識。學者們發現,中古譯經中被動式的使用頻率遠遠高於本土文獻。(吳金華 1983;唐鈺明 1991、1993;朱慶之 1993、2001;王繼紅 2004)本文對從東漢至隋代本土文獻和譯經兩類材料的抽查後也有與此相同的認識。如下面表格中的資料所示:

表1:中古本土文獻和譯經文獻被動式的使用

		本土文獻					漢譯佛經			
		於字句	見字句	爲字句	被字句	總數		於字句	見字句	爲字句	被字句	總數
東漢	論衡	23	27	56	5	111	29部[①]	0	3	152	1	156
兩晉	三國志	3	154	248	15	420	法華經	0	0	85	5	90
南北朝	世說新語	1	4	27	22	54	出曜經	4	13	371	55	443
隋	筆記[②]	0	1	3	3	7	佛本行集經	0	3	117	147	267
總數		27	186	334	45	592		4	19	725	208	936

從表中所顯示的數字可以看出,各自所列的四種材料中本土文獻凡592例,譯經936例,如果以千字計,本土文獻中被動式出現的頻率平均約爲0.8‰,而譯經中出現的頻率平均約爲1‰,很顯然,譯經的使用頻率比本土文獻高出約0.2‰。被動式的種類有"於"字句、"見"字句、"爲"字句和"被"字句四種,本土文獻中"於"字句和"見"字句總計213例,而這兩種句式在譯經中已基本消亡,僅23例。本土文獻中"爲"字句總計334例,譯經中725例,譯經高出本土文獻一倍多。本土文獻中"被"字句僅45例,而譯經中却達到208例,譯經高出本土文獻近五倍。這一情況的出現究竟是什麼原因呢?汉译佛经是翻译文献,应该说和翻译有關。我們以姚秦鳩摩羅什譯的《法華經》爲例,將該文的被動式與原典梵文進行全面的對勘。《法華經》中"爲"字句有兩種格式:單用"爲"字的"爲"字格式和"爲"與"所"合用的"爲……所"格式。

A. "爲"字格式

單獨使用"爲"字作被動標記,形成"爲+A+V"格式,共3例。如:

(1)是時長者,而作是念,諸子如此,益我愁惱……不受我教,將爲火害。(法華經,9/14b)

此例中"爲"字句用在四字格的偈頌體中,不排除是因字數的限制而人爲地省略了"所"字,這裏我們把它歸入"爲"字格式。我們對勘發現,"爲"字句來源於梵語被動語態、過去分詞和將來被動分詞的翻譯。梵語被動語態出現在現在時和一般時態中,在現在時態中,表示被動語法意義的標記是在及物動詞詞根後加一個重音 ya,在一般時態中被動語態則用中間語態來代替,其中被動語態不定過去時第三人稱單數在加有字頭 a 的字根後加語尾 i。及物動詞過去分詞表示過去被做過,其被動語法意義的標記是在及物動詞詞根後加語尾 ta 或 na。將來被動分詞表示應該是被做的,其被動語法意義的標記是在動詞詞根後加語尾 ya、 anīya 或 tavya,其中語尾 tavya 沒有被動的意義,只表示純粹的未來時態。"爲"字句如:

(2) 自惟失此利,我爲自欺誑。(法華經,9/11a)

此例中"我爲自欺誑"指"我被自己欺誑","爲……欺誑"譯自梵文及物動詞過去分詞,在原典文裏,"欺誑"是被動形式。如 hā vañcito asmīti vicintyāmi(61頁)③此梵文的意義是:嗚呼,我想我失去了這個利益,(是因爲)我被自己欺騙了。"欺誑"譯自 vañcita,vañcita 有"被欺騙"的意義,該詞詞根√vañc 加上過去分詞語尾-ta,表示被動意義,這個被動意義靠"爲"字來實現。該句的語用附加意義表示"不幸",其語義色彩都指向受事。例(1)中"將爲火害"指"將被火燒",譯自梵語 dahyeyur ihagninā,"害"是燒的意思,它對譯詞根√dah 的詞彙意義,dah 帶有未來被動分詞標記-ya,其被動標識通過"爲"來表現,"爲"表示-ya 的被動語法意義。

下面是一例非典型的"爲"字句,如:

(3) 當知是人爲釋迦牟尼佛手摩其頭,當知是人爲釋迦牟尼佛衣之所覆。(法華經,9/62a)

受事"其頭"作爲受事主語的一部分沒有前移,仍然和動詞"摩"組合爲一般的動賓關係。這一形式在《法華經》中出現兩次,它來源於梵文及物動詞過去分詞的翻譯,"爲釋迦牟尼佛手摩其頭"譯自梵文 tathāgata-pāṇi parimqrjita mūrdhan,parimārjita 的詞根是√mṛj(摩),及物動詞mṛj後面加詞尾-ta 構成過去分詞,其中的被動意義通過"爲"字來表現。該句的語用附加意義表示"有幸",語義指向受事。

通過對勘發現,《法華經》中"爲"字句都是從梵文及物動詞過去分詞和將來被動分詞翻譯而來。

B."爲……所"句格式

"爲……所"格式使用豐富,它是譯經被動句的主流,共33例,存在以下三種情況:

a."爲+A+所+V"格式。如:

(4)(女人)不復爲貪欲所惱,亦復不爲瞋恚愚癡所惱,亦復不爲憍慢嫉妒諸垢所惱,得菩薩神通無生法忍。(法華經,9/54c)

"爲"字後面出現單個體詞或體詞性詞組的施事賓語。

b."爲+A+之所+V"格式

"所"之前出現"之",其他的成分與 a 式相同,共7例。如:

(5) 此舍已燒,宜時疾出,無令爲火之所燒害。(法華經,9/12b)

c."爲+所+V"格式

"爲"字後面不出現施事賓語,介詞"爲"直接處在"所+V"的前面,共2例。如:

(6) 若不時出,必爲所焚。我今當設方便,令諸子等得免斯害。(法華經,9/12c)

下面我們將 a、b、c 三種句式和原典梵語進行一一對勘。a 格式如:"我定當作佛,爲天人所敬。"(法華經,9/11b)此例中"爲天人所敬"出自梵語及物動詞過去分詞。看下面的對勘材料：

(7) niḥsaṃlaya（無疑）teṣyi（當作）tathāgato（佛）ahaṃ（我）puraskṛ-ta（爲……所恭敬）loki（世人）sadevakesmiṃ④（有天）//（62頁）

此例中動詞 puras-kṛ（敬）後面帶語尾-ta 構成過去分詞，表示被動的語法意義。動詞 puraskṛ 的被動形式是通過借助漢語傳統的被動標記"爲……所"來實現的，此類的其他用例情況相同。

b 格式如："聾騃無足，宛轉腹行，爲諸小蟲之所唼食。"（法華經,9/15c）此例中"爲諸小蟲之所唼食"是梵文現在時分詞被動語態的對譯。如：

(8) apādakā（無足）te（此）bhonti（係詞）kroḍalakkino（聾騃）nikhādyamānā（被食）⑤ bahuprāṇakowibhiḥ（諸生物）//（85頁）

"爲諸小蟲之所唼食"由梵文 nikhād-ya-māna bahu-prāṇa-koṭi-bhiḥ（食＋無量-生命-千億）譯來，動詞 nikhād 表示"食"的詞彙意義，動詞 ni＋√khād 後面使用被動態語尾-ya 表示被動語法意義，譯經用"爲……所"對譯-ya。再如"（菩薩摩訶薩）常爲諸佛之所稱歎"。（法華經,9/2a）該例"爲諸佛之所稱歎"是梵文及物動詞過去分詞的對譯。如：

(9)（bodhisatvasahasraiḥ）（菩薩摩訶薩）bahu-buddha-lata-sahasra-saṃstuta-ir（諸-佛-百-千-被稱歎）//（4頁）

該例中動詞 saṃ＋√stu 表示"讚歎"的詞彙意義，加語尾-ta 構成及物動詞過去分詞，使得該詞有了被動的意義，語尾-ta 用"爲……所"翻譯。(b) 格式中的其他用例都屬於這類情形。

c 格式如："若貪著生愛，則爲所燒。"（法華經,9/35b）該例中的被動式來自梵文被動語態。對勘如下：

(10) atra（若）hi（則）yūyaṃ（你們）traidhātuke（三界）abhiratāḥ（喜樂）pañcakāmaguza-sahagatayā（五欲-與……在一起）tṛṣṇayā（貪愛）dah-ya-tha（被燒）pac-ya-tha（被燒）tap-ya-tha（被燒）//（73頁）

爲了強調事件的嚴重後果，梵文接連使用三個同義詞 dah（燒）、pac（燒）和 tap（燒），這三個詞都用被動語態語尾-ya 來表示被動，譯經只用一個"爲所燒"來翻譯，其被動語法意義由"爲所"承載。c 式的其他用例都是如此。

C."被"字句

唐鈺明（1991、1993）發現，在本土文獻中六朝"被"字句的使用頻率只有15%，而唐代卻達到了87%，從六朝到唐代"被"字句的發展出現斷層，而在漢譯佛經中，六朝"被"字句大量使用（其使用頻率已達到了42%），使得六朝到唐代"被"字句的發展具有了連續性。我們對《出曜經》《賢愚經》《四分律》和《佛本行集經》四種佛經文獻進行了專項調查，發現"被"字句出現的數量依次達到了55例、32例、181例、147例，漢譯佛經中"被"字句迅速發展，其使用頻率也遠遠超過了本土文獻。"被"字句的格式表現爲以下四種：

a."被 V"格式。如：

（11）於時窮子自念：無罪而被囚執，此必定死。（法華經,9/16c）

（12）若復有人，臨當被害，稱觀世音菩薩名者，彼所執刀杖，尋段段壞，而得解脫。（佛本行集經,3/56c）

b."被 NV"格式。如：

（13）或在須彌峰，爲人所推墮，念彼觀音力，如日虛空住。或被惡人逐，墮落金剛山。（法華經,9/57c）

c."被 N 所 V"格式。如：

（14）若男若女，被鬼所持。（佛本行集經,3/685b）

d."被 N 之所 V"格式。如：

（15）自餘衆生，在於母胎，被歌羅邏及阿色陀之所覆蔽，而不能現。（佛本行集經,3/685b）

"被"字句的語用義都是表示"不幸"，指向主語。謂語都由單音節和雙音節兩種形式的動詞充當，前面沒有狀語性修飾成分，後面沒有後續成分。

那麼，又是什麼原因使得譯經中"被"字句迅速發展的呢？事實上，"被"字句和"爲……所"式一樣，也是因爲翻譯而引起的，我們的對勘發現，"被"字句也是來自梵文被動態和及物動詞過去分詞。如例（11）"囚執"對譯梵文 grah 的詞彙意義，"被"字對譯及物動詞 grah 帶有過去分詞的語尾-ta，表示被動意義。例（12）"害"對譯梵文 kṣan 的詞彙意義，"被"字對譯及物動詞 kṣan 帶有過去分詞的語尾-ta，表示被動意義。例（13）"逐"對譯梵文 samupa 的詞彙意義，"被"字對譯及物動詞 samupa 帶有過去分詞的語尾-ta，表示被動意義。"被"字句最先在佛經口語材料中出現，梵文的翻譯造成了譯經"被"字句的增加。

通過逐一對勘，我們發現《法華經》中的"爲"字句、"爲……所"句和"被"字句都是從梵語被動態和及物動詞過去分詞翻譯而來。梵語有豐富的被動態、未來被動分詞和及物動詞過去分詞，這就説明，翻譯使得漢譯佛經中的"爲"字句、"爲……所"句和"被"字句迅速增加。因此，我們可以這樣認爲，造成譯經被動式超常規發展的原因就是由于梵文佛經翻譯。

二 "所 V"式被動式普遍使用且語用義以非"貶義"爲主

"所 V"式被動式是指用"所"作標誌的被動句式，它是譯經中一種很有特色的被動句。（朱慶之 1995）它使用的頻率高，形式多樣，而且語用義以非"貶義"爲主。

2.1 "所 V"式被動式頻率高、形式多樣

中古時期，本土文獻"所 V"結構雖然已經出現了作被動的用例。（董秀芳 1998）但是由

于剛剛產生,所以用例還不多,而在漢譯佛經中,表示被動的"所 V"結構却已經是大規模出現。調查顯示,其使用的頻率高、形式多樣。在西晉竺法護譯的《正法華經》、姚秦鳩摩羅什譯的《法華經》、北魏覺慧等集的《賢愚經》和隋闍那崛多譯的《佛本行集經》中,"所 V"式被動式出現的數量分别達到了 48 例、41 例、49 例和 66 例。"所 V"式被動式在譯經被動句中的使用數量僅次於"爲……所"句,如《法華經》被動式共 81 例,"所 V"式被動式就有 41 例,占被動式總數的 47%,差不多占了一半。下面表 2 是本土文獻和漢譯佛經"所 V"式被動式的使用頻率的對比情況。

表 2:"所 V"式被動式的使用頻率比較

統計 \ 文獻	本土文獻				漢譯佛經			
	論衡	三國志	後漢書	顔氏家訓	正法華經	法華經	賢愚經	佛本行集經
頻率	6	21	37	10	48	41	49	66
總數	74				204			

"所 V"式被動式以"所"爲被動標記,該標記緊接在單音節動詞前面。從形式上看,"所 V"式被動式有下面幾種:

a."所 + V"格式

(16) 觀其室中,多所竊取。(生經,3/71c)

(17) 諸族姓子,見無數品,心性各異,所行不同,德本淺薄,多所壞破,而不信樂。(正法華經,9/113c)

(18) 八百弟子中有一人,號曰求名,貪著利養,雖復讀誦衆經而不通利,多所忘失。(法華經,9/4b)

該格式多用在複句中,施事賓語和受事主語都不出現在"所 V"被動式分句裏。

b."A + 所 + V"格式

(19) 三界第一,諸佛所歎。(法華經,9/3a)

(20) 吾今所以來,衆生所供敬。(正法華經,9/116c)

(21) 音聲之王,威神無量,天人所敬。(正法華經,9/123c)

該格式也多出現在複句中,受事主語在前一分句,施事賓語與"所 V"在後一分句。

c."R + A + 之所 + V"格式

(22) 今是菩薩大會之衆,悉皆如來之所開導。(正法華經,9/112b)

(23) 壽命,人所愛敬。(增壹阿含經,2/637c)

(24) 智慧甚微妙,諸佛之所得。(法華經,9/6b)

該格式多出現在判斷句中,"所 V"前面加上"之"字,受事主語在前項,施事賓語與"之

"所"構成後項。對"之"字的性質,目前觀點並不一致,如果從對勘的角度來看的話,"之"字宜作音節成分。

d."R+所+V"格式

(25) 常志道者,多所教化。(正法華經,9/110b)

該格式多出現在判斷句中,受事主語在前項,施事賓語不出現,"所V"結構在後項。當然,這類情況比較少見。

e."R+A+所+V"格式

(26) 薄德少福人,眾苦所逼迫。(正法華經,9/8b)

(27) 是諸八王子,妙光所開化。(法華經,9/5a)

(28) 如是等大士,華光佛所化。(法華經,9/11c)

該格式與c式相比,也是出現在單句中,受事主語在前項,"所V"結構在後項。不同的是"所V"前面不出現"之"字。

"所V"被動式一般作單句或分句的謂詞,個別用作句子的定語等成分。如:

(29) 我雖能於此所燒之門安隱得出,而諸子等,於火宅內樂著嬉戲,不覺不知,不驚不怖。(法華經,9/12b)

在上面五個句式中,a、b句式用在複句中,前一分句是敍述性的,後一分句是"所V"結構。c、d和e句式用在不出現"是"字的判斷句中,前項是受事主語,後項是"所V"結構。另外,"所V"式被動式還用在有"是"字的判斷句後項。如:

(30) 此三乘法皆是聖所稱歎。(法華經,9/13b)

(31) 此諸菩薩皆是文殊師利之所化度。(法華經,9/35b)

在漢譯佛經中"所V"式被動式頻率高,形式多樣。從語言系統內部與"爲……所"式比較,它語法標記簡單,便於對譯,尤其像偈頌體譯經則更爲適宜。與"爲"字句、"見"字句和"於"字句比較,它是新產生的口語化句式,適應佛經口語化的要求,容易爲大眾所接受。這裏我們不妨從語言滲透的角度,來考察迅速發展的"所V"式被動式與翻譯之間的關係。

朱慶之(1995)曾撰文提出,漢譯佛經中"所V"式被動式和原典文有關,王繼紅(2004)也有相同的觀點。我們下面的對勘將會進一步發現,"所V"式被動式都是梵語被動語態或及物動詞過去分詞等的翻譯。

a格式如例(16)"多所竊取"中的"所竊取"由hṛta譯來,及物動詞hṛ(竊取)的語尾用過去分詞詞綴-ta,"所"對譯-ta,表達被動的語法意義。有的學者把例(18)中"多所忘失"中的"所"字看作音節助詞。其實"所"應該是被動標記。"多所忘失"從梵文antardhīyante對譯而來,動詞antardhī的詞彙意義通過"忘失"來表現,後面加上表示被動意義的被動態語尾-ya,其被動的語法意義通過"所"字來表現。

b格式如例(19)"諸佛所歎"中的"所歎"譯自梵語varzzita,動詞varza表示"讚歎"的詞彙意義,用"欺"字對譯,後面加上具有被動意義及物動詞過去分詞語尾-ta,用"所"字對譯。再如"無量衆所尊"(《法華經》,9/9b)動詞"尊"對譯 puras-kṛ(尊敬)的詞彙意義,"所"字對譯動詞 puras-kṛ 所帶的過去分詞語尾-ta,表達被動意義。

c 格式如例(24)中的"諸佛之所得"由梵語及物動詞 prasthi-tā 譯來,動詞 pra+√sthā(求)翻譯爲"得",後面的被動語尾-tā(陰性)翻譯爲"所"字,表示被動意義。

e 格式如例(26)中的"薄德少福人,衆苦所逼迫"中的"所逼迫"從 saṃpīfita 翻譯而來,"逼迫"對譯動詞 saṃ+√pīf,後面加上過去分詞語尾-ta,其被動的語法意義用"所"字來表現。

"是"字判斷句中的"所 V"結構從及物動詞過去分詞翻譯而來。如例(31)"之所化度"由梵語及物動詞 paripāca-tā 譯來,動詞 pari+√pāca 翻譯爲"化度",後面的被動語尾-tā(陰性)翻譯爲"所"字,表示被動意義。

上面的對勘告訴我們,"所 V"式被動式都從被動語態或及物動詞過去分詞翻譯而來。另外王繼紅(2004:98)發現"所 V"還有從梵語動詞獨立式對譯而來的。在對勘中我們看到譯經僧侶的翻譯方式是采用一個漢語語素對譯一個梵語音節,即"所"字對譯梵語及物動詞過去分詞語尾-ta(陰性-tā)或-na,以及被動態語尾-ya,V 對譯梵語的及物動詞。如果用圖來表示的話,則爲:

梵語:V+语尾 ——→ 譯經:所+V

"所"字是最爲常見的被動標記,諸如上圖這種對稱而又簡單的翻譯形式,最容易被翻譯者接受和采用,正因爲如此,在本土文獻中剛一産生的"所 V"式被動式就迅速在漢譯佛經中發展起來。所以從梵漢對勘的角度來看,佛經翻譯加速了"所 V"式被動句的發展。當然從漢語本身來看,漢語雙音節的要求和佛經四字格文體,也是"所 V"格式發展的重要因素,此非本文所論之例。

2.2 "所 V"式被動式的語用義以非"貶義"爲主

已往的研究多注意到被動式表示"貶義"色彩的語用附加義,如"不幸""不利""不如意"等。魏晉南北朝譯經中"被"字句的語用意義僅表示"貶義"色彩,不表示"褒義"色彩,"爲……所"句既表示"貶義"又表示"褒義",二者基本相當,而"所 V"式被動式則以表示非"貶義"爲主,表示"貶義"的是少數。如《正法華經》48 例"所 V"式被動式,表示"貶義"的爲 15 例,表示非"貶義"的則有 33 例,後者約相當於前者的兩倍。《法華經》41 例"所 V"式被動式,表示"貶義"的僅爲 5 例,表示非"貶義"的却有 36 例,後者約相當於前者的七倍。《賢愚經》中 49 例"所 V"式被動式,"貶義"和非"貶義"的比例是 6∶43,非"貶義"被動式占了總數的 88%。《佛本行集經》中 66 例"所 V"式被動式,"貶義"和非"貶義"的比例是 11∶55,非"貶義"被動式也占了總數的 82%。常見的謂語動詞有"欺""護念""奉尊""供養""敬"等等。之所以漢譯佛經中會有如此多表示非"貶義"的"所 V"式被動式,是因爲原典文被動句動詞範圍不受限制的緣故。在梵語中,被動態動詞和及物動詞過去分詞的範圍廣泛,在語用上有表示"貶義"的,又有表示"褒義"和"中性義"的。當被動態和及物動詞過去分詞翻譯爲漢語時,"被"字句只翻譯表示"貶義"的被動態和及物動詞過去分詞,"爲……所"句和"爲"字句多數翻譯表示"貶義"和"中性義"的被動態和及物動詞過去分詞,僅有少數翻譯表示"褒義"的,而用"所 V"格式翻譯時,對"貶義""褒義"和"中性義"的被動態和及物動詞過去分詞則不加選擇,這就使得表示非"貶義"的"所 V"格式迅速發展起來。除此以外,譯者的語言思維造成了非"貶義"的被動句大量產生,當然這是更深層次的動因,在文章的最後我們會討論。

對於譯經中"所 V"式被動式的產生,人們似乎有一種傾向,認爲譯經"所 V"式被動式從原典文翻譯過來,它產生於佛經翻譯。我們認爲,"所 V"式被動式產生於漢語本身。在本土文獻中,"所 V"名詞性結構發展爲"所 V"式被動結構。(董秀芳 1998)上古漢語中的"所 V"名詞性結構大量出現之後,經過重新分析,到漢代發展成爲"所 V"式被動結構。如:

(32) 日月星辰,人所瞻仰。水旱,人所忌惡。(論衡,祭意篇)

(33)《新語》,陸賈所造。(論衡,案書篇)

(34) 徇齊至北海,多所殘滅。(史記,項羽本紀)

例(32)兩個"所 V"格式都用於判斷句的後項,受事作前項,例(33)"所 V"用於判斷句的後項,受事作前項,例(34)"所 V"用於判斷句的後項,受事和施事都承前省略。

漢代"所 V"式被動結構形式簡單,多出現在判斷句的後項,到魏晉南北朝時期,這種結構有所發展,開始在複句之中出現。如:

(35) 是後政教日亂,豪猾益熾,多所摧毀。(三國志,武帝紀)

(36) 臣竊見元年以來,盜賊連發,攻亭劫掠,多所傷殺。(後漢書,郭陳列傳)

(37)(今世文人)加以砂礫所傷,慘於矛戟,諷刺之禍,速乎風塵,深宜防慮,以保元吉。(顏氏家訓,文章)

例(35)"所摧毀"用於三個分句的最後一個分句,例(36)"所傷殺"用作"見"的賓語,"所"前面施事和受事承前而省,例(37)"所傷"用於多個分句的第一分句,這些例句中表示被動的"所 V"結構都不在判斷句中,而在複句中。漢譯佛經是從東漢開始借用"所 V"結構翻譯梵語普遍存在的被動態和及物過去分詞的,到六朝時已經呈現一種廣泛發展的態勢。

三 餘 论

異族語言之間的接觸會導致句法影響,而句法影響會成爲句法演變的重要因素。語言在接觸中,優勢語言(dominant language)接受劣勢語言的影響,有可能產生一些新的語言成分,也有可能影響原有的語言形式或進程,這都會引起語言愛好者的濃厚興趣。(Aikhenvald 2002)佛經翻譯的過程是梵語影響漢語的過程,佛經翻譯是漢譯佛經被動式迅速發展的一個重要外因。這一外因的產生必有它的深層動因。漢語是一種強主動態式語言,對被動態的反映非常弱。中古時期漢語句式的表達主要通過主動形式,被動形式比較少見。被動式的主要特徵是:(1)語用上表示"不如意""不高興""不利"等貶義色彩,語義指向基本上是針對受事主語;(2)語序類型上,無標記結構是"引受者主語+外動詞",外動詞的賓語都作主語。有標記結構是"標記+施事+動詞",施事一般需要表現出來;(3)介引施事的標記主要是"爲(爲……所)""被(被……所)"等;(4)動詞前面只能加"爲(爲……所)""被(被……所)"等,不能用副詞修飾。這是早期漢語被動式範疇化(categorization)的一種思維模式。而梵語和漢語正好相反,則是一種強被動態弱主動態的語言,被動式的語法意義通過加語尾來實現。它的主要特徵是:(1)没有語用義限制,既可以表達"不如意""不高興""不利"等貶義色彩,又可以表達"如意""高興""有利"等褒義色彩。語義指向整個句子,表示説話人的主觀態度;(2)語序類型上,梵語重形合,都有標記形式,其結構是"受事+動詞+語尾標記",施事一般不表現出來;(3)充當標記的語尾固定,及物動詞過去分詞語尾-ta 或-na、被動語態語尾-ya,以及未來被動分詞語尾-ya。這是梵語被動式範疇化的語言思維模式。非中土的譯經僧侶對印度文化有根深蒂固的熏陶,他們習慣於用梵語的思維模式去進行佛經翻譯。在翻譯過程中他們對兩種不同的範疇化模式進行逐步調整和改造,使之重新範疇化(recategorization),把梵語的思維模式融入漢語語言體系。由于梵語思維模式是他們的强式,結果造成漢譯佛經中頻頻出現異於本土文獻的語言現象或特殊語言現象。瞿靄堂(2004)稱這一語言思維調整的過程就是語言重新編碼的過程。從語言接觸的角度看,漢譯佛經被動式特點產生的深層動因應該就是語言思維。

附　注

① "29 部"指許理和(1991)所指的早期東漢譯經,恕不例出,參見 A new look at the earliest Chinese Buddhist texts. In Koichi Shinohara and Gregory Schopeneds. *From Benaras to Beijing*: *Essays on Buddhism and Chinese Religion in Honour of Prof. Jan Yün-hua*, 277-304.

② "筆記小説"共 1.3 萬字,包括《談藪》八卷,隋陽芥松撰,《談藪》八卷,隋陽芥松撰,《啟顔録》十卷,隋侯白撰,《旌異記》十五卷,隋侯白撰,侯白字君素,《古鏡記》一卷,隋王度撰。

③梵語來自蔣忠新《梵文妙法蓮華經寫本》,中國社會科學出版社,1988 年。下同。

④蔣忠新(1988)"teṣyi"作"bheṣyi"。"smiṃ"作"smin"。

⑤蔣忠新(1988)"kroḍaṣakkino"作"kroḍasakkino"。"nikhādya"作"vikhādya"。

參考文獻

曹廣順　1995　《近代漢語助詞》,北京:語文出版社。
董秀芳　1998　《重新分析與"所 V"功能的發展》,《古漢語研究》第 3 期。
方一新　高列過　2004　《早期漢譯佛經的被動句》,《第五屆國際古漢語語法研討會暨第四屆海峽兩岸語法史研討會論文集》(Ⅱ)。
龍國富 2005 《〈法華經〉虛詞研究》,中國社會科學院博士後研究報告。
瞿靄堂 2004 《語言思維和語言接觸》,《語言接觸論集》,上海:上海教育出版社。
唐鈺明 1987 《漢魏六朝被動式略論》,《中國語文》第 3 期。
——— 1991 《漢魏六朝佛經"被"字句的隨機統計》,《中國語文》第 4 期。
——— 1993 《利用佛經材料考察漢語詞彙語法史劄記》,《中山大學學報》(社會科學版)第 4 期。
王 力 1980 《漢語史稿》,北京:中華書局。
王繼紅 2004 《基於梵漢對勘的佛教漢語語法研究》,北京大學博士學位論文。
魏培泉 1994 《古漢語被動式的發展與演變機制》,《中國境內語言暨語言學》第 2 期。
吳金華 1983 《試論"R 爲 A 所見 V"式》,《中國語文》第 3 期。
朱慶之 1993 《漢譯佛典語文中的原典影響初探》,《中國語文》第 5 期。
——— 1995 《漢譯佛典中的"所 V"式被動句及其來源》,《古漢語研究》第 1 期。
——— 2001 《佛教混合漢語初論》,《語言學論叢》第二十四輯,北京:商務印書館。
朱冠明 2005 《中古漢譯佛典語法專題研究》,北京大學博士後研究報告。
許理和 1991 A new look at the earliest Chinese Buddhist texts. In Koichi Shinohara and Gregory Schopencds. *From Benaras to Beijing: Essays on Buddhism and Chinese Religion in Honour of Prof. Jan Yün-hua*, 277 – 304.
辛嶋静志 1998 A Glossary of Dharmaraksa's Translation of the Lotus Sutra, The International Research Institute for Advanced Buddhology Soka University Tokyo.
——— 2001 A Glossary of Kumārajiva's Translation of the Lotus Sutra, The International Research Institute for Advanced Buddhology Soka University Tokyo.
Alexandra Y. Aikhenvald 2002 *Language Contact in Amazonia*. Oxford: Oxford University Press.
Bernd Heine & Tania Kuteva 2005 *Language Contact and Grammatical Change*. Cambridge: Cambridge University Press.
Gerriten, Marunel & Stein, Dieter(eds.) 1992 *Internal and External Factors in Syntactic Change*. Berlin, New York: Mouton de Gruyte.
LR. Vaidya M. A. L, L. B. 1980 *The Standard Sanskrit-English Dictionary*. Fine Offset Press.
R. Antoine, S. J., M. A. 1972 *A Sanskrit Manual*. Published by Xavier Publication.

Research on the Passive in Chinese Buddhist Scriptures and Buddhist Scriptures Translation
LONG Guofu

Abstract: The paper discusses the characteristics and their causes of the passive in Chinese Buddhist scriptures in Middle Chinese. The passive have two characteristics: (1) its frequency of the passive outlasses vernacular literatures in the same period; (2) the "suo(所) V" passive is used widely and its pragmatic meaning is abundant. The two features are closely related with Buddhist Scriptures translation.
Key words: Chinese Buddhist scriptures, passive, language contact

(龍國富 中國人民大學文學院 100872)

不同的完成體構式與早期的"了"*

楊永龍

提　要　漢語史上存在著兩種不同的完成體構式：A式：V(+O)+X(X=畢/竟/訖/已/了)；B式：V+X(+O)(X=却/得/取/將/了)。兩種構式在句法形態、語義語用、話語功能等方面均有不同表現。"了"先用於A式，後來用於B式。B式"了"是從用作背景的A$_2$式經過中間階段演化而來。本文在前賢研究的基礎上對早期"了"源流變化重新進行了梳理，認爲"了"的虛化過程是一個從強焦點到弱焦點再到非焦點的焦點弱化過程，而與之結合的VP則經歷了從舊信息到新信息的轉變。

關鍵詞　完成體　了　構式　體助詞　焦點

1　引　言

　　王力(1958)、太田辰夫(1958)最早注意到助詞"了"源於動詞"了"，動詞"了"可用在動詞或動賓之後構成"V(+O)(+副)+了"，出現於漢魏；助詞"了"緊貼動詞且在賓語之前構成"V+了+O"，出現于晚唐五代。梅祖麟(1981、1999)對此進行了更爲深入的論證和解釋，指出，"V(+O)+了"的前身是"V(+O)+完成動詞"，完成動詞有"畢、竟、訖、已"，始見於戰國末期，六朝至唐五代常見。從"V(+O)+畢/竟/訖/已"到"V(+O)+了"是詞彙興替，從"V+O+了"到"V+了+O"是結構變化，這一結構變化是受動補結構影響的結果。曹廣順(1986、1995、1999)更進一步發現：在"V+了+O"出現之前，已經存在表完成的"V+却/將/得/取(+O)"，其中"却、將、得、取"原來是及物動詞，在連動式V$_2$的位置虛化爲補語，唐代進一步虛化爲動態助詞；這種"V+却+O"格式爲助詞"了"創造了一個位置，從而使"V+O+了"的"了"可以從賓語之後移到動賓之間。至此，"了"的來源和演變脈絡已經相當清晰。

　　然而仍有一些問題還需要進一步解釋，正如蔣紹愚(2005：143)所説："'却'的語法功能和意義與'了'並不完全一樣，這兩者之間的異同還可以繼續研究。"而且進一步觀察還可以發現，梅文和曹文所揭示的是完全不同的兩種完成體構式：

---

*　本文曾在第二十屆東亞語言學國際研討會(巴黎，2006年6月)、第六屆國際古漢語語法研討會暨第五屆海峽兩岸漢語語法史研討會(西安，2007年8月)宣讀，承蒙江藍生、蔣紹愚、曹廣順、宋紹年、洪波、趙長才等先生提出很好的意見或建議，謹致謝忱。謹以此文慶祝江藍生先生65歲壽辰。

(1) A 式：V(＋O)＋X（X＝畢/竟/訖/已/了）[①]
　　B 式：V＋X(＋O)（X＝却/得/取/將/了）

"了"既可以出現於 A 式，又可以出現在 B 式。那麼，A、B 兩式有些什麼樣的聯繫和區別？唐宋時期"了"在兩式中的表現及其發展如何？是不是經歷過(2)這類從 A 式到 B 式的演變過程？

(2) V＋O＋了（A 式）＞ V＋了＋O（B 式）

本文將在前賢研究的基礎上對這些問題進行一下梳理。

2 不同的完成體構式

A、B 兩式雖然都與完成體有關，但在句法結構、信息結構以及構式意義等方面均有不同表現。這些不同有的前賢已經注意到了，這裏將系統地加以比較。爲避免混亂，也爲了給下面討論"了"建立一個參照系統，本節先撇開"了"。

2.1 句法結構之別

句法結構方面最外顯的區別在小句内部：當小句内出現副詞時，通常 A 式副詞在 X 之前，B 式副詞在動詞之前；當小句内出現賓語時，通常 A 式的 X（畢/竟/訖/已）在賓語之後，B 式的 X（却/將/得/取）在動賓之間。即，典型完具的小句形式，A 式是"V＋O＋副＋X"，B 式是"副＋V＋X＋O"。試比較：

(3) A. 敘情既畢，便深自陳結。（世説新語，引自梅祖麟 1980）

　　B. 兩瓶箸下新開得，一曲霓裳初教成。（白居易詩，引自曹廣順 1995）

(4) A. 謝公與人圍棋，俄而謝玄淮上信至，看書竟，默然無言。（世説新語，引自梅祖麟 1980）

　　B. 君看渡口淘沙處，渡却人間多少人。（劉禹錫：浪淘沙，引自曹廣順 1995）

當小句内没有出現賓語或副詞時，A、B 兩式都是"V＋X"，表面相同，難以區別，如：

(5) A. 羊不大應對之，而盛進食，食畢便退。（世説新語，政事）

　　B. 妻曰："百丈井底埋却，大石磕之，以土填却，豈有活理？"（敦煌變文校注，舜子變）

但是，從大於小句的層面看，A 式一般處於連續事件句的前一小句，後面另有動詞或小句與之緊密相接，或用語音停頓隔開，如(5A)以及(3A)(4A)；B 式則没有這種限制，如(5B)以及(3B)(4B)。換句話説，A 式是黏著的，B 式是自由的。無論有無賓語，有無副詞修飾，都有這種傾向。

不過蔣紹愚先生(2001)曾經指出："畢、竟、訖"可以用在一個句子的終了，後面不再接另一小句，"已"後面必須再接另一小句，或再跟一個動詞短語。這表明相對於"V(＋O)＋竟/

訖/畢"來説,"V(+O)+已"的黏著程度更高。但是,相對於"V+却/得/取(+O)"來説,"V(+O)+畢/竟/訖"的黏著程度其實也很高,如《世説新語》中處於"V(+O)+X"格式的"畢""竟""訖"分別爲21次、15次、5次(蔣紹愚2001),共41例,經檢查,僅1例可以結句,即(6A),且不甚典型;其餘都是黏著的,後面另有敍述主要事件的VP,如(6B):

(6) A. 支道林先通,作七百許語,敍致精麗,才藻奇拔,衆咸稱善。於是四坐各言懷畢。謝問曰:"卿等盡不?"(文學)
B. 語云:"白事甚好,待我食畢作教。"食竟,取筆題白事後云……(政事)|崇視訖,以鐵如意擊之,應手而碎。(汰侈)

A式與B式在句法上的黏著與自由的不同,與其語篇功能上前景與背景的差別有關。因爲表示背景事件的語言形式在話語中傾向於黏著,而表示前景事件的語言形式傾向于自由。

2.2 前景背景之别

"前景"與"背景"本來是篇章語法的概念,Hopper(1979)指出,在敍事語篇中,敍述故事主線、構成語篇骨架的部分是前景(foreground);自身並不敍述主要事件而是對敍述加以補充或評論,屬於從屬或支持性的部分爲背景(background)。在有些語言中,前景和背景存在明顯的形式標記,如Swahili語,表示前景事件的動詞用前綴ka-標記,表示背景事件則以ki-標記。Hopper還發現,背景和前景的區别在許多方面均有表現,如:(甲)信息結構不同:背景中,新信息在謂語前面;前景中,新信息在動詞本身及其補足語。(乙)動詞情狀不同:背景中,往往是延續(durative)、静態(stative)、反復(iterative)動詞;前景中,往往是終結或點狀(punctual)動詞。(丙)體貌類型不同:背景與非完整體(imperfective)大體對應;前景與完整體(perfective)大體對應。[②]

Hopper這裏所揭示的背景和前景的區别,與此前他所揭示的非完整體和完整體的區别、其後他和Thompson揭示的低及物性和高及物性的區别大體都是平行的,不僅體現在語篇層面,也體現在句子層面。正如方梅(2005)所言:在複句中,通常從句爲背景,表達時間、條件、伴隨狀態等,主句爲前景,表達事件過程;在連動結構中,通常背景在前,前景在後。前述A式與B式黏著與自由(或可結句與不可結句)的不同正是篇章上背景與前景之别在句法方面的具體表現之一:A式大多用於説明後一事件的時間背景,因而是黏著的;B式大多用於陳述事件的主要進程,因而是自由的。[③]雖然不能説背景與前景之别完全適用於解釋A、B兩式之别,但這兩方面確實具有不少平行之處,除前述句法表現外,在信息結構、情狀類型和體貌特徵上也有跡可尋。

(一)從信息結構看,A式"V(+O)"所表示的事件往往是舊信息或可預知信息;B式"V(+O)"所表示的事件是新信息或不可預知信息。以往在討論信息結構時多關注名詞性成分,其實動詞同樣是信息的載體,更準確地説,由動詞及其連帶成分所表示的事件也具有承載新舊信息之别。新舊信息可以通過形式加以證明:一個很有意思的現象是,A式常處於語篇"SV_1。+V_2X,+V_3"中,V_1在前面小句中作謂語,是新信息;V_2與V_1表示同一事件,甚至直接重複V_1,具有話題性質,是舊信息;再接下來的V_3又是新信息。如:

(7) 王仲祖、劉真長造殷中軍談$_{v1}$。談$_{v2}$竟,俱載去$_{v3}$。(世說新語,賞譽)

在"談$_{v2}$竟,俱載去$_{v3}$"中,"談"因爲在上句已經説到,自然不是新信息。"談$_{v2}$竟",是給"俱載去$_{v3}$"提供背景。雖然是背景但也含有一定的信息量,否則就不必專門重複了,而 X 就是這個信息量的主要承擔者,是 A 式的語義焦點之所在。下面再舉幾例,即使 V_1、V_2、V_3 所述事件都相同,信息結構也仍是如此:

(8) 於門開時,彼地獄中諸衆生等聞聲見開,向門而走$_{v1}$。走$_{v2}$已復走$_{v3}$,乃至大走。(隋闍那崛多等譯:起世經①,卷四)|善慶口即不言,心裏思量$_{v1}$:"我憶昔在廬山之日……"善慶思惟$_{v2}$既畢,滿目是淚$_{v3}$。(敦煌變文校注,廬山遠公話)|其人即詢諸漁者<u>本處土地山川之名及朝代年月</u>$_{v1}$,甚詳審,<u>問</u>$_{v2}$訖,却入水中$_{v3}$,寂無聲跡。(玉堂閒話,太平廣記,卷三七三)

而 B 式往往是新信息承載者,因而通常不能處於上述語篇 V_2X 位置。同時,B 式也有一些常見用法是 A 式所不具有的,如用作祈使句的謂語部分。祈使句的謂語部分當然是新信息之所在。例如:

(9) 願大將軍不如<u>降却</u>。(敦煌變文校注·李陵變文)|昨夜風雷黑暗中,聞神人言:且<u>救取蔡通判一家</u>。(夷堅志,支戊四,引自曹廣順 1995)

(二) 從情狀類型看,A 式的 V(O)一般是動態的、可持續的延續情狀,B 式可以是延續情狀,也可以是動態、不可持續的終結情狀⑤。關於 A 式的情狀類型,蔣紹愚(2001)、楊永龍(2001)等有詳細討論。蔣文顯示,六朝"畢""竟""訖"前面的動詞或動詞短語必須是可持續的,如"食訖""洗手既竟"等,例外很少。只有佛經的"已"比較特殊,前面可以是可持續的,也可以是不可持續的,如"到竹林已,問諸比丘"(《賢愚經》卷四,引自蔣文)。蔣文指出,"已"的這種用法不是漢語固有的,是譯經者用來翻譯梵文"絕對分詞"(相當於"……了之後")造成的。B 式 V(O)的情狀沒有這種傾向,既可以是可持續的,也可以是不可持續的,以不可持續的終結情狀更爲常見,如《敦煌變文校注》的"拋却父母、棄却奴婢、舍却渾身肉、失却阿娘、忘却阿耶娘、破却吐蕃、斷却諸緣、散却兵馬"等都是終結情狀。

(三) 從體貌類型看,"延續情狀 + X"可以把事件的過程分解之後從内部加以觀察,關注動作或活動的完畢,表達非完整體(imperfective)意義。如"談竟,俱載去"指清談結束之後如何如何。清談有一個過程,有開始、持續、結束,"談竟"觀察的是清談這一過程的結束。"終結情狀 + X"傾向於把事件作爲一個整體來看待,對其過程不加分解,表達完整體(perfective)意義。如"拋却父母",把父母丢在家中而不顧,也許有一個過程,但説話者並沒有關注這個過程的開始、進行或結束,而是把它作爲一個不可分割的整體來看待的。延續情狀雖然可以分解,但如果把它看作一個整體而不加分解,那麼"延續情狀 + X"也可以表達完整體意義,這就是梅祖麟(1994)所說的"把這些動作動詞的時間幅度壓縮成一個點"。A 式早期只能是"延續情狀+X",其體貌特徵以表達非完整體爲主;後來,一方面"延續情狀+X"發展出非完整體用法,另一方面"已"(偶有"訖")也可以用於"終結情狀+X"中表達完整體意義。B 式的體貌特徵則是以表達完整體爲主。

2.3 語法化程度和語法意義之別

A 式的 X("已、畢、竟、訖")本是完畢義動詞,因爲可以受副詞修飾,所以一般認爲是謂語(梅祖麟 1981),如(3A)"敘情既畢"。不過這種構式中 X 與一般謂語不同:(一)不能帶賓語;(二)主語只能是謂詞性的;(三)謂詞性的主語本身另有體詞性主語,而且該體詞性主語可以是前後小句共享的。如(4A)補齊主語,則爲"謝公與人圍棋,……【謝公】看書竟,【謝公】默然無言",可見"看書竟"總體上和"與人圍棋""默然無語"一樣,都是對"謝公"加以陳述,都可以看作謂語。既然"看書竟"是謂語,其中"看書"又是對"謝公"加以陳述的主要動詞短語,那麼"竟"只能是次要動詞。既然是次要動詞,看作補語也未嘗不可。而且 A 式中有副詞修飾時雖然以"V(+O)+副+X"爲常,但也有一些反例,蔣紹愚(2001)已經注意到"副+V(+O)+已",其實也有"副+V(+O)+畢""副+V(+O)+竟""副+V(+O)+訖",其中的"已""竟""畢""訖"恐怕更應該分析爲補語而不是謂語。如:

(10) 既馳三輩畢,而田忌一不勝而再勝。(史記,孫子吳起列傳)|釋之既朝畢,因前言便宜事。(史記,張釋之馮唐列傳)|魏相國華歆跪受璽綬以進于王。既受畢,降壇視燎,成禮而返。(宋書,卷十六)

(11) 爾時文殊師利法王子,既已坐竟,白佛言……(東晉佛陀跋陀羅譯:觀佛三昧海經,卷九)|非此業則不作緣,若不然者,則未作竟而來,及已作竟而失。(原注:"來"謂業未作竟其果即來,"失"謂業已作竟其果便失)。(隋達磨笈多譯:緣生論)

(12) (劉)平還,既食母訖,因白曰:"屬與賊期,義不可欺。"(後漢書,卷三十九)|爾時世尊見長者善生詣園遊觀,初沐浴訖,舉身皆濕,向諸方禮。(後秦佛陀耶舍共竺佛念譯:長阿含經,卷十一)|諸相師既占看訖,白大王言……(隋闍那崛多譯:佛本行集經,卷二十三)

不僅如此,譯經中的"已"有許多用於終結情狀之後,"已高度虛化,只起語法作用,已經不能看作動詞"(蔣紹愚 2001),如:

(13) 駝既死已,即剝其皮。(百喻經,引自蔣紹愚 2001)

"駝既死已"這類"已"自然不再是謂語,同時又如蔣紹愚(2001)所說,也不能看作"完成貌詞尾"。蔣的理由是有賓語時"'已'永遠是出現在賓語之後"。還有一條理由如前所述:"已"仍是語義焦點之所在。這類語義較虛、附著性強、仍是焦點的成分,可參考梅祖麟(1994)、吳福祥(1998)、蔣紹愚(2001),看作動相補語。⑥

由此可見,同樣是 A 式,其中 X 的性質不可一概而論。當同一詞項處於不同的下位構式時,其虛化程度也不盡相同。如在"V(+O)+副+X"中可能是謂語,在"(副+)V延續(+O)+X"中可能是補語,在"(副+)V終結(+O)+X"中可能是動相補語。

從意義看,"畢/竟/訖/已"用在延續情狀之後時表示完畢,用在終結情狀之後時表示完成。所謂"完畢"是指動作或過程結束,主要是就虛化程度較低的 X 的詞彙意義而言;所謂"完成"是指事件在某一參照時間之前已經發生,是就動相補語和動態助詞之類虛化程度較高的 X 的語法意義而言。⑦不過,A 式大多處於"A 式+後句"這一更大構式之中,這一更大構式的意義是(i)"做完甲事再做乙事"(梅祖麟 1999)——這主要適合於早期出現的"延續情狀+X";或(ii)"某一情況出現後再出現另一情況"(蔣紹愚 2001)——這主要適合於稍晚出現的"終結情狀+X"。(i)(ii)的共同點是強調事件的先後關係,即 A 式所述事件先於後續小句所述事件發生。在這種語境中,A 式表"完畢"或表"完成"是相通的⑧。如下面的例(14)有三個連續的"A 式+後句",雖然"飯食""洗足"和"到佛所"分別爲延續和終結情狀,但構式意義都是表示"VP$_1$之後,VP$_2$"。其中的 X 一定程度上具有表示相對先時和連接功能,大體上相當於"……(之)後……"。

(14)飯食訖,收衣缽;洗足已,詣於佛所;到佛所已,頂禮佛足。(隋闍那崛多譯:佛本行集經,卷一)

B 式中"却、得、取、將"原是及物動詞,後來在"V+X(+O)"之 X 位置虛化爲動相補語,用在意義相關的動詞之後,表示動作獲得結果⑨,如"却"用在去除義動詞之後,表示動作有了去除性結果;"得"用在獲得義動詞之後,表示動作有了獲得性結果。例如(15),"斫得被"意思是砍到被子,即"斫被"獲得了結果。後來功能有所擴展,突破了語義限制,"却、得、取、將"又進一步虛化爲動態助詞⑩,表示動作或狀態的實現——所謂"實現",即劉勳寧(1988)所說的"動詞、形容詞的詞義所指成爲事實"。如(16),"白却少年頭"是說出現了頭髮白這種事實。

(15)祥嘗在別床眠,母自往闇斫之,值祥私起,空斫得被。(世說新語,德行)

(16)看他終一局,白却少年頭。(全唐詩,卷七三七,高蟾:棋,引自曹廣順 1995)

綜上所述,A 式與 B 式是完全不同的構式,其區別可歸納爲(A 式括弧中的特徵表示後期的擴展,主要是就譯經的"V(+O)+已"及偶見的"V(+O)+訖"而言):

	A 式	B 式
句法	V(+O)+X	V+X(+O)
篇章	背景	前景
信息結構	V(+O)是舊信息	V(+O)是新信息
情狀	延續(>終結)	終結/延續
體貌	非完整體(>完整體)	完整體
語法化程度	謂語>補語>動相補語	動相補語>動態助詞
意義	完畢(>完成)	有結果>實現

A 式與 B 式雖然是不同構式,但也有聯繫和交叉。尤其是"V(+O)+已"到六朝譯經中在情狀類型、體貌特徵方面更是與 B 式趨於一致。

2.4 A 式用於前景

A 式在文獻中雖然絕大多數用於背景,但也不是不能用於前景。例子雖少,却是一個不容忽視的小類。爲研究方便,下文將 A 式分爲兩類:用作背景的稱作 A_1 式,用作前景的稱作 A_2 式。上面討論的 A 式與 B 式的區別其實是 A_1 式與 B 式的區別,這裏再簡要比較一下 A_2 式與 A_1 式、B 式的異同。A_2 式例如:

(17) 大代景明四年歲次癸未三月癸丑朔廿一日癸酉造訖。(漢魏南北朝墓誌彙編,北魏顯祖獻文皇帝第一品嬪侯夫人墓誌銘)

(18) 侍者受教,即從殿下則於露地疾敷金床。訖,還白曰:"已爲天王則於露地敷金床訖,隨天王意。"(東晉瞿曇僧伽提婆譯:中阿含經,卷十四) | 我等所欲論者,沙門瞿曇已先說訖。(後秦佛陀耶舍共竺佛念譯:長阿含經,卷十六) | 我時即還,欲趣小兒,狼已噉訖,但見其血流離在地。(元魏慧覺等譯:賢愚經,卷三) | 飲水已足,即便舉手語木筩言:"我已飲竟,水莫復來。"(蕭齊求那毗地譯:百喻經,卷二)

(19) 於是世尊即爲尊者阿那律陀舒張衣裁,諸比丘便共割截,連綴縫合。即彼一日,爲尊者阿那律陀成三衣訖。(東晉瞿曇僧伽提婆譯:中阿含經,卷十九)

與 A_1 式一樣,A_2 式中 X 大多與延續情狀結合,表完畢,如(17)(18),也偶與終結情狀結合,如(19)。(17)單純表示完畢,X 有較實在的詞彙意義。"造訖"即造完。(18)與副詞"已"同現,有的完畢義還很明顯,如"敷金床訖";有的完畢義已不明顯,傾向於强調已然發生,如"已先說訖",不再對"說"加以分解從而關注其終結點,而是把"說"看作一個整體,强調這個整體事件在說話之前已經發生。例(19)更值得注意,因爲"成三衣"是終結情狀,終結情狀就是一個不加分解的點,因此"成三衣訖"是典型的强調已然。

與 A_1 式不同的是,A_2 式是以說話時間或情景的當時爲參照,表示事件已經完畢或完成,而 A_1 式是以後一事件爲參照,表示事件完畢或完成。

與 B 式比較,在用於前景方面是相同的,但在其他方面 A_2 式仍然與 A_1 式相近而與 B 式有別。如附著於終結情狀的"成三衣訖"强調已然,表義功能類似於現代漢語重讀的"已經"(當然"訖"與"已經"詞性和句法功能各不相同);假如說成 B 式"成得三衣"則是關注結果的實現。與延續情狀結合時也有類似平行的區別,如(20A)"食訖"是吃罷,强調事件已經完成;而(20B)"喫却"是吃掉,强調動作有結果。

(20) A. 白言聖者:"某甲長者家中設食,唯願慈悲無違所請。"苾芻曰"我已食訖。"還報長者:"苾芻食訖。"(唐義净譯:根本說一切有部毗奈耶,卷三十四)

B. 翁曰:"放儞上山,乞蟲喫却。"(唐釋道世撰:法苑珠林,卷三十九)

下面是一個曹廣順(1995:12)舉過的一個例子:

(21) 李龜年善羯鼓,玄宗問:"卿打多少枚?"對曰:"臣打五十枚訖。"上曰:"汝殊未,我打却三豎櫃也。"(傳記,太平廣記,卷二百五)

李龜年用 A₂ 式強調已經完成,"臣打五十枚訖"是説我已經打造了五十個羯鼓;唐玄宗用 B 式強調結果的實現,"我打却三豎櫃"是説我打出來了三豎櫃羯鼓。"我打却三豎櫃也"似乎也有已經的意思,那是因爲後面還有一個相當於"了₂"、用於告訴新情況的"也"(关于"也",参見太田辰夫 1958、魏培泉 2002 等)。

綜上可見,A₁ 式用於描述背景,"A₁ 式 + VP"表示前一事件完畢或完成之後,接著發生另一事件;A₂ 式用於陳述前景,表示事件已經完畢或完成;B 式一般用於前景,同時也可用於背景,表示動作有結果或結果的實現。就 X 的表義功能而言,粗略地説,在 A₁ 式中相當於"完"或"……(之)後……";在 A₂ 式中相當於"完"或"已經";在 B 式中與"把它吃了"或"王冕死了父親"中的"了"相當。

3 早期"了"的用法

宋代以前"了"的用法,許多學者都曾予以揭示,如王力(1958),太田辰夫(1958),Cheung(1977),趙金銘(1979),潘維桂、楊天戈(1980a、1980b),梅祖麟(1981、1994),劉勳寧(1985),曹廣順(1986、1995)、木齋弘(1986),馮春田(1992),蔣紹愚(1994、2005),吴福祥(1996、1998),石鋟(2000),楊永龍(2001、2003),魏培泉(2002),林新年(2006),陳前瑞(2007)等。各家的研究視角和目標不盡相同,結論也不盡相同。以往不少學者根據賓語的有無和位置,把早期"了"所在格式分爲三類:(一)動 + 賓 + 了,(二)動 + 了,(三)動 + 了 + 賓,認爲第一類"了"尚爲動詞,第二類"了"難以區分或隨著前面動詞的不同而有區别,第三類"了"是助詞。這樣分類最爲簡明,但有時會混淆每一小類中的區别,同時割裂三類之間的聯繫。下面我們將以上節對 A、B 兩式的分析爲基礎,對宋代以前重要語料中"了"的使用情況重新分析考察。從中可以看到,"動 + 賓 + 了"可用於 A 式,"了"爲完畢義動詞作謂語、補語,或表完成的動相補語;宋代以後又發展出事態助詞用法。"動 + 了"可用於 A 式,"了"爲完畢義動詞作謂語、補語,或表完成的動相補語和動態助詞;也可用於 B 式,"了"爲表示動作有結果的動相補語或表實現的動態助詞。"動 + 了 + 賓"可以是 A 式的變體,"了"爲表完畢的補語,表完成的動相補語,或動態助詞;也可以是 B 式,"了"爲表示動作有結果的動相補語或表實現的動態助詞。

3.1 六朝以前的"了"

六朝及其以前,完畢義的"了"用例很少,除用在"事了"之類的句子中作中心動詞外,均用於 A 式之 X 位置,大多爲完畢義動詞作謂語、補語,A₂ 式中偶有表完成的動相補語用例。如:

A₁式

(22) 晨起早掃，食了洗滌。(僮約，引自王力1958)│右二味爲散，沐了以方寸匕已摩疾上，令藥力行。(金匱要略，卷上，頭風摩散方)│八月初，胡葈子未成時又鉸之。鉸了亦洗如初。(齊民要術，卷六，養羊)│御史檢了，移付司直覆問，事訖與御史俱還。(魏書，高恭之傳)│盡第十六天上人本所居處了，盡下至阿須倫天無餘。(西晉法立共法炬譯：大樓炭經，卷五)│若木匠弟子，取於諸木安地上已，即用黑繩而以拼度。拼度訖了，以利斷斤或作二分，三四五分……(隋達摩笈多譯：起世因本經，卷三)│如是處處安置訖了，時迦毗羅大婆羅門告於彼等當牧牛人，作如是言。(同上，卷四十五)│

(23) 灸手足兩爪後十四壯了，飲以五毒諸膏散。(金匱要略，卷下，救卒死而張口反折者方)│美言問訊事情訖了，却住一面。(隋闍那崛多譯：佛本行集經，卷三十九)

(22)是"V+了"，(23)是"V+O+了"，其中有"了"獨用也有"訖了"同義連用。這些例子未必全部可靠，其中《僮約》一般認爲是東漢王褒所作，梅祖麟(1981)以爲"年代真僞可疑"；《金匱要略》是東漢張仲景所著，經過晉王叔和編次；《齊民要術》的可靠性也有人提出疑問，其中共有5例，這裏僅錄1例。不過，無論如何至遲到六朝時"了"已經可以進入"畢、竟、訖、已"的位置，這是完全沒有疑問的。上述例子，"V(+O)+了/訖了"都不能結句，需要有後續小句；"V(+O)"都是延續情狀⑫，"了"或"訖了"是補語，表完畢。整個"V(+O)+了/訖了+後句"的構式意義是表示前一事件完畢之後，接著出現後一事件。

A₂式

(24) 此人買薑畢，捉書負薑，騎杖閉目，須臾已還到吳。廚下切鱠適了。(三國志，卷六十三，吳書十八，裴松之注)

(25) 聖子當知，今已駕被車馬訖了，正是行時，可乘而出，觀看善地。(隋闍那崛多譯：佛本行集經，卷十四)│人生吉凶、造作、善惡、疾病等事，如上説了。(隋那連提耶舍譯：大方等大集經，卷四十二)

(26) 公留我了矣，明府不能止。(三國志，蜀志，楊洪傳，引自曹廣順1995)│王語彼人："二俱不是。卿父已死，以檀膩羈與汝作公。"其人白王："父已死了，我終不用此婆羅門以爲父也。"(元魏慧覺等譯：賢愚經，卷十一，引自俞光中、植田均1999)

上面幾例有的有賓語，有的沒有賓語，屬於A₂式。例(24)"切鱠"是延續情狀，"了"受副詞修飾，明顯是完畢義動詞，作謂語。(26)"留我""死"是終結情狀，"了"與例(19)的"訖"一樣，虛化程度比較高，幾乎完全失去了詞彙意義，但仍然是句子的語義焦點，屬於動相補語，用於強調已然。"公留我了矣"意思是主公已經留我做留府長史了。"父已死了"就是"父親已死"，"了"強調已經發生，與前面的副詞"已"功能相同而同現。表面看"父已死了"與普通話"父親已經死了"相當，其實區別很大：前者強調"父死"是已然事實，其中"父死"是舊信息，前文已見，"了"纔是表達的重心。⑬後者是把"父親死"作爲新信息告訴聽話者，"死"是表達重心，

"了"已經虛化。例(25)VP是延續情狀,但"訖了""了"的虛化程度和語法功能介於(24)和(26)之間,是完畢義動詞作補語,同時有強調事件已經發生的功能。

3.2 唐五代的"了"

在唐五代350年間,"了"字用例大爲增多。我們統計了《全唐文》《太平廣記》《入唐求法巡禮行記》《全唐詩》《全唐五代詞》《祖堂集》《敦煌變文校注》等語料[14],共收集591個相關用例,具體用法如下表(B式以外各分爲a、b兩小類,a類的"V(+O)"是延續性的,b類的"V(+O)"爲非延續性的):

	A_1式 a	A_1式 b	A_2式 a	A_2式 b	A_1'式 a	A_1'式 b	A_2'式 a	A_2'式 b	B式	合計
全唐文	23		6							29
太平廣記	27		18							45
入唐求法巡禮行記	39	3	16	6						64
全唐五代詞	8	8	2	2						20
祖堂集	46	23	22	26						117
全唐詩	67	18	4	2	2	1	2	1	1	98
敦煌變文校注	136	53	24	1	2		1		1	218
合計	346	105	92	37	4	1	3	1	2	591

從用例看,這一時期"了"的用法既有繼承,更有發展。主要表現在:

(一)"了"繼續用於A式,大量用於延續情狀之後,可以受副詞修飾,可以理解爲完畢義動詞。甚至在《全唐文》《太平廣記》這類言文夾雜的作品中,"了"只與延續性情狀結合。這表明其中"了"的動詞性還比較強,是六朝的"了"及"已、畢、竟、訖"等相關用法的繼承。先看A_1式,"V+了""V+副+了""V+O+了""V+O+副+了"各舉一例:

(27)借物莫交索,<u>用了</u>送還他。(王梵志詩)|師便置前問,<u>問未了</u>,道吾便奪云:"樹倒藤枯時作摩生?"(祖堂集,潙山和尚)|禮佛之時,衆皆下床,於地下數座具。<u>禮佛了</u>,還上床座。(入唐求法巡禮行記,卷一)|<u>書契既了</u>,度與相公。(敦煌變文校注,廬山遠公話)

在《敦煌變文校注》中,189例A_1式"了"字用例有136例用於延續情狀[15],約占71%,其中受"既""已(以)""欲""未"等副詞修飾的有51例,約占136例的37%。

再看A_2式例。A_2式中與延續情狀結合的"了"有的完畢義比較明顯,尤其是用於未然語境,或受副詞修飾的場合,如(28);有的雖可以理解爲完畢義,但主要在於強調事件在説話時間業已發生,"了"不受副詞修飾,如(29):

(28)《韓朋賦》一卷,癸巳年三月八日張愛道<u>書了</u>。(敦煌變文校注,韓朋賦,後記)|從第一船遣書狀報判官已下……<u>隨狀轉報既了</u>。(入唐求法巡禮行記,卷一)|有時繞樹山鵲飛,貪看不待<u>畫眉了</u>。(施肩吾:效古詞,全唐詩,卷四九四)|粉壁內面畫諸尊曼茶羅,<u>填色未了</u>。是亦不空三藏爲國所造。(入唐求法巡禮行記,卷三)

(29) 須臾奏對："火坑塡了。"(敦煌變文校注,悉達太子修道因緣)｜遂□□(即執)笏奏曰："臣與陛下勾改文案了。"(同上,唐太宗入冥記)｜師云："何不問王老師?"僧云："問了也。"(祖堂集,南泉和尚)｜師問僧："喫飯也未?"對云："喫飯了也。"(同上,報慈和尚)

雖然《祖堂集》中"VP了"幾乎不能結句,要有後續成分或"也"同現(劉勛寧1986),但"VP了也"用於前景,其中的"VP了"仍屬於 A₂式,正如例(26)"公留我了矣"中一樣。⑯在"VP了也"中,"了"與"也"處於不同的結構層次,各司其職:"也"相當於先秦的"矣"或後世的"了₂","了"與結句的"VP了"中"了"性質無別,至少在"了₂"產生以前是同一的。

(二)在 A 式中"了"的功能同時又有較大擴展:一是與終結情狀結合的頻率大幅提高,再就是出現了一些與靜態情狀結合的例子。此前只有"已"可大量用於終結情狀之後,其他完畢動詞僅"訖"和"了"偶見用於終結情狀之後(如前舉例19、26),到了唐五代時期,"了"與終結情狀和靜態情狀結合的例子加起來已經高達 A 式的 24%,甚至在《祖堂集》中達到41%,在《全唐五代詞》中達到50%。這種量的變化表明,在晚唐五代時期,"了"用於延續情狀還是用於非延續情狀已經沒有限制。

從 VP 的構成看,終結情狀可以是"死""過江"之類的光杆動詞或光杆動詞帶賓語,也可以是"接得""剃除鬚髮"之類的述補結構或述補結構帶賓語,而"接得""放却坑水"之類又可構成 B 式,因此"接得了"等是 A 式中含有 B 式。靜態情狀的構成也較爲多樣,有"歡喜"之類的動詞、"屬你"之類的述賓結構,以及"安健"之類的形容詞等。下面(30)是 A₁式例,(31)是 A₂式例:

(30) 死了萬事休,誰人承後嗣。(寒山詩,全唐詩,卷八〇六)｜仰山危手接得了,便禮謝,喫。(祖堂集,潙山和尚)｜過江了,向行者云："你好去。"(同上,弘忍和尚)｜雪峰便放却坑水了,云："水月在什摩處?"(同上,欽山和尚)｜目連剃除鬚髮了,將身便即入深山。(敦煌變文校注,大目乾連冥間救母變文)｜長者身心歡喜了,持其寶蓋詣如來。(同上,維摩經押座文)｜直待女男安健了,阿娘方始不憂愁。(同上,父母恩重經講經文(一))

(31) 皇帝舍怨收救了,若作無憂散悼身!(敦煌變文校注,拾季布傳文)｜忽見城頭白馬蹤,則知太子成佛了。(敦煌詞,全唐五代詞)｜師問僧："一切聲是佛聲,一切色是佛色,拈却了与你道。"對云："拈却了也。"(祖堂集,雲門和尚)｜玄沙云："譬如一片地,作契賣與你惣了,東西四畔並屬你了也,唯有中心一樹由[猶]屬我在。"(同上,靈雲和尚)

這裏的"了"是不是已經虛化爲助詞了呢?從意義上說,終結情狀後的"了"已經不是完畢而是表完成,而靜態情狀加"了",不僅不是表完畢,反而是表示該情狀的出現,換句話說是表示狀態的實現。從形式看,"了"可以用在動相補語之後(如"拈却了"),說明其語法化程度高於動相補語。既然語法化程度高於動相補語,稱作助詞也未嘗不可。只是賓語出現時仍是"VO了"而不是"V了O";"了"後還可以出現相當於"了$_2$"的"也"。更爲關鍵的是,還要看該式的語義焦點(或表達的重心)是"了"本身還是"了"所附著的成分:如果是"了"本身,用於強調先後或已然,就還不是"了$_1$"或"了$_2$",而仍是動相補語;如果是"了"所附著的成分,着重說明所附著成分的實現,就可以看作"了$_1$"或"了$_2$"了。即使 A$_1$ 式中沒有賓語,A$_2$ 式中"了"字結句,也同樣存在這個問題。

綜觀 A 式的發展,不難發現,"了"的虛化過程,也是焦點弱化的過程。該過程大體經歷三個階段:(Ⅰ)當初用作完畢義動詞、限於和延續情狀結合時,本身就是強焦點,所附著的 VP 是舊信息;(Ⅱ)後來所附著的成分從延續情狀擴展到終結情狀、靜態情狀,"了"用作動相補語表完成、實現,表達重心開始向 VP 轉移,但仍用於強調先後(A$_1$ 式)、強調已然(A$_2$ 式),可稱之爲弱焦點;(Ⅲ)到了現代漢語的"了$_1$""了$_2$",語法意義還是表示完成或實現,但本身都不再是焦點,焦點轉移到所附著的 VP 或其中某一成分。

焦點性的強弱在現代漢語裏可以通過"了"的语音是否弱化以及句子的重音位置加以判別,如河南開封話:

(32)張三:咋還沒到家唉?李四:到家了[⁻liao]了[·la]。

(33)張三:你到哪裏了?李四:到家了[·la]。

"了[⁻liao]"語音沒有弱化,且是句子重音之所在,焦點性強;"了[·la]"語音弱化,句重音是它前面的成分,焦點性弱。但是,在歷史語法研究中很難利用讀音這個顯性標誌,往往主要通過語境來揣摩。總體來看,唐五代與終結情狀和靜態情狀結合的"了"大多焦點性比較明顯,在於強調先後或強調已然,是動相補語。如(30)"過江了,向行者云……",前面已說到師自把櫓,親送慧能過江,因此"了"是焦點,強調先後共變關係,不是"了$_1$"。(31)"拈却了也"有反預期義,與(32)語境類似,"了"強調已然;"皇帝舍愆收赦了"中"了"結句,也有強調已然的意思,即告訴季布皇帝已經舍愆收赦(赦免罪過,收回通緝令),所以都還不是"了$_2$"。也有的很難説清"了"是焦點還是"了"所附著的成分是焦點,處於兩可狀態,如(30)的"死了萬事休",很難説是強調"死後"如何如何,還是僅表示出現了"死"這種情況;(31)"則知太子成佛了"也很難説是強調成佛之事實還是強調已經成佛。也有一些例子表達重心應該已經轉移到 VP 上了。如:

(34)國主乍聞心痛切,朝臣<u>知了</u>淚摧摧。(敦煌變文校注,歡喜國王緣)

(35)盧綰勃跳下階,便奏霸王:"王陵只是不知。或若王陵<u>知了</u>,星夜倍程入楚,救其慈母。"(同上,漢將王陵變)

(36)嚴妝嫩臉花明,交人<u>見了</u>關情。(尹鶚:杏園芳,全唐五代詞)

(37)蟻子在水中遶轉兩三币(匝),<u>困了</u>,浮在中心,死活不定。(祖堂集,慧忠國師)

從邏輯上看,上述各例"V了"與其後的"VP"在時間上仍然有先後關係,但是從句義來看並不強調這種先後關係。如(34)只着重説明"知"的實現,正如前句"聞"先於"心痛切"而不強調先聞一樣;(37)"困了"不是強調"之後"之類的時間意義,而在於説明出現了"困"這種狀態。餘類推。這類"了"可以認爲是助詞,與現代漢語有關用法的"了₁"没有區别,與不帶賓語的 B 式的 X 也很接近(所處的前景、背景可能不同)。不過,唐五代時這類用法還不多見⑰,而且僅見 A₁ 式的"V 了",未見明顯的"了₂"用例(詳下)。

(三) 出現了"V 了 O"。"V 了 O"一直受到大家關注,並看作"了"虚化爲動態助詞的標誌。前賢共找到十幾個唐五代時期的例子,經過曹廣順(1986)、蔣紹愚(2005)甄别之後,可靠的不足十例。本文認爲這些例子分屬於三個不同小類:

甲類:屬於 B 式,其中的"了"是"了₁"。前人所舉的有:

(38) 林花謝了春紅,太匆匆!(李煜:烏夜啼,引自王力 1958)

(39) 補了三日不肯歸胥家,走向日中放老鴉。(朱仝:與馬異結交詩,引自曹廣順 1986)

(40) 前皇后帝萬千年,死了不知多與少。(維摩碎金,敦煌變文集新書,引自吴福祥 1996)

(38) "林花謝了春紅"在句法、篇章、信息結構等方面都符合 B 式的有關特徵,"了"相當於"却"。不過還不够典型,因爲從"太匆匆"看是感歎春紅謝得太早,多少有凸顯已然的意思。(39) 帶時量賓語。帶時量賓語是唐五代 B 式的用法之一,如《祖堂集·洞山和尚》"過得三年後,受戒一切了,諮白和尚……"。例(40)誠如蔣紹愚(2005)所言,結構比較特殊,不過,試比較白居易《題流溝寺古松》:"欲知松老看塵壁,死却題詩幾許人。"(全唐詩,卷四三六)"死了不知多與少"與"死却題詩幾許人"意境相同,都是死了很多人的意思,雖然"不知多與少"後没有出現所指稱的"前皇后帝",但"死了"與"死却"相當。

在《全唐詩》中另有兩例比較典型的 B 式,其中的"了"也相當於"却":

(41) 幾日行雲何處去,忘了歸來,不道春將暮。(馮延巳:蝶戀花,全唐詩,卷八九八)

(42) 若還猜妾倩人書,誤了平生多少事!(許岷:木蘭花,全唐詩,卷八九九,另見《全唐五代詞》)

如前所述,B 式中的 X 有動相補語和助詞之别,分别表示動作有結果和動作的實現,"了"亦當如此。上述 5 例(39)"補了三日"表實現,其餘 4 例表示動作有結果。不過,《現代漢語八百詞》指出:"有些動詞後面的'了₁'表示動作有了結果,跟動詞後的'掉'很相似。"據此,表示動作有結果的"了"可以算作動態助詞"了₁"。

既然五代時有帶賓語的 B 式,照理也應該有不帶賓語的 B 式。但是我們見到的"V 了"要麽是 A₁ 式,要麽是 A₂ 式:

(43) 砌下落梅如雪亂,拂了一身還滿。(李煜:清平樂,全唐詩,卷八八九,另見《全

唐五代詞》)

(44) 錦字書封了，銀河雁過遲。(牛嶠：女冠子，全唐詩，卷八九二，另見《全唐五代詞》)

(43)"拂了"似乎與"拂却"無別，如果没有後續成分，又是祈使句的話就是典型的B式。但"拂了一身還滿"的表達重點是"一身還滿"，是落梅之多。"拂了"用來作背景，意思是拂却之後(出現什麽結果)，"了"是其中的焦點。(44)是説信已封好，但鴻雁不來。"錦字書封了"雖可以看作前景，但却是强調已然的A_2式。《祖堂集》有兩例很像B式：

(45) 師又問："阿那个是觀音行？"師却彈指一下，問："諸人還聞摩？"衆皆云："聞。"師云："者一隊漢向這裏覓什麽？趁出了！"呵呵大笑。(歸宗和尚)

(46) 向上一路古人宗，學者徒勞捉影功。若道不傳早傳了，不傳之路請師通。(盤山和尚)

(45)"趁出了"用於祈使句，意思是：趁出去了！應該是典型的B式。但是，"却""得"都是緊跟動詞而不用於動補結構之後，該例"了"的這種跟在補語之後用法比"却""得"虛化程度高，出現于唐五代未免有點早。其實該例標點應該是：師云："者一隊漢向這裏覓什麽？"趁出了，呵呵大笑。如此則"趁出了"是A_1式。(46)"早傳了"如果是祈使句，當爲B式；但是據上下文又像已傳的意思。前文説"向上一路，千聖不傳，學者勞形，如猿捉影"，這與前兩句相應；接著又講"大道無中"，"心心無知，全心即佛，全佛即人，人佛無異，始爲道矣"，似乎又已經在傳道了。所以總地看，唐五代B式仍是"却""得"的天下，没見到用作確定無疑的B式"V了"。

乙類：屬於A_1式的變體，姑且記作A_1'式，其中的"了"未必都是"$了_1$"。例如：

(47) 唱喏走入，拜了起居，再拜出走。(變文，唐太宗，引自趙金銘1979)

(48) 各請萬壽暫起去，見了師兄便入來。(變文，難陀，引自趙金銘1979)

(49) 幾時獻了相如賦，共向嵩山采茯苓。(張喬：贈友人，引自太田辰夫1958)

(50) 將軍破了單于陣，更把兵書仔細看。(沈傳師：寄大府兄侍史，引自太田辰夫1958)

A_1'式除了句法上是"V了O"而不是"VO了"之外，在篇章、信息結構、情狀類型、體貌特徵、形態特徵、語法意義諸方面都與A_1式相同，因此可以認爲是A_1式的變體。有兩個旁證也能説明：

第一，在南宋時的《朱子語類》裏仍能看出A_1'與A_1式的密切聯繫(參見楊永龍2001)：

(51) a. 如理會這一件事未了，又要去理會那事，少間都成無理會；須是理會這事了，方好去理會那事，須是主一。(朱子語類，卷一一五)

b. 做這一事，且做一事；做了這一事，却做那一事。今人做這一事未了，又要做那一事，心下千頭萬緒。(朱子語類，卷九十六)

在(51a)中,"VO了"是 A₁式,其否定形式是 A₁式的"VO未了";而在(51b)中,"V了O"是 A₁′式,其否定形式也是 A₁式的"VO未了"。可知 A₁′式與 A₁式表義功能相同。

第二,A式的"畢""訖""罷"也有前移的用例,説明"了"前移並非不可能。如:

(52)《論語》已看九篇,今欲看畢此書,更看《孟子》如何?(朱子語類,卷一一六)|看罷青青松,和衣自在眠。(五燈會元,卷十六)|劉肥接詔,看訖詔,劉肥便收拾行程欲赴長安。(前漢書平話)|趙正看罷了書,伸著舌頭縮不上。(喻世明言,宋四公大鬧禁魂張)

"罷"字一般都未論及,它最初也是完畢動詞,用於"動(+賓)(+副)+罷"格式,如《韓非子·十過》:"昔者楚共王與晉厲公戰於鄢陵,……戰既罷,共王欲復戰。"《齊民要術》卷六:"骨外融蜜蠟周匝擁之,不爾,恐藥躁瘡大。著蠟罷,以藥傅骨上。"宋代以後"罷"字前移變爲"V罷O",至今仍活躍在一些方言中。

不過,這兩個旁證同時也説明 A₁′中的 X 未必已經虛化爲動態助詞:(51b)"做了這一事"與"做這一事未了"相對,説明"了"還是完畢的意思;(52)"罷"後面可以跟助詞"了"("趙正看罷了書"),也説明"罷"不是助詞。《朱子語類》另有一例也能證明(參見楊永龍2001):

(53)有一鄉人做縣尉,請教於太守沈公云:"某欲修學,先讀何書?"沈答云:"公且去,做了縣尉,歸家去款款讀書。"此説亂道!居官豈無閒暇時可讀書?且如轎中亦可看册子,但不可以讀書而廢居官之事耳。(朱子語類,卷四十九)

"做了縣尉"對事件加以分解,觀察終點,指的是做完縣尉(不再做縣尉了),"了"爲完畢動詞,是焦點。這與現代漢語的"做了部長"大不相同,"做了部長"是把"做部長"看作一個整體而不加分解,焦點是"做部長"(更具體一點説可能是"部長")而不是"了"。"做了縣尉"的否定形式應該是"做縣尉未了",類似例子如韋應物《溫泉行》:"作官不了却來歸,還是杜陵一男子。"(全唐詩,卷一九四)而"做了部長"的否定形式是"没做部長"。唐五代要表示現代漢語"做了部長"的意思往往用 B 式"做得部長"。

其實,A₁′式既然是 A 式的變體,那麼其中的"了"就與 A 式不受副詞修飾的"了"一樣,有可能是補語,也可能是動相補語,或動態助詞,這要看 VP 的情狀類型,以及焦點是"了"還是"了"所附著的成分。現在回頭看例(47)-(50)。"拜起居"(拜問"日食飲得無衰乎"之類)[18]、"見師兄"(參見注⑮)都有一個延續的過程,"了"焦點性強,是完畢義動詞作補語,相當於"完"。"獻相如賦""破單于陣"是終結情狀,從上下文看[19],附著其上的"了"焦點性比較弱,不強調先後而重點在於説明"獻賦""破陣"的實現,與現代的"了₁"無別。既然不強調先後,那麼除了所處的前景背景有可能不同外,這種"了"與 B 式的"却""得"也相距不遠了。試比較相近的 B 式用法:《全唐五代詞·敦煌詞》:"千年鳳闕爭雄異,何時獻得安邦計。"《敦煌變文校注·張淮深變文》:"破却吐蕃收舊國,黃河□□□□□。"

廖名春曾舉過初唐出土文書中的一例"V了O":

(54) 張元爽正月十九日取三十,同日更取十文,八月十六日贖了物付倉桃仁去。(吐魯番出土文書,轉引自蔣紹愚 2005)

相比於其他五代用例,該例出現得未免有點早,所以蔣紹愚(2005)懷疑是"贖物了"之誤倒。姑且存疑⑳。

丙類:屬於 A_2 式的變體,姑且記作 A_2' 式。如:

(55) 大王聞太子奏對,遂遣於國門外高縛綵樓,詔其合國人民,但有在室女者,盡令於綵樓下集會。……尋時縛了綵樓,集得千萬個室女。(敦煌變文集新書,悉達太子修道因緣,引自吳福祥 1996)

"縛了綵樓"與"集得千萬個室女"是並列的,都是前景,應該是 A_2 式的變體。"縛綵樓"是延續情狀,而且在上文出現過,所以在"縛了綵樓"中是舊信息,"了"才是要表達的重點,相當於"完"。《全唐詩》另有一例:

(56) 桃李不須誇爛漫,已輸了春風一半。(韓熙載:詠梅,全唐詩,卷八九九,另見《全唐五代詞》)

據説李後主在宮中建亭賞紅梅,當時淮南已歸宋,韓熙載獻此詞相和(事見宋周應合《景定建康志》、曾極《金陵百詠》)。"已輸了春風一半"暗指江山已經丟了一半。"輸春風一半"是終結情狀,"了"不再是完畢義,然而是不是強調已然似乎很難分清:若強調已然,相當於重讀的"已經";若不強調已然,就是表示動作有結果或實現。有一個與(56)類似的"V 訖 O"也應該是從 A 式之"VO 訖"變來的,可資比較:

(57) 循虎迹,十余里溪邊,奴已食訖一半。其衣服及巾鞋,皆疊摺置於草上。(原化記,太平廣記,卷四百三十,引自曹廣順 2000)

"奴已食訖一半"也是既有強調已然的意思,又有表示動作有結果的意思。

綜上可見,唐五代時期"了"既有繼承也有發展,其發展表現為:第一,在 A 式中擴大了動相補語的比例,發展出動態助詞用法;第二,產生了新的構式"V 了 O",在其中充當補語和動態助詞;第三,可以用於 B 式,充當動相補語或動態助詞。而同期其他完畢義動詞的用法除例(57)外幾乎只有繼承沒有發展。如《敦煌變文校注》中"畢、竟、訖、已"的用法,都只用於 A 式,大多与延續情狀結合,從中可見一斑:

	A_1		A_2			A_1		A_2	
	a	b	a	b		a	b	a	b
畢	14		2		訖	63	1	3	
竟	2		6		已*	18		24	

(*不含引用六朝經文中的例子)

3.3 宋代"了"的發展

宋代文獻中,宋初的《景德傳燈錄》只有 A 式用法,與《祖堂集》一樣未見"V 了 O"用例,其後的禪宗語錄《碧巖錄》《大慧書》《虛堂和尚語錄》等雖也有少數"V 了 O"之類的例子(如《虛堂和尚語錄》"我被者老漢轉了話頭""是年華山崩,陷了八十里人家"等)但總體上也有滯後傾向,而在北方的《二程遺書》《三朝北盟會編》以及南方的《朱子語類》中"了"的用法有較大發展。下面是一些文獻中"了"使用情況:

	A 式				A′式				B 式	合計
	A_1		A_2		$A_1′$		$A_2′$			
	a	b	a	b	a	b	a	b		
景德傳燈錄	67	24	55	19						165
二程遺書	17	11	4	13	1				49	95
乙卯入國奏請			4	4		1		6	14	29
三朝北盟會編*	11	2	5	8	5	5	3	7	46	92

(*僅統計了《近代漢語語法資料彙編》(宋代卷)所收的六篇)

從總體來看,宋代"了"的發展最值得稱道的有兩方面:一個是量的變化,即大量用於 B 式;另一個是質的變化,即"$了_2$"的產生。

(一)"了"大量用於 B 式

如前所述,晚唐五代的"了"只有很少幾個用於 B 式,而上述《景德傳燈錄》以外的三種宋代語料中,"了"的 B 式用例多達 50% 左右。如:

(58) 坐井觀天,非天小,只被自家入井中,被井筒拘束了。(二程遺書,卷七)本朝大國,不可容易,不要錯了。(三朝北盟會編,燕雲奉使錄)|小人小丈夫,不合小了,他本不是惡。(二程遺書,卷六)|須常照管,不要失了。(朱子語類,卷三十四)

(59) 後來蕭禧已承恩受了聖旨,乃改臣等作回謝。……後來蕭禧已受却聖旨,更無可商量,遂改臣等作回謝。(乙卯入國奏請,引自曹广顺 1995)|又聞契丹舊酋走入夏國,借得人馬,過黃河,奪了西京以西州、軍,占了地土不少。(三朝北盟會編,燕雲奉使錄)|今日所患者,患在(釋氏)引取了中人以上者。(二程遺書,卷二)|解得這一處,礙了那一處。(朱子語類,卷七十八)

(58)不帶賓語,(59)帶賓語。其中的"了"都相當於"却""得",有的表示動作有結果,語法化程度較低,如"占了地土不少";有的表示實現,語法化程度較高,如"引取了中人以上者",已經可以用在述補結構之後。

(二)"$了_2$"的產生

關於"$了_2$"的產生時代,因判定標準不同,結論差異較大。俞光中、植田均(1999)根據存在"了結"與否和"變化""實現"與否,認爲六朝時的"父已死了""公留我了矣"中的"了"已經是"了₂",並認爲"了₂"早於"了₁","了₁"源於"了₂"。石毓智(2000)認爲不能帶補語的動補結構和非動作動詞之後的"了"是"了₂",因此把本文例(30)"雪峰便放却垸水了,云……"之類看作"了₂",從而指出晚唐五代時"了₂"已經產生,"了₁"還没出現。我們的標準是:首先,"了₂"所在句子必須是前景句;其次,後面不能再接别的助詞;再次,表示狀態實現,並把它作爲新情況告訴聽話者;最後,"了"不是焦點,不強調已然。

A₂式的"了"在晚唐五代已有不少用於終結或静態情狀,表示完成或實現的用例,但仍強調已然,焦點性較強,還不是事態助詞"了₂"。這種用法在北宋時期仍較常見。如:

(60) 我才見入門來,便識得汝了也。還知麽?(景德傳燈録,卷九) | 釋氏要屏事不問。這事是合有邪?合無邪?若是合有,又安可屏?若是合無,自然無了,更屏什麽?(二程遺書,卷十八)

前例是説就已經認出你。後例意思是,如果應當没有,自然已經没有,還摒棄什麽?

當這類句子不強調已然,焦點轉移到前面所附著的成分的時候,"了"便成了事態助詞"了₂"。這種用法在宋初的《景德傳燈録》中已經萌芽,如:

(61) 問:"一樹還開華也無?"師曰:"開來久矣!"僧曰:"未審還結子也無?"師曰:"昨夜遭霜了。"(景德傳燈録,卷十三)

"昨夜遭霜了"雖然可以翻譯爲昨夜已經遭霜,但據語境可知,該句主要在於告訴對方"昨夜遭霜"這一新信息,而不是強調已然。下面例中的"了"都可以看作事態助詞:

(62) 問:"敬還用意否?""其始安得不用意?若能不用意,却是都無事了。"(二程遺書,卷十八) | 慶曰:"夜來天氣大段寒了,未知中原如何?"(三朝北盟會編,靖康大金山西軍前和議録) | 謂如今日在這一處,明日自是又裒動看些子,又不在舊時處了。(朱子語類,卷二) | 大率人難曉處,不是道理有錯處時,便是語言有病;不是語言有病時,便是移了這步位了。(同上,卷十六) | 今已不知沱所在。或云蜀中李冰所鑿一所,灌蔭蜀中數百里之田,恐是沱,則地勢又太上了。澧水下有一支江,或云是,又在澧下,太下了。(同上,卷七十九)

4 總結與結論

4.1 先總結一下"了"的發展歷程,然後回答是否存在從A式到B式的演變。

(a) "了"從中古開始用於背景句式"V(O)了,VP"(A₁式),最初主要與延續情狀結合表完畢,充當謂語或補語,焦點性強;後來擴展到與終結情狀、静態情狀結合,表示完成或實現,大多還強調先後關係,是弱焦點,可看作動相補語;晚唐五代時在"V了,VP"格式中有的不再強調先後關係,不再是焦點,"了"虛化爲動態助詞。

(b) A₁式有賓語時是"VO了,VP",晚唐五代時"了"開始移到動賓之間變爲"V了O,

VP"（A₁′式）。其中"了"的性質與在 A 式中一樣最初是強調先後關係、焦點性較強的補語或動相補語，後來變爲不強調先後、不具有焦點性的動態助詞。

（c）中古時期"了"偶爾用在前景句式"V（O）了"（A₂式）中，最初大多與延續情狀結合表完畢，後來擴展到終結情狀、靜態情狀，表示完成和實現，但五代以前都有焦點性，用於強調已然，表意功能類似於現代漢語重讀的"已經"。到了宋代，隨著焦點性的弱化，處於句尾表示實現的"了"虛化爲告訴新情況的事態助詞。

（d）晚唐五代時，A₂式中用作動相補語、強調已然、處在賓語後的"了"也開始移到賓語之前（A₂′式）。移前之後最初仍是強調已然的動相補語，後來當不再強調已然時，其中的"了"虛化爲動態助詞，表示實現，此時 A₂′與帶賓語的 B 式在形式和意義上都非常接近甚至基本相同。

（e）晚唐五代時，"了"開始出現在 B 式"V 了 O"中，北宋開始得到迅速發展。B 式中的"了"在虛化程度上不完全相同，有的表示動作有結果，有的表示實現。嚴格地説，前者是動相補語，後者才是動態助詞。不過，一般把表示動作有結果的"了"也看作"了₁"，從這個角度説 B 式的"了"都可以算動態助詞。

4.2 那麼，B 式"V 了 O"從何而來？一個相關問題是，"V 了 O"的出現是否可以作爲判定動態助詞"了"產生的標準，如果不能，該如何判定？

關於"了"虛化爲動態助詞的判斷標準，以往大多數學者是依據"V 了 O"格式的出現，但"V 了 O"有不同小類，只有 B 式的"了"才可以看作動態助詞，而 A′式中的"了"則可能是動態助詞，也可能是完畢義動詞作補語。沒有賓語時也是如此：B 式"V 了"中的"了"是動態助詞，A 式"V 了"中的"了"可能是動態助詞，也可能是補語。因此，當文獻中出現 B 式時，就可以認爲"了₁"已經產生了。

那麼，A 式中的"了"如何判定？因爲句法分佈是最外顯的特徵，所以最好能找到一些形式標準來加以判別，曹廣順（1995）、吳福祥（1998）、石毓智（2000）都注意到了"動＋補＋了＋賓"格式，認爲其中的"了"才無疑是真正的"了₁"。問題是，如果"動＋補＋了＋賓"的"了"是助詞，"動＋補＋了"中的"了"也有可能是助詞，而"動＋補＋了"唐代就已經出現了，當時大多強調先後或已然，"了"焦點性較強。而且"動＋補＋了＋賓"格式可以判定至遲助詞"了"何時出現，而不能判定之前該格式以外的"了"是否已經虛化。

梅祖麟（1994）、吳福祥（1996）、蔣紹愚（2001）、楊永龍（2001）希望通過動詞的情狀類型來判定"了"的虛化程度，認爲終結動詞和靜態動詞後的"了"已經虛化，不再表完畢而是表完成或實現，動補結構正好也包括在這類情狀之內。但雖然虛化，却未必已經是動態助詞或事態助詞。如用在終結動詞"死"後的"了"已不表完畢，但六朝譯經中已經有"父已死了"。正如蔣紹愚（2005：146）所説："僅僅根據有些'V＋了'中的'了'是表完成貌，就認爲這是動態助詞，這種理由是不充分的。"

其實現代漢語中稱作動態助詞和事態助詞的"了₁"和"了₂"都不是整齊劃一的標準件,各自都含有語法化程度不同的成員。爲它們貼上"助詞"或"了₁"和"了₂"之類的標簽,本來是爲了研究的便利,如果因此而帶來不便就有違初衷了。研究的主要任務不在於如何判斷是不是動態助詞,而在於如何根據語法化程度的不同,理出演化路徑,並對有關演變加以解釋。上文顯示,句法格式、篇章結構、信息結構、情狀類型等都能反映語法化程度的不同,如六朝時的"父已死了"雖然表面上與現在的説法没太大區别但焦點結構大不相同;《祖堂集》中的"雪峰便放却垸水了"雖然"了"前面是述補結構帶賓語,"了"比較虛,但這是一個背景小句,"了"用於説明先後關係,不是告訴新情况的"了₂";《朱子語類》的"做了縣尉"與現在的"做了縣長"的不同也可以通過焦點結構的不同加以區分。因此,就"了"的語法化程度而言,要結合形態句法、語義語用、篇章結構等綜合考察;而就動態助詞"了₁"和事態助詞"了₂"的産生標誌而言,除了以 B 式作爲"了₁"的産生標誌外,關鍵是看"了"還是不是焦點,是不是强調先後或强調已然。如果不再强調先後,那麽,在 A₁ 式的"V 了"、A₁′式的"V 了 O"、A₂′式的"V 了 O"中,"了"都已經是動態助詞;如果不再强調已然,那麽 A₂ 式句末的"了"就已經是事態助詞。

4.3 關於"V 了 O"格式的來源,以往學者有"了"字前移説(梅祖麟 1981),賓語後加説(吴福祥 1996、1998,李訥、石毓智 1997)。如前所述,就 A₁′式、A₂′式而言,"V 了 O"的前身確實是"VO 了",句式演變的結果是"VO 了"變成"V 了 O"。而 A 式不帶賓語的"V 了"没有發生變化,先配"VO 了",接著既配"VO 了"又配"V 了 O",最後只配"V 了 O"。從這個角度説,"VO 了"的"了"後來的確前移了,但須要强調的是"前移"應該理解爲句式演變的結果而不是過程,不能把結果當過程來看待。

"了"字前移的基礎是通過主體詞擴展(從延續情狀到終結情狀到静態情狀)完成了從謂語到補語,再到動相補語的虛化。用李訥、石毓智(1997)、吴福祥(1998)的話説,是"了"在一定程度上形態化了。而 A 式的其他成員如"畢、竟、訖"没有與時俱進,也就没有這一基礎,"已"雖然早在六朝譯經中就有這種基礎,可惜主要用於佛經,生命力不夠强,還没活到"却/取/得/將"等大量用作動相補語和動態助詞就謝世了。"了"前移的動因是類推,正是"却/取/得/將/著"的高頻出現使之有了吸引力强大的類推之源:

   V＋却/取/得/將/著 V＋却/取/得/將/著 ＋ O
   V＋了   V＋了＋O   ⟵V＋O＋了

至於前移的過程,不是每個具體的"V 了 O"句子都要有一個從"VO 了"到"V 了 O"的移動,而是通過句式的擴散:由類推而産生的新格式"V 了 O"逐漸擴散,老格式"VO 了"逐漸消亡,最終新格式逐漸替代了老格式。套用王士元(1982:39)表 1,可圖示爲:

	未變	在變	已變
句子₁			V 了 O
句子₂		VO 了～V 了 O	
句子₃	VO 了		

但是就 B 式"V 了 O"而言,却没有一個 A 式"VO 了"階段。曹廣順(1995:21)舉過一個很有意思的例子,在《續古尊宿語要》中有一首詩:"天晴蓋却屋,剩時刈却禾;輸納皇租了,鼓腹唱謳歌。"到《靈隱大川濟禪師語録》"却"變成了"了",成了"天晴蓋了屋,剩時刈了禾;輸納皇租了,鼓腹唱謳歌"。該例表明,B 式"蓋了屋""刈了禾"不是直接來源於 A 式"蓋屋了""刈禾了",而是用"了"替換 B 式"却"的結果;同時也表明,A 式"輸納皇租了"並沒有變成"輸納了皇租"。即使變成了"輸納了皇租"也是 A_1' 式而不是 B 式。因此"前移說"不能解決 B 式的來源。那麼,"後加説"能不能解決呢?由"却""得""將""取"構成的 B 式一般都有"V+X"和"V+X+O"兩種格式,從"V+X"加 O 變成"V+X+O"是很自然的事情。但得有個前提:B 式"V 了 O"产生之前應該有 B 式"V+了"存在。而我們在唐五代文獻中幾乎找不到這種用法的"V 了",只有"困了,浮在中心"這類语法意義接近却處於背景的用法。看來,前移説和後加説都不好解釋 B 式"V 了 O"的产生。

"了"替換"却"也是就結果而言的,並非生成過程。那麼,在進入 B 式之前"了"是做什麼的?是先在別處獲得"却""得"一樣的功能然後再帶上賓語,還是先進入"V 了 O"然後演化出與 B 式一樣的功能呢?通過上一節的討論可以發現,B 式的前身應該是 A_2 式。其中"V 了 O"的直接源頭是用作前景强調已然的"V 了 O"(A_2' 式),如例(55)"尋時縛了綵樓",此時"縛綵樓"是延續情狀,"了"焦點性較強,是典型的 A_2' 式。而例(56)"已輸了春風一半"中,"輸春風一半"是終結情狀,"了"焦點性減弱,此時如果是强調已然,就相當於重讀的"已經";如果不強調已然,只表示動作有結果或實現,就相當於"掉"了。例(38)"林花謝了春紅"我們把它放在 B 式討論,但如前所述多少還有凸顯已然的意思。与 B 式"V 了 O"来源于 A_2 式的"V 了 O"(A_2' 式)平行的是,B 式的"V 了"源于 A_2 式的"V 了",即例(44)"錦字書封了"之類,當不強調已然時就可能相當於"却""得"。在宋初語料《乙卯入國奏請(並別録)》中,B 式已占較大比例,其中有的還能看出與表已然的 A_2 式的聯繫:

(63)臣括云:"此是北朝聖旨,學士何却言使不得?"穎云:"此是蕭扈、吴湛錯認聖旨,<u>已行遣了</u>$_{S1}$。"……穎又云:"如吴湛所傳聖旨,已是失錯。一行上下,皆已<u>行遣了</u>也$_{S2}$,豈可便作憑據?"臣括答云:"北朝自<u>行遣了蕭扈、吴湛</u>$_{S3}$,括怎生得知?"……穎云:"穎不曾道<u>行遣了蕭扈、吴湛</u>$_{S4}$。"

"行遣"即處置、發落(《漢語大詞典》)。這裏的四個句子所指爲同一個事件,但其中 S2 有明顯的已然意,更近於 A_2 式,S3 明顯不具有已然義,更近於 B 式,S1、S4 處於兩者之間。

其实在 A_1 式的"V 了"和 A_1' 式"V 了 O"中,不強調先後關係的"了"表義功能也與"却""得"相近,如前述例(34)"朝臣知了淚摧摧""將軍破了單于陣"。同時,"V 却(O)""V 得(O)"之類的 B 式處於另一 VP 之前時也與相應的 A 式表義功能相近。如:

(64)牡丹柱用三春力,<u>開得</u>方知不是花。(司空圖:紅茶花,引自曹廣順 1995)上

却征車再回首,了然塵土不相關。(吴融:新安道中玩流水,引自曹廣順 1995)

由此可見,B 式"V 了 O"不是直接通過 A_1 式"了"的前移演變而來,而是從 A_2 式變爲 $A_2{'}$ 式,再經過 $A_2{'}$ 式這個中間階段,在 $A_2{'}$ 式中擁有了與"却""得"類似的功能之後,纔逐漸取代了"却""得""將""取"。

"了"所在句式的演化路徑可概括爲下表:

	補語		動相補語		助詞
A_1	$V_{延}$了 + V $VO_{延}$了 + V	⇨ ⇨	$V_{終、静、延}$了 + V $VO_{終、静、延}$了 + V	⇨ ⇨	$V 了_1 + V$ $V 了_1 + V$
	⇩		⇩		
$A_1{'}$	$\underline{V}_{延}$了 + $\underline{O}$ + V	⇨	$\underline{V}_{終、静、延}$了 $\underline{O}$ + V	⇨	$V 了_1 O + V$
A_2	$V_{延}$了 $VO_{延}$了	⇨ ⇨	$V_{終、静、延}$了 $VO_{終、静、延}$了	⇨ ⇨	$V 了_{1+2}$ $VO 了_2$
	⇩		⇩		
$A_2{'}$	$\underline{V}_{延}$了O	⇨	$\underline{V}_{終、静、延}$了O	⇨	$V 了_1 O$
			⇩		
B			$\underline{V}$了$O_{終、静、延}$ V了	⇨ ⇨	$V 了_1 O$ $V 了_1$

附　注

①楊永龍(2001)把《朱子語類》中"了"所在的句法格式分爲 A、B、C、D 等小類,與這裏 A 式、B 式不同。

②國外一些學者如 Comrie (1976) 等根據人們對事件的觀察角度把"體"分爲完整體(perfective)和非完整體(imperfective)。前者是對事件不加分解,看作一個整體從外部加以觀察;後者是把事件加以分解,從内部加以觀察。完成體(perfect)屬於典型的完整體,進行體(progressive)屬於典型的非完整體。

③值得注意的是,"前景"不等於"結句","背景"不等於"不結句",它們分别屬於篇章範疇和句法範疇,雖然相互間有一些對應。

④本文所引譯經除另有説明者外均引自中華電子佛典協會(CBETA)電子佛典《大正新修大藏經》。

⑤關於情狀類型,有不同的分類,我們根據[±動態][±持續]粗略分爲延續性情狀([+動態][+持續])、終結性情狀([+動態][-持續])、静態情狀([-動態][+持續])三類。(參見楊永龍 2001)

⑥梅祖麟稱作"狀態補語"。需要説明的是,一般所謂動相補語或狀態補語是指緊接動詞之後的成分,這裏範圍略大,也包括動賓之後者。

⑦這裏對"完畢"和"完成"的區分大體沿用楊永龍(2001)的看法,与蔣紹愚(2001)對"完結"和"完成"的區分近似,不過蔣先生對"完成"的解釋是"表示動作或狀態的實現",而楊永龍(2001)另有"實現"範疇,與"完成"略有區别(下文還會談到)。

⑧從這個角度看,從完畢到完成應該是句法功能擴展的結果,即與"畢""已"等搭配的主體詞(host)從延續動詞擴展到終結動詞。擴展的外因可能是譯經時受梵文影響,但内因則是完畢與完成的密切相關。

⑨表示動作"獲得結果"或"動作實現"是曹廣順(1995)對介於動詞和助詞之間、類似於動相補語用法的"將""取""得"語法意義的概括。《現代漢語八百詞》(增訂本)也用一個相似的術語"有了結果"來概括"到""上"的語法意義。

⑩當然,"却、得、取、將"一直不能用在動結式之後,説明它們没能最終突破動相補語的句法限制,屬於有限制的動態助詞。关于"却""得"等的性質,梅祖麟(1994)、吴福祥(1998)均有論及,曹廣順(1995、1999)對"却""得""取""將"的虚化過程更是有系統的研究,可以参看。

⑪這個故事也見於《大唐傳載》等筆記小説,文字小有出入,如有的"枚"作"杖"。宋代"打"有敲擊義,也有打造義,對此歐陽修《歸田録》卷二已經指出。這裏我們據上下文意把"打"理解爲打造義。

⑫另有一例較爲特殊:"臣松之以爲,權愎諫違衆,信淵意了,非有攻伐之規,重複之慮。"(三國志,卷四十七,吴書二,裴松之注,引自曹廣順1995)"信"即相信,是静態情狀。静態情狀後的"了"往往表示狀態的實現,語法化程度相當高。只是這種用法出現在三國時代似乎有點早,且爲孤例。該例的"了"也可以理解爲"決":"權愎諫違衆,信淵意了……"是説孫權剛愎自用,不聽衆臣勸諫,很固執地相信孫淵。姑録此存疑。

⑬在河南光山話中,"了"仍有强調已然的用法,讀上聲,且重讀,是語義焦點,表義功能類似於重讀的"已經"。如放學後已經到家的孩子,如果接到家長打来手機讓他放學後早點回家,孩子就可能會説:"我到家了[ᶜliao]。"這個意思,河南很多地方要説"到家了了"(見下文)。

⑭統計時,《太平廣記》剔除了唐五代以外的筆記小説,《全唐詩》根據佟培基《全唐詩重出誤收考》(西安:陕西人民教育出版社,1996年)剔除了其中重出和誤收部分,《全唐五代詞》剔除了與《全唐詩》重出者9例和卷七《宋元人依託唐五代人物鬼仙詞》。

⑮情狀分類屬於語義語法範疇,詞或短語的語義可能會因爲時代或語境的不同而不同。如"視而不見""聽而不聞",總體看"視""聽"爲延續情狀,"見""聞"爲終結情狀。但在唐代文獻中"見""聞"未必都是終結情狀。如《祖堂集·香嚴和尚》"仰山歸後,潙山向仰山説前件因緣,兼把偈子見似仰山,仰山見了,賀一切後,向和尚説……","把偈子見似仰山"顯然是拿偈子給仰山看,"見"相當於"看",是延續情狀。《敦煌變文校注·難陀出家緣起》"見了師兄便入來……見了抽身便却回"的"見"是見面、看望的意思,也是延續情狀,這個意思前文也用"看":"走到門前略看,即便却來同飲。"類似例子都須要結合時代、結合上下文意具體分析。儘管如此,不同情狀之間本來有邊緣或交叉地帶,各人的判别又可能見仁見智,所以統計資料也未必精確,只是表明一種傾向。

⑯這也表明句法上的"結句"與語篇上的"前景"雖有關聯但並不能劃等號。

⑰陳前瑞(2007)把"V了VP"和"VO了VP"中"V了"與"VP"的關係分爲"嚴格的事件先後關係"和"廣義因果關係"兩類,認爲後者是從前者演變来的,筆者(楊永龍2001)也有類似看法。只是這種區分只適合A₁式而不適合A₂式,而用焦點轉移可以對A₁式和A₂式以及下文要討論的"V了O,VP"等作出統一的概括。此外,陳文對《祖堂集》"廣義的因果關係"統計數遠比我們這裏的助詞數多,這一方面是"廣義的因果關係"與助詞並不對等,另一方面對有的具體例句的理解也各有不同。如陳文所舉的廣義因果關係的例子:"師問僧道:'汝與我開田了,爲汝説大義。'僧云:'<u>開田了</u>,請師説大義。'師乃展開兩手。"(卷十四,第477頁)按我們的理解,"<u>開田了</u>"不是A₁式而是A₂式,即已經開田。

⑱"起居"既有動詞用法又有名詞用法,李明(2004)把"起居"看作動詞,認爲"拜了起居"不是述賓結構,而是拜完之後再問安的意思,可参看。

⑲"破了單于陣"全詩是:"積雪山陰馬過難,殘更深夜鐵衣寒。將軍破了單于陣,更把兵書仔細看。"

⑳查原書,同類質庫(當鋪)賬目很多,大多是"某月某日贖付了"。當典當多件物品贖走一件時,可作"某月某日贖,付某物去"(如:故白小綾衫子一,銅鏡子一。……十一月□十七日贖,付鏡子去);物品付給另外的人時,可作"某月某日贖,付某人去"(如:梔碎白布衫一。劉元感正月十九日取三拾文。其月廿日贖,付弟元英去)。該例也許本來就是"贖了物",与"贖付了"中的"了"一樣是已經的意思。不過還有一些

疑問。

參考文獻

曹廣順　1986　《〈祖堂集〉中的"底(地)""却(了)""著"》,《中國語文》第 3 期。
———　1995　《近代漢語助詞》,北京:語文出版社。
———　1999　《試論漢語動態助詞的形成過程》,Alain PEYRAUBE and SUN Chaofen, eds, *In Honor of Mei Tsu-Lin. Studies on Chinese Historical Syntax and Morphology*. Paris: CRLAO.
陳前瑞　2007　《從句尾"了"到詞尾"了"——〈祖堂集〉〈三朝北盟會編〉中"了"的用法發展》,《語言教學與研究》第 3 期。
方　梅　2005　《篇章語法與漢語篇章語法研究》,《中國社會科學》第 6 期。
馮春田　1992　《〈朱子語類〉"得""了""著"的主要用法分析》,程湘清主編《宋元明漢語研究》,濟南:山東教育出版社。
蔣紹愚　1994　《近代漢語研究概況》,北京:北京大學出版社。
———　2001　《〈世説新語〉〈齊民要術〉〈洛陽伽藍記〉〈賢愚經〉〈百喻經〉中的"已""竟""訖""畢"》,《語言研究》第 1 期。
———　2005　《近代漢語研究概要》,北京:北京大學出版社。
蔣紹愚　曹廣順主編　2005　《近代漢語語法史研究綜述》,北京:商務印書館。
李　明　2004　《從言語到言語行爲——試談一類詞義演變》,《中國語文》第 5 期。
李　訥　石毓智　1997　《論漢語體標記誕生的機制》,《中國語文》第 2 期。
林新年　2006　《〈祖堂集〉的動態助詞研究》,上海:上海三聯書店。
劉勳寧　1985　《現代漢語句尾"了"的來源》,《方言》第 2 期。
———　1988　《現代漢語詞尾"了"的語法意義》,《中國語文》第 5 期。
呂叔湘主編　1999　《現代漢語八百詞》(增訂本),北京:商務印書館。
梅祖麟　1981　《現代漢語完成貌句式和詞尾的來源》,《語言研究》創刊號。
———　1994　《唐代、宋代共同語的語法和現代方言的語法》,《中國境内語言暨語言學》第 2 期。
———　1999　《先秦兩漢的一種完成貌句式》,《中國語文》第 4 期。
木霽弘　1986　《〈朱子語類〉中的時體助詞"了"》,《中國語文》第 4 期。
潘維桂　楊天戈　1980a　《敦煌變文和〈景德傳燈録〉中"了"字的用法》,《語言論集》第 1 輯。
———　1980b　《魏晉南北朝時期"了"字的用法》,《語言論集》第 1 輯。
石　鋟　2000　《淺談助詞"了"語法化過程中的幾個問題》,《漢語史研究集刊》第二輯,成都:巴蜀書社。
太田辰夫　1958　《中國語歷史文法》,蔣紹愚、徐昌華譯,北京:北京大學出版社,1987 年。
王　力　1958　《漢語史稿》,北京:中華書局,1980 年。
王士元　1982　《語言變化的詞彙透視》,《語言研究》第 2 期。
魏培泉　2002　《〈祖堂集〉中的助詞"也"——兼論現代漢語助詞"了"的來源》,《含章光化——戴璉璋先生七秩哲誕論文集》,臺北:里仁書局。
吳福祥　1996　《敦煌變文語法研究》,長沙:岳麓書社。
———　1998　《重談"動+了+賓"格式的來源和完成體助詞"了"的産生》,《中國語文》第 6 期。
楊永龍　2001　《朱子語類完成體研究》,開封:河南大學出版社。
———　2003　《〈朱子語類〉中"了"的語法化等級》,《語法化與語法研究》(一),北京:商務印書館。
俞光中　植田均　1999　《近代漢語語法研究》,上海:學林出版社。

趙金銘　1979　《敦煌變文中所見的"了"和"著"》,《中國語文》第 1 期。
Cheung, Samuel Hung-nin　1977　Perspective particles in the Bianwen language. Journal of Chinese Linguistics. 5:55-74.
Comrie, Bernard　1976　*Aspect*. Cambridge: Cambridge University Press.
Croft, William　2001　*Radical* Construction *Grammar: Syntactic Theory in Typological Perspective*. Oxford: Oxford University Press.
Hopper, Paul J.　1979　Aspect and foregrouding in discourse. In Givón ed.: *Syntax and Semantics, Volume 12: Discourse and Syntax*. 213-241. New York: Academic Press.

Different Constructions of Perfect and Early *Le* 了 in Chinese
YANG Yonglong

Abstract: There are two constructions of perfect before the Song Dynasty: (A) V (+ O) + X, (B) V + X (+ O). They have different characteristics in terms of syntax, morphology, semantics, pragmatics, and discourse function. *le* 了 was firstly attested in construction A, and then used in construction B. The latter comes from Construction A_2 which is a variant of Construction A. The process of grammaticalization of *le* 了 is, to a certain extent, one of weakening of focus, that is, the function of *le* 了 changes from strong focusing into weak focusing, and at last into non-focusing.

key words: perfect, *le* 了, construction, aspect particle, focus

(楊永龍　中國社會科學院語言研究所 100732
　　　　　河南大學文學院 475001)

"了₂"的來源及其語法化過程

方 霽 孫朝奮

提　要　本文主要討論了"了₂"的來源及其語法化的過程。認爲現代漢語中的"了₂"來源於東漢時的完成動詞"了"。其語法化過程始於北魏,至唐代"了₂"用法已經成熟。在"了₂"的語法化過程中,有三個關鍵步驟:完成動詞"了"出現在句尾並具結句功能是第一步;第二步是句末完成動詞"了"用在一個瞬間動詞(如"死")或另一個完成動詞(如"畢""訖""竟")後,在這樣的語境中,句末完成動詞"了"獲得了表示"變化的狀態"的功能並且開始虛化成"了₂";第三步是經過推廣,"了₂"不僅限於上述兩種語境,擴展到其他語境是"了₂"用法成熟的標誌。

關鍵詞　了₂　來源　語法化　事態助詞

　　現代漢語中的"了₂"指用於句末以成句的"了"。其主要功能是表示一種與當前時間相關的狀態（Currently Relevant State，Li & Thompson 1981），肯定事態出現了變化,或即將出現變化（呂叔湘 1980）。如:

　　（1）現在不下雨了₂,快走吧。
　　（2）山上的葉子就要紅了₂。

　　本文主要討論此"了₂"的來源及其語法化的過程。我們認爲現代漢語中的"了₂"來源於東漢時的完成動詞"了"。其語法化過程始於北魏,至唐代"了₂"用法已經成熟。在"了₂"的語法化過程中,有三個關鍵步驟:完成動詞"了"出現在句尾並具結句功能是第一步。第二步是句末完成動詞"了"用在一個瞬間動詞(如"死")或另一個完成動詞(如"畢""訖""竟")後。在這樣的語境中,句末完成動詞"了"獲得了表示"變化的狀態"的功能並且開始虛化成"了₂"。第三步是經過推廣,"了₂"不僅限於上述兩種語境。擴展到其他語境是"了₂"用法成熟的標誌。

一　前人研究

　　有關"了₂"來源及其形成年代的研究,前人主要有三種意見:

1. 劉勳寧（1985）:現代漢語"了₂"來源於"了也"合音。理由有二:

① 現代陝西清澗話中"了₁"與"了₂"讀音不同:"了₁"是 [.lɔ];"了₂"是 [.lɛ]。"了₁

[.lɔ]"可以很容易解釋爲動詞"了[□ciI]"的弱化形式,"了₂[.lɛ]"則與動詞"了[□liɔ]"相去較遠。反之,如果"了₂"是"了也"合音,則比較自然:了[□liɔ] + 也[.ɛ] → 了₂[.lɛ]。而且清澗話中的"也[.ɛ]"是可出現在句尾的。

②《祖堂集》中"V(O)了也"跟"V(O)了"有功能對立:只有前者具備結句功能,其語法位置與現代漢語中的"了₂"相對應。因此,"V(O)了"中的"了"是完成動詞,"V(O)了也"中的"了也"才是現代漢語"了₂"的前身。

2. 曹廣順(1987、1992、1995):現代漢語"了₂"來源於完成動詞"了"。

曹廣順認爲唐五代出現了處於複句句末的"V(O)了"格式,雖然此格式中的"了"還是完成動詞而非"了₂",却爲"了₂"的出現占據了語法位置。曹廣順認爲"了₂"的最終形成年代是南宋,以取代"V+却+O+了"的"V+了+V+了"格式的出現爲標誌。

3. 趙元任(1968)、梅祖麟(1981)、孫朝奮(1996):現代漢語"了₂"來源於"來"。

這種觀點最早由趙元任提出,在孫朝奮文中有最詳盡的論述。孫朝奮(1996)認爲:"來"從12世紀開始具有相當於現代漢語"了₂"的功能。現代漢語中的"了₂"即由這個"來"語音弱化而來,形成於13-15世紀之間。

綜觀前人的研究,爭議主要集中在兩個方面:(1)現代漢語中的"了₂"來源於什麽?(2)"了₂"是什麽時候形成的? 我們認爲,要回答這兩個問題,我們首先必須有一個判斷"了₂"的標準。也就是説,我們需要一個標準幫我們判斷文獻中所見"了"字究竟是不是語法化了的"了₂"。曹廣順(1987、1992、1995)用"V+了+V+了"格式作爲判斷"了₂"形成的標準,但並未提供選擇此格式的相關論據。本文第二節重點闡述我們判斷"了₂"的標準。

本文研究了從東漢至晚唐的大量文獻,認爲現代漢語中的"了₂"來源於完成動詞"了",但其語法化始於北魏,至唐代,"了₂"用法已很成熟,標誌著"了₂"的形成。因此,我們的結論有別於前人研究的結果。本文還進一步研究了"了₂"的語法化過程,即"了"如何由一個完成動詞虛化爲"了₂"。這是前人研究中未曾涉及的一個方面。

二 判斷"了₂"的標準

"了₂"用於句末,因此任何處於非句末位置的"了"一定不是"了₂"。但是,正如許多學者(如王力1958)指出的那樣,"了₂"有時跟"了₁"界限不明:用於句末"V了"中的"了"常常是"了₁""了₂"合二爲一的結果。比如:

(3) 衣服我已經洗了₁₊₂。

這個句子是有歧義的:它既可解釋爲強調"我洗衣服"這個動態過程的實現和結束(了₁的功能),又可解釋爲強調"當前時間下衣服的狀態",並且這種狀態是一種改變了的狀態:由没洗變成洗了的狀態(了₂的功能)。

在"了"的發展史上,還有"了$_2$"跟完成動詞"了"界限不明的情況。比如:

(4) 作此語了$_{2+完成}$,隨即南行。(唐,敦煌變文集)

(4)中的"了"肯定不是"了$_1$",因爲它沒有緊跟動詞,不處於動詞詞尾位置。但(4)中的"了"仍然是有歧義的:它既可讀作完成動詞,又表示事態發生了變化(了$_2$的功能)。

很顯然,我們不能用這種有歧義的句子作爲判斷"了$_2$"形成的依據。我們認爲,作爲判斷"了$_2$"形成的證據的"了"必須是沒有歧義的,這樣的"了"既不可讀作"完成"也不可讀作"了$_1$",而只能是"了$_2$"。

那麼,什麼樣的"了"是沒有歧義的"了$_2$"呢?

Smith(1997)有關現代漢語完成態(perfective aspects)的分析給我們一些啟示。Smith 認爲,現代漢語中了$_1$和用於動結式的完成動詞,如"完""成"都是完成態標記,它們只出現於動態事件(dynamic events)而不出現於靜態事件(stative events)。如:

(5) 他洗了衣服。

(6) 做完作業再回家。

(5)(6)所表達的都是一個在時間軸上有起點和終點的動態事件:(5)強調的是"他洗衣服"的動態過程的實現而不是"他"的狀態;(6)強調的是"做作業"的動態過程的實現而不是聽話者的狀態。

根據這種理論,古代漢語中用於 VC 序列中 C 位置的完成動詞"了"應該只出現於動態事件。

相對之下,我們觀察到現代漢語中沒有歧義的"了$_2$"不出現於動態事件,而只出現於靜態事件。比如:

(7) 他們不走了。

(8) 要下雨了。

(7)(8)中的"了"都是沒有歧義的"了$_2$"。我們認爲,之所以沒有歧義,是因爲(7)和(8)所表達的事件沒有歧義:它們都強調一種狀態而非動態過程。(7)表達的是參照時間點時"他們"的狀態而不是"走"的動態過程;(8)表達的是參照時間點時"天氣"的狀態而不是"下雨"的動態過程。因此,這兩個句子裏的"了"不可能是完成態標記,也就是說,不可能是"了$_1$"或完成動詞"了",而只可能是"了$_2$"。

至於有歧義的"了",如(3),我們認爲歧義的產生是因爲句子表達的事件有歧義:(3)既可表達"我洗衣服"的動態過程的實現,又可表達"衣服"的狀態,因此其中的"了"是有歧義的。

根據我們的觀點,"了$_1$""了$_2$"同現的句子(如 9)所表達的事件是複雜事件(complex event)。

(9) 他回了$_1$家了$_2$。

這樣的句子既表達一個動態過程,又表達那個動態過程終點時出現的一種改變了的新狀態。比如(9)既強調"他回家"動態過程的實現,同時也表達那動態過程結束時"他"的狀態的改變：由"没回家"的狀態變成了"回了家"的狀態。

根據曹廣順（1987），類似（9）的句子最早見於南宋，因此不在本文討論範圍内。本文所研究的所有句子都只有一個"了"，我們的目標就是找到没有歧義的"了$_2$"。

我們有關"了$_2$"的闡述與傳統上對"了$_2$"的功能描述也是相容的：因爲在參照時間點的前後狀態有改變，因此呂叔湘（1980）定義"了$_2$"的功能是肯定事態出現了變化或即將出現變化；因爲當前説話時間是無標記的參照時間點，Li & Thompson（1981）定義"了$_2$"的主要功能是表示一種與當前時間相關的狀態（Currently Relevant State）。所有這些有關"了$_2$"的描述有一個共性，那就是用"了$_2$"的句子强調的是"非動態的狀態"而不是"動態過程"。我們認爲正是這個特點可以將"了$_2$"和"了$_1$"以及完成動詞"了"清楚地區别開來。

基於此，我們認爲只有出現在没有歧義地表達一種"非動態的，改變了的狀態"的句子末尾的"了"，才是没有歧義的"了$_2$"，才能作爲判斷"了$_2$"産生和形成的依據。在下文有關"了$_2$"的形成年代、來源及其語法化過程的討論中，我們嚴格遵循這個標準。

三 "了$_2$"的形成過程及其來源

本節討論完成動詞"了"在東漢、晉、北魏-隋、唐四個階段的發展以及在此期間"了$_2$"的産生過程及其來源。

3.1 東漢時的"了"

根據文獻，東漢時已有完成動詞"了"用於"V 了"格式，如：

(10) 其罪以過了<u>①</u>不見罪。（東漢，阿闍世王經）

但是，根據我們對五部東漢翻譯佛經的統計，這種完成動詞"了"在當時的使用頻率極低，只占所有"了"中的1.9%；當時的"了"，絶大部分（75%）讀作"明白、理解"，如圖1所示。

圖1：東漢時完成動詞"了"和讀作"明白、理解"的"了"的頻率對比

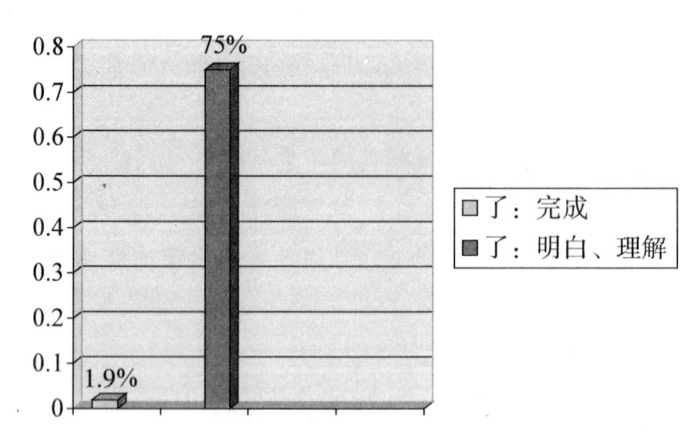

具體來說,在這五部佛經中,我們一共找到 52 例"了",其中只有一例,也就是本文所列的(10),用作完成動詞;其中有 39 例"了"用作"明白、理解"。這五部佛經中"了"的具體分佈情況總結在下表。

表 1:東漢五部佛經中"了"的使用情況

佛經名稱	"了"的數目	表"完成"的"了"的數目	表"明白、理解"的"了"的數目
《阿闍世王經》	12	1	10
《成具光明定意經》	15	0	10
《中本起經》	10	0	4
《陰持入經》	14	0	14
《本相猗致經》	1	0	1
總計	52	1(1.9%)	39(75%)

在這個階段,我們沒有發現用於句末位置的完成動詞"了",也就不可能有"了$_2$"。

3.2 晉朝時的"了"

晉朝時完成動詞"了"的使用頻率仍然很低:在我們查看的四部佛經中,一共有 100 個"了"。其中 99 個"了"用作"明白、理解",只有一個"了"是完成動詞,如例(11)所示。

(11)(余與法和共考正之。僧?。僧茂。助校漏失。)四十日乃了。(晉,增壹阿含經)

下圖展示了這四部佛經中完成動詞"了"和用作"明白、理解"的"了"的頻率對比。

圖 2:晉朝時完成動詞"了"和讀作"明白、理解"的"了"的頻率對比

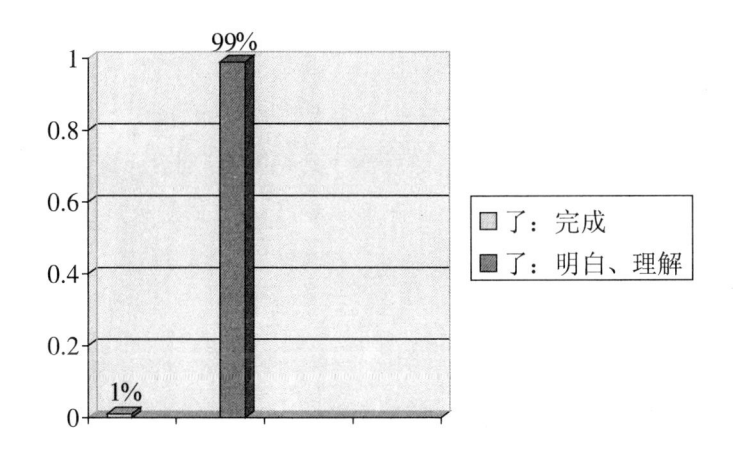

這四部佛經中"了"的具體分佈情況則總結在表 2。

表 2:晉朝四部佛經中"了"的使用情況

佛經名稱	"了"的數目	表"完成"的"了"的數目	表"明白、理解"的"了"的數目
《阿惟越致遮經》	46	0	46
《生經》	15	0	15
《增壹阿含經》	4	1	3
《大方廣佛華嚴經》	35	0	35
總計	100	1(1%)	99(99%)

如圖 2、表 2 所示,這一階段完成動詞"了"的使用頻率依然極低。而且在唯一的例子

（例11）中，這個完成動詞"了"還是句中的主要動詞，用作謂語，顯然沒有語法化。不過，我們注意到在這個例子中，完成動詞"了"開始出現在句末位置。我們認爲這是一個很重要的新變化，對"了$_2$"的形成有著重要的影響：根據王力（1958），古代漢語中句末位置是表示"態"語法意義的無標記位置。占據了這個語法位置，就爲完成動詞"了"虛化爲"了$_2$"提供了條件，因爲出現在句末是"了$_2$"形成的一個必要條件。

我們查看的文獻顯示，北魏開始，完成動詞"了"開始顯示出語法化成"了$_2$"的跡象。3.3是相關的討論。

3.3 北魏至隋間"了$_2$"的萌芽

北魏開始，"了"開始出現在緊跟瞬間動詞（如"死"）或完成動詞（如"訖""畢"）之後的句末位置。如：

(12)（其人白王。）父已死了。（我終不用此婆羅門以爲父也。）（北魏，賢愚經）

(13)（復將種種雜妙香華。供養彼塔。尊重讚歌。）承事畢了。（隋，佛本行集經）

我們認爲，像（12）(13) 中的"了"已經是有歧義的：它們既可讀作"了$_2$"，也還可讀作完成動詞。

(12) 中的"了"出現在句末，並且"父已死了"顯然可以表達"父親"的非動態的改變了的狀態。根據我們上文闡述的判斷"了$_2$"的標準，這個"了"可以讀作"了$_2$"。事實上，根據說現代漢語的人的語感，(12) 中的"了"只能是"了$_2$"，"父已死了"強調的顯然是"父親"的改變了的狀態而不大可能是"父親死"的動態過程。不過我們認爲，將"父親死了"讀作一個動態過程之所以奇怪，是因爲"死"是一個瞬間動詞，這樣的動詞如果讀作一個動態過程，其過程的起點和終點必須重合，並且在時間軸上沒有持續時間，因此跟起點、終點相異，在時間軸上有明顯持續的典型的動態過程結構不一樣。雖然從現代人的語感來看很奇怪，但從語法的角度，我們實際上也很難排除將"父親死了"讀作一個特殊的動態過程的可能性。因此，我們仍然考慮（12）中的"了"讀作完成動詞的可能性，從而將（12）中的"了"歸爲有歧義的"了"。

(13) 中"了"也是有歧義的。此句中的"了"既可以讀作"了$_2$"，則"承事畢了"強調跟參照時間點相關的主語（在這個例子中省略）"承事畢"的狀態；又可讀作完成動詞，與"畢"連用，則"承事畢了"強調"承事"的動態過程的實現。

類似（12）(13) 這樣有歧義的例子在這一階段普遍出現：僅《佛本行集經》一書中就有14例。值得注意的是這些句中的"了"不可能是"了$_1$"，因爲當時"了$_1$"還沒有出現（劉堅等1992，梅祖麟1994）。

那麼，爲什麼在這一階段"了"開始出現歧義，"了$_2$"開始萌芽呢？我們認爲這與"瞬間動詞＋句末'了'"和"完成動詞＋句末'了'"兩種上下文的出現有關。如上文所述，"瞬間動詞＋句末'了'"理論上既可表達一種改變了的狀態，也可表達一個瞬間完成的動態過程，但由于瞬間完成的動態過程起點和終點重合，沒有持續時間，因而其過程結構很容易被忽視，並且由于瞬間結束的動態過程一定會導致一種狀態的改變（如"死"的過程結束一定導致某種狀態的改變），"改變了的狀態"的意思很容易在這種語境中彰顯出來。這種語境中引申出來的意義再通過轉喻（metonymy, Traugott and Dasher 2002）手段轉移到"了"身上，"瞬間動詞 + 句末'了'"中的"了"就獲得了表示"非動態的，改變了的狀態"的功能，也就是説"了$_2$"的功能。

在"完成動詞 + 句末'了'"中，當"了"讀作完成動詞時，它其實是冗餘的，因此其本身"完成"的意思很容易被它之前表示同樣意思的另一個完成動詞所削弱而導致失落。另外，這樣的語境也一定會導致狀態的改變：一個事件完成之時，也是那個事件狀態改變之時。因此，這種語境中也很容易引申出"改變了的狀態"的語法意義。由于這種語境中的"了"處於句末位置：一個無標記的表達這種語法意義的位置，並且其本身的實義又容易在這個語境中失落，這種語境中的"了"很自然地成了表達這種"改變了的狀態"的語境引申義的最佳"候選人"。

由于類似（12）（13）這樣有歧義的例子的普遍出現，我們認爲在這一階段完成動詞"了"已經開始語法化，"了$_2$"已經開始出現，因爲從語法化的普遍規律來看，產生歧義總是語法化的第一步。不過，由于我們没有找到符合本文第二節中定義的没有歧義的"了$_2$"，我們還無法斷言"了$_2$"在這一階段已經最終形成。

如果我們的分析是正確的，完成動詞"了"的使用頻率在這一階段應該有提高，因爲它產生了歧義，語義範圍得到了擴展：由單純地表"完成"到既可表"完成"，又可表"改變了的狀態"。另外從語法化的普遍規律來看，當一個詞開始語法化之後，其使用頻率也總是會增高。

文獻資料證實了我們的推測。根據我們對這一時期兩部佛經的統計，表示"完成"或"改變了的狀態"的"了"的使用頻率上升到了42%；相反，表示"明白、理解"的"了"的使用頻率下降到了35%，如圖3所示。

圖3：北魏至隋間讀作"完成、改變了的狀態"的"了"和讀作"明白、理解"的"了"的頻率對比

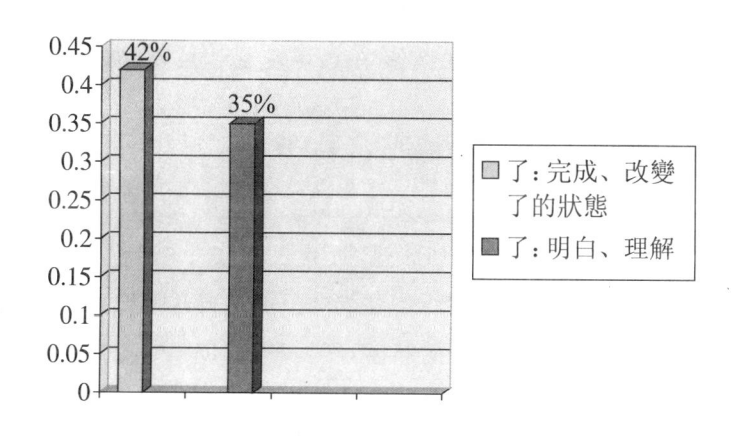

具體來說,在《賢愚經》和《佛本行集經》兩部佛經中,我們一共找到 77 例"了"。其中 32 例"了"讀作"完成"或"改變了的狀態",27 例"了"讀作"明白、理解"。下表 3 是相關的統計資料。

表 3:北魏至隋間兩部佛經中"了"的使用情況

佛經名稱	"了"的數目	表"完成、改變了的狀態"的"了"的數目	表"明白、理解"的"了"的數目
《賢愚經》	17	6	5
《佛本行集經》	60	26	22
總計	77	32(42%)	27(35%)

我們相信這一階段完成動詞"了"使用頻率的激增反映了其開始語法化的變化,也是"了$_2$"萌芽的一個有力證據。

3.4 "了$_2$"在唐朝的最終形成

如上節例(12)(13)所示,北魏開始,緊跟瞬間動詞(如"死")或完成動詞(如"訖""畢")之後的句末"了"開始產生歧義:既可表達"完成",也可表達"非動態的,改變了的狀態"。從唐朝開始,這種有歧義的"了"不再僅限於瞬間動詞或完成動詞之後,而是也開始出現在其他語境中,比如:

(14) 既得這身成長了。(大須孝順阿耶娘。)(唐朝,敦煌變文集,卷二/廿一,父母恩重經講經文)

這說明隨著有歧義的"了"的進一步語法化,其使用範圍在唐朝變得更廣。更重要的是,沒有歧義的"了$_2$"也在唐朝文獻中開始出現,如例(15)-(18)。

(15) (上座法海向前言:"大師去後,衣法當付何人?"大師言:")法即付了(,汝不須問。……")(唐朝,六祖壇經)

(16) (上來說)男既成長,須爲婚姻了。(唐朝,敦煌變文集,卷二/廿一,父母恩重經講經文)

(17) 一人死了(,何時再生。)(唐朝,敦煌變文集,卷六/七,廬山遠公話)

(18) (王陵只是不知,)或若王陵知了(,星夜倍程入楚,救其慈母。)(唐朝,敦煌變文集,卷五/三,漢將王陵變)

根據我們在第二節的定義,這些"了"都只能是"了$_2$",因爲它們出現的上下文都排斥"動態過程的完成"的讀法,因此它們不可能是完成動詞或"了$_1$"。比如:在(15)中,很明顯說話者和聽話者關心的是"(衣)法"的去處和狀態,而不是"付法"的過程,因此"法即付了"強調的不可能是一個還沒有發生的過程,相反,它強調的只能是與當時說話時間相關的"法"的一種狀態:由"未被付"到"即付"的改變了的狀態;很明顯,(16)中的"了"也不可能讀作"完成",強調"結婚"的動態過程,因爲上下文根本沒有提供這樣一個動態過程開始的可能性。相反,(16)強調的只是"男既成長"後出現的"須爲婚姻"的一種普遍狀態;類似地,(17)強調的是總的來說人"死了"的狀態,而不是某個人"死"的過程;(18)強調的是假設的"王陵知"的狀態,而不是"王陵知"的過程。

因此,所有這些"了"都是沒有歧義的"了$_2$"。它們的出現表示"了$_2$"在唐朝已最終形成。

"了$_2$"的進一步成熟也就意味著完成動詞"了"的進一步語法化和使用範圍的進一步擴大,隨之而來的應該是表"完成"或"改變了的狀態"的"了"的使用頻率的進一步提高。唐朝文獻也證實了我們這一推斷。如圖4和表4所示,《敦煌變文集》和《祖堂集》中的431例"了"中,76%是表"完成"或"改變了的狀態"的"了",表"明白、理解"的"了"的頻率降到了14%。

圖 4:唐朝讀作"完成、改變了的狀態"的"了"和讀作"明白、理解"的"了"的頻率對比

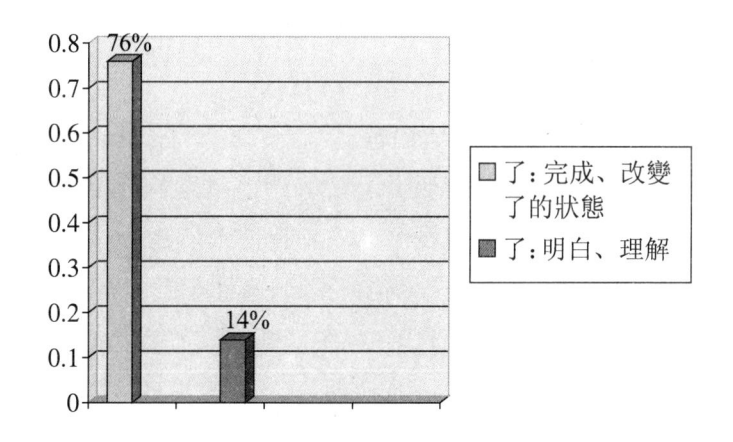

表 4:唐朝兩部文獻中"了"的使用情況

文獻名稱	"了"的數目	表"完成、改變了的狀態"的"了"的數目	表"明白、理解"的"了"的數目
《敦煌變文集》	254	206	26
《祖堂集》	177	120	33
總計	431	326(76%)	59(14%)

如圖5所示,在北魏-隋之前,表"明白、理解"的"了"在使用頻率上遠遠高於完成動詞"了",但在北魏-隋時,完成動詞"了"開始出現歧義,開始出現"了$_2$"的功能。其使用頻率也開始突增,第一次超過了表"明白、理解"的"了"的使用頻率。到唐朝,表"完成"或"改變了的狀態"的"了"更是成爲"了"用例中的絕大多數。我們認爲,這些資料清楚地表明完成動詞"了"在北魏和隋時開始語法化爲"了$_2$",至唐朝,這一過程已經完成。

圖 5：從東漢到唐朝表"完成、改變了的狀態"的"了"和表"明白、理解"的"了"使用頻率的變化

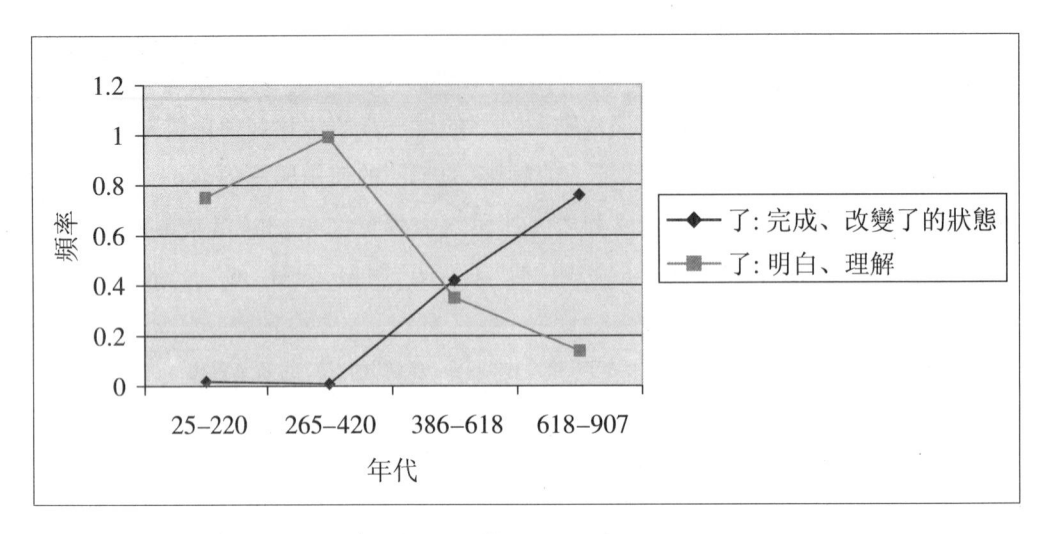

3.5 有關唐朝"了也"與"了"功能對立問題

曹廣順（1995）也注意到用於句尾的"V(O)了"格式在唐代已經存在，但和劉勳寧（1985）一樣，他認爲唐代普遍用於句尾的是"V(O)了也"而不是"V(O)了"格式，也就是説，"了"在唐代普遍不處句尾位置，不具結句功能。據此，他認爲"了₂"在唐代還未最終形成。

曹廣順和劉勳寧得出唐代"了也"和"了"存在這種功能對立的結論，根據的都是《祖堂集》。本文重新分析了《祖堂集》，又分析了同時期的《敦煌變文集》，發現這種功能對立在唐代其實不存在，"V(O)了"在唐代完全可以用於句尾，"了"在唐代完全具備結句功能。

首先，與《祖堂集》同期的《敦煌變文集》中，"V(O)了"結句②的例子很多（如例 19－24），相反，"V(O)了也"一共也只有 3 例。這説明即使《祖堂集》中存在"了也"和"了"在結句功能上的區別，這種對立在唐代總的來説並不成立。

(19)（女答：）錦帳已鋪了（，繡褥未曾收，刺史但之下，雙雙宿紫樓。）（唐朝，敦煌變文集）

(20)（善男善女，一個個交出離苦源，）人人盡登常樂了。（唐朝，敦煌變文集）

(21)（詮訥武士，便出干城，須更奏對，）火坑掘了。（唐朝，敦煌變文集）

(22) 微塵道理稱揚了（，向下經文事若何。）（唐朝，敦煌變文集）

(23) 一人死了（，何時再生。）（唐朝，敦煌變文集）

(24)（上來説男既成長，）須爲婚姻了。（唐朝，敦煌變文集）

其次，我們認爲，《祖堂集》中"V(O)了"與"V(O)了也"也並没有嚴格的對立。孫錫信（1997）已經指出了這一點，本文再略作補充説明。如：

(25)（師向僧道："汝與我開田了，爲汝説大義。"僧云：)"開田了，(請師説大義。"師乃展開雙手。)（唐朝，祖堂集）

(26)（師問："適來有一個僧未得吃飯，汝供養得麼？"對曰：）"供養了。"（師曰："汝向後無量大福德人。"）（唐朝，祖堂集）

(27)（佛日云："三道寶□，曲爲今時，向上一路，請師速道，速道！"）便上□禮拜和尚了。（師問："從什麼處來？"……）（唐朝，祖堂集）

(28)（玄沙云："譬如一片地，"）作契賣與你□了。（東西四畔，並屬你了也。……"）（唐朝，祖堂集）

在所有以上句子中，"V(O)了"都用於句尾位置，因此很難說《祖堂集》中"V(O)了"不能結句。下例(29)(30)則顯示《祖堂集》中"V(O)了"和"V(O)了也"可以出現在完全相同的語境，分佈完全一樣。很難說二者之間有什麼功能對立。

(29)（師才望見洞山，便云：）"已相見了也，不用更上來。"（唐朝，祖堂集）

(30)（師云：）"已相見了，不要上來！"（唐朝，祖堂集）

綜上所述，我們認爲劉勳寧、曹廣順所認爲的"V(O)了"和"V(O)了也"的功能對立在唐朝並不存在，也就是說，"了"在唐代可用於句尾，可以結句。再加上沒有歧義地讀作"了$_2$"的"了"的出現(15-18)，我們相信"了$_2$"在唐代已經最終形成。

既然"了"已經可以結句，"V(O)了也"中的"也"又是什麼呢？我們認爲"V(O)了也"中的"了也"是功能相同的兩個詞連用："了""也"都用如現代漢語中的"了$_2$"。這種功能相同的詞連用的情況在歷史上並不少見。如(31)（此例取自孫朝奮1996）所示，元朝"來"產生"了$_2$"的用法後，也與"了"連用，形成"了來"組合。

(31) 便與他作伴了來。（元朝，蒙古秘史）

3.6 "了$_2$"的來源

我們認爲，3.1-3.4中的例句表明，"了$_2$"來源於"V(O)了完成"格式中的句尾完成動詞"了"。此格式中的完成動詞"了"在北魏至隋間開始產生歧義，開始語法化爲"了$_2$"，至唐朝，沒有歧義的"了$_2$"已經存在。因此，在"了$_2$"的來源問題上，我們的觀點和曹廣順的觀點是一致的。不同之處是我們認爲"了$_2$"在唐代已經最終形成，曹廣順認爲"了$_2$"形成於南宋。

相比之下，"來"一直到12世紀才開始獲得類似"了$_2$"的語法功能（趙元任1968），因此不可能是唐朝就已經存在的"了$_2$"的來源。

在我們所列舉的沒有歧義的"了$_2$"例句中，沒有一個"了$_2$"必須後接"也"，因此也不支持劉勳寧有關"了$_2$"來源於"了也"組合的觀點。

四 "了$_2$"語法化過程總結

第三節中的討論表明，"了"由一個完成動詞語法化爲"了$_2$"，大致經歷了四個步驟：

1. "了"作爲完成動詞在東漢時出現,當時這種完成動詞"了"不出現在句尾位置,使用頻率低。

2. 雖然使用頻率仍然很低,完成動詞"了"在晉時開始出現在句尾,爲其後來語法化爲"了₂"占據必備的句法位置。這個變化是"了₂"出現的一個必要條件。

3. 北魏-隋間用於"瞬間動詞/完成動詞+了"格式中的句尾完成動詞"了"開始産生歧義,開始産生"了₂"的用法。究其原因,是因爲"了"讀作"完成",或與前面瞬間動詞(如"死")語義上不相容,或與前面另一個完成動詞語義上重複。所以,這種語境中"完成"的讀法很容易被冲淡乃至消失。再加上"瞬間動詞/完成動詞+了"的語境必然産生"改變了的狀態"的引申義。這種引申義通過轉喻(metonymy,Trauggot and Dasher 2002)的手段轉移到這一語境中"完成"本義消失的"了"身上,"了"就重新分析(reanalysis,Hopper and Traugott 2002)成了"了₂",表示"改變了的狀態"。由于歧義的産生,讀作"完成、改變了的狀態"的"了"的使用頻率在這一階段激增,從另外一個角度證明完成動詞"了"在這一階段開始語法化,"了₂"開始萌芽。

4. 經過推廣,唐代"了₂"的用法不僅限於"瞬間動詞/完成動詞+了"格式,而且没有歧義的"了₂"也大量出現。讀作"完成、改變了的狀態"的"了"的使用頻率在這一階段繼續激增。據此,我們認爲,"了₂"在唐朝已最終形成。

附　　注

① 編輯部先生指出:此例應斷爲"其罪已過,了不見罪",那麽其中的"了"字可讀作"全",而不是完成動詞。我們認爲這個例子可能是有歧義的,其中的"了"可能既可讀作"完",也可讀作"全"。

② 值得注意的是,我們所説的結句功能是指"了"可煞句,也就是説"了"後不必有別的成分,前面的句子也可獨立成句。因此,"了"後不必是句號,也不必處於複句的句尾。比如"要下雨了,快走吧"中,即使"快走吧"不説,"要下雨了"依然獨立成句,我們説其中的"了"具有結句功能。

參考文獻

曹廣順　1987　《語氣詞"了"源流淺説》,《語文研究》第 2 期。
——　1995　《近代漢語助詞》,北京:語文出版社,10 - 107 頁。
趙元任　(Chao Yuanren)　1968　《中國話的文法》,《中國現代學術經典·趙元任卷》,石家莊:河北教育出版社,232 - 233 頁。
蔣紹愚　1994　《近代漢語研究概況》,北京:北京大學出版社,238 - 241 頁。
劉　堅　江藍生　白維國　曹廣順　1992　《近代漢語虛詞研究》,北京:語文出版社,111 - 129 頁。
劉勳寧　1985　《現代漢語句尾"了"的來源》,《方言》第 2 期。
梅祖麟　1981　《明代寧波話的"來"字和現代漢語的"了"字》,《方言》第 1 期。
——　1994　《唐代、宋代共同語的語法和現代方言的語法》,《中國境内語言暨語言學》第 2 期。

梅祖麟　1999　《先秦兩漢的一種完成貌句式》,《中國語文》第 4 期。
孫錫信　1997　《唐五代語氣詞的更迭》,《古漢語語法論集》,北京:語文出版社,609 - 625 頁。
——　1999　《近代漢語語氣詞》,北京:語文出版社,77 - 84 頁。
太田辰夫　1958　《中國語歷史文法》,蔣紹愚、徐昌華譯,北京:北京大學出版社,1987 年。
王　力　1958　《漢語史稿》,《王力文集》第九卷,濟南:山東教育出版社,586 頁。
Smith, Carlota S. 1997 *The Parameter of Aspect*. Kluwer Academic Publishers, Dordrecht / Boston / London.
Sun, Chaofen（孫朝奮）1996 *Word-Order Change and Grammaticalization in the History of Chinese*, pp.82 - 107. Stanford University Press, Stanford, California.

主要引書目錄

《佛說阿闍世王經》,東漢,支婁迦讖譯（大正新修大藏經 No.626）;《佛說成具光明定意經》,東漢,支曜譯（大正新修大藏經 No.630）;《中本起經》,東漢,曇國共康孟祥譯（大正新修大藏經 No.196）;《陰持入經》,東漢,安世高譯（大正新修大藏經 No.603）;《本相猗致經》,東漢,安世高譯（大正新修大藏經 No.36）;《阿惟越致遮經》,西晉,竺法護譯（大正新修大藏經 No. 266）;《生經》,西晉,竺法護譯（大正新修大藏經 No. 154）;《增壹阿含經》,東晉,瞿曇僧伽提婆譯（大正新修大藏經 No. 125）;《大方廣佛華嚴經》,東晉,佛馱跋陀羅譯（大正新修大藏經 No. 278）;《賢愚經》,北魏,慧覺等譯（大正新修大藏經 No. 202）;《佛本行集經》,隋,闍那崛多譯（大正新修大藏經 No. 190）;《六祖壇經》,唐(Online source: http://sinica.stanford.edu);《敦煌變文集新書》,唐(Online source: http://sinica.stanford.edu);《祖堂集》,唐(Online source: http://sinica.stanford.edu)。

The Origin of Le_2 了$_2$ and Its Grammaticalization
FANG Ji, SUN Chaofen

Abstract: The paper discusses the origin of le_2 了$_2$ and its pathway of grammaticalization. It argues that le_2 了$_2$ in Mandarin Chinese is derived from the verb *le* meaning 'achievement' in the East Han Dynasty. It began to grammaticalize during the North Wei Period and became mature in the Tang Dynasty. Three stages mark the grammaticalization course: (1) the verb *le* occurs in the final position of clauses and functions as a clause-ending marker; (2) *le* in certain context obtains a grammatical meaning marking the change of state; (3) *le* extends to more general contexts.

Key words: le_2 了$_2$, origin, grammaticalization, paticle of situation of events

（方　霽　孫朝奮　美國斯坦福大學亞洲語言系）

"得"字句[*]

袁賓　康健

提　要　漢語語法學界素來關注被動式,尤其是"被"字句的逆意傾向(即以表述不幸或不愉快的事情爲主)問題;本文則揭示了另一方面的重要事實,即歷史被動式裏擁有順意傾向的"得"字句;它從漢代産生以後,長期使用,具有口語基礎,在情感傾向方面與"被"字句形成對立與互補格局。文中闡説了語言的類化機制(同類化和異類化)是産生"得"字句順意傾向以及上述兩類被動句順逆互補格局的深層動因。作者認爲,應該拓展被動句研究的視野,探考未被充分注意的語言事實和客觀規律,全面認識漢語被動式的發展歷史。

關鍵詞　"得"字句　順意傾向　分工互補　類化機制

一　引言

漢語語法學界對於被動式的研究與討論經久未衰,其中經常談論到的有被動式,尤其是"被"字句以表示不幸、不愉快等消極意義(本文簡稱爲"逆意",相反情況則簡稱爲"順意")爲主的問題。比如王力(1980:433)在考察了"被"字句和其他被動句的發展歷史後總結出這樣的結論:"被動式的作用基本上是表示不幸或者不愉快的事情。"李臨定(1980)在研究現代漢語"被"字句時,指出:"在現代漢語裏,被字句表示中性以至褒義,有擴大之勢,但總的情況還是以表示貶義爲主。"邢福義近期發表《承賜型"被"字句》(2004)一文,揭示了"'被'字句中有承賜型一小類,在情緒傾向上表示稱心";該文論證了此種"表示稱心"的承賜型"被"字句在"古代已有雛形",其"發展成型,却可以説是現代的事";該文在"結束語"裏也認爲:"必須進一步指出的是:除了承賜型,在一般'被'字句中,表示稱心的爲數已經很少(不是絶對没有)"。以上三位先生先後所做的研究工作,充分反映了學界對於被動句情緒傾向問題的關注;他們所得出的結論,也在不斷地把對這個問題的研究推向深入。

我們認爲,在漢語發展史極其豐富的語言現象中,除了以表達逆意爲主的被動句外,還存在着另一類以表達順意爲主的被動句,比如以"蒙"爲被動標記的"蒙"字句:

---

[*]　承蒙審稿專家對本文提出了有益的修改意見,特此致謝! 本項研究得到教育部 2007 年度人文社會科學項目基金(07 JA740021)與上海市重點學科建設項目基金(S30402)資助。

（1）一辭魏闕就商賓，散地閒居八九春。初時被目爲迂叟，近日蒙呼作隱人。（全唐詩，卷四五六，白居易：迂叟）

（2）凡阿順者蒙薦擢，忠直者被斥竄。（遼史，卷一一〇）

以上兩例中，"蒙"字句表述順意之事，"被"字句則表述逆意之事，順逆對舉，十分顯豁。事實上，表被動的"蒙"字句產生於漢代，在長期使用的過程中，一直以表達順意爲主；與表達逆意爲主的"被"字句構成對立與互補格局。對此，筆者已作《"蒙"字句》（2005）一文予以介紹，這裏不再贅述。此外，拙著《近代漢語概論》（1992：245）曾經提出，以"得"爲被動標記的"得"字句也是含有順意傾向的被動句，該書曾舉出如下數例：

（3）適來失腳滑倒，又得家童扶起。（五燈會元，卷一二，石霜楚圓禪師）

（4）我婆婆因爲與賽盧醫索錢，被他賺到郊外勒死。我婆婆却得他爺兒兩個救了性命，因此我婆婆收留他爺兒兩個在家。（元曲選，竇娥冤，二折）

（5）（時遷）曾在薊州府裏吃官司，却得楊雄救了他。（水滸全傳，四六回）

（6）險些兒壞了他性命，早是得衆弟兄諫救了！（同上，七一回。早是：幸虧）

（7）黃、顧二人，口中還不乾淨，却得馬德稱抵死勸回。（警世通言，卷一七）

由于拙著對於"得"字句的介紹過於簡略，且舉例局限於近代漢語範圍之内，未能引起語法學界對此問題應有的注意，故特作本文，全面系統地論述"得"字句的有關情況。我們希望通過這樣的工作，不斷地拓寬研究視野，以求揭示被動式歷史發展的全面事實和客觀規律。

二 "得"字句是被動句

漢語史上的"得"字句，以"得"字是否引入謂語 V 的施事 N，大致可以分成兩種句型：
（一）S 得 NV；（二）S 得 V。

（一）S 得 NV（主語 S 可以省略），例如：

（1）阮小二、阮小五、張順却得混江龍李俊帶的童威、童猛死救回去。（水滸全傳，六四回）

（2）婆婆聽了，滿面笑容，道是："婆子那裏得這般福分！……但得媽媽收留，實是萬幸！"（清平山堂話本，花燈轎蓮女成佛記）

例（1）"阮小二、阮小五、張順"和例（2）"婆子"（承前省略）既是句子主語，又是謂語動詞"救""收留"的受事；"混江龍李俊帶的童威、童猛""媽媽"既是"得"的賓語，又是謂語動詞 V 的施事。我們知道，漢語史上的"被"字句，若以"被"字是否引入施事 N，也可分爲兩種句型：S 被 NV 和 S 被 V。S 被 NV 的用例如：

（3）二人暗商量："我們被這和尚監押定了，明日回去，高太尉必然奈何俺。"（水滸全傳，九回）

拿上引 S 得 NV 的例子跟此例 S 被 NV 相比較,不難看出,兩者在語序結構和語義關係上都是相同的。如將 S 被 NV 型的"被"字句轉換成主動句,除刪去"被"字外,語序須作如下調整:

$$S 被 NV \longrightarrow NVS$$

　　　我們被這和尚監押定了。———→ 這和尚監押定了我們。
S 得 NV 型的"得"字句也可按同樣方式轉換成主動句:

$$S 得 NV \longrightarrow NVS$$

　　　阮小二、阮小五、張順却得混江龍李俊帶的童威、童猛死救回去 ———→ 混江龍李俊帶的童威、童猛却死救阮小二、阮小五、張順回去。
　　　(婆子)但得媽媽收留 ———→ 媽媽但收留(婆子)

通過上述比較,可以看出 S 得 NV 跟 S 被 NV 具有相同的句法性質,即同屬被動式。

(二) S 得 V(S 可以省略),例如:

　　　(4) 及文宣昏逸,常山王數諫,帝疑王假辭於(王)晞,欲加大辟。王私謂晞曰:"博士,明日當作一條事,爲欲相活,亦圖自全,宜深體勿怪。"乃於眾中杖晞二十。帝尋發怒,聞晞得杖,以故不殺,髡鉗配甲方。(北齊書,卷三一。杖:杖擊)

　　　(5) 田(洪)謂(崔)紹曰:"洪別公後來,未經旬日,身已謝世矣。不知公何事,忽然到此?"紹曰:"被大王追勘少事,事亦尋了,即得放回。"(河東記・崔紹)

此式"得"字句,可視作省略了謂語動詞的施事 N。如例(4)承上文省去了"杖"的施事"常山王",例(5)省去了"大王"。"被"字句也有這種 S 被 V 格式(S 可省略),例如:

　　　(6) 初,京兆人脂習元升,與(孔)融相善,每戒融剛直。及(融)被害,許下莫敢收者,習往撫屍曰:"文舉舍我死,吾何用生爲?"操聞大怒。(後漢書,卷七○)

"害"前也省去了施事"曹操"。如果需要,此類格式的"被"字句和"得"字句一般均可補出施事,語義不變,如:

　　　(融)被(操)害
　　　晞得(王)杖
　　　(紹)即得(大王)放回

這樣就變成了上文(一)所述的 S 被/得(N)V 格式,它們同樣可以轉換爲主動句:

　　　(操)害融
　　　(王)杖晞
　　　(大王)即放回(紹)

由此可以證明,S 得 V 和 S 被 V 的語序結構及語義關係也是相同的,S 得 V 跟 S 被 V 一樣,具有被動句的句法性質。

"得"字句和"被"字句在句型結構上還有其他許多相同之處,比如"被"字句的謂語動詞可帶賓語：

（7）爾時善友太子被刺兩目。（敦煌變文校注，卷五，雙恩記）

"得"字句的謂語動詞也可帶賓語：

（8）花榮在廳上稱謝三個好漢，説道："花榮與哥哥皆得三位壯士救了性命，報了冤仇，此恩難報。"（水滸全傳，三四回）

"被"字句的謂語動詞可帶補語，如：

（9）不辭便往傳尊旨，必被他家挫辱回。（敦煌變文校注，卷五，維摩詰經講經文四）

"得"字句的謂語動詞也可帶補語：

（10）又將來攛在水裏，頭臉都磕破了，險不凍死，却得相識救了回來。（水滸全傳，三二回）

"被"字句有兩種否定形式：（一）否定詞位於"被"字之前；（二）否定詞位於"被"字之後、謂語動詞之前（袁賓：1989），例如：

（11）自己但不被一切有無諸境轉。（祖堂集，卷一四，南源和尚）

（12）（張生）覷著鶯鶯，眼去眉來，被那女孩兒，不睬！不睬！（董解元西廂記，卷一）

"得"字句也有這兩種否定形式：

（13）今日不得吳教授相引，如何得會！（水滸全傳，一五回）

（14）湯隆道："若得哥哥不棄，肯帶攜兄弟時，願隨鞭鐙。"（同上，五四回）

"被"字句的謂語動詞前常加副詞"相"，構成"被 N 相 V"格式（參袁賓等 2007），如：

（15）丈夫未達于前，遂被婦人相識。（敦煌變文校注，卷一，伍子胥變文）

（16）欲傲王侯，早被王侯相傲。（全宋詞，趙文：石州慢）

"得"字句也常見"得 N 相 V"格式，如：

（17）季布得他相接引，擎鞭執帽不辭辛。（敦煌變文校注，卷一，捉季布傳文）

（18）汝夫已得龍王相救，日後夫妻相會，子母團圓，雪冤報仇有日也。（西遊記，附錄）

"被"字句常和處置式"將"字句、"把"字句結合，組成混合句型"被 N 將／把……V"（參見袁賓等 2001），例如：

（19）被利欲將這個心包了。（朱子語類，卷一八）

（20）被那無徒漢，把夫妻拆散。（董解元西廂記，卷七）

"得"字句也常見與處置式的混合句型"得 N 將／把……V"：

（21）此子之父，乃海州弘農人也。姓陳名蕚，字光蕊，官拜洪州知府。攜家之任，買舟，得江上劉洪者，將夫推墮水中，冒名作洪州知府。（元曲選外編，西遊記，三折）

(22) 被北軍趕上，撒起絆索，將解珍、解寶雙雙兒橫拖倒拽，捉入陣中去了。步兵大敗奔回，却得孫安奮勇鏖戰，只一劍把北將唐顯砍下馬來。（水滸全傳，九八回）

例（22）裏，前句爲"被N將……V"型，後句爲"得N把……V"型，可資比較。

隨着"被"字句的發展，有時一個"被"字可以管住多個小句，例如：

(23) 被侯成殺了楊奉，奪了門，浮水而過。（三國志平話，卷上）

(24) 四下伏兵並起。被袁達捉住鄒堅，李牧捉住鄒忌，獨孤陳捉住清漳太子。推見孫子，欲斬三人。（七國春秋平話，卷上）

這種現象可視作"被"字句與複句的結合，我們稱之爲多小句"被"字句（參見袁賓2000）。上引兩例代表了多小句"被"字句的兩種情形：例（23）裏三個小句的施事相同，例（24）三個小句有三個不同的施事。"得"字句也有此兩種多小句的用例，依序各舉兩例如次：

(25)（武松）轉發東平府後，得陳府尹一力救濟，斷配孟州。（水滸全傳，三二回）

(26) 自他去後，有安祿山作亂，陷了長安，天子幸蜀，妾身被軍中所擄。幸得牛尚書收買妾身，留養府中，以爲義女，教他女孩兒拜妾身爲姐姐。（元曲選，梧桐葉，一折）

(27) 今日得聖賢接引，天王相救，恩義比太山高。（元曲選外編，西遊記，九齣）

(28) 如是六七日，又得安道全療人，皇甫端調馬，軍兵馬匹，漸漸強健，不在話下。（水滸全傳，一〇五回）

一個被動標記能同時管住兩個或多個小句，顯示了"被"和"得"表被動語義和組句功能的增強。

綜上所述，"得"字句與"被"字句在句型格式方面的諸多相同之處，均可印證兩者具有相同的句法性質，即均屬被動式。

由于"得"字句屬被動式，所以它與其他被動句前後並列時，具有對偶色彩，例如：

(29) 太公窮賤，遭周文而得封；宵戚隱厄，逢齊桓而見官。非窮賤隱厄有非，而得封見官有是也，窮達有時，遭遇有命也。（論衡，禍虛）

(30) 時權富子弟多以人事得舉，而貧約守志者以窮退見遺。（後漢書，卷六一下）

(31) 幸被夕風吹，屢得朝光照。（先秦漢魏晉南北朝詩，梁詩，卷二七，費昶：芳樹）

(32) 師爲衆人重，始得衆人師。（全唐詩，卷八四九，方幹：清源標公）

(33) 總得苔遮猶慰意，若教泥汙更傷心。（同上，卷六八一，韓偓：惜花）

例（29）（30）"得封""得舉"與被動結構"見官"（被封官職）、"見遺"相對，例（31）－（33）"得"字句與表被動的"被"字句、"爲"字句、"教"字句相對，這些上下對仗（或大致對仗）的用例，反映出在古時作者的語感裏，得（N）V 和見V、被NV、爲NV、教NV 一樣，都是表示被動語義的。

古人對"得"字句的一些注釋也可以幫助我們認識其句法性質，例如：

(34) 帝王者各殊禮而異務，要以成功爲統紀，豈可繩乎？觀所以得尊寵及所以廢辱,亦當世得失之林也。[索隱]曰:言觀今人臣所以得尊寵者必由忠厚,被廢辱者亦由驕淫,是言見在興廢亦當代得失之林也。(史記,卷一八)

(35)諸禁錮及有過者咸蒙厚賞,得免減罪。師古曰:有罪者或被釋免,或得減輕。(漢書,卷六)

將這兩則釋語與原句細加比較,可以看出,在古人的語感裏,《史記》的"得尊寵、廢辱"和《漢書》的"得免減罪"是帶有被動語義的。兩則釋語的作者司馬貞和顏師古均系唐代語文學家,且去古未遠,他們的語感應有較高的參考價值。

在《水滸全傳》一書裏,我們看到有些語義相近(謂語動詞相同或相近)的被動句,其被動標記有時用"被",有時用"得",例如:

用"被"
(36)被他那裏人多,救了上山去。(一七回)
(37)被我們殺了防送公人,救了他在此安身。(四四回)
(38)被莊客李大救護。(五二回)
(39)無端又被一夥強人前來救應。(五七回)

用"得"
(40)你得誰人救了你回來?(三二回)
(41)今得四方豪傑救了宋江性命。(四一回)
(42)若得如此救護,深感厚恩。(一四回)
(43)我自江州得衆兄弟相救到此。(八二回)

可見在作者看來,這些被動句既可用"被",也可用"得",它們都是被動標記,其句法功能是相同的。衆所周知,《水滸全傳》膾炙人口、影響深遠,是古代口語文學的代表作品,其成功的語言實踐具有很高的藝術性,也具有很強的規範性。因此,該書的用例是判定"得"字句屬於被動式的有力證據。

三 "得"字句具有順意傾向

"得"字句具有順意傾向,即此種被動句以敘寫順意之事爲主。上文的舉例除第二節例(4)(21)二例外,其餘"得"字句所敘之事,對於句子的主語S來說都是順意的。

我們通檢了唐代成書的《北齊書》,共得"得"字句約19例,其中僅1例爲逆意句,即第二節所舉例(4),其餘皆順意句,舉兩例如下:

(1)平秦王歸彥……父徽,魏末坐事當徙涼州,行至河、渭間,遇賊,以軍功得免流。(卷一四)

(2)魏收撰《魏書》成,松年有謗言,文宣怒,禁止之,仍加杖罰。歲餘得免,除臨漳令。(卷三五)

我們又通檢了《水滸全傳》,共得"得"字句約130餘例,僅見極少數幾例屬逆意句,如:

(3) 張翔見射不倒孫立,飛馬提刀,又來助戰,却得秦明接住廝殺。(九二回)

(4) 許定趕來,却得秦明占住廝殺。(一一二回)

兩例均寫混戰場面,例(3)張翔本欲上前協助方瓊齊戰孫立,例(4)許定追趕彭玘邀戰,都被秦明攔住廝殺。這對張、許來説,都是不合本來心意的。也許有人會認爲,《水滸全傳》作者對於梁山英雄是懷有讚美、同情之心的,此處兩例使用通常表順意的"得"字句或可理解。事實上,有少量的被動句,若觀察角度不同(如主語角度、作者角度等),對其順、逆傾向確會產生不同的理解。①在許多情況下,文獻裏某個被動句是否含有、含有多少作者的褒貶情緒,是比較模糊、不易把握的;而句子主語(即受事者,有時就是文章的作者)和句子順逆傾向之間的關係,則更加直接,更加密切,也便於觀察,便於分析。本文在判別被動句的順逆傾向時,一律以句子主語的角度爲標準,若遇上少數可能引起分歧意見的用例,則給出必要的説明。

除上文已舉數例外,其他文獻裏也可以看到少量的逆意"得"字句用例,如:

(5) 太后拜(元)義爲侍中,領軍左右,令總禁兵,委以腹心,反得幽隔永巷六年。太后哭曰:"養虎自齧,長虺成蛇!"(洛陽伽藍記,卷一,建中寺)

(6) 誠不及青鳥,遠食玉山禾;猶勝吳宮燕,無罪得焚窠。(先秦漢魏晉南北朝詩,宋詩,卷七,鮑照:代空城雀)

(7) 玉簪掂做兩三截,琴弦已斷應難接,誰成望弄巧翻成拙。甚全不似那時節?應得傍人做話説,是自家緣業!(全元散曲,張彥文:一枝花)

上文已從舉例和專書統計兩個方面論證了"得"字句的順意傾向,這與漢語史上"被"字句的逆意傾向形成明顯對立,構成了這兩種被動句在情感傾向方面的互補格局。

我們還可以通過文獻裏許多"得"字句和"被"字句在上下文順逆對舉的用例來進一步認識上述的對立與互補事實。例如:

(8) 明帝禁浮華,而人白(李)勝堂有四窗八達,各有主名,用是被收,以其所連引者多,故得原。(三國志,卷九)

(9) 至來歲梅花時,兄弟相鬥。弟奮戰傷兄,官收治,並被囚系,經歲得免。(先秦漢魏晉南北朝詩,宋詩,卷一二,犬妖歌,序引《述異記》)

(10) 魏徵爲仆射,有二典事之長參。時徵方寢,二人窗下平章,一人曰:"我等官職總由此老翁。"一人曰:"總由天上。"……明日引注,"由老人"者被放,"由天上"者得留。(朝野僉載,卷六)

(11) 晉客亦問延之云:"何故來?"延之云:"吾錯被追,今得放還。"(廣異記,韋延之)

(12) (陰司鬼魂答言:)只爲同名複同姓,名字交錯被追來。勘當恰經三五日,無事得放却歸回。早被妻兒送墳墓,獨自拋我在荒郊!(敦煌變文校注,卷六,大目乾連冥

間救母變文)

(13) 奴家晝夜淚雨成行,要尋死處,被他監看得緊。今日得將軍搭救,便是重生父母,再養爹娘!(水滸全傳,七三回)

(14) 貂蟬泣曰:"……妾見其用心不良,恐爲所逼,欲投荷池自盡,却被這廝抱住。正在生死之間,得太師來救了性命。"(三國演義,九回)

(15) 因妾家裏父母被盜扳害,得他救解,幸免大禍。(二刻拍案驚奇,卷一五)

上文所舉第一節例(4)、第二節例(5)(26)(34)等例中也可見到"得"字句和"被"字句順逆對舉的情形。在較長時期的文獻裏,"得"字句和"被"字句在上下文中順逆對舉的例子是經常可以見到的。相反,在相同的語境中,由"被"字句表達順意而由"得"字句表達逆意的例子却迄未檢得。這就是說,不但從被動式的總體上看,"得"字句和"被"字句在情感傾向方面構成對立與互補格局;而且在具體使用上,當上下文須要被動式順逆對舉時,"得"字句和"被"字句也顯示了嚴格分工的規律。毫無疑問,這是漢語被動式發展史上的重要事實和重要規律。

"得"字句爲什麽具有順意傾向,爲什麽能與"被"字句形成順逆對立與互補呢?我們擬從兩個方面給以解釋。

(一) 王力(1980:431)在論證"被"字句具有逆意傾向時,曾經指出,表被動的"被"來自於"遭受、蒙受"義的動詞"被",而這個動詞"被"在先秦至唐宋典籍中多數是用來"敍述不幸或者不愉快的事情的"。也就是説,"被"字句以表達逆意爲主,與動詞"被"在使用中的逆意傾向是一脈相承的。王先生的這個論證思路也可用於探索"得"字句順意傾向的來源。表被動的"得"來自於"獲得、得到"義的動詞"得"(詳見下文第四節),"獲得、得到"詞義本身帶有一定程度的順意傾向,從"得"的反義詞"失"及其"丢失、失去"義亦可印證此種語感。先秦兩漢文獻裏常見"得失成敗""得失利害""得失安危""是非得失""治亂得失"等詞語搭配,"得失"的用法在動詞"得""失"的基礎上有所引申變化,其中"得"字均明顯含有順意色彩。上述"得"字的這種順意傾向對於此後産生的順意"得"字句應有一定的影響。

但是,上述解釋適合"被"字句與"得"字句,却不適合"爲"字句與"蒙"字句,因而帶有一定程度的個案性質。據王力(1980:432)的研究結果:被動式的"表示不幸,並不限於'被'字句,'爲'字句和'爲……所'式也是如此"。然而我們知道,漢語史上動詞"爲"的使用並沒有明顯的逆意傾向。又據我們調查先秦兩漢與近代漢語時期有代表性的八種文獻,其中動詞"蒙"的情緒色彩如下表:

文獻	詩經	論語	孟子	韓非子	史記	論衡	敦煌變文	水滸全傳
共計用例	0	0	1	4	9	18	14	20
順意	0	0	0	0	2	13	14	19
逆意	0	0	1	4	7	5	0	0
中性	0	0	0	0	0	0	0	1

可以看出，先秦兩漢六種典籍裏，動詞"蒙"的順意例15個，逆意例17個，並無順意傾向。其順意傾向在東漢的《論衡》裏方稍見端倪（而此時"蒙"字句已經產生並進入了《漢書》與早期譯經等文獻，以上說例詳袁賓2005），到近代漢語時期的敦煌變文與《水滸全傳》裏才充分體現。也就是説，動詞"蒙"的順意傾向並非它的原始特徵，其順意傾向的確立並不早於"蒙"字句的產生。因此，用動詞的情緒色彩來解釋"爲"字句與"蒙"字句情緒色彩的由來並不合適或不盡合適。這樣，從被動句情緒色彩問題的總體上看，有必要另外探尋具有普遍意義的解釋。

（二）漢語作爲漢民族億萬人在長時期裏的交際工具，擁有十分複雜而龐大的語言系統。這個語言系統絶不可能雜亂無章，沒有頭緒，而是綱目清楚，以類相從，便於記憶，便於使用的。造成漢語系統此種狀況的重要原因之一是其内在的類化機制在起作用。

類化機制可以分爲同類化和異類化。"得"字句具有明顯的順意傾向，其直接原因或者說表層原因可能是受到動詞"得"字帶有順意色彩的一定影響，其深層原因則是語言的同類化機制的作用。同類化機制使一種語言形式（比如"得"字句）在反復多次的使用中，逐漸朝相同或統一的方向發展，在此語言形式和它的某種表述功能（比如順意傾向）之間逐漸繫起一條便於人腦記憶儲存的紐帶。這種具有單一性、限制性的語言趨同運動對於人們更直捷、更熟練地傳達、接受信息無疑是十分重要、十分有益的。從文獻的大量用例來看，作者們爲了表達順意被動義，常使用"蒙"字句、"得"字句；爲了表達逆意被動義，常使用"爲"字句、"被"字句。反過來說，我們在讀到"蒙"字句、"得"字句時，會聯想到它的順意傾向；在讀到"爲"字句、"被"字句時，會聯想到它的逆意傾向。無論輸出方的表達選擇，還是輸入方的理解選擇，都十分便捷有效，通暢無礙。這正是同類化機制在起作用的結果。這不但可以解釋"得"字句順意傾向的形成原因，也可以解釋"被"字句逆意傾向以及其他類似語言現象的形成原因。

異類化機制則使兩種相關的語言形式（比如"得"字句和"被"字句）在反復多次的使用中，逐漸向不同或對立的方向發展，使這兩種語言形式在各自的表述功能（比如順意傾向和逆意傾向）之間形成分工與互補。這種分工與互補有利於語言系統匀稱、平衡的合理佈局，可以增強語言適應社會生活（包括人腦思維）的全面完整的交際功能。漢語被動式裏既擁有以表達逆意爲主的"爲"字句與"被"字句等，又擁有以表達順意爲主的"蒙"字句與"得"字句等，兩類不同情感傾向的被動句在十多個世紀的長時期中構成分工、互補關係，這是異類化機制起作用的結果。

四 "得"字句的産生過程及其口語基礎

上文第二節裏，我們已經借助于唐代兩位語文學家的釋語，認識到《史記》裏的"得尊寵、廢辱"(例34)和《漢書》裏的"得免減罪"(例35)是含有被動語義的。這就是說,"得"字句在漢代已見萌芽。

在更早些的文獻裏,可以看到"得"字句形成的孕育狀態。下面是《韓非子》裏的一條例句:

(1) 夫弩弱而矢高者,激於風也;身不肖而令行者,得助於衆也。(難勢)

動詞"得"演變爲被動標記,必須具備以下條件:"得"的後跟成分應是及物動詞,此及物動詞語義指向句子的主語,使主語成爲受事。在例(1)"得助於衆也"裏,較難判定其中的"助"是名物化用法,還是及物動詞用法。也就是說,此句似既可理解作主動句"得到衆人的幫助",也可比照同例上句"激於風"(被風所激,這是先秦常見的被動句型)而理解作被動式"被衆所助"。如此,"得助"似成了歧義結構:

得助 { a. 動詞"得" + 名物化的及物動詞"助"
      b. 被動標記"得" + 及物動詞"助"

這種歧義結構是在"得"與及物動詞發生直接聯繫後產生的,是由動詞"得"演化成被動標記"得"的關鍵一步。語言是千千萬萬人使用的交流工具,理解或組織語句,是各人在一瞬間完成的行爲,既在無形中受到舊有規則的約束,也會在一定限度內產生稍有差異的個人變體。人們對於上述歧義結構見仁見智,就是這種一定限度內的稍見差異之處,也是語法化進程中重新分析的心理基礎。當時漢語裏已經存在的若干被動式(如"見"字句、"於"字句、"爲"字句以及新生的"被V"式)也會在人們理解歧義結構時發生同類化(類推)的影響。所有這些因素,都爲催促"被動標記'得' + 及物動詞"(即被動式"得V")結構的降生準備了充分的條件。

再來看《漢書》裏的"得免減罪"(第二節例35)。"免減罪"是動賓結構,"免減"的及物動詞性質和功能得以充分顯現,其施事是"皇帝"或"朝廷",其受事是本句主語"諸禁錮及有過者"("免減"的賓語"罪"屬於主語)。在施受關係十分明確的及物動詞之前,"得"的動詞詞性及詞義皆因受到"免減"的壓抑而有所減弱,遂演化爲被動標記。

早期的"得"字句,"得"與謂語V的連接十分緊密,施事N不在其中出現。上文已經說過,在被動式"得V"句中,V的施受關係是明確的。施事N雖未在句中出現,但讀者根據上下文,一般是可以知道的。如果需要的話,可以在"得V"之間補出N。可以說,在被動式"得V"句中,爲施事N預留了句法位置。我們知道,先秦時期即已大量使用的被動式"爲"字句的常式結構是"爲NV","爲"字多半是引入N的;在漢魏六朝時期,"被"字也逐漸引入N,形成"被NV"句型。同是被動式,"得"字句會受到"爲NV""被NV"的同類化影響。在上述內因、外因的共同推動下,"得"字也逐漸地可以引入N了,例如:

(2) 法顯得苻行堂公孫經理,住二月餘日。(法顯傳,一,焉夷國。行堂:指未正式剃度的出家人;公孫:對貴族子弟之稱,"苻行堂公孫"系對姓苻者的敬稱[依章巽1985:

11];經理:照料)

(3) 幸被夕風吹,屢得朝光照。(先秦漢魏晉南北朝詩,梁詩,卷二七,費昶:芳樹)

(4) 佛言:"阿難,爲人若解行孝,見世得人敬奉,命終又不入三途。"(敦煌變文校注,卷五,父母恩重經講經文,一)

(5) 目連啓言長者:"貧道阿孃亡過後,魂神一往落阿鼻。近得如來相救出,身如枯骨氣如絲。"(同上,卷六,大目乾連冥間救母變文)

引入了施事 N 之後,"得"字句的句型漸趨完備,表被動語義更加顯豁,"得"字的被動標記的語法功能也得到了增强。

"得"字句在引入 N 的歷史進展方面,顯得前慢後快。唐代以前,"得 N V"型用例較少,在全部"得"字句中所占比例很低;唐代以後,尤其在元明時期的口語作品裏,"得 NV"型在全部"得"字句中所占比例普遍較高,比如《水滸全傳》"得"字句共 130 餘例,"得 V"型僅約 6 例。"得 NV"成了"得"字句的主要句型(參見本文各節舉例)。"得"字句引入 N 的進展節律,與"被"字句的發展情况(參見袁賓 1992:39-41)是大體相同的。

元明時代的口語裏,有"人善人欺天不欺"的俗諺,通俗作品裏常見使用,如:

(6) 現如今他强咱弱將咱打,可不道人善人欺天不欺。(元曲選,殺狗勸夫,二折)

(7) 從來積德是便宜,人善人欺天不欺。(禪真逸史,九回)

此句俗諺換個角度,也常説作"人善得人欺",如:

(8) 怎麼未成親先使這拖刀計,早難道人善得人欺。(元曲選,桃花女,三折。"早難道"猶言豈不聞)

(9) 休得要誇强會,瞞神嚇鬼,大古裏人善得人欺。(同上,誤入桃源,三折。"大古裏"猶言敢情是)

"得人欺"即被人欺。由此可見表被動的"得"字句已進入民間諺語。

又,在宋元時代的南戲劇本裏,我們經常看到下面的"得"字句用例:

(10) 今日得君提掇起,免教身在污泥中。(張協狀元,一二齣)

(11) 今日得君提拔起,免教身在污泥中。(小孫屠,一五齣)

(12) 今日得君提掇起,免使一身在污泥。(幽閨記,一七齣)

(13) 今日得君提掇起,免教身在污泥中。(琵琶記,一六齣)

(14) 今日得吾提掇起,免教人在污泥中。(白兔記,四齣)

(15) 得伊提掇起,免在污泥中。(同上劇,八齣)

在口語性很强的多部南戲劇作裏,"今日得君(吾,伊)提掇(拔)起"反復出現,表明這一"得"字句已成爲當時的口頭習語。

今山西臨汾方言裏的介詞"得",在多數情况下是表示被動意義的(據黄伯榮 1996:526、527),例如:

(16) 娃得那媽打唡。(孩子被他媽媽打了。)

聯繫上文所舉歷代口語作品裏的大量用例,我們認爲,漢語史上表被動的"得"字句是有口語基礎的。

從對文獻的調查情況來看,"得"字句的使用頻率不如"被"字句高,也未能如"被"字句那樣比較普遍地使用於現代漢語。在"得"字的詞義組成中,動詞義"獲得,得到"自古至今都是常用義,一直占據強勢地位,這種情況限制了"得"的被動標記功能,阻礙了"得"字句更廣泛更長久的使用。時過境遷,在"得"字句不再具有普遍口語基礎的今天(在某些方言中仍有口語基礎,如上舉山西臨汾方言),加上"得"字強勢詞義"獲得,得到"的干擾和影響,今人閱讀歷史文獻裏的"得"字句,不易親切地充分地感受到此種句型的被動語義,甚或會覺得某些"得"字句不像被動句。作爲漢語史研究者,必須認識與克服這種語感隔閡。經過深入調查和仔細考察的工作,可以證實"得"字句是在情感傾向方面具有重要特色的被動句,它曾與"被"字句長期共存、順逆互補,在文獻中擁有大量用例。此項工作應是全面認識漢語被動式發展歷史的不可缺少的一個環節。

附　注

① 李臨定先生在研究現代漢語"被"字句時,也曾遇上這個問題,見其《"被"字句》一文。

參考文獻

黃伯榮主編　1996《漢語方言語法類編》,青島:青島出版社。
李臨定　1980　《"被"字句》,《中國語文》第 6 期。
王　力　1980　《漢語史稿》,北京:中華書局。
邢福義　2004　《承賜型"被"字句》,《語言研究》第 1 期。
袁　賓　1989　《〈祖堂集〉被字句研究》,《中國語文》第 1 期。
——　1992　《近代漢語概論》,上海:上海教育出版社。
——　2000　《〈大唐三藏取經詩話〉的成書時代和方言基礎》,《中國語文》第 6 期。
——　2005　《"蒙"字句》,《語言科學》第 6 期。
袁　賓　何天玲　陳效勝　2001　《被動式與處置式的混合句型》,《語言問題再認識》,上海:上海教育出版社。
袁　賓　何小宛　2007　《"P……相 V"型被動句》,《語言科學》第 4 期。
章　巽　1985　《法顯傳校注》,上海:上海古籍出版社。

主要引書目錄 (按文中引用先後排列)

《全唐詩》中華書局 1960、《遼史》中華書局 1974、《水滸全傳》上海古籍出版社 1995、《清平山堂話本》上海古籍出版社 1987、《北齊書》中華書局 1972、《河東記》收入《說郛》，清順治三年宛委山堂刊本、《後漢書》中華書局 1965、《敦煌變文校注》中華書局 1997、《三國志平話》收入《宋元平話集》，上海古籍出版社 1990、《祖堂集》大韓民國海印寺版，日本禪文化研究所影印發行 1994、《董解元西廂記》人民文學出版社 1962、《全宋詞》中華書局 1965、《西遊記》人民文學出版社 1980、《朱子語類》中華書局 1986、《元曲選外編》中華書局 1959、《七國春秋平話》收入《宋元平話集》，上海古籍出版社 1990、《元曲選》中華書局 1989、《論衡集解》中華書局 1959、《先秦漢魏晉南北朝詩》中華書局 1983、《史記》中華書局 1982、《漢書》中華書局 1962、《洛陽伽藍記》上海古籍出版社 1978、《全元散曲》中華書局 1964、《三國志》中華書局 1982、《朝野僉載》中華書局 1979、《廣異記》收入《說郛》，清順治三年宛委山堂刊本、《三國演義》人民文學出版社 1973、《二刻拍案驚奇》上海古籍出版社 1983、《韓非子集釋》上海人民出版社 1974、《法顯傳校注》上海古籍出版社 1985、《禪真逸史》上海古籍出版社 1987、《張協狀元》收入《永樂大典戲文三種校注》，中華書局 1979、《小孫屠》同上、《幽閨記》收入《六十種曲》，中華書局 1958、《琵琶記》同上、《白兔記》同上。

The Passive Marked by *De* 得
YUAN Bin, KANG Jian

Abstract: Chinese grammar has attached much attention to passive sentences, especially *bei* 被 sentences which mostly express mishaps or unpleasantness. This paper reveals that in the history of Chinese language there exists a passive pattern marked by *de* 得, which expresses positive meanings. It appeared in the Han Dynasty and has been since used mainly in spoken language, as a contrastive complement to the *bei* passive mostly with negative meanings. It also shows that generalization can account for this complementary situation. It suggests that we should broaden our view in the research of passive, investigate the less noticed yet important facts, and explore the development of passive in Chinese from a more comprehensive perspective.

Key words: *de* 得 passive, division and complement, generalization

（袁　賓　康　健　上海師範大學中文系 200234）

漢語中問原因的疑問詞句法位置的歷時變化

董秀芳

提　要　在上古漢語中,當疑問對象是一個句子形式或複句形式的命題時,一般采用疑問詞單獨成句的疑問格式,即類似於現代漢語中的"張三沒來,爲什麽?"式的疑問形式。當主語具有話題性時,疑問詞也可出現於主語之後,謂語動詞之前,即類似於現代漢語中的"張三爲什麽沒來"式的疑問形式。上古漢語基本不采用疑問詞位於主語前的疑問格式,也即不采用類似於現代漢語中的"爲什麽張三没來"式的疑問形式。中古以後,出現了疑問詞位於主語前的疑問格式,這説明疑問詞具有了句首副詞的用法。本來要用兩個小句來表達的疑問格式變爲只用一個單句形式就可表達了,這是一種結構的簡化,但是就單句的結構形式而言則是複雜化了。

關鍵詞　疑問句　句法變化　句首副詞　疑問詞

一　上古漢語中問原因的疑問句

在上古漢語中,當問原因的疑問句的疑問對象是一個句子形式或複句形式的命題時,一般采用疑問對象在前、疑問詞單獨成句的疑問格式,即采用"張三不來,爲什麽?"這樣的格式,而基本不采用疑問詞位於主語之前如現代漢語"爲什麽張三不來"式的句子。

本文主要考察的是用"何"作爲疑問詞的句子。"何"的意義比較多,除了問原因之外,"何"還可以作疑問代詞,相當於"什麽",可以充當主賓語,也可以充當定語。

以下例中的"何"都是問原因的:

(1) 鄰國之民不加少,寡人之民不加多,何也?(孟子,梁惠王上)

(2) 所求一者,白者不異馬也,所求不異,如黄、黑馬有可有不可,何也?(公孫龍子,白馬論)

(3) 太子曰:"君賜我以偏衣、金玦,何也?"(國語,晉語)

(4) 趙簡子曰:"魯孟獻子有鬭臣五人,我無一,何也?"(國語,晉語)

---

*　本文的研究得到國家社會科學基金的資助(項目批準號:08CYY022)。本文初稿曾在第六届國際古漢語語法研討會暨第五届海峽兩岸漢語史研討會上宣讀(西安,2007),感謝楊永龍、張玉金等先生提出的寶貴意見。作者曾就與本文相關的問題請教過蔡維天先生,得到了蔡維天先生的耐心解答,在此深致謝忱。文中的錯誤和不足概由作者負責。

(5) 封人曰:"壽、富、多男子,人之所欲也。女獨不欲,何邪?"(莊子,天地)

(6) 明日,見客,又入而歎。其僕曰:"每見之客也,必入而歎,何耶?"(莊子,田子方)

(7) 王謂人曰:"新人見寡人常掩鼻,何也?"(韓非子,内儲説下)

(8) 公怫然怒曰:"寡人有哀,子獨大笑,何也?"(晏子春秋,外篇)

(9) 若是而不亡,乃霸,何也?(荀子,仲尼)

(10) 三者體此而天下服,暴國之君案自不能用其兵矣。何則? 彼無與至也。(荀子,王制)

以上例中,問原因的疑問詞"何"與疑問對象分處在不同的小句之中,"何"單獨構成了一個小句。這樣的問句可以稱爲"附加問"(tag question)。所謂附加問,是指疑問詞總是附著於一個命題之上的問句,疑問詞與命題之間一般有語音停頓,書面上一般用逗號隔開。以上例子正是這樣。在以上例中,疑問對象可以是一個單獨的小句,也可以是幾個小句構成的複句或句群。"何"的後面一般是出現語氣詞"也",有時也可以出現"邪、耶、則"等。這樣的疑問句可以記作"IP,何也"(IP代表句子形式)或"(IP,IP),何也"(當其疑問對象是複句時)。

我們認爲,在這種情況下,"何"其實是作謂語的,其所在小句無主語,這可以由以下事實得到證明:有時"何"所在的小句中也可以出現複指代詞"是"作主語,複指其前的疑問對象,如:

(11) 夫南行者至於郢,北面而不見冥山,是何也? 則去之遠也。(莊子,天運)

(12) 今且有人於此,以隨侯之珠彈千仞之雀,世必笑之。是何也? 則其所用者重而所要者輕也。(莊子,寓言)

(13) 故明主有私人以金石珠玉,無私人以官職事業,是何也?(荀子,君道)

這樣的句子類似於現代漢語中的"IP,這是爲什麼(呢)?"。

上古漢語中也有一些問原因的"何"與疑問對象處於一個小句中的例子,但"何"不能在主語之前出現,而只能出現在主語之後,可以看作是一個附加在作謂語的動詞短語(VP)之上的副詞,如:

(14) 夫子何哂由也?(論語,先進)

(15) 子叔聲伯如晉謝季文子,郤犫欲予之邑,弗受也。歸,鮑國謂之曰:"子何辭苦成叔之邑,欲信讓耶,抑知其不可乎?"(國語,魯語上)

(16) 老子曰:"子何與人偕來之衆也?"(莊子,庚桑楚)

(17) 彭陽見於王果,曰:"夫子何不譚我于王?"(莊子,則陽)

(18) 崔子曰:"子何不死? 子何不死?"(晏子春秋,内篇)

這樣的疑問形式可以記作"S何VP也"(S代表主語)。

這類例子與疑問詞單獨成句的疑問格式的不同在於，在這種情況下，主語具有很強的話題性，主語並不是疑問對象，疑問的對象只是謂語部分，句子是詢問已知的這一主語做出某種行爲的原因。注意，這類"何"與疑問對象處於同一小句中的例子都出現在對話中，且主語是第二人稱。在對話這種面對面的語境中，當詢問的對象是聽話人做出某種行爲的原因時，聽話人經常是作爲話題出現的，尤其是在對話進行了一段之後。在"IP，何也"或"（IP，IP），何也"類疑問格式中，疑問對象是包括主語在內的整個句子，甚或是幾個小句組成的複句或句群，作爲疑問對象的整個句子是以焦點的身份出現的，也就是說，其焦點類型屬於"句子焦點"（sentential focus）。其中的主語或者不是有定的，不具備話題性，或者即使是有定的，但也是作爲句子焦點的一部分出現的。

以下例子中先後出現了兩個用"何"的疑問句，一句"何"出現在單獨的小句中，一句"何"出現在主語後的VP中，對比二者，可以更好地發現它們在疑問對象上的差別：

(19) 伯宗朝，以喜歸，其妻曰："子貌有喜，何也？"曰："吾言於朝，諸大夫皆謂我智似陽子。"對曰："陽子華而不實，主言而無謀，是以難及其身。子何喜焉？"（國語，晉語）

"子貌有喜，何也？"中疑問對象是"子貌有喜"，是妻子在丈夫回家後，發現丈夫面有喜色之後的提問，對妻子而言，丈夫面有喜色整體來講是個新情況，所以在對話開始之初，將其全部置於疑問轄域之內。但是當丈夫解釋了原因之後，妻子明白了丈夫爲什麼高興，但是她不贊同丈夫的想法，認爲在別人說他智似陽子時，丈夫不應該高興，所以又用"子何喜焉"發問，實際這裏帶有一點反問的口氣，疑問的焦點是在這種情況下爲什麼要感到高興，因此只把"喜焉"置於疑問轄域之內，這一問句出現的語境是在對話開始之後，這時聽話人的話題地位已經確立起來了。

這裏我們要指出的是，在漢語中，表示反詰或建議的修辭性問句（rhetorical question）與一般的疑問句在結構上是沒有差別的，由於本文關心的是疑問句的結構以及疑問詞的句法位置，而不在於探究句子的表達功能，因此包含"何"的修辭性原因問句也在本文舉例的範圍之內。

在疑問詞單獨成句和疑問詞位於小句主語後這兩種疑問方式中，實際上"何"都可以看作是在謂語之內的。上古漢語中還沒有問原因的"何"出現於主語之前的例子，這表明在上古漢語中"何"還不可以作爲句首副詞（sentential adverb）來使用，也就是說，上古漢語還沒有出現類似於現代漢語中的"爲什麼張三沒來"這樣的句子，這是"何"與現代漢語問原因的疑問副詞"爲什麼""怎麼"等在分佈上的一個重要差異。

古漢語中一些從表面形式上看是疑問詞位於句首的例子實際都可以分析爲疑問詞修飾作謂語的動詞短語，而不是修飾整個小句，在疑問詞的前面可以看作有一個零形主語存在。如：

(20) 人謂申生曰："非子之罪，何不去乎？"（國語，晉語）

以上例中"何不去乎"這一小句可以認爲存在一個零形主語,這個零形主語就是話語中的話題,即受話人,"何不去乎"相當於"子何不去乎?","子"指受話人申生。在結構上可以分析爲:IP[NP∅ VP[何不去乎]]。同類例子還有:

(21) 今子有大樹,患其無用,何不樹之於無何有之鄉,廣莫之野,彷徨乎無爲其側,逍遙乎寢臥其下?(莊子,逍遙遊)

(22) 吾王之好鼓樂,夫何使我至於此極也?(孟子,梁惠王下)

此例中"夫"是發語詞,位於句首,其後主語承前省略。

(23) 景公蓋姣,有羽人視景公僭者。公謂左右曰:"問之,何視寡人之僭也?"(晏子春秋,外篇)

此例中"何"前的主語承其前小句的賓語"之"而省略,"之"根據語境可知指的是"羽人"。

(24) 賢繆公也。何賢乎繆公?以爲能變也。(公羊傳,文公十二年)

以上例中"賢繆公"的主語是指《春秋》的作者,由于《公羊傳》一本書都是在對《春秋》作說明,因此這是全文的大主題,所以可以省去不出現。"何"仍是附加於VP之上的。

何以證明以上例中的零形主語的位置是在"何"前而不是在"何"後呢?以下事實可以作爲證據:"何"的前面可以出現其他VP內副詞,如"又",這樣的副詞是不可能出現在主語之前的,這就證明"何"的位置也只能是在VP內部。如:

(25) 下有罪而子征之,子之隸也,又何謁焉?(國語,魯語下)

(26) 文王曰:"然則卜之。"諸大夫曰:"先君之命,王其無它,又何卜焉?"(莊子,田子方)

以上例子中包含"何"的問句是反問句,但是我們已指出反問句與有疑而問的句子在結構形式上是沒有差異的。所以,以上例子可以證明"何"問原因時的句法位置是在充當謂語的動詞短語之內。

以上例中的"何"似乎也可譯成"什麽",比如,"又何卜焉"可以譯成"又占卜什麽呢",仍然具有反問意味。這不奇怪,因爲"何"最初的最基本的意義是"什麽"。但筆者認爲在這些例子中譯成"爲什麽"更合適,即使譯成"什麽",實際反問的仍是占卜的原因,而不是占卜的內容。我們可以看一看現代漢語中相應的例子,比如,當一個人使勁往前擠,別人對他表示不滿時就會說"你擠什麽",實際的意思相當於"你爲什麽要擠呀",反問的仍是他這樣做的理由,實際上傳達的意味是他這樣做沒有正當的理由,是不應該的。所以以上例子中的"何"仍可理解爲是問原因的"何",而不是問實體或內容的"何"。

有些"何"位於主語前的例子表面看是反例,實際其實是主謂倒裝,"何"是被前置的謂語,如:

(27) 何許子之不憚煩?(孟子,滕文公上)

(28) 莊子衣大布而補之,正廩係履而過魏王。魏王曰:"何先生之憊邪?"(莊子,

山木)

(29) 晏子朝,乘弊車,駕駑馬。景公見之曰:"嘻!夫子之祿寡耶?何乘不任之甚也?"(晏子春秋,内篇下)

這種倒裝句在結構形式上都是"何+NP+之+VP"。正常的語序應該是"NP+之+VP+何"。"NP+之+VP"是一個小句形式的主語,其中,"之"是"这麽"的意思。倒裝句經常表達一種感歎的語氣。以上例子都在疑問的同時表達了感歎的語氣。"何"能獨立作謂語,這一點可以由前文中舉到的"何"與疑問對象分處不同小句的例子得到證明。"谓语VP,主语[NP(+之)+VP]"(或"谓语VP,主语NP")是古漢語中常用的倒裝格式,同類的例子還有:

(30) 大哉,堯之爲君!(孟子,滕文公上)

(31) 甚哉,善之難也!(國語,晉語)

(32) 善哉,汝問!(莊子,至樂)

當"何"的後面出現語氣詞時,"何"前置屬於主謂倒裝這一點就可以看得更清楚:

(33) 曰:"何哉,君所爲輕身以先於匹夫者?以爲賢乎?禮義由賢者出,而孟子之後喪逾前喪。君無見焉!"(孟子,梁惠王下)

在這樣的例子中,提前的謂語得到了特別的強調。

"何"也有不帶語氣詞單獨位於比較短的小句之後的例子,如:

(34) 其稱人何?眾立之之辭也。(公羊傳,隱公四年)

在這種例子中,由于"何"只有一個音節,很有可能"何"在韻律上與疑問對象之間不存在停頓,這樣的"何"也可以説與疑問對象處於一個小句中了,其句法位置仍是謂語,其前的主語是由小句形式充當的。

總之,問原因的疑問詞"何"在上古漢語中的句法位置是在謂語 VP 之內,不能出現於句首,不能充當句首副詞[①]。

我們概括一下上古漢語中問原因的"何"在使用上的一些規律:

(一)如果主語不具有話題性,或者作爲疑問對象的句子的主語和謂語部分都是新信息,即該句的焦點類型屬於句子焦點時,"何"只能單獨以附加問的形式出現。

(二)疑問對象如果是複句,那麽"何"不可能出現在小句中,只能單獨以附加問的形式出現。

(三)當"何"出現在主語後、作謂語的動詞短語前時,其前的有形或無形的主語都具有較強的話題性,不在疑問的範圍之內。

二 問原因的疑問形式在後代的演變

東漢以後,出現了"何"位於主語之前的例子,如:

(35) 我爲單于遠來,而至今無名王大人見將軍受事者,何單于忽大計,失客主之禮也!(漢書,陳湯傳)

(36) 凡黔首皆五帝子孫,何獨今之肺腑常見優異也?(風俗通義,十反)

(37) 今則不然,生庸庸之君,失道廢德,隨譴告之,何天不憚勞也?(論衡,自然)

(38) 馬武先進曰:"……大王雖執謙退,柰宗廟社稷何!宜且還薊即尊位,乃議征伐。今此誰賊而馳騖擊之乎?"光武驚曰:"何將軍出是言?可斬也!"(後漢書,光武帝紀)

(39) 何斯人而遭斯酷,悲夫!(魏書,崔浩傳)

(40) 欸曰:"魏殊多士邪!何彼二人不見用乎?"(三國志,蜀志,諸葛亮傳,裴松之注引《魏略》)

(41) 豈應天方喪梁?不然,何斯人而有斯迹也?(南史,柳元景傳)

(42) 文殊乃白佛云:"何此人得近佛坐,而我不得?"(五燈會元,釋迦牟尼佛)

(43) 何小人敢於爲惡,而謂之君子者顧反不能勇於爲善耶?(宋史,趙崇憲傳)

例(35)中疑問對象是複句,例(42)(43)也是這樣。這樣的例子在上古漢語中必須使用附加問的形式。例(36)中"何"所在小句的主語不具有話題性,因爲其前帶有焦點標記"獨",疑問對象的主謂部分都屬於焦點,也就是說這個小句的焦點類型是句子焦點,這樣的例子在上古漢語中也要采用附加問的形式。例(37)中的"天"是語篇中的話題,這樣的例子在上古漢語中可以采用"S何VP"的形式。

從以上例子可以看出,東漢以後"何"發展出了句首副詞的用法。不過,原來"何"用於作謂語的動詞短語之內的用法仍然存在,而且使用一直比較普遍。直到現代漢語中,問原因的疑問詞"爲什麽""怎麽"也仍是可以占據兩種句法位置,一是主語前的句首位置,一是謂語動詞短語之內。

由于漢語雙音化的發展,出現了一些包含"何"字的雙音疑問詞,也可以問原因。這些雙音詞在句法位置上也經歷了類似"何"的變化。比如,"何以"在上古時期,只能作句內副詞,也就是必須出現在作謂語的動詞短語之內,如:

(44) (嬴)怒曰:"秦、晉匹也,何以卑我?"(左傳,僖公二十三年)

(45) 江乙説於安陵君曰:"君無咫尺之地,骨肉之親,處尊位,受厚禄,一國之衆,見君莫不斂衽而拜,撫委而服,何以也?"(戰國策,楚策一)

(46) 有年,何以書?以喜書也。(公羊傳,桓公三年)

到了東漢以後,也出現了"何以"出現在小句主語之前的例子,如:

(47) 殷中軍問:"自然無心於稟受,何以正善人少,惡人多?"(世說新語,文學)

(48) 安世曰:"何以亡秦之官,稱於上國?"(北史,李順傳)

雙音詞"何故"在上古時期也只能位於謂語之內(參看王海棻1992),如:

(49) 宣子曰：" 吾有卿之名，而無其實，無以從二三子，吾是以憂，子賀我，何故？"（國語，晉語八）

(50) 今楚來討曰：" 女何故稱兵于蔡？"（左傳，襄公八年）

(51) 其弟子曰：" 向之人何爲者邪？夫子何故見之變容失色，終日不自反邪？"（莊子，天地）

中古以後，"何故"也有了用於主語之前的例子，如：

(52) 何故日月五星二十八宿，各有度數，移動不均？（顏氏家訓，歸心）

(53) 法師又問："何故孩兒無數，却無父母？"（大唐三藏取經詩話，入鬼子母國處）

"何事"也經歷了類似的變化（參看王海棻 1992），在上古時僅用於謂語內，如：

(54) 夷射曰："叱！去，刑餘之人，何事乃敢乞飲長者？"（韓非子，內儲說下）

唐代出現了"何事"位於主語之前的例子，如：

(55) 長安只千里，何事信音稀？（唐岑參：《楊固店》詩）

"如何"也是這樣（參看王海棻 1992）。"如何"在上古時只用於謂語部分，如：

(56) 傷未及死，如何勿重？（左傳，僖公二十二年）

近代漢語中"如何"有用在主語前面的例子，如：

(57) 如何先生數日不見？（朴通事諺解，下）

另外，雙音詞"云何""何爲""何乃"等也可表原因，在東漢之後，這些詞也可以用於小句首，如：

(58) 須菩提白佛言：云何菩薩心清淨？當何以知之？（東漢支讖譯：道行般若經，卷六）

(59) 何爲宮室府庫多因故迹，而明堂辟雍獨遵此制？（北史，袁翻傳）

(60) 何乃明妃命，獨懸畫工手？（唐白居易：《青塚》詩）

綜上所述，"何"及其由"何"組成的雙音疑問詞的歷時變化可以概括如下：

（一）當主語和謂語共同構成句子焦點時，在上古漢語中必須采用附加問，即"IP，何也"的形式，到中古以後可以采用"何 IP"這樣的形式來表達了。

（二）當疑問對象是複句時，原來只能用"（IP，IP），何也"這樣的附加問形式來表達，中古以後，出現了"何 IP，IP"式的結構。

（三）原來的"S 何 VP"形式除了仍沿用之外，也可以用"何 SVP"的形式來表達，這表明"何"可以出現在話題之前了，也就是說其句法位置可以高於話題。

既然在中古時期，當主語具有話題性時，"S 何 VP"和"何 SVP"都是可以的，那麼兩種形式在語料中的實際分佈如何呢？據我們的粗略調查，在這種情況下還是"S 何 VP"式更多地被采用。

"何"與疑問對象從分處兩個小句到變爲一個小句，這一變化是句子的融合（sentence

fusion),是一種結構的簡化現象。但是從另一方面看，"何"從句内副詞變爲句首副詞又是單句結構的複雜化。包含句首副詞的句子在結構上比只包含句内副詞的句子複雜，因爲在句子形式（IP）之上還有一個位置要容納句首副詞②，所以"何"從句内副詞發展爲句首副詞的過程是漢語問原因的疑問小句結構複雜化的過程。從漢語總的發展趨勢來看，單句的結構是逐漸複雜化的，這表現在修飾成分的逐漸增長，包蘊句的出現等等，從句内副詞發展爲句首副詞也是這一大趨勢的一個組成部分。

從句内副詞發展爲句首副詞，這也是跨語言普遍存在的一個演變趨勢（Traugott & Dasher 2002），很多情態成分和話語標記都經歷了由句内副詞變爲句首副詞的過程，比如，情態副詞"怕"也經歷了從句内副詞到句首副詞的過程（高增霞 2003）。

三　"何"的歷時演變軌迹

"何"原來是一個代詞，是一個名詞性成分，相當於現代漢語中的"什麽"。既可作主賓語，也可作定語。"何"的這種用法使用最普遍，也最穩定，漢語各個時期都有使用。我們認爲這應該是"何"的最初的和最基本的意義。

問原因的"何"則是一個副詞。這一副詞用法應該是從代詞用法演變而來的。雖然目前的文獻無法提供演變的具體環節，但也有一些例子透露出問原因的疑問副詞用法源自疑問代詞用法，如：

(61) 桔生淮南則爲桔，生於淮北則爲枳，葉徒相似，其實味不同。所以然者何？水土異也。（晏子春秋，内篇下）

(62) 高糾曰："臣事夫子三年，無得，而卒見逐，其説何也？"（晏子春秋，内篇上）

在以上例子中，"何"前的主語都是名詞性成分，"何"所在的小句可以看作一個判斷句。由于古漢語中的判斷句没有係詞，"何"可看作判斷句中的名詞謂語。例 (61) 中"所以然者何"可以譯爲"之所以是這樣的原因是什麽呢"，可見其中的"何"可以理解爲疑問代詞，但是由于在這個句子中詢問的是原因，所以"何"也可以理解爲問原因。例（62）的情形也是如此。

以上説明了"何"在某些具體語境中可以問原因。但"何"之所以可以發展出問原因的用法，並不是僅由一些特殊用例所決定的，而是可以找到更爲普遍的結構依據。"何"發展出疑問用法與上古漢語中話題-述題結構的普遍使用是密切相關的。在上古漢語中，話題和述題可以由各種類型的成分充當，既包括名詞性成分，也包括小句，甚至複句。話題和述題之間可以藴含各種關係，其中包括因果關係，述題可以用來説明話題的原因。如：

(63) 十四年，春，會于曹。曹人致餼，禮也。（左傳，桓公十四年）

(64) 我諱窮久矣，而不免，命也；求通久矣，而不得，時也。（莊子，秋水）

(65) 桀紂之失天下也,失其民也。失其民者,失其心也。(孟子,離婁上)

(66) 乳彘不觸虎,乳狗不遠遊,不忘其親也。(荀子,榮辱)

例(63)(64)這樣的類型特別值得注意,其中,話題是小句或複句,而述題是名詞性成分,如果用"何"對述題部分的名詞性成分提問,就成爲問原因的附加問形式。當然,在後來的發展中,"何"不但可以替代名詞性成分,也可以替代動詞性成分和小句了。

可能正是由于"何"是從這樣的語境中獲得了問原因的語義,所以"何"問原因最初多出現在"IP,何也"這樣的附加問結構中,這樣的結構正對應於肯定形式中的話題-述題結構。

原因往往要表達爲一個小句形式,所以這裏代詞"何"發生的演變實際是從最初的代替名詞性成分變爲代替小句形式③,或者可以說從代替體詞性成分變爲代替謂詞性成分。而這樣的演變在漢語中是很常見的(董秀芳 2008),因爲在漢語中謂詞性成分可以不改變形式而體詞化。所以一個代詞可以既指代體詞性成分又指代謂詞性成分,如現代漢語中的"這",就是既可指代體詞性成分,也可指代謂詞性成分。如:

(67) 這是他喜歡的東西。("這"指代體詞性成分)

(68) 他從來不給她買禮物,這讓她很傷心。("這"指代謂詞性成分)

除了充當話題結構中的述題之外,以下例子也能證明"何"在上古漢語中具有一定謂詞性,如:

(69) 析薪如之何?匪斧不克。(詩,齊風,南山)

(70) 余何敢以私勞變前之大章,以忝天下,其若先王與百姓何?(國語,周語中)

"如……何""若……何"相當於現代漢語中的"把……怎麼樣",其中的"何"代表一種處置,具有謂詞性。

當"何"在語義上發生了改變,可以問原因之後,"何"在其所能出現的句法位置上也就有了變化的可能④。歷史句法學的研究表明,一個形式的語義改變往往先於其句法上的改變(Harris & Campbell 1995)。改變了的語義要求句法上的相應改變。"何"在充當賓語時,由于是疑問代詞,在上古漢語中是位於動詞之前的,從表面上看與副詞的位置相同,這爲問原因的"何"出現於動詞之前提供了條件。在形式類推的作用下,表示原因的"何"慢慢地就可以出現在動詞前,並在歷史發展過程中進一步前移了。

綜上所述,"何"變化的順序是:最初是疑問代詞用於附加問中問原因的"何"可看作謂詞性代詞,然後變爲句內副詞,可以出現在作謂語的動詞前,後來又進一步發展爲句首副詞,可以出現於主語前。"何"的演變軌跡可以概括爲:

代詞(體詞性代詞→謂詞性代詞)→句內副詞→句首副詞

"何"在發展過程中在句法樹上的句法位置是一步步往高處走,從 VP 內進入 IP 甚至 CP 的範域⑤。這符合 Roberts & Roussou(2003)對功能性範疇的歷史變化的概括:功能性範疇在歷史發展過程中是在句法結構中上移的。

四 "何"問原因時的語義特徵

在對"何"的句法位置的歷時變化進行考察的過程中,我們發現了這樣一個現象,以"何"構成的問原因的疑問句有很多都是表示反詰語氣的。尤其是出現在情態詞前時,幾乎無一例外都是表示反詰。如:

(71) 夫利,百物之所生也,天地之所載也,而有專之,其害多矣。天地百物皆將取焉,何可專也?(史記,周本紀)

(72) 妻恚怒曰:"如公等,終餓死溝中耳,何能富貴?"(漢書,朱買臣傳)

(73) 子路曰:"有民人焉,有社稷焉,何必讀書然後爲學。"(史記,仲尼弟子列傳)

(74) 如是,邪主之行固足畏也,故曰談何容易。(漢書,東方朔傳)

(75) 僞南部尚書李思沖曰:"二國之和,義在庇民。如聞南朝大造舟車,欲侵淮、泗,推心相期,何應如此?"(南齊書,魏虜傳)

(76) 笑謂駰曰:"亭伯,吾受詔交公,公何得薄哉?"(後漢書,崔駰傳)

由這些表現,我們認爲,"何"在語義上實際更對應於現代漢語中問原因的"怎麼"而不是"爲什麼"。蔡維天(2007)指出,"怎麼"和"爲什麼"的區別在於:"怎麼"是問"使因"(cause),"爲什麼"是問"緣由"(reason)。"使因"追究的是事件因果之間的絕對關連,而"緣由"與我們對這個世界的知識有關。由于"怎麼"問的是使因,預設了一個變化的過程,因此隱含有"原本不應如此"的意味;而"爲什麼"問的是緣由,即要求對現象做出解釋,所以不隱含這一意味。如"天怎麼是藍的"這一問句隱含"天不應該是藍的,有某個動力使天變成了藍的",而"天爲什麼是藍的"只是要求對天呈現藍這一狀態做出解釋,並不隱含"天不應該是藍的"的這一意味。現代漢語中位於情態詞前的"怎麼"也基本都帶有反詰語氣。如:

(77) 你怎麼能這樣做呢?

(78) 你怎麼可以不徵得我的同意就拿我的東西呢?

(79) 你怎麼會相信他的話呢?

但是"爲什麼"位於情態詞之前就不一定帶有反詰語氣。如:

(80) 他爲什麼能考上大學呢?

(81) 他爲什麼可以不遵守這條規定呢?

(82) 你爲什麼會相信了他說的話呢?

如果古漢語中的"何"相當於"怎麼",那麼"何"處在情態詞前時全部表反詰就是不奇怪的了,因爲它追究的是使因。

五　結論

本文考察了漢語中問原因的疑問形式的歷時變化。我們發現，問原因的疑問副詞"何"及其雙音形式經歷了一個從只能用作句内副詞到也能用爲句首副詞的變化。"何"的疑問副詞用法源自疑問代詞用法，在變化的過程中，句法位置逐步升高。"何"在語義功能上是問使因，帶有"原本不應如此"的意味，因此常表現出反詰語氣。

附　注

①我們在楚辭中發現一些例外，如：

何昔日之芳草兮，今直爲此蕭艾也？豈其有他故兮，莫好修之害也。（楚辭·離騷）

這是不是可以算作"何"可以用作句首副詞的最早源頭還值得進一步研究。由于楚辭的語料性質還不十分清楚，因此我們的舉例中没有包括楚辭。楚辭的語言與其他上古文獻的差異也還有待於進一步研究。

②這個位置有人看作是 CP 的限定語（Spec）位置（Ko 2005，轉引自 Tsai 2005）。

③Harris & Campbell（1995）指出，一些原本只能與名詞性成分結合的成分變爲也可以與小句結合（從而導致結構的複雜化）是以體詞化的動詞結構爲中介的。可見，語言中謂詞性成分的體詞化，不管是有標記的還是無標記的，都有可能導致原來只與名詞性成分結合的成分擴展到也可與小句結合，從而導致結構的複雜化。只是漢語由於動轉名具有無標記性，因而這種變化更爲普遍罷了。

④"何"的前移也許跟倒裝結構有關，在倒裝結構中，作謂語的"何"移到主語的前面，在表面形式上處於與副詞相同的位置。但是"何"首先是位於主語後，然後才是位於主語前，這是這種分析的一個困難之處。

⑤演變爲副詞的代詞"何"是處於 VP 之内的。作主語或作主語位置上的名詞的定語的"何"，並没有演變爲副詞。

參考文獻

貝羅貝　吴福祥　2000　《上古漢語疑問代詞的發展與演變》，《中國語文》第 4 期。
蔡維天　2007　《重温"爲什麽問怎麽樣，怎麽樣問爲什麽"》，《中國語文》第 3 期。
董秀芳　2008　《漢語動轉名的無標記性與漢語語法化模式的關聯》，《歷史語言學研究》（第一輯），北京：商務印書館。
高增霞　2003　《漢語擔心-認識情態詞"怕""看""別"的語法化》，《中國社會科學院研究生院學報》第 1 期。
王海棻　1992　《古代疑問詞語用法詞典》，杭州：浙江教育出版社。
Harris, A. C. & Campbell, L.　1995　*Historical Syntax in Cross-Linguistic Perspective*. Cambridge University Press.
Ko, Heejeong　2005　Syntax of Wh-in-situ: Merge into [Spec, CP] in overt syntax. *Natural Language and Linguistic Theory*, 23(4):867-916.
Roberts, I. & Roussou, A.　2003　*Syntactic Change: A Minimalist Approach to Grammaticalization*.

Cambridge University Press.
Traugott, E. & R. Dasher 2002 *Regularity in Semantic Change*. Cambridge: Cambridge University Press.
Tsai, Wei Tian Dylan 2005 Left periphery and *how-why* alternations. Paper presented in the 5th GLOW in Asia, Jawaharlal Nehru University, Delhi, India.

Diachronic Change of the Position of Interrogative Words Asking for Causes
DONG Xiufang

Abstract: In Old Chinese, when the interrogative target is a proposition represented by a simple or compound sentence, the interrogative word asking for causes usually appear independently as a tag sentence, following the interrogative target. When the subject of the target sentence is characterized as a topic, the interrogative word can follow the subject and precede the predicate. The interrogative word could not precede the target sentence to ask for causes in Old Chinese, but this pattern appeared in Middle Chinese. This change is a simplification of joining two independent sentences into one.

Key words: interrogative sentence, syntactic change, sentential adverb, interrogative words

（董秀芳　北京大學中文系　北京大學漢語語言學研究中心　100871）

"是此非彼"選擇構式的歷時研究

席 嘉

提　要　是此非彼選擇構式及其主要語法標誌"與其"都是在會話語境中通過語用推理產生的,其中某些"不能從組構成分的詞語意義中直接推導出來的"構式意義也來源於會話語境。在歷時發展過程中,組構成分(詞語)有沿用和興替,構式意義使某些組構成分的詞語意義發生變化,但也有一些組構成分的詞語意義保留在構式中,並有可能因此產生新的構式形式。

關鍵詞　是此非彼選擇句　構式　演化

是此非彼選擇是漢語選擇句的一類,表示在兩個(或兩個以上)選項中選擇一個而排除其他,在現代漢語中的典型形式是"與其……不如……"。這類選擇句式先秦典籍中已經出現,在從古至今的發展中,組成句式的詞語有過變化,但基本構成形式是相對穩定的,使用過的詞語也是有限的、相對封閉的。

構式語法(construction grammar)將構式作爲句法的基本單位,而構式本身又由組構成分(constituency)組合而成。"話語——構式——組構成分"之間的關係是構式語法討論的問題之一,Croft(2001)説:"在極端構式語法中,構式整體上作爲表述的基礎單位,而構式的組成部分是派生的。也就是說,構式的整體意義是基礎,而將構式分析爲各組成部分,是從構式的整體和整體的各分解部分的意義中派生出來的。"本文擬通過對是此非彼選擇句的歷時研究,描寫這一構式的產生和發展過程,分析這個構式的形成和演化機制,探討其構式意義和組構成分(詞語)之間的關係。

一　選擇連詞"與其"的來源

"與其"從古到今都是表示是此非彼選擇的一個重要語法標誌,因此在討論構式產生之前,有必要先探討這個連詞的來源。我們認爲,"與其"來源於並列連詞"與"。先秦時期,連接兩個或兩個以上並列成分,是"與"的常見的用法。如:

(1) 從孫子仲,平陳與宋。(詩經·邶風·擊鼓)

這種用法是"與"向表選擇演化的起點。在一定的語境中,"與"所聯繫的並列項之間可以出

現比較關係,如:

(2) 子謂子貢曰:"女與回也孰愈?"(論語,公冶長)

(3) 木與夜孰長,智與粟孰多,爵、親、行、賈,四者孰貴?(墨子,經說下)

(4) 將劍與挺劍異。劍,以形貌命者也,其形不一,故異。(墨子,大取)

(5) 詐而襲之,與先驚而後擊之,一也。(荀子,議兵)

例(2)(3)中由疑問代詞"孰"組成"孰愈""孰多"等詞組,詢問比較的結果,"與"聯繫比較的對象。例(4)和例(5)"與"聯繫的並列項之間也存在比較關係,例(4)表示比較結果不同,例(5)表示比較結果相同。

"與"從聯繫並列項到聯繫比較項,還出現了另一種變化:聯繫的並列項大多比較簡短,一般是名詞性成分;聯繫的比較項趨於複雜,除名詞性成分外還可以是謂詞性成分或分句,如例(4)(5),又如:

(6) 今吾道路修遠,無會而歸與會而先晉,孰利?(國語,吳語)

(7) 若有患難,則使百人處於前,數百於後,與婦人數百人處前後,孰安?(墨子,貴義)

例(6)"與"聯繫的比較項是"無會而歸"和"會而先晉",例(7)聯繫"使百人處於前,數百於後"和"婦人數百人處前後",都已具有分句的形式。

以上例句中"與"聯繫的比較項之間都存在並列關係,因此可以認爲"與"還保留著聯繫並列項的源詞功能。但在單純表示並列關係時,"與"聯繫的多爲名詞或名詞性詞組,雖也連接謂詞性成分,多比較簡短;而當用於比較句時,隨著比較的內容趨於複雜,"與"聯繫的成分也逐漸複雜,並且由只聯繫句內成分發展爲可以並經常聯繫分句。這種句法功能的變化説明人們對"與"認知的變化,它在反復用於比較句的過程中,逐步由一個連接並列成分的符號發展爲兼可聯繫比較內容的符號。"與"這種句法功能的變化,也使其得以進一步向表示是此非彼選擇演化。

我們認爲,"與"由表比較演化爲表選擇的重要標誌是與聯繫並列項的用法分離。導致新功能產生的應該是會話語境,演化機制是語用推理。沈家煊(1998)介紹推理説:"説話人(S)和聽話人(H)之間有一種緊張關係:S不想説得太詳細,而H又想要S儘量説得詳細。雙方都意識到這種緊張關係的存在,解決的辦法就是H依靠語境從S有限的話語中推導出沒有説出而實際要表達的意思(或叫'隱含義')。如果一種話語形式經常傳遞某種隱含義,這種隱含義就逐漸'固化',最後成爲那種形式固有的意義,這種後起的意義甚至可能取代原有的意義。"上文例(2)(3)(6)(7)的共同特點,是用"與"連接並列的比較項,然後用"孰X"的方式提問,而在會話語境中,聽話者的回答是要作出是此非彼選擇的。因此可以説,"與"表示的比較在會話語境中已經具有了表示選擇的隱含義。這種隱含義又在會話語境中逐步向顯性意義過渡,如:

(8) 曰："人奪女妻而不怒,一抶女庸何傷!"職曰："與刵其父而弗能病者何如?"(左傳,文公十八年)

(9) 人謂叔向曰："子離於罪,其爲不知乎?"叔向曰："與其死亡若何?"(左傳,襄公二十一年)

以上例句中的"與"仍有表示比較的意思,但又有新的變化:比較項中的一個已經承上省略。如例(8)與"刵其父而弗能病"比較的是上文的"人奪女妻而不怒",例(9)與"死亡"比較的是上文的"離於罪"。例句中的兩個比較項已經不必出現在同一句話中,這樣"與"也就進一步與原來連接並列項的功能分離。這兩例之間還有一個值得注意的差別:例(8)連接比較內容的還是"與",例(9)已經用了"與其"。由"與"變成"與其",或許可以認爲是"與"從表示比較過渡到表示選擇的過程中,爲了區別于原來的功能而增加了新的形式標記。由此繼續演化,產生了以下用法:

(10) 大子將戰,狐突諫曰："不可,……孝而安民,子其圖之,與其危身以速罪也。"(左傳,閔公二年)

(11) 士蔿曰："大子不得立矣,分之都城而位以卿,先爲之極,又焉得立。不如逃之,無使罪至。爲吳大伯,不亦可乎?猶有令名,與其及也。"(左傳,閔公元年)

(12) 駟赤謂侯犯曰："衆言異矣。子不如易於齊,與其死也。"(左傳,定公十年)

以上例句中,原來出現在對話、提問中要求聽話者選擇的"與其",已經出現在一段敍述中,成爲說話者自己的選擇,從而具有了表示是此非彼選擇的語法意義。但"與"原來表示比較的意義仍是表示選擇能夠被理解的基礎。例(10)意爲比起作戰"危身以速罪也"來,不如不戰"孝而安民",例(11)意爲比起獲罪來不如效仿吳太伯出走,例(12)意爲比起死來不如"易於齊"。我們認爲,這幾例中"與其"的用法可能是共時平面中歷時演化過程的反映,或許顯示了"與其(與)"表示是此非彼選擇最初的狀況:由於這類交流中沒有使用典型的構式形式,說者和聽者之間應該存在語用推理的過程,說者"不想說得太詳細",話語的表達和銜接有時還不太連貫;聽者對這類例子的理解也多少要依靠語境"推導出沒有說出而實際要表達的意思"。

先秦時期,"與"出現在"與其"的位置上不乏其例。如:

(13) 與余以狂疾賞也,不如亡。(國語,晉語九)

(14) 與爲人妻,寧爲夫子妾。(莊子,德充符)

例句中"與"聯繫否定選項,表示的意思與"與其"相同,所不同的只是沒有加"其"字。我們推測這個"其"來源於代詞。連詞"與其"先秦從不出現在代詞前面,如果分句有代詞作主語,"與其"用在代詞後面,如:

(15) 且而與其從辟人之士也,豈若從辟世之士哉!(論語,微子)

但"與"作選擇連詞可以用在代詞前,如上文例(13),又如:

(16) 與我處畎畝之中,由是以樂堯舜之道,吾豈若使是君爲堯舜之君哉?(孟子,萬章上)

(17) 與吾得革車千乘也,不如聞行人燭過之一言。(呂氏春秋,貴直)

我們認爲,這種分佈狀況的差異,很可能因爲"與其"的"其"本來是個代詞,雖然已經演化爲詞內成分,但在一定時期內對說話者的語感還存在影響,故其後一般不大能再出現一個代詞。代詞"其"和"與"連用先秦常見,也符合高頻使用的演化條件。例(9)"與其死亡若何"中的"其"或許可以作爲重新分析的起點,這個"其"的指代作用不明顯,已經很像是"與其"的構詞語素。但《左傳》上文說到欒盈出奔、箕遺等被殺,"其"在"死、亡"前面,也可以認爲還有一定指代這些人的意思。我們推測"其"可能就是在這類語境中逐步虛化,失去原來的指代意義,最終和連詞"與"跨層組合成一個新詞。

通過上述分析,我們認爲,"與其"表示選擇的演化過程大致爲:A"與"聯繫並列成分→B"與"聯繫比較對象(聯繫的内容趨向複雜)→C"與"表示比較(選擇)結果,在是此非彼選擇句中聯繫否定項,並與"其"組合產生新的語法標誌"與其"。

《經傳釋詞》(1984)"與"字條有訓"與"爲"如"一項,其中引"與其/與"表示是此非彼選擇多例,皆釋爲"如其"。我們不同意這種看法。遍檢先秦文獻,未見"如其/如"出現在是此非彼選擇句中。如果說"與其"表示的意思是"如其",作爲本字的"如其"却從不表示是此非彼選擇很難解釋。《助字辨略》(1983)"與"字條列有表是此非彼選擇一項用法,說:"此'與'字,'與其'之省文也"。孤立地看,"與"和"與其"在是此非彼選擇句中的功能的確相同,但何以"與"就是"與其"的省文,"與其"又是從何而來?劉淇並没有說明。從歷時材料來看,"與"表示是此非彼選擇漢代以後就很少見了。在我們看來,說"與"表選擇作爲一種早期用法逐漸衰落,似乎比說它作爲省略用法逐漸消亡較爲合理一些。

二 是此非彼選擇構式的產生

"與"的第二步演化,即"B→C"的過程,也是構式的形成過程。確切地說,表示是此非彼選擇不是"與其"的詞彙意義,而是一種構式意義。Goldberg(1995)認爲:"當且僅當 C 是一個形式和意義的結合體〈F1,S1〉,且形式 F1 或意義 S1 的某些方面不能從 C 的組成成分或其他先前已有的構式中嚴格推導出來時,C 是一個構式。"比較和選擇雖有聯繫,但"與"表示選擇的意義不能或不易由表比較直接推導出來。因此,"與"只是表示是此非彼選擇的組構成分,在構式中聯繫否定項,通過與相關詞語的結合(關聯),形成表示是此非彼選擇的構式。

漢語中的選擇範疇有多種,如用"若""或"等表示或此或彼選擇,用"非……即……""不是……就是……"等表示非此即彼選擇,用"爲""還是"等表示疑問選擇,用"寧……不……

等表示寧此勿彼選擇。這些選擇範疇與是此非彼選擇都存在差異。先秦時期，表示是此非彼選擇也可以採用多種表達方式，如上引例（10）－（12）。又如：

（18）與其殺不辜，寧失不經。（尚書，大禹謨）

（19）范獻子謂魏獻子曰："與其戍周，不如城之。"（左傳，昭公三十二年）

（20）子展曰："與其莫往，弱不猶愈乎？（左傳，襄公二十九年）

（21）范文子曰："擇福莫若重，擇禍莫若輕，福無所用輕，禍無所用重，晉國故有大恥，與其君臣不相聽以爲諸侯笑也，盍姑以違蠻夷爲恥乎。"（國語，晉語六）

以上例句中"與其"分別與"寧""不如""不猶""盍"形成關聯，加上例（10）沒有關聯詞語出現的情況，大致就有五類。這五類中自先秦起就只有"寧"和"不如"等與"與其"形成關聯的兩類較常見。這兩類產生的過程不盡相同，表示的意思也存在一定差別。爲了便於分析，我們以下將之作爲 A、B 兩類重點討論。

A 類，以"與其……不如……"爲典型形式，如例（19）。這類形式中聯繫肯定項、與"與其"形成關聯的還有"不若""豈如""豈若"等。如例（15），又如：

（22）與其閉藏之，豈如弊之身乎？（晏子春秋，外篇第七）

（23）與其並乎周以漫吾身也，不若避之以潔吾行。（呂氏春秋，誠廉）

"不如"等都是詞組，本身沒有表示選擇的意思，但可以表示比較結果。如：

（24）樊遲請學稼。子曰："吾不如老農。"（論語，子路）

（25）歸國寶不若獻賢而進士。（墨子，親士）

（26）子貢問曰："鄉人皆好之，何如？"子曰："未可也。""鄉人皆惡之，何如？"子曰："未可也。不如鄉人之善者好之，其不善者惡之。"（論語，子路）

以上例（24）的主語和賓語可以認爲是比較的前後項，"不如"有肯定後項而否定前項的語義。例（25）的"不若"用法與此相同，但聯繫的前後項是謂詞性成分。例（26）的"不如"用於會話語境，聯繫的內容已經具有小句的形式，如果要概括孔子的意見，或許可以說："與其鄉人皆好之，鄉人皆惡之，不如鄉人之善者好之，其不善者惡之"。"不如"等詞語這種語法、語義功能的特點，是它們和"與其"關聯，進而形成構式的重要條件。

"不如"等詞語表示對前項的否定和後項的肯定已經是一種比較的結果，但它們一般不能單獨作爲表示選擇的句法標誌，因爲是此非彼選擇表示的不僅是一種"比較——結果"，而且還帶有一定說話者"選擇——取捨"的主觀態度。換句話說，在是此非彼語法範疇的形成過程中，相關詞語發生了主觀化。這種主觀化發生於會話語境中，上節我們討論過，"與"由聯繫比較項發展到聯繫選擇項，最初是出現在問答中的"A 與 B，孰 X"句，要求對方作出回答，而回答無疑要帶有主觀色彩。因此我們認爲，在"比較——結果"的基礎上所形成的"選擇——取捨"意義，起初是一種語境意義，逐步成爲是此非彼選擇的範疇意義，最終成爲是此非彼選擇句的構式意義。這種構式意義是在演化過程中產生的，是源詞所不具有的。

B類,以"與其……寧……"爲典型形式,如例(18)。這類形式中聯繫肯定項、與"與其"形成關聯的還有"寧其""無寧"等,如:

(27) 與其失善,寧其利淫。(左傳,襄公二十六年)

(28) 且予與其死於臣之手也,無寧死於二三子之手乎!(論語,子罕)

B類句的形成機制與A類有一定差異。如:

(29) 小人恥失其君而悼喪其親,不憚征繕以立圉也,曰:"必報仇,寧事戎狄。"(左傳,僖公十五年)

(30) 孫叔曰:"進之。寧我薄人,無人薄我。"(左傳,宣公十二年)

(31) 賞僭,則懼及淫人;刑濫,則懼及善人。若不幸而過,寧僭無濫。(左傳,襄公二十六年)

例(29)的"寧"作情態副詞,表示說話者的主觀意願,這是先秦常見的用法。由于沒有出現否定項,故不能構成選擇關係。例(30)"我薄人"和"人薄我"、例(31)"僭"和"濫","寧"聯繫肯定項,後面的"無"聯繫否定項,構成選擇關係。但這種選擇關係表示的不僅是說話者的態度,而且還進一步表示了說話者選擇A而捨棄B的意願,一般被稱爲"寧此勿彼"選擇,有別於是此非彼選擇。

我們認爲,"寧"的三種用法——單獨作情態副詞、形成"寧此勿彼"句和形成"是此非彼"句,其中"寧"的意義是相通的,都有表示說話者意願的特點。"寧"表示是此非彼選擇必須和"與其"形成關聯,因此也應屬於構式意義。但由于"寧"進入構式後源詞語義的滯留,使得"與其……寧……"和"與其……不如……",也就是B、A兩種選擇句,表示的意思存在一定差異。

除A、B兩類句式外,其他幾種是此非彼選擇的表達方式,如"與其"與"不猶""盍"關聯,以及沒有關聯詞語出現的用法,在先秦典籍中不常見或不多用。我們認爲多種表達方式並存是是此非彼選擇範疇產生初期的特點,隨著這一範疇的發展成熟,某種或某些表達方式更容易被使用者識別或接受,就會逐步成爲表示這一範疇的形式標誌,其他的方式則可能逐漸消亡。以"不猶"爲例,這個詞組在一定語境中也可以表示比較的結果,如:

(32) 子駟曰:"國病矣!"子展曰:"得罪於二大國,必亡。病不猶愈於亡乎?"(左傳,襄公十年)

上例中的"不猶"和例(20)"弱不猶愈"中的"不猶"表示的意思基本相同,但"不猶"表比較結果時句子多比較複雜,沒有"不如"等容易理解,且使用頻率也低得多,遂在構式的定型過程中逐步被淘汰。此外,是此非彼選擇句中分句的語序起初大概也是沒有嚴格限制的,如例(10)-(12),"與其"聯繫的否定項都是出現在說話者選擇的肯定性內容後面,以後才逐步規約爲否定項在前,肯定項在後。在構式定型後這種用法就很少出現,或者只是爲了修辭而使用了。

三　是此非彼選擇構式的發展

漢代到六朝時期,表示是此非彼選擇主要采用上述 A、B 兩種句式,且"無寧""寧其"用於 B 類句也罕見。先秦遺留下來的其他用法均逐步衰亡,僅偶見用例。如:

(33) 吾與富貴而詘於人,寧貧賤而輕世肆志焉。(史記,魯仲連鄒陽列傳)

(34) 孤有羔羊之節。與其不獲已而矯時也,走將從夫孤焉。(東漢蔡邕:正交論)

(35) 聽之則告訐無已,禁絕則侵枉無極,與其理訟之煩,猶愈侵枉之害。(西晉劉毅:上疏請罷中正除九品,收入《晉書,劉毅傳》)

(36) 必使一通峻正,寧劣五通而常;與其俱奇,必使一亦宜采。(南齊書,謝超宗傳)

唐代開始,組成構式的詞語開始出現變化。A 類句的變化,一是肯定項標誌的發展,如:

(37) 與其有譽於前,孰若無毀於其後;與其有樂於身,孰若無憂於其心。(韓愈:送李願歸盤谷序)

(38) 與其觀變周樂,慮危咸鍾,曷若以蕭墻爲心,社稷是恤?(獨孤及:吴季子劄論)

(39) 既知讀書,應聞對馬。與其鑿壁,何如聚螢?(王適:對求鄰壁光判)

以上例句中分別以"孰若""曷若"和"何如"聯繫肯定項,與"與其"形成關聯,表示是此非彼選擇。這類用法應當是從 A 類句發展而來:用"何如"替換"不如","孰若""曷若"替換"豈若",只是用疑問副詞取代否定副詞,用反詰的形式表示否定,語氣更強一些。

二是否定項標誌的替換。大約從宋代開始,產生了"比似""比如""把似""把如""比及"等聯繫否定項的連詞。如:

(40) 西山相對臥寒齋,耿耿思君不滿懷。比似持雲來寄我,何如君自作雲來。(宋朱松:寄人)

(41) 把似衆中呈醜拙,争如静裏且談諧。(宋邵雍:先幾吟)

(42) 把如立作山頭石,何似急行歸故鄉。(宋鄒浩:斗米灘)

(43) 比如常向心頭掛,争如移上雙肩搭。(元吕止庵:夜行船,詠金蓮)

(44) 比及與别人帶時,不如與了叔叔可也好也。(元李直夫:虎頭牌,第 1 折)

以上例句中的"比似""把似"等均聯繫是此非彼選擇中的否定項,功能與"與其"相同。這些詞語在表示是此非彼選擇之前或同一時期,都還能表示其他意思。我們認爲這些詞語是進入構式後,吸收構式意義而產生表示選擇的語法功能的。其中"比似""比如"表示選擇的演化途徑與"與其"也有接近的地方。如:

(45) 客從魏都來,貽我山諸實。散之膏土間,春苗比如櫛。(司馬光:送薯蕷苗與

興宗)

(46) 玉骨冰肌比似誰？淡妝淺笑總相宜。(袁去華:浣溪沙)

(47) 一雙燕子守朱門。比似尋常時候、易黃昏。(周邦彥:虞美人)

(48) 比如去歲前年,今朝差覺門庭靜。(劉克莊:念奴嬌)

以上例(45)(46)中的"比如""比似"都有表示"比起來像"的意思;例(47)(48)中的"比似""比如"表示兩件事物之間的比較結果。

值得注意的是,"比似"等表示選擇一般只出現在口語程度較高的語體文材料(詩、詞、曲、白話小説)中,而且只見於A類句。在"比似"等表示選擇的句式中,肯定項標誌的使用也更爲靈活,除常見的"不如"等之外,還有"爭如""爭似""到不如""算何如"等。因此我們認爲,這種情況的出現是語言的求新原則促成的。

B類句的變化是"與其……毋寧……"的產生,約始于宋代。宋代用"毋寧"表選擇的方式大致有兩類:一爲"寧……毋寧……",如:

(49) 寧使行有餘而名不足,毋寧使名之浮於行也。(北宋黃震:黃氏日抄,卷二十六)

(50) 寧使吾之伐人者未克,毋寧使吾之境有變焉。(南宋袁説友:重閲廣奏狀)

例句中"寧"聯繫肯定項,"毋寧"聯繫否定項,"毋"表示對"寧"的否定,句子表示寧此勿彼的意思,與"寧願……不願……"接近。

另一類用法就是用"與其……毋寧……",如:

(51) 與其失夔契之忠,毋寧奪曾閔之孝。(宋葛勝仲:丹陽集,與范左丞啟)

(52) 與其誣之,毋寧信之。(元李冶:敬齋古今黈,卷一)

明代以後,這種句式開始在文言材料中廣泛使用,如:

(53) 與其延焦爛之上客,毋寧聽曲徒之先圖。(明陳應芳:敬止集,卷一)

(54) 與其歸而待斃,毋寧散之四方以苟須臾無死也。(明張内蘊、周大韶:三吴水考,卷十一)

(55) 與其失於子張之泛,毋寧失于子夏之狹可也。(明崔銑:士翼,卷三)

這類句子中,"毋寧"聯繫的是肯定選項。"毋寧"組合先秦已經出現,可以表示"寧"的意思。如《左傳·襄公二十四年》:"毋寧使人謂子'子實生我'。"杜注:"無寧,寧也。"又《左傳·襄公二十九年》:"且先君而有知也,毋寧夫人,而焉用老臣?"疏引服虔注:"毋寧,寧也。言寧自取夫人,將焉用老臣乎?"例句中的"毋"都不表示否定,只起加強語氣的作用。這種用法偶爾也出現在是此非彼選擇句中,如例(28)中的"無寧","無"通"毋",且也只加強語氣而不表否定。

值得注意的是,"毋寧"雖然從來源上看與"寧"有關,進入構式後似乎應表示B類句的意思,但其實際表達的却是A類句的意思:構式中的"毋寧"已經沒有"寧"表示説話者主觀意願的意味,而更接近"與其……不如……"中的"不如"。如先秦"無寧"表示是此非彼選擇的例(28),具有表示説話者意願的意思,與宋代以後的"與其……毋寧……"就有一定差别。又如"毋寧"在現代漢語中可以組合成"與其説(是)……毋寧説(是)……",語法意義與"不如説(是)"相同,而現代漢語中的"與其……寧願……",相當於 B 類句,就不能這樣用。

以上分析説明,在構式的歷時發展過程中,組構成分存在詞語興替,一些新的組構成分進入構式後,詞語意義被逐步融入構式意義。但與此並存的還有另外一種情况:詞語意義保留在構式中。如:

(56)與其忍耻苟活,何不從容就死。(醒世恒言,第 20 卷)

(57)與其令人不懂,又要講説破解,何妨説個明白的,豈不省了許多唇舌。(鏡花緣,第 83 回)

(58)與其後來懊悔,還是趁早做了的好。(二十年目睹之怪現狀,第 70 回)

(59)不管怎樣,與其在比賽場上哭鼻子,爲何平時訓練中不對自己更嚴格、嚴厲些?(人民日報)

以上例(56)用"何不"、例(57)用"何妨"、例(58)用"還是……的好"聯繫肯定項,例(59)用"爲何"引出反詰。這些例句的共同特點是在構式意義的基礎上,增加了建議聽話者按肯定項去做的意思,因此可以認爲是詞語意義與構式意義的結合。類似的用法在例(21)中也曾出現,用的是"與其……盍……","盍"意爲"何不",例句大致表示"與其戰勝使國君更驕縱造成内亂,何不避戰留下强敵以警醒國君"的意思。但在先秦材料中我們只檢得這一例,此後到明代才又出現"何不"等聯繫肯定項的用法。因此我們認爲,先秦時期"盍"聯繫選擇的肯定項,是構式發展成熟之前未定型的用法,明代以後的"何不"等則是構式定型之後産生的新用法或"活用"。人們對前者的理解主要基於語境,對後者的理解則主要基於是此非彼選擇的構式意義。

"與其……寧……"在近代語體文中已基本消亡,但先秦 B 類句表示説話者主觀意願的意思,在近、現代漢語中還可通過其他詞語來表示,如:

(60)如玉連連叩頭道:"生員與其全丢,果能拿獲,就送他們八百兩也情願。"(緑野仙蹤,第 40 回)

(61)他説這個天下,與其給本朝,寧可贈給西洋人。(孽海花,第 2 回)

(62)與其留下來,影響軍心,我寧願他跑到外頭去指天誓日,造喬氏的謡。(梁鳳儀:豪門驚夢,第 11 章)

例(60)用"情願"表示説話者的主觀意願,例(61)(62)"與其……寧可……""與其……寧願……",表示的意思都與"與其……寧……"相同,有别於現代書面語中的"與其……毋寧……"。

餘　論

　　在是此非彼構式形成階段，組構成分"與其""不如"等的詞語意義是構式意義形成的基礎。這些詞語在表示是此非彼選擇範疇意義的語用推理過程中發生演化，並在會話語境中產生了不能從組構成分中直接推導出來的構式意義。但源詞意義對構式意義也有可能產生影響，如"與其……寧……"表示的選擇帶有表示說話者意願的特點。

　　在是此非彼構式的歷時發展過程中，構式意義和詞語意義之間始終存在互動關係。Croft（2001）將聽話者理解一段話語的過程分爲四步：識別構式；識別構式的意義；識別構式成分的意義；識別構式成分和其語義結構之間的聯繫。這一見解可以對是此非彼選擇構式的演化作出解釋：當這一構式在語言系統中發展成熟之後，說話者使用或理解這一構式，首先是基於對其本身形式和意義的識別，是從整體上的認知；但爲了進一步理解話語，識別構式成分及其與語義結構的聯繫也是必需的。Croft 還說："在很多情況下，構式成分的選擇標準是基於人們對語義關係的直覺。"這也就解釋了表示同一語法範疇（是此非彼選擇）爲什麽可以並且經常使用不同的詞語（組構成分）。

　　從歷時發展來看，組構成分的詞語意义與構式意義之間的互動最終有兩種可能。一種是詞語意義被構式意義逐步同化，如用"孰若""何若""毋寧"聯繫肯定項，起初都在構式意義之外附加了特定的詞語意義，以後詞語意義被逐步融入構式意義。另一種是詞語意義保留，並且有可能形成新的構式形式，如"與其……何不……"在表示是此非彼選擇的基礎上增加了建議聽話者按肯定項去做的意思，大致可與 B 類句式中"與其……寧……"表示說話者自己按肯定項做的意願形成互補。

參考文獻

[清]　劉　淇　《助字辨略》，北京：中華書局，1983 年。
[清]　王引之　《經傳釋詞》，長沙：岳麓書社，1984 年。
沈家煊　1998　《實詞虛化的機制——〈演化而來的語法〉評介》，《當代語言學》第 3 期。
Adele. E. Goldberg　1995　*Constructions*：*A New Theoretical Approach to Language*，Chicagal university press.
William Croft　2001　*Radical Construction Grammar*，Oxford university press.

A Diachronic Study on the Construction of Selective Meaning in Chinese
XI Jia

Abstract：This paper summarizes the diachronic development of the construction of selective meaning in

Chinese. Both the construction and its usual grammatical marker *yuqi* 與其 are derived from conversational contexts through pragmatic inference. During the devolvement, there are several characteristics found in the construction: (1) new words or phrases may enter the construction; (2) the original meaning of constituents is affected by the construction; (3) the meaning of some constituents has been preserved in the construction and probably bring about new structures.

Key words: construction of selective meaning in Chinese, construction, evolution

(席　嘉　武漢大學文學院　430072)

"同時"的虛化歷程

李宗江

提　要　本文考察了"同時"的演變歷程,認爲它的演變經歷了從表示客觀共時到表示主觀共時再到表示邏輯並列關係的過程。也討論了"同時"處在兩個具有因果、遞進、條件、轉折等關係的小句或句子中間時的種種情況,認爲這時它並沒有改變表示主觀共時關係的意義。

關鍵詞　"同時"　虛化　主觀化

0　引　言

"同時"一詞,《現代漢語詞典》列有兩個義項:①同一個時候:他們倆是同時復員的。②表示並列關係,常含有進一層的意味:這是非常重要的任務,同時也是十分艱巨的任務。這個解釋不能完全涵蓋"同時"在現代漢語中的意義和用法,其在以下用例中的意義和用法是有差別的,如:

(1)忽然有人敲門,兩個人同時從沙發上跳了起來,爭著去開。(劉心武:黃傘)

(2)本法自1993年1月1日起施行。1986年4月21日國務院發佈的《中華人民共和國稅收徵收管理暫行條例》同時廢止。(中華人民共和國稅收徵收管理法)

(3)他的話還沒說完,金一趟已掄起手杖打了過去,同時破口大罵:"我打死你這臭流氓!"(陳建功、趙大年:皇城根)

(4)比賽開始的鑼聲響了。幾個彪形大漢每人手拿一根繩子走上比賽臺,同時動手將選手們翻倒,騎在身上左一道右一道地捆起來。(王朔:千萬別把我當人)

(5)這兩種廊有分有合,造成多種變化。遊廊從屏門向兩側延伸,到院角轉折向北,與廂房門前簷廊相交,再蜿蜒到正房簷前連成環狀。同時從正房左右穿山而伸出兩翼,和東西兩耳房聯繫起來。(鄧友梅:步入中庭)

以上的例(1)中,"同時"作狀語,"同時"的語義指向作主語的複數名詞,表示兩個人在相同的時間裏發生了同樣的動作行爲,此句的"同時"語義上與其他句子不相關聯。(2)中"同時"也是作狀語,複指上文的時間詞語"1993年1月1日",表示舊法的廢止和新法的施行開始於同一個時間,由于前面存在先行語,所以"同時"的語義關聯了兩個句子。例(3)

以後的各例,"同時"都是處於兩個小句的中間,如果僅從兩個小句的發生時間來看,(3)中是共時關係,(4)中是先後關係,(5)中沒有時間關係。本文將通過歷史語料的考察來說明如上幾種意義和用法之間的發展演變關係。

1 現代以前:表示客觀的共時

"同時"在狀語的位置上出現時,本義是指多個事物在相同的時間裏與某一事件相關。如:

(6) 尹夫人與邢夫人同時並幸。(史記,卷四九)

(7) 秦將白起坑趙降卒於長平之下,四十萬衆,同時皆死。(論衡,命義篇)

(8) 同時避難者五百餘家,皆賴而獲免。(舊唐書,卷一八八)

(9) 一山桃杏同時發,誰似東風不厭貧。(唐許渾:吳門送振武李從事)

以上句中"同時"的語義指向為相關的名詞所表示的多個事物,如(6)的"尹夫人""邢夫人",(7)的"四十萬衆",(8)的"五百餘家",(9)的"一山桃杏"。

當"同時"的語義關聯另外的小句或句子時,除了表示時間概念外,就兼有篇章銜接功能。"同時"與上文語義關聯的方式有兩種:一種是回指上文的時間詞語;另一種是以上一小句所表示的事件的發生作爲時間參照,表示下一小句所代表的事件發生的時間與上一小句具有共時關係。

早期的用例中,"同時"只是表示第一種語義關聯,其語義指向上文的時間詞語,表示在同一個時間範圍裏發生兩個事件。如:

(10) 臣今月九日,巡歷到州南,准本州巡檢走報稱:"有軍賊十四人,打奪臨界馬遞鋪。"同時又據磁州申:"武安縣軍賊二十人,入縣衙門敵,傷著兵士及燒却草市。"(歐陽修集,卷一一七)

(11) 景德三年,韓崇訓自樞密都承旨、四方館使,以檢校太傅爲之;同時,馬正惠公知節自樞密都承旨、東上閣門使,以檢校太保爲之;(宋徐度:却掃編,卷上)

(12) 那時南宋承平之際,無意中受了朝廷恩澤的不知多少。同時又有文武全才,出名豪俠,不得際會風雲,被小人誣陷,激成大禍,後來做了一場沒撻煞的笑話,此乃命也,時也,運也。(喻世明言,卷三九)

(13) 蘇州有個舊家子榮,姓徐名方,別號西泉,是太學中監生。爲幹辦前程,留寓京師多年。在下處岑寂,央媒娶下本京白家之女爲妻,生下一個女兒,是八月中得的,取名丹桂。同時,白氏之兄白大郎也生一子,喚做留哥。(二刻拍案驚奇,卷三)

(14) 可憐馬德稱衣冠之冑,飽學之儒,今日時運下利,弄得日無飽餐,夜無安宿。同時有個浙中吳監生,性甚硬直。聞知鈍秀才之名,下信有此事,特地尋他相會,延至寓所,叩其胸中所學,甚有接待之意。(警世通言,卷一七)

以上句中的"同時"之"時"在句中都有明確的所指,如(10)中的"今月九日",(11)的"景德三年",(12)的"南宋承平之際",(13)的"八月中"。(14)沒有時間詞語,但"同時"即指"馬德"所在的時代,也就是"與馬德同時"。

這種具有複指作用的"同時"所表示的時間不以說話人的意志為轉移,是有客觀參照點的時間,所以我們稱為客觀時間。據我們考察,在清末以前,"同時"只能表示客觀的共時。

2 現代:表示主觀的共時

進入現代以後,"同時"發生的主要變化就是用於兩個小句或句段之間時,可以在上文不出現"同時"複指的時間詞語,而是以先說出的事件或動作作為時間參照,用"同時"表示後面的事件與先提到的事件發生時間重合。如:

(15) 王胡驚得一跳,同時電光石火似的趕快縮了頭,而聽的人又都悚然而且欣然了。(魯迅:阿Q正傳)

(16) 他和趙子曰握了握手,把兩隻笑眼的笑紋展寬了一些,同時鼻子一聳,哭的樣式也隨著擴充,跟著把他那隻皮箱提起來了。(老舍:趙子曰)

兩個事件的時間關係包括先後關係和共時關係。廖秋忠(1986)將"同時"和"然後"等時間詞語看作一類,都看作先後時間連接成分。這說明二者在邏輯上是有聯繫的。因為"共時"關係不過是先後關係的一個特例而已。先後關係指的是兩個事件之間有時間間隔,時間間隔可大可小,當小到零或者小到說話人認為可以忽略不計時,就成為共時關係。所以這種情況下的"同時"表示的時間關係具有主觀性。這種主觀性可以從兩個方面來理解:

一方面,兩個事件在時間上完全重合的情況並不多,用"同時"不過是說話者忽略了兩個事件的時間距離而已,如以下的句子中的兩個動作或事件就概念結構來說,都是有時間距離的,實際上是個先後事件:

(17) 她在一天晚上的半夜,就爬將起來,躲在門角裏靜靜地窺俟這其中的神秘!看看將近天明的時候,忽然看見一個很美麗的姑娘,從灶口內鑽出來,姍姍地走去磨豆腐,洗碗盞!王三婆在門角裏看得清清楚楚,同時鼓起她老人家的全身勇氣,慢步輕移地踱到那美麗姑娘的背面,兜的將她緊緊箍住。(民俗,31期,七姊嫁蛇郎)

(18) 但伊自己並沒有見,只是不由的跪下一足,伸手掬起帶水的軟泥來,同時又揉捏幾回,便有一個和自己差不多的小東西在兩手裏。(魯迅:故事新編,補天)

(19) "阿阿,好好,莫哭莫哭,"他把那些發抖的聲音放在腦後,抱她進房,摩著她的頭,說,"我的好孩子。"於是放下她,拖開椅子,坐下去,使她站在兩膝的中間,擎起手來道,"莫哭了呵,好孩子。爹爹做'貓洗臉'給你看。"他同時伸長頸子,伸出舌頭,遠遠的對著手掌舔了兩舔,就用這手掌向了自己的臉上畫圓圈。(魯迅:幸福的家庭)

(20) 但阿Q又四面一看，忽然揚起右手，照著伸長脖子聽得出神的王胡的後項窩上直劈下去道："嚓！"王胡驚得一跳，同時電光石火似的趕快縮了頭，而聽的人又悚然而且欣然了。(魯迅：阿Q正傳)

(21) 高校長說他還要坐一會，同時表示非常豔羨：因為天氣這樣好，正是散步的春宵，他們四個人又年輕，正是春宵散步的好伴侶。(錢鍾書：圍城)

就以上各例所描寫的事件實際發生的情況分析，"同時"前後的兩個事件只能是時間先後的關係，如(17)中"王三婆"的觀察和采取行動之間不可能是完全同時的；(18)的伸手抓泥的動作和揉捏的動作也是先後的動作；(19)的說要做什麼和實際做的動作之間也不可能是完全同時的；(20)中王胡的兩個反應顯然不是同時做的；(21)講的是一個人說的不同的話，也不可能是同時說出的。但說話者忽略了以上兩個相關動作或事件間的時間距離，主觀上將它們看作共時關係。

另一方面，戴浩一(1988)指出，漢語的語序受到時間順序原則的制約，兩個小句的排列順序與其代表的事件的發生順序一致。廖秋忠(1991)也說過："一般說來，除非有標示時間或時間先後的詞語出現，否則篇章中句子的順序與所描寫的事件或狀態發生的時間先後順序一致。"這說明漢語表達事件的先後關係是無標記的。如果是表達共時關係，那麼需要特別的標記，"同時"就起著這樣的標記作用。也就是說，加上"同時"是說話者主觀上改變自然的時間順序的結果。如以下的句子中去掉"同時"，傾向表達先後關係。

(22) 在這天崩地塌價的聲音中，女媧猛然醒來，同時也就向東南方直溜下去了。(魯迅：故事新編，補天)

(23) 那朱三太連連搖手，就在鋪面裏的椅子上坐了，鄭重地打開她的藍布手巾包，——包裹僅有一扣摺子，她抖抖簌簌地雙手捧了，直送到林先生的鼻子前，她的癟嘴唇扭了幾扭，正想說話，林先生早已一手接過那摺子，同時搶先說道："我曉得了。明天送到你府上罷。"(茅盾：林家鋪子)

(24) 馬林生緊張地結結巴巴地訴說，同時飛快地把票和身份證拿出來，呈送給這位警官。(王朔：我是你爸爸)

(25) 馬銳在他有力的穿刺、挑拉下疼得直吸涼氣，同時受到醫生和護士的共同呵斥："別動！你老動我怎麼給你縫？"(同上)

(26) 他感到更加空虛，同時陷入了一種深深的迷惘，他不知今後該怎麼對待孩子，是拿他當個大人還是使自己更像個孩子？(同上)

3 邏輯關係中的"同時"

兩個事件的邏輯關係往往也與時間關係相關聯。由於漢語受時間順序原則的制約，一般地説兩個小句或句子無標記的邏輯順序,也代表無標記的時間順序,即前置的句子代表的事件先發生,後置的句子代表的事件後發生。如"原因和結果""遞進的前項和後項""條件和結果""讓步和轉折""事件和目的"等,這種順序一般地説也代表時間先後的順序。如果要強調是共時的時間關係,就要用"同時"來標記。因而雖然"同時"可以與表示邏輯關係的前項連詞共現,但我們不認爲它就變成了表示邏輯關係的連接詞,它還是表示主觀上的時間關係的。據我們的考察,"同時"可以出現在表示以下的邏輯關係的小句或句段之間,強調具有特定邏輯關係的兩個事件之間又具有共時關係,如:

3.1 在因果關係中

(27) 因此可以説生物底增殖速度增加,同時也就是食物底培殖速度增加。(陳獨秀:馬爾塞斯人口論與中國人口問題)

(28) 生活進步的時候,使疾病減少。同時使死亡率低減。(陶孟和:貧窮與人口問題)

(29) 那麼市場上勞動力的價格,當然支配住團員生產品的價值,同時就支配著團員勞動力的價值。(胡適:工讀主義試行的觀察)

(30) 以一人言,我的思想,我的感情,我的記憶,是我。我的頭,身,手,足,五官亦是我,除此以外,即非我,同時亦非我的個體。(崔載陽:野人個體的原素與界限)

以上例句中"同時"兩邊的句子實際上存在著因果聯繫,如(27)生物的增殖速度增加導致食物的培殖速度增加;(28)疾病減少,是死亡率降低的原因;(29)生產品價值的高低,影響著勞動力的價值;(30)因爲"非我",當然也就"非我的個體"。就邏輯語義來説,以上句中相關命題間的因果關係是很明確的,但在這裏説話者還是用了"同時"來連接,凸顯了在因果關係中包含的時間關係。

3.2 在遞進關係中

如果説兩個事件的因果聯繫可能是自然的聯繫,存在社會共同的認知依據的話,那麼兩個事件的遞進關係,即兩個事件裏,哪個分量重些,哪個分量輕些,很多時候主要是説話者的個人認知,因而是必須通過連接成分來標記的。在以下的通過遞進關係連接詞標記的遞進關係裏,用了"同時",來強調兩個事件的共時關係。

(31) 因它不僅是當地人民勞動的成果,同時還是六億人口國家民族大家庭的共同文化遺產。(沈從文:從一本書談談民族藝術)

(32) 你們如今跟著偉大的黨來學習駕馭鋼鐵,征服自然,努力的成果,不僅僅是完成建設祖國的壯麗輝煌的歷史任務,同時還是保衛世界和平一種巨大力量,更重要是也將鼓舞著世界上一切被壓迫、爭解放各民族友好團結力量日益壯大。(沈從文:一點回憶一點感想)

(33) 嘴角常在微笑,仿佛他不止是研究人類的祖先,同時也嘲笑著人類何以又變

得這般墮落。(曹禺:北京人)

(34) 原來幹部的級別不僅僅意味著你官越大就要越多地爲人民服務爲人民操心,它同時還意味著你生活待遇的上升。(池莉:來來往往)

(35) 供銷收購部門"搭配找零"。因缺少兩元以下現金,有些供銷收購部門,大都以糖果、火柴、香煙等小商品來替代應找的零錢。這不僅影響了收購,同時還誘發了一些不必要的口角和糾紛。(人民日報,1995年1月4日)

以上的句中都有與"同時"相搭配的表示遞進關係的連接詞"不僅""不僅僅""不止"等,標誌句子的邏輯關係具有加深一層的關係。其實所謂的"遞進"在有的句子裏,可以從邏輯上獲得解釋,如(31)中的從"當地人民"到"全國六億人民",(32)中由"建設祖國"到"保衛世界和平",其意義所涉及的概念範圍後者比前者要大。但更多的句子裏,用遞進關係的所表示的只是標誌著說話者認識到後者與前者具有同等的地位,用這種關係僅僅表示說話人的一種獨特的視角而已。如(33)(34),倒是前面一句代表更爲正面的意義,作者用遞進關係來表達,僅代表一種說話者的主觀順序。(34)完全可以顛倒來說,如説:

原來幹部的級別不僅僅意味著你生活待遇的上升,它同時還意味著你官越大就要越多地爲人民服務爲人民操心。

(35)中前後的兩項無所謂哪個更重要,而是後者爲説話者關注的重點而已。相關的兩個事件因爲是相伴隨的,於是就有了共時關係,所以可以用"同時"。如果兩個事件雖然是遞進關係,但在時間上不是伴隨的事件,就不能用"同時"連接,如:

(36) 他不但在開幕式上講了那番話,還(同時 *)在閉幕式上做了進一步的發揮。

3.3 在轉折關係中

(37) 人類由動物進化而來,失去鱗甲爪牙各種保護物,然而同時發展手足之靈敏。(新青年,第7卷5號,王星拱:奮鬥主義之一個解釋)

(38) 但是細心觀察的人都知道中國的生殖率雖盡極發達,而同時死亡率也異常偉大。(新青年,第7卷4號,陶孟和:貧窮與人口問題)

(39) 看他們在那裏把每個日子打發下去,也是眼淚也是笑,離我雖那麼遠,同時又與我那麼相近。(沈從文:鴨窠圍的夜)

(40) 不過醫生雖然治病,同時也希望人害病。(錢鍾書:寫在人生邊上,談教訓)

(41) 他自從發見了這一句平凡的警句以後,雖然引起了不少的新感慨,同時卻也得到許多新慰安。(魯迅:端午節)

以上用例代表的是一個事物的相反的兩個方面,具有轉折意味,所以句中都有表示轉折關係的連接詞,如"雖、雖然、但是、然而"等,在下句前也用了"同時",強調了二者相反關係在時間上的聯繫。在這裏,"同時"還有表示共時關係的意義,並沒有完全轉成表示轉折關係,因爲如果同樣爲轉折關係,上下句在時間上是明顯的先後關係,那麼就不能用"同時"如:

(42) 他剛才來了一趟,但(同時*)沒有說什麼就走了。

(43) 以爲他來了會說點什麼,可是(同時*)什麼也沒說就走了。

以上句中的"但"和"可是"不能換成或加上"同時"。

3.4 在條件關係中

"同時"用於表示條件關係的小句或句子之間的情況不多見,這說明條件結果關係中,在時間上具有共時關係的很少,如:

(44) 無論改革政治或改革社會,須同時根本上打破那造成人滿的宗教倫理,改鑄那造成人滿的風俗。(新青年,第7卷4號,顧孟餘:人口問題,社會問題的鎖鑰)

(45) 提高人類開化不開化的標準,承認中國或與中國有同等文化的民族的文化尚在半開之中;因爲客家在中國算是已經在水平線以上的民族,要承認它是半開化的民族,同時便不能不承認全中國的民族也尚在半開化之中了。(民俗,續第29、30期,羅香林:讀鐘著"民間文藝叢話")

(44)句是個無條件句,(45)是個假設條件句,這種句子中的兩個小句都不是表達客觀的條件關係的,而是論辯性的,是說話人主觀上將條件和結果放到一個平等的地位,放到一個共時的時間關係裏。

3.5 在並列關係中

從現代漢語來說,"同時"用於並列關係中間的用例最多,這與並列關係往往在時間上有共時關係有關。但在時間上爲先後關係的事件也同樣可以構成邏輯上的並列關係,如:

他昨天來的,我今天來的。

這句是並列關係,但不能用"同時"。這說明即使是在並列關係中,"同時"也還是可以表示時間關係,而不是在所有的句子裏都是純表並列關係。還有一個事實說明"同時"表示並列是附帶的:據我們的考察,凡用"同時"的並列關係裏,都有表示並列關係的其他連詞,如"也、亦、又、並、還"等等,如:

(46) 眼睛是靈魂的窗戶,我們看見外界,同時也讓人看到我們的內心。(錢鍾書:寫在人生邊上)

(47) 分工的利益固然可使專門的技術發展,同時也可以使社會生活互相贊助。(新青年,第7卷3號,杜威博士講演錄)

(48) 曾文彩一面焦急著丈夫的下落,同時又要到上房勸慰父親。(曹禺:北京人)

4 表並列關係

兩個共時事件,在邏輯上可以是各種關係,上面已經舉例。但在不加表示特定關係的連接詞語的情況下,通常會被理解爲並列關係,或者說兩個共時事件同時表達並列關係是無標記的,所以"同時"演變爲表示並列關係的連接詞是很自然的。如在以下的例子中,儘管用了"同時",但仍然與時間概念無關,而純粹是並列關係:

(49) 我想你搬回家住罷,免得討人家厭,同時好有我來管教你。(錢鍾書:圍城)

(50) 鼎湖增值稅專用發票爲什麽會出現如此嚴重的問題呢? 一個十分重要的原因是鼎湖區稅務部門擅自制定增值稅預交款的辦法,同時由于一些稅務、工商幹部經不住利誘,執法犯法,爲虎作倀。(人民日報,1995年6月16日)

(51) 中國隊的防守很嚴密,同時,反擊又常常是迅猛異常,常使德國隊處於被動。(同上,6月17日)

(52) 時代變了,市場經濟深入人心,機手割麥收錢,農民付錢割麥,雙方都感到天經地義;同時,農業效益高了,農民也可能買不起聯合收割機,但用得起了。(同上,6月21日)

(53) 喬石說,非常感謝大家專門組織這次故鄉情新年音樂會,同時衷心祝賀和感謝演奏家們的這次成功的演出。(同上,1月2日)

在以上這些句子中,兩個事件都與時間無關。(49)"搬回家住"產生兩個結果,這兩個結果之間的共時關係不是說話者要強調的;(50)講的是兩個並提的原因;(51)講的是防守和反擊兩個環節的情況;(52)顯然強調的也不是時間關係。"同時"在這裏確實是主要起著表示並列關係的作用。在下面的例(54)中,"同時"與並列連接詞"首先"和"另一方面"構成了系列連接成分;(55)中,"同時"與並列連接詞"一方面"構成系列連接成分,其表示並列關係的作用更加凸顯。

(54) 劉式浦說,這些火災的教訓極爲深刻。

首先,它反映了在經濟和社會生活逐步現代化的條件下,廣大社會成員對火災的危險性認識不足,缺乏應有的安全意識和必要的消防知識。

同時,不少建築和裝修裝飾工程在消防設施上因陋就簡,偷工減料,逃避消防監督,只求節約資金,儘快投入使用獲取利潤,無視人民安全,從一開始就留下了嚴重的隱患。在一些企業和公共娛樂場所,電器安裝不良,疏散通道不暢,大量使用易燃、化纖材料進行裝修裝飾等現象隨處可見。而有關的經營者、領導者和廣大群眾常常視而不見,不瞭解其危險程度,在突然發生災難時又缺乏自救、逃生知識,以致一再造成慘重後果。

另一方面,公共消防設施未能與城市建設同步發展,也是導致火災損失加大的重要因素。他希望各方面都認真吸取這些深刻教訓,以提高全社會抗禦火災的能力。(人民日報,1995年1月4日)

(55) 看到穿低領綫時裝的女性,他們一方面爲對方感到害羞,不由自主地把目光避開;同時又難免以貌取人,把性感的著裝與輕浮的行爲聯繫起來。(包銘新:時髦辭典)

5 小結

具有篇章銜接功能的"同時",在現代以前,表示同一時間裏發生了幾個動作或事件,"同時"的篇章作用是回指詞的作用,其語義指向句中的特定時間詞語,因爲有特定時間的限定,我們稱這種共時關係爲客觀的共時關係。到了現代以後,其所表示的共時關係主要是主觀性的,即說話人把兩個事件看作共時關係,而忽略兩個事件間的時間間隔。當"同時"在表示邏輯關係的句子或句段中出現時,除了在一部分並列關係中時間關係弱化外,仍然是表示主觀共時關係的。但無論在複合句中還是在句段中,"同時"確實有時間關係弱化而並列關係凸顯的實例,在這些實例中"同時"已經演變成爲一個並列關係連接詞。因此"同時"的演變路徑是:

表示客觀時間(副詞)→表示主觀時間(時間連接詞)→表示並列關係(邏輯連接詞)

參考文獻

戴浩一 1988 《時間順序與漢語的語序》,黃河譯,《國外語言學》第 2 期。
金曉艷 彭爽 2005 《後時連接成分辨析》,《解放軍外國語學院學報》第 4 期。
廖秋忠 1986 《現代漢語篇章中的連接成分》,《中國語文》第 6 期。
——— 1991 《篇章與語用和句法研究》,《語言教學與研究》第 4 期。
陸儉明 馬真 1986 《關於時間副詞》,《現代漢語虛詞散論》,北京:北京大學出版社。

On the Grammaticalization of *Tongshi*

LI Zongjiang

Abstract: The paper examines the evolution of *tongshi* 同時 (at the same time), and argues that it develops from referring to objective synchronism to referring to subjective synchronism, then further to designating logical co-ordination. When *tongshi* is used between two clauses bearing causal, progressive, conditional, or adversative relations, it still denotes objective synchronism.

Key words: *tongshi* 同時, grammaticalization, subjectivization

(李宗江 解放軍外國語學院 471003)

語法化專題講座(下)
ELIZABETH CLOSS TRAUGOTT

孫朝奮　譯

第三講：再論詞彙化和語法化的異同

1　引言

　　直到最近幾年,詞彙化經常都被看作是與語法化相對立的。大體上來説,對語法化的描述相當一致,如(1)的説法通常都可接受:

(1)a. 詞彙項和構式在某種語境中變成了語法項,反之却不然(Hopper & Traugott 2003 [1993],參看 Haspelmath 1999,Heine & Kuteva 2002)。一個典型的例子是:be going to(帶有意願的動作)＞ be gonna(計劃中的未來)

b. 語法化涉及黏合,合併,淡化＝失去詞彙意義,增加語法語義(Bybee, Perkins & Pagliuca 1994)。

但是詞彙化被描述爲語法化的反面。一種觀點,特別是與 Ramat 的研究有關的觀點是:

(2) a. 詞彙化是去語法化(Ramat 1992, 2001; van der Auwera 2002: 111),舉例來説,語法項或屈折詞綴 ＞ 主要詞類項,如 up(副詞 ＞ 動詞),ante(介詞 ＞ 名詞)。

b.詞彙化涉及融合體的分裂,詞彙意義的增加,語法意義的減少。

另一種相反的看法,一直到最近以來都是和 Lipka 的研究有關:

(3)a.一個複合的詞位一旦形成,便傾向於變成一個完全單一的詞彙單位(Lipka 2002 [1990]),例如 forget-me-not"勿忘我",古英語 hlaf"麵包" ＋ weard "監護人" ＞ lord "主人",forecastle ＞ fo'c'sle "大船前甲板下的卧室"

b. 詞彙化涉及黏合和合併,實義發生了變化。

　　本講的要點是:第二節討論一些説法和術語,第三節講一些文獻中的主要主張,第四節討論詞彙化和語法化的異同,之後,將在第五節提出一個整合這些看法的方案,第六節用帶 all- 的一些組合的發展作爲一個例證。這些研究是以 Brinton & Traugott(2005)和 Brinton & Traugott(即將發表)爲基礎的。結論是,詞彙化和語法化比一般想象得更相似,但同時又有重要的不同。

2 一些假設和術語

a) 變化

語言變化始於語言應用,是 Croft(2000)提出的用法變化(use-change)這個概念,而不是 Kiparsky(1968)提出的語法變化(grammar-change)的觀念。

變化必須擴散開來(Weinreich, Labov & Herzog 1968, Milroy 1992);既有認知的因素也有社會的因素,而不是生成語言學家所説的作爲一種個體變化的創新(參看 Lightfoot 1999)。

b) 語法

語法的模式是動態的,並具有漸變性的特點(參看 Denison 2001),在類型和實例上有不同的能產度(Baayen and Renouf 1996),沒有任何一個組塊是核心的。換言之,語義、形態句法與形態音位都是相互關聯的(參看 Jackendoff 2002 和不同版本的構式語法如 Croft 2001)。

開放性的主要詞類(名詞、動詞、形容詞)都是根據語法進行自由組合的,封閉性的次要詞類是不太自由的,并且有時是強制性的。

圖 1 是個小結,這裏最重要的是頂端表示連續統的箭頭和垂直各類的相互關係。

圖1:連續統上各類相互關係的圖式 (Brinton & Traugott 2005:92)

Level 層次	Continuum 連續統		
Lexicon 詞彙庫	Lexical 詞彙		Grammatical 語法
Category 詞類	Open/Major 開放/主要		Closed/Minor 封閉/次要
Syntax 句法	Free 自由		Obligatory 強制性的
Semantics 語義	Contentful 實義內容		Functional 功能
Morphology 形態	Nonproductive 無能產性	Semiproductive 半能產性	Productive 能產性

c) 構詞法

能產的構詞法是共時性的,發生在形態中。

我們需要對如下術語作出區別：
- 語義派生：改變語義但不改變詞類。如 un-happy "不－高興"，dis-arm "解除－武裝"（形容詞 happy"高興"加 un"不"還是形容詞）。
- 語法派生：改變詞類。如 happy-ness"高興"，arm-ament"武器"（形容詞 happy 加 ness 變爲名詞）。
- 複合：是構詞法（一般會引發詞彙化）；涉及兩個自由單詞的組合成詞，典型的是用詞重音而不是短語重音，如 black bóard "黑色的板子"（短語）對 bláckboard "黑板"（複合詞）。
- 轉換：沒有形態變化的詞類變化，如名詞 calendar"日程"＞動詞（to）calendar "安排日程"，近年的名詞 google（搜索網站名）＞（to）google（進行網上搜索）。

d）詞彙庫

詞彙庫是存貯的形式語義對兒的清單，它包括：
- 詞彙性項目：具有實義性、相對的習語特徵、半能產或非能產性，是主要的、開放性的詞類，如名詞、動詞、形容詞。
- 語法性項目：具有指示性、功能性、能產性，是封閉的、次要的詞類，如副詞、介詞、助動詞、連接詞、附着詞、屈折標記等等。

e）雙名表示部分的構式和表程度修飾語的區別

在第一、第二講中講到的 *a sort/kind/bit/lot/bunch/shred of*，雖然拼寫完全一樣，却有兩個功能，它們既是表示部分的構式（單位/種類——一個相對自由的構式），如"一片胡蘿蔔""三片胡蘿蔔"，也可以是表示程度的修飾語（限量——一個帶有 NP/Adj/V 補足語的相對凝固的構式），如"一點兒榮譽"。表示程度的修飾語把程度等級強加於補足語。

3 最大限度的區別詞彙化和語法化

近來詞彙化的研究始於尋找語法化的反向例証，論証或反對語法化有關單向性的假設（參看 Campbell 2001）。假如語法化的某一個版本裏認爲因爲強制性和能產性的增加，"詞彙項和構式在某些語境裏轉變成語法項"，那麼詞彙化被認爲是一種反例。但是詞彙化和語法化的對立先於這樣的討論，例如在大部分語法化的研究還沒做的時候就已經有了下面的説法：

(4)"每當一個語言形式降到語法能產性規則之外時，它就詞彙化了。"(Anttila 1989〔1972〕:151)

(5)"這個階段就是當一個詞目具有或逐漸占有一個能產規則所不許可的新的形式。"(Bauer 1983:48)

從這一點來看,詞彙化增加了獨立性和習語性,而語法化減少了獨立性,增加了系統性(參看 Anttila 1989［1972］;Lehmann 1995［1982］,2004;Campbell 1991,2001;Janda 2001;Norde 2001,2002;Ramat 1992,2001;Hopper & Traugott 1993［但是 2003 不一樣!］;Haspelmath 2004)。

圖 2 表示詞彙化和語法化的交叉類別。注意語法化/去詞彙化都是向更高程度的語法功能移動的過程,而詞彙化/去語法化是向相反的方向移動的過程。

圖 2:詞彙化和語法化範疇的交叉(van der Auwera 2002:21)

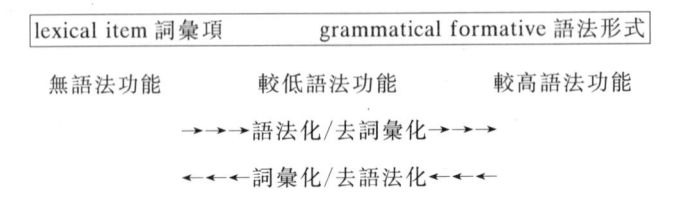

lexical item 詞彙項		grammatical formative 語法形式
無語法功能	較低語法功能	較高語法功能

→→→語法化/去詞彙化→→→

←←←詞彙化/去語法化←←←

詞彙化的例子典型的包括去語法化或去形態化,即語法性＞較少語法性,或是詞彙變化。例(6)是很多人引用過的例子,但是它並沒有涉及一個實質詞彙的發展,因爲現代所有格是個附着詞:

(6)屈折語素＞附着詞(如英語和瑞典語的所有格屈折形式 -s 變成附着詞。在古英語 *Eanflæd Edwines dohtor cyninges* 裏,-es 是 Edwin 和 King 裏的屈折標記,但是在中古英語-s 變成了附着詞:Eanflæd King Edwin's daughter'。(Norde 2001)

另一個例子是例(7):

(7)次要詞類(副詞 up,介詞 ante)或派生語素 ism、ology 真的變成了主要詞類項:*up*(動詞)"上",*ante*(名詞)"(發牌前下的)賭注",*ism* "主義",*ology* "學科"。(Ramat 1992,2001)

但是,大部分所謂的反例都不是逆向的(reversal),其實是構詞法,或者是語料本身都有問題,或者都是突變的例子(Haspelmath 2004,Lehmann 2004)。一旦合併已經出現,真正的沿着原來的路徑反向發展的逆向(Haspelmath 2004 稱之爲實例逆向)是不可能的。因爲沒有人能夠系統地解構在漸變中操作過的所有上下文中的推論,沒有人能夠在語用上或者在語音上把 be gonna 解構,再回到 be going to(Norde 2001,Haspelmath 2004)。如果像 van der Auwera(2002)那樣認爲詞彙化包括構詞法,那就沒有辦法區別構詞法的共時可能性和變化的過程。

因此,例(7)中的變化實際上是構詞法(參看 Haspelmath 2004):

- 轉換:詞類的變化,如副詞 up ＞ 動詞 up。
- 剪裁:詞素的分開,如-ism(criticism "批評",witticism "妙語連珠")＞ 名詞 ism,-ology(theology "神學",phonology "語音學")＞ 名詞 ology。

假如把詞彙化看作是其本體的變化，看作是對構詞法輸出的影響（Booij 2002），那麼詞彙化就涉及：

(8) a. 習語化（Idiomatization）：語義分解性的消失，如 hobnob "和某人很親密地説話" ＜中古英語 hab ne-hab "有不-有"（通過語義爲飲酒乾杯的 hob or nob "給和拿"），gospel "福音" ＜ god "好" spell "消息"；

b. 黏合（Bounding）：形態界限的消失（黏著的一類），如 nuts-and-bolts "實用的細節"；

c. 合併（Coalescence）：形態和語音結構的消失，如上述 hobnob, gospel。

黏合和合併有時合稱"融合"（fusion）或者是"合成"（univerbation），但是我們需要區別沒有語音減弱的黏合和有語音減弱的合併。

習語化、黏合與合併，一直被看作是語法化純度的證明標誌（請參看 Bybee 1985，Bybee, Perkins and Pagliuca 1994），那麼情況到底如何呢？

4 詞彙化和語法化的異同

4.1 類同

詞彙化和語法化的類同之處：

(9) a. 都涉及黏合和/或合併（Lehmann 2002）；

b. 都是單向的（Lehmann 2002, 2004）；

c. 都是漸變，也就是說，兩者都在較小的鄰近的重疊梯級上發生，詞彙化也是逐漸地變化（Lipka 2002 [1990]）；

d. 都涉及習語化和凝固（Bauer 1983，Lipka 2002 [1990]）。

4.2 同中有異

詞彙化和語法化有很多重要的分別。下面討論兩種方法，即 Lehmann 的方法和 Himmelmann 的方法。

a) Lehmann (2002, 2004)

根據 Lehmann (2002, 2004)，詞彙和語法是一個短語連續統上的兩極，見圖 3。圖 3 與圖 1 有別，與圖 1 相比是一個更爲詳盡的描述：

圖 3：詞彙庫和語法（根據 Lehmann 2002：3）

複合度層次 \ 方法	習語性 整體性 ←→	有規則 分析性
較高 ↕ 較低	詞彙庫	短語句法 形態（構詞法　屈折）　語法

Lehmann 認爲：

(10)"語法化和詞彙化不是彼此的反面，而是相互正交的。二者都是縮減的過程……只是在不同的意義上。"(Lehmann 2002：15)

用例子並換一個説法就是：

(11) a. 在一個複雜構式[XY]Z 裏，通過詞彙化，Z 的整體受到影響，Z 的内部關係變得毫無規則，而且 Z 的内部分析被"放棄"了。

・[good + spell]NP ＞ [gospel]N：短語縮小了，内部成分無法作分解性分析。

b. 在語法化過程中，X 或 Y 變成語法形式；Z 的内部關係變了，變得更嚴格和更加受限制(Lehmann 2002：13)。比如古匈牙利語的短語 vila + béle ＞ 現代匈牙利語 világba(Anttila 1989[1972]：149)：

・古匈牙利語短語[vila + béle] = vila"世界"+ béle "内臟/核心 + 方向"

　＞ 名詞 + 方向附著語[vilagbele]"進入世界"

　＞ 現代匈牙利語名詞 + 方向格標記[világba]

注意，只有 béle 語法化了，vilá 還是個實詞。

例(11b)的説法非常重要。但是有一個問題：Lehmann 没有給語義/語用所起的重要作用留有餘地。就這一點，我們來看 Himmelmann 的方法。

b) Himmelmann(2004)

根據 Himmelmann 的觀點，詞彙化和語法化享有共同的來源，即篇章中自發的、能産的詞項組合(36 頁)。Himmelmann 指出了語境中的三種擴展：

(12) a. 主體詞擴展：增加與主要詞類(如名詞、形容詞、動詞)或者其次類的搭配：

・當 be going to 變成將來標記時，搭配對象從行爲動詞擴展到狀態動詞；

・作爲近似值/程度修飾語的(a)sort of 從用在名詞短語的語境(1700 年 He's a sort of gentleman"他有點像個紳士")擴展到形容詞和動詞的語境(1800 年 He is sort of bewildered "他有點糊塗"，It sort of stirs one up"有點讓人動情")。

  b. 句法擴展：擴大到更多的句法環境，例如主要論元的位置（如主語、賓語）或者是小句的末尾/中間/句首的位置：
   • 正在顯現的冠詞最初在主語和賓語的主要論元位置上發展，只是後來（如果發生的話）才在介詞的位置上發展。
  c. 語義-語用擴展：擴展到語義上的多義，增加語用語境：
   • 當冠詞從指示詞發展出來時，它們表示獨一的功能取決於上下文，不止包括先已存在的語境，還包括百科全書式的知識。冠詞可能含有獨一無二的意思，如 the president"總統"；
   • 當程度修飾語從表分式發展出來時，隨之而來的是多義性，如表示部分的構式中 a shred(＝單位)of apple"一片蘋果"＞程度修飾語 a shred of(＝一些)evidence"一點證據"；表示部分的構式中 a lot(＝減價的部分)of furniture"減價的傢具"＞程度修飾的 a lot of(＝很多)furniture"很多傢具"。

Himmelmann在研究詞彙化和語法化的關係這個問題上的貢獻是(13)中的假設：

(13)a. 在語法化中，所有三個語境都有擴展；
  b. 在詞彙化中，在主體詞搭配上不擴展(good 和 spell 結合，並不適合名詞的一個子集)；句法和語義-語用環境可以不變，可以擴展，或者可以減少。

4.3 小結

總而言之，雖然詞彙化和語法化典型地共享漸變、單向性、黏合、合併這些特徵，但是詞彙化同樣典型地沒有詞類變化（轉換成次要詞類功能）、實例頻率、能產性或者類型普遍性（因為很難見到同樣的詞彙化現象在不同語言裏發生）。圖4是個小結。注意＋和－表示與語法漸變的看法相一致的趨勢，它們不是特徵的意思。

圖4：詞彙化和語法化異同一覽表（根據 Brinton & Traugott 2005：110）

		詞彙化	語法化
a.	Bonding 融合	＋	＋
b.	Coalescence 合併	＋	＋
c.	Idiomatization 習語化	＋	＋
d.	Unidirectionality 單向性	＋	＋
e.	Gradualness 漸變性	＋	＋
f.	Functional shift/reanalysis 功能轉變/重新分析	－	＋
g.	Decategorialization 去範疇化	－	＋
h.	Type frequency/類型頻率　Productivity 能產性	－	＋
i.	Token frequency 實例頻率	－	＋
j.	Typological generality 類型普遍性	－	＋

5 不同看法的整合

在開始整合上面談到的不同看法時，我們把詞彙庫叫做詞彙項清單，這是爲了避免與 Jackendoff(2002)的詞彙學派句法理論在術語上產生混亂，Jackendoff 將每一個儲存項，不管其功能如何，都叫做詞彙，有時當他們縮小了或凍結了，就說它們語法化了。這裏的詞彙清單包括了從詞彙到語法這一連續統上的所有項目。

5.1 區別共時性和歷時性的斜坡

要把共時的語法性質和詞彙特點與歷時的語法化和詞彙化區別開來。泛時性（參看 Heine, Claudi & Hünnemeyer 1991）那種認爲二者之間沒有實質意義上區別的說法，會帶來混亂，特別是在圖式分析的層次上。

就黏合與合併而論，語法性質有三個主要的等級（根據 Brinton and Traugott 2005：93；漢語例子是孫朝奮提供的）。

(14) G1 迂迴說法，如 a bit of a（程度修飾語＝"相當"），as far as 話題標記，in fact 重述標記；漢語的"事實上"；

G2 半黏著形式，如功能詞、附著詞（of，'ld，所有格標記-s），漢語"-過"來自動詞"過"；

G3 詞綴：
- 改變詞干的詞類的語法派生形態；
- 屈折形態，包括 Bybee(1994)所說的零屈折，如漢語完成體標記"-了"來自動詞"了"。

語法化是從 G1 ＞ G2 ＞ G3 結構引出的說話人的習慣用法，這些單位能以任何語法程度進入詞彙清單，也就是說，並不是說任何項都必須從 G1 開始，很多語法項從句法進入詞彙清單時就已經是 G2，例如英語的助動詞。

我們假設漢語裏的"-過"語法化程度沒有"-了"高，因爲他們同時出現時有固定的詞序，如(15)，在一個聚合體中並不能完全自由地替代，而且也沒有像"了"那樣經歷語音弱化：li-ao ＞ -le。（孫朝奮提供；另見 Smith 1997［1991］：第 11 章）：

(15) 吃-過-了 飯

語法化並不包括像 ism（名詞，是通過剪裁而派生的）、up（動詞，是詞類轉換的結果）等等那樣的發展，裁減和轉換都是構詞法（與 Ramat 1992，2001 的說法相反）。

語法化的反面是"反語法化"（antigrammaticalization）（Haspelmath 2004），一個可能的例子是英語和瑞典語裏的所有格標記-s，而融合的形態是不太可能如此的。

就像語法性有三個等級，詞彙性的黏合也有三個等級（Brinton and Traugott 2005：94；

漢語例子是孫朝奮提供的）：

(16) L1 部分固定的短語，如 lose sight of "看不到"，agree with "同意"，漢語的 "完-成"；

L2 複合的半習語化詞彙形式，如 mishap "不幸事故"，desktop "桌面"；

L3 單一形式和最無法分解的習語形式，如 desk "部、司"，handicap "不利條件" < hand in the cap "手在帽子裏" =，漢語的 "了不起" "不了了之"。

詞彙化是從 L1 > L2 > L3 結構引出的說話人的習慣用法，每個項目都能夠以任何詞彙性程度進入項目清單，如 dog 在英語裏一直是 L3，因爲它沒有詞彙化過；forget-me-not "勿忘我" 可能是從祈使句經過構詞法轉換而儲存作 L3 的名詞。同樣地，"不了了之" 很可能是從文言文句法轉換成一個儲存在 L3 中的固定的習語化短語。

詞彙化的反面是 "反詞彙化"（antilexicalization）。有一個通俗語源學的例子（Lehmann 2002），結構變成了不可分析的語素，如 hangnail 原先是個 L2 複合詞（古英語 ang "痛" + nægl "手指"），通過合併變成了不可分析的 L3，然後在 17 世紀又重新分析爲一個好像又可以分析的詞（指甲邊上懸着的東西）。

5.2 輸入到清單

構詞法（在形態中經常地發生）或句法串和構式輸入到清單時，可以進入到 1 至 3 之間任何層次。

圖 5 爲了抓住相對比較自由的構詞法和句法這一特點進行模擬，在框子裏的清單目錄表示進入了記憶的內容。

圖 5：詞彙化和語法化的流動圖（字串 = 句法串中語義、形態句法、語音結構的相互關係；融合 = 黏合與/或合併）

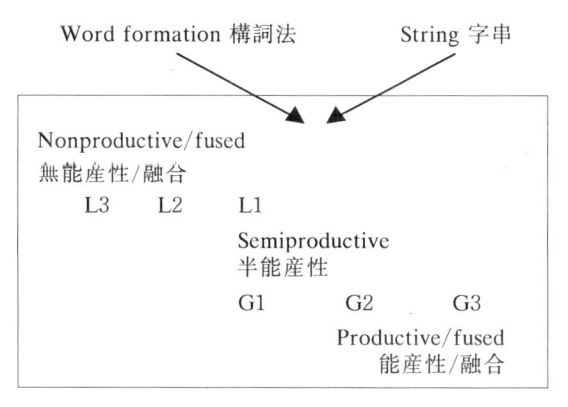

```
           Word formation 構詞法      String 字串
                         ↘         ↙
    ┌─────────────────────────────────────────┐
    │ Nonproductive/fused                     │
    │ 無能産性/融合                            │
    │   L3      L2      L1                    │
    │                 Semiproductive           │
    │                 半能産性                  │
    │                 G1      G2      G3      │
    │                         Productive/fused │
    │                         能産性/融合       │
    └─────────────────────────────────────────┘
```

因此我們可以說：

(17) 當構詞法或者句法的輸出以不同形式習語化之後，也就是說需要在記憶中儲存的時候，詞彙化和語法化就會在庫存清單裏發生。

5.3 突出異同的詞彙化和語法化定義

在回顧我所說到的詞彙化和語法化的分工時，我們需要有個新一點兒的定義，在 Brinton & Traugott(2005)裏，我們通過互補的形式來突出語法化和詞彙化之間的異同：

(18)詞彙化是指一種在特定語境中的變化，說話者把一個句法構式或者構詞形式當作一個具有形式和意義特性的、不能完全從其構式或者構詞形式的內部成分中分解或衍生出來的、新的實義用法。隨着時間的推移，內部組成部分進一步消失，詞彙項變得詞彙性更高。(Brinton & Traugott 2005:96)

(19)語法化是指一種在特定語境中的變化，說話者用一個構式的部分來表示某語法功能。隨着時間的推移，語法項變得更加語法化，擴大了與其搭配的主體詞並獲得更多的語法功能。(Brinton & Traugott 2005:99)

5.4 派生形態的挑戰

儘管如此，事情並不是一目了然的，例如在一般情況下，意義派生的形態並不是語法化的候選者，不過有時卻有例外。

請看英語形容詞 manly"像個男人"裏的 ly 和副詞 oddly"奇怪地"，quickly"很快地"裏的 ly：

(20)a. 最早的時候，形容詞 + ly 是一個複合詞(ly ＜ 古英語 lic"一樣")，這種派生現在已經不再是能產的了。但是在早期，帶有 ly 的複合形容詞可以從名詞和動詞派生出來，這個過程現在部分地被 man-like"像個男人"這樣的複合詞取代了。

b. 相比之下，副詞的 ly(＜ 古英語 lic＋e 派生副詞)是相當能產的。在當代英語中，能產度很高，實際上已經是屈折變化了。(Nevalainen 1997)

(21)假設 ly 原來是個詞彙性的 like，在構成形容詞複合詞時，ly 只達到詞彙派生的程度，但是在合成副詞複合詞時，ly 經過了詞彙派生到達了語法派生的地步，並可能正在到達屈折變化的程度。

(21)

	詞彙	＞	詞彙派生	＞	語法派生	＞	屈折
形容詞	古英語 lic		中古英語-ly				
副詞	古英語 lic-e		中古英語-ly		現代英語		當代英語

結果是：

- 主要詞類項(形容詞)儲存為 L2。
- 次詞類項(副詞)儲存為 G2，而且正在向 G3 邁進。

6 一個例証（Brinton & Traugott 即將出版）

我現在講一個範圍更大的例子，看一個構詞成分怎麼樣經歷詞彙化和語法化。當我們考慮以 all-起始的詞時，要區分通過構詞法(22)、轉換(23)、詞彙化(24)和語法化(25)而來的不同形式：

(22)複合詞(古英語裏較少見，但是帶有 all-的複合詞在近代英語以來能產性較高，而且是高度可分解的)：
  a. 古英語(eall 'all'，副詞"完全"和形容詞)
    • 表示本地顏色和氣溫的形容詞：ealgrene"全綠"，ealgylden"全金"，ælceald"很冷"。
    • 從拉丁語直譯：ælhalig"全聖"(參看拉丁語 omnino sanctus"完全神聖")，ælmihtig"全能"(參看拉丁語 omnipotens)；基本用在宗教語境裏。
  b. 近代英語以來(all 帶分詞和性質形容詞時能產性極高)
    • all-binding"所有約束力"，all-convincing"完全令人信服"，all-admired"人人欣賞"
    • all-good"很好"，all-important"很重要"

(23)轉換(罕見，但總是有可能)
  a. 古英語：複合形容詞 > 名詞：ealmihtig"上帝"
  b. 現代英語：形容詞＋名詞短語 > 形容詞：all points(bulletin)"通告"，all terrain(vehicle)"全地形(汽車)"

(24)詞彙化(罕見)；大多是 L2，基本是近期
  a. 近代英語：all in all "經過全面考慮"
  b. 現代英語：all right"健康"

(25)語法化(中古英語以來相當普遍)；大部分變成副詞(G2)
  a. 中古英語：alweies"總是"(古英語的合併形式 ealne weg/ealneg "所有路" > "總是")，al-redi"已經"，al be it"雖然"
  b. 近代英語：all of a sudden"突然"
  c. 現代英語：all right"好"，(not)all that"很"

注意同一短語可以經歷詞彙化和語法化，如 all right：

(26) a. Is all right, and nothing out of order? "是不是一切正常，沒有損壞？"
    (1685 Durham, Heaven on Earth, Serm iii)(all ＝代詞，等於 Is every-

thing right"是不是一切正常?";句法中的自由短語)

b. For caresses, too, I now got grimaces; ... for a kiss on the cheek, a severe tweak of the ear. It was all right: at present I decidedly preferred these fierce favours to anything more tender."同樣愛撫一下我現在得到的是怪臉;……在臉頰上親吻一下,我得到的是在耳朵上重重地扭一下,這一切都能接受:現在我堅決地寧可要這些極端的好意而不要更多的溫柔"(1846 C. Bronte, Jane Eyre, Chap 24)(all right = 'acceptable'"可接受的"字串詞彙化成 L1,相當地可分解)

c. "He has stayed at home," I thought, "and he'll be all right to-day.""'他在家裏留下來了'我想,'那麼他今天就會好了。'"(1847 E. Bronte, Wuthering Heights, Chap. 34)(all right = well"好";從 L1 語義變化而來; all right 變得較難分解,并且詞彙化成 L2,這是固定用語,爲了加標點符號,對於這是一個詞還是兩個,現在有不同的意見)

d. "Stand firm, Sam," said Mr. Pickwick Pickwick, looking down. "All right, sir," replied Mr. Weller Weller."'山姆,站好了',先生看着下面説,'好,閣下',先生回答。"(1837 Dickens, Pickw. xxxviii)(語法化成 G1;附和副詞,這個 all right 可能是從"可接受"演變過來的,是一個完全凝固的黏合在一起的短語)

7　結　論

就單向性、漸變性、黏合性以及合併等方面來看,詞彙化和語法化是很相像的。但是,詞彙化的個體變化,比語法化的個體變化表現得更加習語化和不太可能在其他語言裏重復。

雖然詞彙化導致習語化,語法化導致系統化,它們都沒有任意亂變、無定向地變,都大大地加強了單向性這個説法。

沒有人能夠在事前預測一個字串會語法化或者詞彙化,就 all right 這個例子而言,重要的是輸出而不是輸入。

我們現在有三個關於單向性的可驗証的假設:

(27) a. 語法化(參看 Meillet 1958 [1912]; Hopper & Traugott 2003 [1993]):

　　詞彙項/構式 ＞ 語法項

b. 語義/語用變化(Traugott & Dasher 2002):

　　較少主觀性 ＞ 較多主觀性的語義

c. 詞彙化:

複合詞/句式 ＞ 簡單的詞彙項

第四講我們將討論單向性的第二項:較少主觀性變成較多主觀性語義。

第四講:主觀化、交互主觀化與語法化的交匯

1 引言

自從 Bréal(1964 [1900])以來,主觀性一直是語義學中討論的一個題目,Benveniste(1971 [1958])那篇具有劃時代意義的文章,進一步把主觀性和交互主觀性區別開來。這些都是共時性的主張,而且已經從許多方面進行了理論化,如 Langacker(1990,2003)從認知識解角度,Schiffrin(1990)從交際互動以及會話中説話和聽話程序的角度。

Traugott(1982)、Hopper & Traugott (2003[1993])、Traugott(即將發表 a,b)的研究表明,早先在歷史上不具有主觀性的形式語義對,後來可能被編碼成具有主觀性的多義詞(主觀化);同時,早先在歷史上不具有交互主觀性的形式語義對,後來可能逐漸被編碼成具有交互主觀性的多義詞(交互主觀化)。

我一直在探索怎麽樣和爲什麽會是這樣的,主觀化和交互主觀化之間是什麽關係。在研究過程中,我大量借鑒了新格賴斯語用學(如 Horn 1984,Levinson 2000),話語分析(如 Schiffrin 1987, Prince 1988),和語法化理論(如 Hopper & Traugott 2003[1993])。在 1982 年和以後的文章裏,我也尋求過解决主觀化、交互主觀化和語法化是在哪裏和爲什麽交叉的,這方面的工作是以歷史文獻和從中找到的證據爲基礎的。我認爲語言變化是應用中的變化(看 Croft 2000),在語義和語用之間是有區別的。

這裏我將討論一些我目前的看法,包括共時的主觀性和交互主觀性與歷史過程中的主觀化和交互主觀化之間的關係,以及它們與語法性和語法化的關係。

本講的要點是:第二節討論(交互)主觀性,第三節是(交互)主觀化,第四節是語法性和語法化,第五節討論(交互)主觀化和語法化的交互作用及其原因,其中包括爲什麽有時没有互動。最後在第六節討論一個在研究語法化和(交互)主觀化中特别有意思的位置:小句或者成分的左右邊緣移位。

2 主觀性和交互主觀性

大體上説,在和另外一個人進行交際的時候,就藴含了普通的主觀性和交互主觀性。

"我"是通過概念化交際二元組合的另一方"你"而構成的(Benveniste 1971 [1958]);只有在說話人注意到聽話人的需要,並設法處理好"相互表現"或"相互經營"後,會話在交際上才能成功(Schiffrin 1990,Nuyts 2001,Verhagen 2005)。

這就是語言變化發生的周圍空間,是語言變化發生的地方,是語言變化後的語境。我主要的考慮並不是這個語境,而是關心與說話人主觀性(說話人態度)和交互主觀性(對聽話者自我形象的關注)相關的標記和措辭,以及它們是怎樣出現的:

(1)a. 必須通過習得才能得到的具有主觀性或者交互主觀性語義的多義詞的發展;
　　b. 他們是怎麼出現的。

多義詞在後期可以重新理解爲同音詞(如 barely"赤裸裸地"和"幾乎"),或者多義詞中某一個意義或某幾個意義會停止使用(如 villain"農民"和"壞人")。但是可以假設所有新的意義發展都是來自於多義詞,始於語用,然後是語義。

我的出發點是(2):

(2)主觀性是指自然語言在結構和正常運作方式中爲表達者提供表達自己和自己的態度、信念的方式。(Lyons 1982:102)

例子包括下面這些有名的主觀表達方式:

(3)• 提升構式。在這個構式中"言者主語"有別於句法上的主語。(Benveniste 的"sujet d'énonciation"對"sujet d'enoncé") 如 There's going to be an earthquake"要地震了"(將來;提升)對 She's going to give a lecture"她要上課了"(帶有目的的行爲;控制)。漢語相應的表達是"要地震了"(提昇)、"她要上課了"(控制或提昇兩解)(孫朝奮提供)。

• 言語行爲和心理動詞的施爲用法。如 I recognize[=給發言權] the representative of the United Nations"我現在請聯合國代表發言"。

• 認識情態助詞(如 That must be wrong"那肯定是錯的"中的 must),讓步從句標記(如 while"雖然"),焦點標記(如 even"即使"),篇章標記(如 besides "除此以外")。

如果把 Lyons 有關主觀性的闡述用於交互主觀性,我認爲:

(4) 交互主觀性是指自然語言在結構上和正常操作方式中,爲表達者提供他/她對聽話者的態度和信念——特別是聽話者的面子/自我形象的關注的一種表達方法。(Traugott 2003:128)

例子有:

(5)• 委婉說法,如 the Lord 主,"上帝";pass 過去,"死";

• 侮辱性/難聽的語言,如外人使用侮辱非洲裔的話[同樣的語言有時在內部用作團結的標記](Allan and Burridge 1991);

• 禮貌用語，如 please"請" ＜ 客套話 if you please"如果你高興"。

可以把有關用語放在一個從主觀性到交互主觀性的共時斜坡上：

(6)非/低主觀性 ── 主觀性 ── 交互主觀性

像所有共時性斜坡一樣，這僅僅是把材料組織在一個連續統上的方法，在我看來是沒有理論價值的。但它是以一個歷史上出現的斜坡爲基礎的，歷史研究反復證明，就某詞彙項或某構式而言，已經主觀化了的多義詞或構式晚出於主觀性較低的用法(主觀化)；同樣，就某詞彙項或某構式而言，交互主觀化的多義詞項或構式晚出於已經主觀化了的用法(交互主觀化)。

(交互)主觀性的一些不同看法：

在討論歷史之前，我要簡單地說一下目前對主觀性和交互主觀性有相當多不同的看法，在閱讀文獻的時候，我們一定要像往常一樣搞清楚作者到底是在用哪一種方法！

最有名的是 Langacker(1990，1995，2003)的方法，他的重點是討論與句法上的主語有關的表達形式和認知學上的理解。沈家煊(2001)已經介紹了 Langacker 和我的觀點不同之處，這裏就不再重復了。但是請注意交互主觀性並不是 Langacker 所關注的一個問題。

2005 年 Verhagen 提出了一個對交互主觀性的不同看法。他的研究基礎是論証理論(argumentation theory)，並把重點放在說話者和聽話者在認知系統上的協調，而不是語言編碼上的區別。

一個與我的主觀性和交互主觀性的觀點不同但又有點交叉的看法是兩位比利時人 Nuyts(2001，2005)和 Cornillie(2004)的研究，他們把交互主觀性理解爲分擔責任而不是出於對聽話者的考慮。例如，Nuyts 說：

(7)如果評價者把評價嚴格看作自己的責任，評價就是主觀性的；如果評價者表明他/她是與較多的人一起評價，而且可能包括聽話者，評價就是交互主觀性的。(Nuyts 2005：14)

(8)有時有必要弄清楚一個人的觀點是和者甚寡還是和者甚眾(主觀性對交互主觀性)，是中立的還是在評價中主觀地偏聽偏信(主觀性對客觀性)。(Nuyts 2005：18)

Nuyts 和 Cornillie 與我的共同之處是我們對主觀性和交互主觀性的用法的關注。

3 主觀化和交互主觀化

我的觀點是，主觀化和交互主觀化都是一種機制，通過這種機制：

(9)a. 語義可以用來表達和調節說話人的態度和信念(主觀化)，而且

　　b. 一旦主觀化了，還可以用來表達以聽話者爲主的語義(交互主觀化)。

可以用圖式(10)來表示(根據 Traugott & Dasher 2002：225)：

(10) 非/低主觀性 ＞ 主觀性 ＞ 交互主觀性

(10)中的斜坡掩蓋了一個事實,(交互)主觀性並不是説在相關的語境裏有語用上的(交互)主觀性語義,而是説有一個新編碼的(交互)主觀性意義。這就造成了一些混亂,如 Athanasiadou, Canakis & Cornillie(即將出版)錯誤地把我的主觀化觀點理解爲基本是語用上的。雖然主觀語義的語用加強毫無疑問是主觀化的一個先決條件,但是假設語義和語用是有區別的話,主觀化本身並不是語用化,而是語義化(編碼)。

我們需要區別對待在語用上伴隨某一個形式使用中的交互主觀性和一個語義編碼的發展過程。Brinton 在討論 14 世紀插入式的重述語 I mean 的發展過程時告訴我們這是一個主觀化的形式,字面上的意思是"語義上我的意思是"。請比較(11a)中無主觀義的字面意思和(11b)中主觀化了的插入語重述標記(reformulation marker)用法(Brinton 即將發表)：

(11) a. And how *I mene*, I shal it yow deuyse "至於我的意思,我讓你來説。"
(1385 Chaucer, *Troilus and Criseyde* 4.1379)

b. The chiefe use, *I mean* abuse, of Oaths, is… "宣誓的主要用處,我的意思是濫用,是……"(1653 Robinson, *Certain Proposals* 1)

Brinton(即將出版：15)認爲,插入語 I mean 在語用上一直是交互主觀性的,因爲它是一個重述標記,説話者和作者用它來處理語義,使用他們認爲比以前的 NP 更清晰的語言,讓讀者更容易明白。隨着時間的推移,就變得越來越交互主觀性地表示重點和闡述某説法的真實性(出處同上)。但是在我看來,它並沒有交互主觀化,除非是在 you know what I mean "你知道我的意思"這個固定用法裏。

主觀化的例子包括從非提升構式到提昇構式的發展(Langacker 1990, 1995),如 be going to 這個例子：

(12) *be going to*：

a. 16 世紀和之前有行爲目的的移動用法：I *am going to* visit the prisoner. Fare you well. (Exit) "我要去看犯人了,再見(離臺)"(1604 Shakespeare, *Measure for Measure* III.iii.273)這是一個過渡性例子,既可以理解爲移動也可以理解爲計劃未來(Enfield 2003)

b. 17 世紀出現了只有意圖而沒有移動的 I ha' forgot what I was going to say to you "我忘了要跟你説什麽"(1663 Cowley, *Cutter of Coleman Street* V.ii)這裏 forget what "忘記什麽"排除了按移動理解的可能)

c. 19 世紀出現了提升的説法(表示説話人對未來的判斷),如：I am afraid there *is going to* be such a calm among us, that we must be forced to invent some mock Quarrels. "我恐怕到時候我們會安靜得沒人説話,我們

一定得想辦法假裝爭論"(1725，Odingsells *The Bath Unmask'd* V.iii.)
其他語法化的例子包括：

(13)・ 程度修飾語來自表分式和其他無級差(non-scalar)形式，如 *very*"很"原意是 truly"真的"(truly 自身也變成了程度修飾語，像 *That is truly nice of you*"你真好")；pretty "有點"（比較：*pretty ugly*"有點難看"）＜"使人高興地"＜"狡猾地"；*rather*"寧可"＜"更可取地"＜"更早地"；*sooner*"更可取地"＜"更早地"；*a bit of* "有點"＜ a bit of "一小片的"＜一口的＜一次咬下來的）；

・ 認識情態助詞來自於表示意志的動詞，如 will"希望""會"；

・ 表讓步 ＜ 表時間，如 while 從早期中古英語表時間的"當"到近代英語表示讓步的"雖然"；

・ 焦點標記 ＜ 方式狀語，如 *only* 從古英語方式狀語 an"一" + lice"像"變成 anlice"簡單地"，再變成作為焦點標記 only；

・ 話題標記 ＜ 表空間的用語，如從空間用語 as far as 演變成在 As far as Bill is concerned"就 Bill 而言"中作話題標記；

・ 施為動詞 ＜ 言語行為動詞的非施為用法，如 *promise*，從拉丁語中的過去分詞 promittere"伸出"變成言語行為動詞的非施為用法 promise"答應"，然後再演變成施為動詞；

・ 特指敬語 ＜ 非尊稱用語，如從中古英語後期對第二人稱復數的禮貌稱呼 *ye* 演變成第二人稱單數非尊稱，再變成特指敬語。

・ 從非/弱評價性詞變成評價詞，如 silly 從基督教中的"保佑""無罪的"變成"愚蠢"。

我過去引用的交互主觀化的例子，包括具體表示適應聽話者需要和人際交往意義的選擇，例如 well"好"(Jucker 1997)，perhaps"可能"，和騎墻的用法 sort of(看 Traugott and Dasher 2002)。

但是，看上去像是交互主觀化的例子其實並不一定都是，假如是從語境中可以引申出來的，那其實只是一個增加了語用上的交互主觀性的例子。換言之，可能更多地是適應聽話者的用法，除非一個形式語義對兒用來表示交互主觀性，否則我們並沒有看到真正的交互主觀化。(在此，"化"是一個重要的概念。)

那麼，經過編碼的交互主觀性意義，可以假設出自於先前已經主觀化了的語義。如日語中對聽話者表示恭敬的意思來自特指敬語。簡單地說，日語中一個特指("你/您")的敬語，對某特指對象表示尊敬或者謙遜，在你/您系統裏，當對話者在論元結構中用作主語、賓語、間接賓語、呼格等等角色時，便使用特指敬語。說話人通過選擇第二人稱，或者像德語選擇第三人稱多數,來建立一個比喻性的距離。對這種關係的理解是主觀的,但是因爲指稱對象是聽話人,所以不可避免地具有一定程度的交互主觀性。

當我們找到一個聽話者敬語系統的時候,在交互主觀性中,特指敬語的地位就變得清楚起來。敬語表示對聽話者的禮貌或親密度,并且是一個更爲普通的語言風格或語域的一部分;無論是否指向所指的個體,關注點都明確地指向聽話者。例如:

(14) a. 古日語的 saburahu "在某位置上等待(一個時機或命令)"(非敬語)

b. 古日語後期"一個謙遜的人處在一位廣受尊敬的人面前"(特指敬語;主觀化)

c. 中古日語早期 -saburau/-soorau "是-禮貌的"(聽話者敬語風格;交互主觀化)(Traugott and Dasher 2002:263-276)

敬語和禮貌的編碼取決於每一個文化,並有時間的限制。例如從 1500 年至 1800 年這 300 年中,英語有一個你/您系統,現在,英語禮貌(交互)主觀性的表示形式是一個複雜的係統,用上了詞彙、話語標記和語言風格,但沒有在一個編碼系統裏語義化。

應該説對文化造成的轉變已經有了相當多的研究,例如不同文化對敬語的取舍(可以看 Watt, Ide, Ehlich(2005 [1992]),Inoue(2002)還討論了日本婦女語言中敬語風格的發展),風格、流派上的取舍(Fitzmaurice 2000),以及説話者爲了對話者的位置而在修辭學上所作出的取舍(Fitzmaurice 2004)。

我的研究可能爲更大範圍的語言與文化(和認知)研究提供一些語言學基礎。

(交互)主觀化斜坡的地位

(10) 非/低主觀性 ＞ 主觀性 ＞ 交互主觀性

就像所有的歷時斜坡,(10)(重復)是一個可以考證的圖解,是經過長期觀察好幾個語言裏的變化趨勢而歸納的(Andersen 2001:241-245)。它不一定要往下走,一旦開始往下走,也不一定要走完全程。層叠(layer)的觀念(Hopper 1991)就在於較早的形式和較晚的形式可以作爲變體同時共存。

主觀化或交互主觀化都不一定蘊含語法化,如:

(15) a. 言語行爲動詞尤其是它們施爲用法的發展(主觀化)

b. 日語從早期表示謙遜的詞彙項到表示禮貌用法的發展(如 moosu "説",Traugott & Dasher 2002:261)

不過,主觀化和語法化的關係較密切,而交互主觀化和語法化的關係則較疏遠。

4 語法性和語法化

正如需要把共時主觀性和交互主觀性的斜坡與歷時主觀化和交互主觀化的斜坡區別開來一樣,我們也需要把作爲一個組織材料方法的共時語法性斜坡與表示趨勢並經過考證的圖式性的歷時語法化斜坡區別開來。

語法性的共時斜坡可以建立在不同程度細節的尺度之下,典型地以(16)中的黏著性爲準的:

(16)a. 短語或詞－非黏著語法素-黏著語法素(根據 Bybee, Perkins and Pagliuca 1994:40)

b. 詞彙/構式項－語法項－語法程度更高項(Brinton and Traugott 2005:93)

我認爲,正如(交互)主觀性斜坡,這只是組織共時性變體的方法,同樣是沒有理論地位的。黏著的程度是共時性的形式語義對兒獨立有效的量度標準,我們對此抱有很大的興趣,這是因爲,從這一事實中我們可以看到稱作語法化的歷時變化的結果:

(17)語法化是指,詞彙項和構式在特定語境中發生變化,用來表示語法功能,并且一旦語法化了,還會繼續發展出新的語法功能。(Hopper & Traugott 2003:18)

因此(16)中的共時斜坡是以(18)這種歷時斜坡爲基礎的:

(18)a. 短語或詞 ＞ 非黏著語法素 ＞ 黏著語法素

b. 詞彙/構式項 ＞ 語法項 ＞ 語法程度更高項

與(10)一樣,(18)是可考證的假設,因而具有理論地位。

當然,語法化並不是一定要發生的,即使開始了語法化,也不一定要走到盡頭。請注意(18)並沒有說到屈折形態,但是如果要說屈折形態的話,語法化語項也不必止於屈折,而事實上,在漢語漫長的歷史上,屈折看來一直沒有發生,只是出現了很多黏著性的語項。

5 語法化和(交互)主觀化的交叉

主觀化並不爲語法化所限,只是與詞彙化和一般語義變化相比,更可能在語法化過程中發生,可能是因爲語法化本身涉及使用詞項來表示說話人在以下方面的看法:

(19)• 誰對誰做了什麼(論元結構)

• 命題是怎樣與說話時間或另一命題的時間結構發生關係的(時)

• 情狀是否被看成是持續的(體)

• 情狀是否與說話者的信念相對應(情態,語氣)

• 所指的實體是理解爲同樣的還是異樣的(代詞和指向)

- 小句中哪部分是看作篇章中或聽話者方面的舊信息，哪部分是新信息（話題或焦點標記）
- 話語之間如何聯繫（連詞、話語標記）

但是，並不是所有的語法化都涉及同等的主觀化。例如，格標記和介詞經常是從空間關係和肢體名稱引申出來的(Heine & Kuteva 2002)，如古匈牙利語 *vilag*"世界" + *béle*"內臟：進入"變成現代匈語利語的 *világba* "世界：進入"(Anttila 1989 [1972]：149)。這裏並沒有涉及重大的主觀化。因爲論元結構的最基本的功能是命題性的，表示事件和事態以及其中的參與者。因此像(20)那樣的説法就過頭了：

(20)語法化和語用強化的結合過程，涉及向以説話人爲本的語言表達的轉變，更具體地説是蘊含了主觀化。(Cornillie 2004：52)

這裏有相互關係，但不是蘊含關係。假如要説蘊含關係，必須記住主觀化是在一個從最小的格到最大的話語標記的連續統上的。

主觀化較可能發生在原始語法化中，而不是第二次語法化中：

(21)a. 原始語法化是詞彙/構式變出語法性質，如主要動詞向助動詞或者輕動詞發展，需要居先的語用推論的加強，這種推論是在語義化和語法成分重新分析之前，在非常具體的語言環境之中發生的。

b. 第二次語法化是已經具有語法性的材料向更具有語法性（特別是聚合性）的材料發展，例如發展成屈折形態，其中常常涉及向自動化結構的發展（特別是屈折成分）。

c. 選擇性越減少，主觀化的可能性也就跟著越低。Dahl(2004：84)説當一個語素真的是必不可少時，一般的格賴斯 Gricean 原則是無法操作的。

不像主觀化，交互主觀化與語法化的交叉相對來説較爲少見。在大部分語言裏，只能見到它們語法化爲話語標記或者是感嘆詞。只有在很少的語言裏，它才通過形態高度地語法化了，如在上面(14c)中日語的動詞詞綴 saburahu 可以表達禮貌。

6 （交互）主觀化和移位到外圍

一個可以在結構關係上追尋主觀化和交互主觀化的方法是在短語或小句中改變位置。在 Bybee(1985：34-35, 196-200)對時、體和情態的研究裏，可以看到認識情態典型地發生在動詞合成體的外圍，如 X might have been dropped"X 可能被放棄"(= it is possible [X was dropped])。她把這個位置與動詞的關聯程度看作是個相互關係，但是情態範疇覆蓋整個小句，因此與時和體相比，和動詞的關係比較遠。情態典型地是從不同的來源語法化的，并且是主觀化。

越來越多的研究表明,語言成分主觀化之後越來越傾向於用在外圍位置,最典型的是動賓語言中的左移現象和賓動語言中的右移現象。

在英語中,很多話語標記都和左邊緣有關(也有在右的),它們在這個位置上的用法可以與主觀化和交互主觀化聯繫起來(參看 Traugott and Dasher 關於 indeed "真的",in fact "事實上",actually "事實上",Brinton(即出)關於 I mean "我的意思是")。

有人還說,形容詞主觀化之後可以在名詞短語的左邊找到。例如,2000 年 Adamson 就是這樣說的。他討論了從描述性語義到表達感情意義的發展,如 lovely "可愛的"(一個主觀形容詞主觀化和語法化了):

(22) • 描述性的 *Lovely* "可愛的"(= physical property "自然屬性")可以跟在別的形容詞後面(*tall lovely pine-trees* "高大可愛的松樹"),並可以用 very "很" 來修飾(*a very lovely tree* "一棵很可愛的樹")。

• 表達感情的 *Lovely*(= 表示同意的用語)出現在別的形容詞之前,而且不能被 very 修飾,中心詞可以是個抽象名詞(但不可擬人化),在 19 世紀中葉出現(*a lovely little example* "一個很好的例子")。

漢語中的"好"字有不同的用法,(23)是一個相關的例子,在(23a)中用字面意思,(23b)是表示感情的主觀化了的用法,類似的通過提前"好"字來表示感情的用法在近代漢語 13 世紀以來的白話文獻中就已經存在(孫朝奮據張美蘭[2004:61]提供)。

(23) a. 一輛好汽車

b. 好一輛汽車

同樣,在日語裏,很多主觀化了的或者交互主觀化了的語項都是用在小句的外圍或者是接近外圍的位置(參看 Onodera 2004, Onodera & Suzuki 即將出版),例如句末的 V-kedo, demo "雖然" 變成居首的"但是"。在(24a)中 iwa(連係動詞)和在句末的 kedo 一起表示"雖然",這是主觀的,因為"雖然"只存在於說話人的看法裏,表示說話人對描述事態的看法,而不是聽話者。在(24b)中 dakedo 在句首基本上用作話語標記,減弱一個表示交互主觀化煩惱用語的力度。(COP = 聯繫動詞、QT = 引語、HON = 敬語、NEG = 否定、SUBJ = 主語、FP = 句末助詞)

(24) a. Inakamono ja to *iwa nsu kedo*, kyoo hazukashii umai sakari, hitokuchi kuwazu ni okarenu me nsu

countrywoman COP QT say HON although, capital fine delicious

鄉下女人　　　　說　雖然　極端　好　好味

at-(its)-best, a-mouthful eat NEG cannot help

在(它的)最好,一口　　吃　　不能　忍

"雖然你叫我做鄉下女人,但是那好吃極了,我忍不住吃了一大口"(1732 *Chuushin kana tanzaku* [Onodera 2004:100])

b. Ee, sono tsumori. *Dakedo*, itsu na no? Gakkoo ga oyasumi de nai to dame na no yo.

Yes, that's the intention. But, when will that be? School SUBJ off COP NEG impossible COP FP FP

對，那是 那個想法， 但，當 將那 是 學校 開 不可能

"對,我真想那樣。但是,什麽時候呢？這是不可能的,除非我在學校放一天假。"(1922 *Anya kooro* [Onodera 2004：110])

這些轉變都是語法化的例子,因爲它們涉及位置的改變,句法範疇與成分或小句的關係,有的時候還可能涉及黏合(bounding)和合併(如 V + *kedo* ＞ *dakedo*, *da* = 連接詞)。有時候是在句末或成分後面的黏著語素的脫落(典型的是附著詞)。我認爲黏合不是語法化的判斷特徵,即使經常是這樣用。

我要說,即使 Lehmann(1995 [1982])提出黏合和範疇的縮小是語法化的判斷特徵,有人說這種現象應該叫做"語用化"(如 Erman and Kotsinas 1993);但是,既然這種變化在其他地方都是典型的語法化,那就沒有必要引入另一個術語。

7 結論

1)主觀化和交互主觀化涉及編了碼的語用意義的重新分析,這種語義是在說話人-聽話人協調交流的語境中產生的。主觀化是表示說話人態度和觀點的意思的語義化,交互主觀化是說話人關注聽話人自我形象的語義化。這就需要比我以前有關在具體語境中交互主觀推論和對這些推論的語義化的說法有一個更加小心的區別。

2)主觀化和交互主觀化是獨立於語法化的。但是,因爲語法化涉及使用語項來構建"命題的論元、分配程度或者申明對這些命題的信心",不可避免地語法化和主觀化有一個緊密的交叉。語法化和交互主觀化的交叉較少見,因爲交互主觀化涉及禮貌用語,而且在跨語言中禮貌大多使用詞彙手段來表達,而不用語法手段。

3)(交互)主觀化研究的一個重要領域是小句成分在邊緣位置詞序的變化(名詞、助動詞短語、小句等等)。我祝願各位在這個領域的漢語史研究中取得成就。

參考文獻

Achard, Michel & Suzanne Kemmer, eds.　2004　*Language, Culture, and Mind*. Stanford: CSLI Publs.

Adamson, Sylvia 2000 *A lovely little example*: Word order options and category shift in the premodifyng string. In Olga Fischer, Anette Rosenbach, & Dieter Stein, eds., *Pathways of Change: Grammaticalization in English*, 39–66. (Studies in Language Companion Series, 53.) Amsterdam/Philadelphia: Benjamins.

Allan, Keith & Kate Burridge 1991 *Euphemism and Dysphemism: Language Used as Shield and Weapon*. New York: Oxford University Press.

Allen, Cynthia 1995 *Case Marking and Reanalysis: Grammatical Relations from Old to Early Modern English*. Oxford: Clarendon Press.

Andersen, Henning 2001 Actualization and the (uni)directionality of change. In Henning Andersen, ed., *Actualization: Linguistic Change in Progress*, 225–248. (Current Issues in Linguistic Theory, 219.) Amsterdam/Philadelphia: Benjamins.

Anttila, Raimo 1989 [1972] *Historical and Comparative Linguistics*. 2d ed. (Current Issues in Linguistic Theory, 6.) Amsterdam/Philadelphia: Benjamins.

Athanasiadou, Angeliki, Costas Canakis, & Bert Cornillie Forthcoming Introduction. In Angeliki Athanasiadou, Costas Canakis, & Bert Cornillie, eds., *Subjectification: Various Paths to Subjectivity*. Berlin/New York: Mouton de Gruyter.

Baayen, R. Harald & Antoinette Renouf 1996 Chronicling the *Times*: Productive lexical innovations in an English newspaper. *Language* 72:69–96.

Bauer, Laurie 1983 *English Word Formation*. (Cambridge Textbooks in Linguistics.) Cambridge: Cambridge University Press.

Benveniste, Emile 1971 [1958] Subjectivity in language. In *Problems in General Linguistics*, 223–230. Trans. by Mary Elizabeth Meek. Coral Gables, FL: University of Miami Press.

Bergs, Alexander 2005 Grammaticalizing constructions – constructing grammaticalization. Paper presented at New Reflections on Grammaticalization 3, Santiago de Compostela July 17th-20th.

Bergs, Alexander & Gabriele Diewald, eds. Forthcoming *Constructions and Language Change*. Berlin/New York: Mouton de Gruyter.

Bisang, Walter 2004 Grammaticalization without coevolution of form and meaning: The case of tense-aspect-modality in East and mainland Southeast Asia. In Bisang, Himmelmann and Wiemer, eds., 109–138.

Bisang, Walter, Nikolaus Himmelmann & Björn Wiemer, eds 2004 *What Makes Grammaticalization - A Look from its Fringes and its Components*. Berlin/New York: Mouton de Gruyter.

Booij, Geert 2002 *The Morphology of Dutch*. Oxford/New York: Oxford University Press.

Borst, Eugen 1902 *Die Gradadverbien im Englischen*. Heidelberg: Carl Winter.

Bréal, Michel 1964 [1900] *Semantics: Studies in the Science of Meaning*. Trans. by Mrs. Henry Cust. New York: Dover.

Brems, Lieselotte 2003 Measure noun constructions: An instance of semantically-driven grammaticalization. *International Journal of Corpus Linguistics* 8:283–312.

Brems, Lieselotte & Kristin Davidse 2005 Type noun constructions: Paths of grammaticalization. Paper presented at FITIGRA.

Brinton, Laurel J. Forthcoming The development of *I mean*: Implications for the study of historical pragmatics. In Susan Fitzmaurice & Irma Taavitsainen, eds., *Methods in Historical Pragmatics*. (Topics in English Linguistics.) Berlin/New York: Mouton de Gruyter.

Brinton, Laurel J. & Elizabeth Closs Traugott 2005 *Lexicalization and Language Change*. (Research Surveys in Linguistics.) Cambridge: Cambridge University Press.

——— Forthcoming Lexicalization and grammaticalization all over again. In Joseph Salmons and Shannon Andrew Dubenion-Smith, eds., *Historical Linguistics 2005: Papers from the 17th ICHL, University of Madison-Wisconsin, July 31st- August 5th*. (Current Issues in Linguistic Theory.) Amsterdam/ Philadelphia: Benjamins.

Buchstaller, Isabelle & Elizabeth Closs Traugott Forthcoming *The lady was al demonyak*: Historical aspects of adverb ALL. *English Language and Linguistics*.

Bybee, Joan L & Östen Dahl 1989 The creation of tense and aspect systems in the languages of the world. *Studies in Language* 13: 51 - 103.

Bybee, Joan L. 1985 *Morphology: A Study of the Relation between Meaning and Form*. (Typological Studies in Language, 9.) Amsterdam/Philadelphia: Benjamins.

——— 1994 The grammaticization of zero: Asymmetries in tense and aspect systems. In William Pagliuca, ed., *Perspectives on Grammaticalization*, 235 - 252. (Current Issues in Linguistic Theory, 109.) Amsterdam/Philadelphia: Benjamins.

——— 2003 Mechanisms of change in grammaticization: The role of frequency. In Joseph and Janda, eds., 602 - 623.

Bybee, Joan L., Revere Perkins, & William Pagliuca 1994 *The Evolution of Grammar: Tense, Aspect, and Modality in the Languages of the World*. Chicago: University of Chicago Press.

Campbell, Lyle, ed. 2001 Grammaticalization: A critical assessment. *Language Sciences* 23. Numbers 2 - 3.

Campbell, Lyle. 1991 Some grammaticalization changes in Estonian and their implications. In Elizabeth Closs Traugott and Bernd Heine, eds., *Approaches to Grammaticalization*, Vol. I, 285 - 299. (Typological Studies in Language, 19.) Amsterdam/Philadelphia: Benjamins.

Cornillie, Bert 2004 *Evidentiality and Epistemic Modality in Spanish (Semi-) Auxiliaries: A Functional-pragmatic and Cognitive-linguistic Account*. PhD. dissertation, Katholieke Universiteit Leuven.

Croft, William 2000 *Explaining Language Change: An Evolutionary Approach*. Harlow, Essex: Pearson Education.

——— 2001 *Radical Construction Grammar: Syntactic Theory in Typological Perspective*. Oxford: Oxford University Press.

Croft, William & D. Alan Cruse 2004 *Cognitive Linguistics*. (Cambridge Textbooks in Linguistics.) Cambridge: Cambridge University Press.

Cruse, D. A. 1986 *Lexical Semantics*. Cambridge: Cambridge University Press.

Dahl, Östen 2004 *The Growth and Maintenance of Linguistic Complexity*. (Studies in Language Companion Series, 71). Amsterdam/Philadelphia: Benjamins.

Denison, David 2001 Gradience and linguistic change. In Laurel J. Brinton, ed., *Historical Linguistics 1999. Selected Papers from the 14th International Conference on Historical Linguistics, Vancouver, 9 - 13 August 1999*, 119 - 144. (Current Issues in Linguistic Theory, 215.) Amsterdam/Philadelphia: Benjamins.

——— 2002 History of the *sort of* construction family. Second International Conference on Construction Grammar (ICCG2), University of Helsinki, Sept. 6th-8th.

——— 2002 History of the *sort of* construction family. ICCG2, Helsinki. http://www.llc.manchester.ac.uk/SubjectAreas/LinguisticsEnglishLanguage/Staff/DavidDenison/PapersforDownloading/

Eckardt, Regine 2002 Semantic change in grammaticalization. In Graham Katz, Sabine Reinhard, and Philip Reuter, eds., *Sinn und Bedeutung VI, Proceedings of the Sixth Annual Meeting of the Gesellschaft für Semantik*, Osnabrück: University of Osnabrück.

Enfield, N.J. 2003 *Linguistic Epidemiology: Semantics and Grammar of Language Contact in Mainland Southeast Asia*. London/New York: Routledge.

Erman, Britt & Ulla-Britt Kotsinas 1993 Pragmaticalization: The case of *ba'* and *you know*. *Studier i Modernspråkvetenskap* 10:76-93. Stockholm: Almqvist and Wiksell.

Fillmore, Charles J., Paul Kay, & Catherine O'Connor 1988 Regularity and idiomaticity in grammatical constructions: The case of *let alone*. *Language* 64: 501-538.

Fischer, Olga Forthcoming *Approaches to Morphosyntactic Change from a Functional and Formal Perspective*. Oxford: Oxford University Press.

Fischer, Olga, Muriel Norde, & Harry Perridon, eds 2004 *Up and Down the Cline - The Nature of Grammaticalization*. (Typological Studies in Language, 59.) Amsterdam/Philadelphia: Benjamins.

Fitigra 2005 From Ideational to Interpersonal: Perspectives from Grammaticalization. Conference at University of Leuven, February 10th-12th.

Fitzmaurice, Susan 2000 Coalitions and the investigation of social influence in linguistic history. *European Journal of English Studies* 4: 265-276.

—— 2004 Subjectivity, intersubjectivity and the historical construction of interlocutor stance: From stance markers to discourse markers. *Discourse Studies* 6: 427-448.

Fried, Mirjam Forthcoming Constructions and constructs: Mapping a diachronic process. In Bergs and Diewald, eds.

Fried, Mirjam & Jan-Ola Östman 2004a Construction Grammar: A thumbnail sketch. In Fried and Östman, eds., 11-86.

Fried, Mirjam & Jan-Ola Östman, eds 2004b *Construction Grammar in a Cross-Linguistic Perspective*. (Constructional Approaches to Language, 2.) Amsterdam/Philadelphia: Benjamins.

Geeraerts, Dirk, José Tummers, & Dirk Speelman 2005 Measuring the interplay between items and constructions. Paper presented at FITIGRA.

Gelderen, Elly van 2004 *Grammaticalization as Economy*. (Linguistik Aktuell, Linguistics Today, 71.) Amsterdam/Philadelphia: Benjamins.

Givón, Talmy 1979 *On Understanding Grammar*. New York: Academic Press.

Goldberg, Adele E. 1995 *Constructions. A Construction Grammar Approach to Argument Structure*. Chicago: University of Chicago Press.

—— 2006 *Constructions at Work: The Nature of Generalization in Language*. Oxford: Oxford University Press.

Gries, Stefan Th. & Anatol Stefanowitsch 2004 Co-varying collexemes in the *into*-causative. In Achard and Kemmer, eds., 225-236.

Harris, Alice C. & Lyle Campbell 1995 *Historical Syntax in Cross-linguistic Perspective*. Cambridge: Cambridge University Press.

Haspelmath, Martin 1998 Does grammaticalization need reanalysis? *Studies in Language* 22: 315-352.

Haspelmath, Martin 1999 Why is grammaticalization irreversible? *Linguistics* 37:1043-1068.

—— 2004 On directionality in language change with particular reference to grammaticalization. In

Olga Fischer, Muriel Norde, and Harry Perridon, eds., *Up and Down the Cline: The Nature of Grammaticalization*, 17–44. (Typological Studies in Language, 59.) Amsterdam/Philadelphia: Benjamins.

Heine, Bernd & Tania Kuteva 2002 *World Lexicon of Grammaticalization*. Cambridge: Cambridge University Press.

Heine, Bernd, Ulrike Claudi & Friederike Hünnemeyer 1991 *Grammaticalization: A Conceptual Framework*. Chicago: University of Chicago Press.

Heine, Bernd 1997 *Cognitive Foundations of Grammar*. Oxford/New York: Oxford University Press.

—— 2003 Grammaticalization. In Joseph and Janda, eds., 575–601.

Himmelmann, Nikolaus P. 2004 Lexicalization and grammaticalization: Opposite or orthogonal? In Walter Bisang, Nikolaus P. Himmelmann and Björn Wiemer, eds., *What Makes Grammaticalization? A Look from its Fringes and its Components*, 21–42. (Trends in Linguistics: Studies and Monographs, 158.) Berlin/New York: Mouton de Gruyter.

Hoffmann, Sebastian 2004 Are low-frequency complex prepositions grammaticalized? In Hans Lindquist and Christian Mair, eds., *Corpus Approaches to Grammaticalization in English*, 171–210. Amsterdam/Philadelphia: Benjamins.

Hopper, Paul J. 1987 Emergent grammar. In Jon Aske, Natasha Berry, Laura Michaelis, & Hana Filip, eds. 1987. *Berkeley Linguistics Society 13: General Session and Parasession on Grammar and Cognition*. 139–157. Berkeley: Berkeley Linguistics Society.

—— 1991 On some principles of grammaticization. In Traugott and Heine, eds., Vol. I: 17–35.

Hopper, Paul J. & Elizabeth Closs Traugott 2003 [1993] *Grammaticalization*. (Cambridge Textbooks in Linguistics.) Cambridge: Cambridge University Press. (Substantially revised 2nd ed.)

Horn, Laurence R. 1984 Toward a new taxonomy for pragmatic inference: Q-based and R-based implicature. In Deborah Schiffrin, ed., *Meaning, Form, and Use in Context: Linguistic Applications; Georgetown University Round Table '84*, 11–42. Georgetown University Press, Washington D. C.

Huddleston, Rodney & Geoffrey K. Pullum 2002 *The Cambridge Grammar of the English Language*. Cambridge: Cambridge University Press.

Inoue, Miyako 2002 Gender, language, and modernity: Toward an effective history of "Japanese Women's Language". *American Ethnologist* 29, 392–422.

Jackendoff, Ray 2002 *Foundations of Language: Brain, Meaning, Grammar, Evolution*. Oxford: Oxford University Press.

Janda, Richard D. 2001 Beyond "pathways" and "unidirectionality": On the discontinuity of transmission and the counterability of grammaticalization. In Campbell, ed., 265–340.

Joseph, Brian D. & Richard D. Janda, eds 2003 *The Handbook of Historical Linguistics*. Malden, MA and Oxford: Blackwell.

Jucker, Andreas H. 1997 The discourse marker *well* in the history of English. *English Language and Linguistics* 1: 91–110.

Kay, Paul and Charles J. Fillmore 1999 Grammatical constructions and linguistic generalizations: The *What's X doing Y* construction. *Language* 75: 1–33.

Keller, Rudi 1994 *On Language Change: The Invisible Hand in Language*. (Translated by Brigitte Nerlich.) London: Routledge.

Kemmer, Suzanne & Martin Hilpert. 2005 Constructional grammaticalization in the *make*-causative.

Paper presented at the Workshop on Constructions and Language Change, ICHL XVII, Madison, WI, July 31st- August 5th.

Kennedy, Christopher & Louise McNally 2005 Scale structure, degree modification, and the semantics of gradable predicates. *Language* 82: 345–381.

Kiparsky, Paul 1968 Linguistic universals and linguistic change. In Emmon Bach & Robert T. Harms, eds., *Universals in Linguistic Theory*, 171–202. NY: Holt, Rinehart & Winston.

——— 1995 Indo-European origins of Germanic syntax. In Adrian Battye & Ian Roberts, eds., *Clause Structure and Language Change*, 140–169. Oxford: Oxford University Press.

——— 2005 Grammaticalization as optimization. http://www.stanford.edu/~kiparsky/

Lakoff, George 1987 *Women, Fire, and Dangerous Things: What Categories Reveal about the Mind*. Chicago: University of Chicago Press.

Langacker, Ronald W. 1987, 1991 *Foundations of Cognitive Grammar*, Vol. I., *Theoretical Perspectives*, Vol. II. *Descriptive Application*. Stanford: Stanford University Press.

——— 1990 Subjectification. *Cognitive Linguistics* 1: 5–38.

——— 1995 Raising and transparency. *Language* 71: 1–62.

——— 2003 Construction Grammars: Cognitive, radical, and less so. Plenary paper, International Cognitive Linguistics Conference (ICLC) 8, Logroño, Spain, June 25th.

——— 2003 Extreme subjectification: English tense and modals. In Hubert Cuyckens, Thomas Berg, René Dirven, & Klaus-Uwe Panther, eds., *Motivation in Language: Studies in Honor of Günther Radden*, 3–26. (Current Issues in Linguistic Theory, 243.) Amsterdam/Philadelphia: Benjamins.

Lehmann, Christian 1992 Word order change by grammaticalization. In Marinel Gerritsen and Dieter Stein, eds., *Internal and External Factors in Syntactic Change*, 395–416. Berlin/New York: Mouton de Gruyter.

——— 1993 Theoretical implications of grammaticalization phenomena. In William A. Foley, ed., *The Role of Theory in Language Description*, 315–340. (Trends in Linguistics, Studies and Monographs, 69.) Berlin: Mouton de Gruyter.

——— 1995 [1982] *Thoughts on Grammaticalization*. Munich and Newcastle: LINCOM EUROPA.

——— 2002 New reflections on grammaticalization and lexicalization. In Wischer and Diewald, eds., 1–18.

——— 2004 Motivation in language: Attempt at systematization. http://www.unierfurt.de/sprachwissenschaft/personal/lehmann/d-lehmann.html

——— 2004 Theory and method in grammaticalization. *Zeitschrift für Germanistische Linguistik* 32: 152–187.

Levinson, Stephen C. 2000 *Presumptive Meanings: The Theory of Generalized Conversational Implicature*. Cambridge, MA: The MIT Press, A Bradford Book.

Lichtenberk, Frantisek 1991 On the gradualness of grammaticalization. In Traugott and Heine, eds., Vol. I: 37–80.

Lightfoot, David W. 1979 *Principles of Diachronic Syntax*. (Cambridge Studies in Linguistics, 23.) Cambridge: Cambridge University Press.

——— 1999 *The Development of Language: Acquisition, Change, and Evolution*. Malden, MA: Blackwell.

Lindquist, Hans & Christian Mair, eds 2004 *Corpus Approaches to Grammaticalization in English*.

(Studies in Corpus Linguistics, 13.) Amsterdam/Philadelphia: Benjamins.

Lipka, Leonhard 2002 [1990] *English Lexicology: Lexical Structure, Word Semantics and Word-Formation*. Tübingen: Max Niemeyer Verlag, 3rd revised ed. of *An Outline of English Lexicology*.

Lyons, John 1982 Deixis and subjectivity: *Loquor, ergo sum*? In Robert J. Jarvella & Wolfgang Klein eds., *Speech, Place, and Action: Studies in Deixis and Related Topics*, 101–124. New York: Wiley.

—— 1994 Subjecthood and subjectivity. In Marina Yaguello, ed., *Subjecthood and Subjectivity: The Status of the Subject in Linguistic Theory*, 9–17. Paris: Ophrys/London: Institut Français du Royaume-Uni.

MacWhinney, Brian 2001 Emergentist approaches to language. In Joan Bybee and Paul Hopper, eds., *Frequency and the Emergence of Linguistic Structure*, 449–470. (Typological Studies in language, 45.) Amsterdam/Philadelphia: Benjamins.

Meillet, Antoine 1958 [1912] L'évolution des formes grammaticales. In Antoine Meillet, *Linguistique historique et linguistique générale*, 130–148. Paris: Champion.

Michaelis, Laura A. 2003 Word meaning, sentence meaning, and syntactic meaning. In Hubert Cuyckens, René Dirven, & John R. Taylor, eds., *Cognitive Perspectives on Lexical Semantics*, 163–210. Berlin/New York: Mouton de Gruyter.

—— 2004 Entity and event coercion in a symbolic theory of syntax. In Jan-Ola Östman and Mirjam Fried, eds., *Construction Grammars: Cognitive Grounding and Theoretical Extensions*, 45–88. (Constructional Approaches to Language, 3.) Amsterdam/Philadelphia: Benjamins.

Milroy, James 1992 *Linguistic Variation and Change: On the Historical Sociolinguistics of English*. Oxford: Blackwell.

Moxey, Linda M. & Anthony J. Sanford 1997 Choosing the right quantifier: Usage in the context of communication. In T. Givón, ed., *Conversation: Cognitive, Communicative and Social Perspectives*, 207–231. (Typological Studies in Language, 34.) Amsterdam/Philadelphia: Benjamins.

Nevalainen, Terttu 1997 The processes of adverb derivation in Late Middle and Early Modern English. In Matti Rissanen, Merja Kytö, and Kirsi Heikkonen, eds., *Grammaticalization at Work: Studies of Long-term Developments in English*, 145–189. (Topics in English Linguistics, 24.) Berlin/New York: Mouton de Gruyter.

Noël, Dirk 2005 The productivity of a 'source of information' construction: Or, where grammaticalization theory and Construction Grammar meet. Paper presented at FITIGRA.

—— 2006 Verb valency patterns, constructions and grammaticalization. MS.

Norde, Muriel 2001 Deflexion as a counterdirectional factor in grammatical change. In Campbell, ed., 231–264.

—— 2002 The final stages of grammaticalization: Affixhood and beyond. In Wischer and Diewald, eds., 45–65.

Nuyts, Jan 2001 *Epistemic Modality, Language and Conceptualization*. (Human Cognitive Processing, 5.) Amsterdam/Philadelphia: Benjamins.

—— 2005 Modality: Overview and linguistic issues. In William Frawley, ed., *The Expression of Modality*, 1–26. (The Expression of Cognitive Categories 1.) Berlin/New York: Mouton de Gruyter.

Onodera, Noriko O. & Ryoko Suzuki, eds. Forthcoming *Journal of Historical Pragmatics*: special issue on subjectivity, intersubjectivity and historical changes in Japanese.

Onodera, Noriko O. 2004 *Japanese Discourse Markers: Synchronic and Diachronic Discourse Analysis*. (Pragmatics and Beyond New Series, 132.) Amsterdam/Philadelphia: Benjamins.

Östman, Jan-Ola and Mirjam Fried 2004 Historical and intellectual background of Construction Grammar. In Fried and Östman, eds, 1-10.

Paradis, Carita 2001 Adjectives and boundedness. *Cognitive Linguistics* 12: 47-65.

Peters, Hans 1994 Degree adverbs in Early Modern English. In Dieter Kastovsky, ed., *Studies in Early Modern English*, 269-288. (Topics in English Linguistics, 13.) Berlin/New York: Walter de Gruyter.

Prince, Ellen 1988 Discourse analysis: A part of the study of linguistic competence. In Frederick J. Newmeyer, ed., *Linguistics: The Cambridge Survey, Vol. II Linguistic Theory: Extensions and Applications*, 164-182. Cambridge: Cambridge University Press.

Quirk, Randolph, Sidney Greenbaum, Geoffrey Leech, & Jan Svartvik 1985 *A Comprehensive Grammar of the English Language*. London/New York: Longman.

Ramat, Paolo 1992 Thoughts on degrammaticalization. *Linguistics* 30:549-560.

—— 2001 Degrammaticalization or transcategorization? In Chris Schaner-Wolles, John Rennison, and Friedrich Neubarth, eds. *Naturally! Linguistic Studies in Honour of Wolfgang Ulrich Dressler Presented on the Occasion of his 60th Birthday*, 393-401. Torino: Rosenbach and Sellier.

Rice, Sally & John Newman 2004 Aspect in the making: A corpus analysis of English aspect-marking prepositions. In Achard and Kemmer, eds., 313-327.

Roberts, Ian & Anna Roussou 2003 *Syntactic Change: A Minimalist Approach to Grammaticalization*. (Cambridge Studies in Linguistics, 100.) Cambridge/New York: Cambridge University Press.

Roberts, Ian 1993 A formal account of grammaticalisation in the history of Romance futures. *Folia Linguistica Historica* 13: 219-258.

Schiffrin, Deborah 1987 *Discourse Markers*. (Studies in Interactional Sociolinguistics, 5.) Cambridge: Cambridge University Press.

—— 1990 The management of a co-operative self during argument: The role of opinions and stories. In Allen D. Grimshaw, ed., *Conflict Talk: Sociolinguistic Investigations of Arguments in Conversations*, 241-259. Cambridge: Cambridge University Press.

Shen, Jiaxuan 2001 Yuyande "zhuguanshi" he "zhuguanhua" (Linguistic subjectivity and intersubjectivity). *Foreign Language Teaching and Research* 4.

Smith, Carlota S. 1997 [1991] *The Parameter of Aspect*. (Studies in Linguistics and Philosophy, 43.) Dordrecht: Kluwer.

Sun, Chaofen 1996 *Word-order Change and Grammaticalization in the History of Chinese*. Stanford: CA; Stanford University Press.

Svorou, Soteria 1993 *The Grammar of Space*. Amsterdam/Philadelphia: Benjamins.

Tabor, Whitney 1994 The gradual development of degree modifier *sort of* and *kind of*: A corpus proximity model. *Chicago Linguistic Society* 29: 451-465.

Taylor, John R. 1998 Syntactic constructions as prototype categories. In Michael Tomasello, ed., *The New Psychology of Language: Cognitive and Functional Approaches to Language Structure*, 177-202. Mahwah, NJ: Erlbaum.

Traugott, Elizabeth Closs 1982 From propositional to textual and expressive meanings: Some semantic-pragmatic aspects of grammaticalization. In Winfred P. Lehmann & Yakov Malkiel, eds., *Perspectives on Historical Linguistics*, 245–271. (Current Issues in Linguistic Theory, 24.) Amsterdam/Philadelphia: Benjamins.

Traugott, Elizabeth Closs 2002 From etymology to historical pragmatics. In Donka Minkova and Robert Stockwell, eds., *Studies in the History of the English Language: A Millennial Perspective*, 19–49. Berlin/New York: Mouton de Gruyter.

——— 2003 Constructions in grammaticalization. In Joseph and Janda, eds., 624–647.

——— 2003 From subjectification to intersubjectification. In Raymond Hickey, ed., *Motives for Language Change*, 124–139. Cambridge: Cambridge University Press.

——— 2006 Constructions and language change revisited: Constructional emergence from the perspective of grammaticalization. Paper presented at Directions in English Language Studies (DELS), Manchester April 6th-8th.

——— Forthcoming a From ideational to interpersonal: A reassessment. In Hubert Cuyckens, Kristin Davidse & Lieven Vandelanotte, eds., *Subjectification, Intersubjectification and Grammaticalization*. (Topics in English Linguistics.) Berlin/New York: Mouton de Gruyter.

——— Forthcoming b The grammaticalization of NP of NP constructions. In Bergs & Diewald, eds.

——— Forthcoming c (Inter)subjectification and unidirectionality. In Onodera & Suzuki, eds.

——— Forthcoming d Grammaticalization, constructions and the incremental development of language: Suggestions from the development of degree modifiers in English. In Regine Eckardt and Gerhard Jaeger, eds. *Language Evolution: Cognitive and Cultural Factors*. Berlin: Mouton de Gruyter.

Traugott, Elizabeth Closs & Bernd Heine, eds. 1991 *Approaches to Grammaticalization*. (Typological Studies in Language, 19.) Amsterdam/Philadelphia: Benjamins, 2 Vols.

Traugott, Elizabeth Closs & Richard B. Dasher 2002 *Regularity in Semantic Change*. (Cambridge Studies in Linguistics, 97.) Cambridge: Cambridge University Press.

Trousdale, Graeme 2005 Words and constructions in grammaticalization: The end of the English impersonal construction. Paper given at Studies in English Historical Linguistics (SHEL) 4, Flagstaff, AZ, Sept. 31st-Oct. 1st.

——— 2006 Constructions and grammaticalization: Evidence from an English light verb. Paper presented at Directions in English Language Studies (DELS), Manchester April 6th-8th.

van der Auwera, Johan 2002 More thoughts on degrammaticalization. In Wischer and Diewald, eds., 19–29.

Verhagen, Arie 2005 *Constructions of Intersubjectivity. Discourse, Syntax, and Cognition*. Oxford: Oxford University Press.

Watts, Richard, Sachiko Ide, and Konrad Ehlich, eds. 2005 [1992] *Politeness in Language: Studies in it History, Theory, and Practice*. (Trends in Linguistics. Studies and Monographs, 59.) Berlin: Mouton de Gruyter.

Weinreich, Uriel, William Labov, & Marvin I. Herzog 1968 Empirical foundations for a theory of language change. In W. P. Lehmann and Yakov Malkiel, eds., *Directions for Historical Linguistics*, 97–195. Austin and London: University of Texas Press.

Wischer, Ilse & Gabriele Diewald, eds. 2002 *New Reflections on Grammaticalization - Proceedings from the International Symposium on Grammaticalization, 17–19 June 1999, Potsdam, Germany*.

Amsterdam/ Philadelphia: Benjamins.

Yuasa, Etsuyo & Elaine J. Francis 2003 Categorial mismatch in a multi-modular theory of grammar. In Elaine J. Francis & Laura A. Michaelis, eds., *Mismatch: Form-Function Incongruity and the Architecture of Grammar*, 179-22. (Lecture Notes, 163.) Stanford: CA: CSLI.

Zhang, Meilan 2004 Jindai kouyu wenxian ciyu kaoshi (A study on some lexical items in the vernacular texts in Early Modern Chinese). In Zhang (ed) *Jindai hanyu lungao* (Articles on Early Modern Chinese). Nanchang, China: Jiangxi jiaoyu chubanshe).

Zheng Dian, & Mai Meiqiao 1964 *Guhanyu yufaxue ziliao huibian* (A collection of materials on Old Chinese grammar). Beijing: Zhonghua Shuju.

譯後記：
本文翻譯過程中得到趙長才、楊永龍兩位先生的大力幫助，謹此致謝！

譯者

（E.C.Traugott　美國斯坦福大學；
孫朝奮　美國斯坦福大學亞洲語言系）

《歷史語言學研究》稿約

一

　　《歷史語言學研究》是由中國社會科學院語言研究所歷史語法與詞彙學學科（中國社會科學院重點學科）主辦、由商務印書館出版發行的系列學術集刊（暫定每年一輯），旨在爲國内外歷史語言學界提供一個較高水平的學術交流平臺。

　　本刊主要發表原創性的歷史語言學及其相關專業的學術論文。

　　本刊面向國内外語言學界組稿，實行雙向匿名審稿制。歡迎投稿。

　　通訊地址：100732 中國北京建國門内大街 5 號 中國社會科學院語言研究所《歷史語言學研究》編輯部

　　聯繫電話：010—85195400,85195388

　　電子郵件：lsyyx@cass.org.cn。

二

　　來稿請注意以下事項：

　　1. 篇幅一般請控制在 20000 字以内，超過 5000 字者請提供 300 字以内的中文提要和 3 至 5 個關鍵詞，以及相應的英文題目、提要、關鍵詞。

　　2. 請提供紙質文本和電子文本各一份。電子文本以 WORD 編輯，通過電子郵件以附件形式發送。作者姓名、單位、電子郵件、電話、通信地址及郵編等信息請另頁給出。

　　3. 本刊以繁體漢字排印（請注意繁簡轉換時一簡對多繁現象和可能出現的錯誤，如"信息"可能會轉成"資訊"等），GBK 以外字體及特殊符號、須製版的圖表等，請另頁標出。

　　4. 編輯部在收到稿件後半年内告知評審結果；限於人力，來稿恕不退還。論文一經發表，即贈樣書兩本，並略致薄酬。

三

　　稿件編排格式請參照《中國語文》。主要體例提示如下：

　　1. 章節層次編號，可以用 1,2,1.1,1.2,1.1.1,1.1.2,……；或一、二、三，（一）（二）（三），1,2,3,……。圖表編號，用附圖 1、附圖 2；附表 1、附表 2……。

　　2. 例句編號，用(1)(2)(3)。例句版式，首行空 4 格，回行空 2 格；必要時接排，中間用竪縫隔開。例句出處在圓括號内標明，包括書名、卷回名或卷回數等，文末附有引書目錄時可以註明頁數；書名與卷回頁碼之間以逗號隔開，書名號省略。

　　3. 國際音標是否加國際音標左右標記符視需要而定，調值用數位形式標在音標右上角，如"[lou^{35}]"。

　　4. 附注置於篇末，通篇一序。謝啓置於首頁下，並於篇題之後標星號參照。

　　5. 徵引形式爲"曹廣順(1995)"；引述原文時，兼附頁碼，如"王力(1980:21)"，或加在引文後面"（王力 1980:21）"。

　　6. 徵引文獻一律附在文末"參考文獻"下，先中文，後日文、英文，按音序排列。

《歷史語言學研究》編輯部